HELMUT NEUHOLD

Österreichs Kriegshelden

ARES VERLAG

Helmut Neuhold

ÖSTERREICHS KRIEGHELDEN

Landsknechte
Haudegen
Feldherren

ARES VERLAG

Umschlaggestaltung: DSR – Digitalstudio Rypka GmbH, Dobl, Thomas Hofer, www.rypka.at
Umschlagabb. Vorderseite, großes Titelbild: Erzherzog Carl in der Schlacht von Aspern. Kleinere Bilder
v. o. n. u.: Georg v. Frundsberg, Albrecht von Wallenstein, Prinz Eugen von Savoyen, Sigismund von
Radetzky, Godwin von Brumowski.
Umschlagabb., Rückseite: Erzherzog Carl, Prinz Eugen von Savoyen, Ernst Rüdiger von Starhemberg,
Kaiser Karl V. im Kampf gegen die Türken.

Quellenhinweis: Ecotext/Archiv: 124, 229; G. Schneeweiß-Arnoldstein: 10, 11, 12, 87 (2), 130, 135, 140,
181, 195, 252, 270, 271; Ullstein-Bilderdienst: 243, 249; alle restlichen Bilder: Archiv der Verfassers bzw.
Archiv des Verlags.

Wir haben uns bemüht, bei den hier verwendeten Bildern die Rechteinhaber ausfindig zu machen. Falls
es dessen ungeachtet Bildrechte geben sollte, die wir nicht recherchieren konnten, bitten wir um Nachricht an den Verlag. Berechtigte Ansprüche werden im Rahmen der üblichen Vereinbarungen abgegolten.

Bibliografische Information der Deutschen Nationalbibliothek
Die Deutsche Nationalbibliothek verzeichnet diese Publikation in der Deutschen Nationalbibliografie;
detaillierte bibliografische Daten sind im Internet unter http://dnb.d-nb.de abrufbar.

Hinweis:
Dieses Buch wurde auf chlorfrei gebleichtem Papier gedruckt. Die zum Schutz vor Verschmutzung verwendete Einschweißfolie ist aus Polyethylen chlor- und schwefelfrei hergestellt. Diese umweltfreundliche
Folie verhält sich grundwasserneutral, ist voll recyclingfähig und verbrennt in Müllverbrennungsanlagen
völlig ungiftig.

Auf Wunsch senden wir Ihnen gerne kostenlos unser Verlagsverzeichnis zu:
Ares Verlag GmbH
Hofgasse 5 / Postfach 438
A-8011 Graz
Tel.: +43 (0)316/82 16 36
Fax: +43 (0)316/83 56 12
E-Mail: ares-verlag@stocker-verlag.com
www.ares-verlag.com

ISBN 978-3-902475-99-2

Layout: Ecotext-Verlag, Mag. G. Schneeweiß-Arnoldstein, 1010 Wien
Gesamtherstellung: Druckerei Theiss GmbH, 9431 St. Stefan
Printed in Austria

INHALT

WARUM GIBT ES NUR ZWEI HELDEN
AM WIENER HELDENPLATZ?

Warum, wurde ich bereits einige Male von Touristen gefragt, gibt es nur die Denkmäler von zwei Helden am Wiener Heldenplatz? Gab es nicht mehr? Habt Ihr Österreicher immer nur geheiratet und die anderen Kriege führen lassen?

Nun, die österreichische Kriegsgeschichte kennt viele Helden und berühmte Heerführer. Wenn man durch Wien wandert, so wird man bald auf die Denkmäler Radetzkys, Erzherzog Albrechts, Niklas Graf Salms, Schwarzenbergs und anderer stoßen und vielleicht auch feststellen, dass das Monument der Kaiserin Maria Theresia von mehreren Helden zu Pferd umgeben ist. Wenn man dann auch noch auf den Heldenberg bei Kleinwetzdorf in Niederösterreich kommt, sieht man gleich einen ganzen Wald von Statuen oder Gedenksteinen österreichischer Helden, die sich alle um die Grabstätte eines ihrer größten, Feldmarschall Radetzky, gruppieren. Österreich hatte im Laufe seiner jahrhundertelangen Geschichte eine Vielzahl von Helden hervorgebracht, wie wir dort sehen können.

Doch was ist nun eigentlich ein Held oder, besser gefragt, ein Kriegsheld? In einer älteren Ausgabe des Brockhaus steht hierzu zu lesen: „Als Kriegsheld bezeichnet man einen Soldaten, der sich in einem Krieg durch besondere Tapferkeit ausgezeichnet hat. Gerne werden Kriegshelden als Vorbilder für andere genutzt." Dass Kriegshelden als Vorbilder dienen, ist heutzutage vielen ein Dorn im Auge. Diese Menschen werden das vorliegende Buch wohl auch nicht auf Anhieb in ihr Herz schließen. Bei der Lektüre würden sie aber vielleicht merken, dass die beschriebenen Persönlichkeiten oft auch nur allzu menschlich und gar nicht so abstoßend waren. Es soll hier eine Auswahl an Kriegshelden des alten Österreich vor 1918 vorgestellt werden, wobei sich der Zeitraum, aus dem die beschriebenen Persönlichkeiten stammen, fast tausend Jahre umfasst und von den frühen Babenbergern bis zu den Kampffliegern des Ersten Weltkrieges reicht.

Manche der hier Vorgestellten sind in lebhafter Erinnerung geblieben, wie Wallenstein, Prinz Eugen oder Feldmarschall Laudon, andere waren einst populär und sind weitgehend in Vergessenheit geraten, wie Montecuccoli, Graf Hadik oder Josef Roth, der „Löwe von Limanowa". Die meisten Helden in diesem Buch waren Heerführer und Kommandeure größerer Verbände. Man könnte natürlich auch viele Bücher über die „kleinen" Helden, die Subalternoffiziere, Unteroffiziere und einfachen Soldaten, schreiben und vielleicht geschieht das auch noch. Dies gilt auch für die vielen zivilen

Denkmal Erzherzog Carls. Errichtet auf dem Wiener Heldenplatz 1853–1859 zur Erinnerung an den Sieg von Aspern über Napoleon

Helden und die des Alltags, ihr Heldentum steht jenem der tapferen Krieger meist um nichts nach, auch wenn es nicht so oft in die Geschichtsbücher Eingang gefunden hat.

Wenn hier über Kriegshelden berichtet wird, dann bedeutet das auch, dass man sich mit den Kriegen, in denen diese ihre Taten vollbracht haben, beschäftigen muss. In einer Zeit, in der sich die meisten Arbeiten, die sich mit Militär und Krieg beschäftigen, vorsichtig als Werke zur Friedensforschung tarnen, ein nicht unanstößiges Unterfangen. Es sollen nun im Folgenden die Schrecken des Krieges nicht verharmlost werden, aber Persönlichkeiten vorgestellt werden, die in diesem schlimmen Geschehen Herausragendes vollbracht haben. Denn: „Der Krieg erschließt brachliegendes Heldentum." (Heinrich Wiesner)

Natürlich soll nicht in Abrede gestellt werden, dass es in der österreichischen Militärgeschichte eine große Anzahl von Versagern und katastrophal schlechten militärischen Führern gab. Man kann völlig unfähige Personen wie die Generäle Mack oder Gyulay nicht aus der Geschichte tilgen, genauso wie man von ihrer Aufgabe überforderte Heerführer wie Karl von Lothringen oder Ludwig von Benedek zur Kenntnis nehmen muss. Doch wird hier diesen gescheiterten Generälen nur wenig Raum gewidmet, da man sich in der österreichischen militärischen Geschichtsschreibung schon sehr lange und viel zu intensiv auf die Versager und Gescheiterten konzentriert hat, genauso wie man mit anscheinend großer Lust die eigenen Niederlagen „feiert".

Hier soll in erster Linie von den Siegern berichtet werden, von den Kommandeuren, die ihre Pflicht oder auch etwas mehr taten und dabei erfolgreich waren. Denn die gab es in mindestens genauso großem Maße in unserer Militärgeschichte, wie

Denkmal Prinz Eugens in Wien

die Versager und Gescheiterten. Wie hätte auch sonst das Reich der Habsburger so viele Jahrhunderte bestehen und so viele Krisen überleben können? Kein Staat würde mittelfristig das ständige Versagen seiner Armee überstehen.

Ein kluger Kopf hat gegen Ende des 19. Jahrhunderts errechnet, dass die kaiserlichen Truppen in der Zeit von 1495 bis 1895 etwa 7000 Schlachten und Gefechte zu bestehen hatten; in 65 % dieser Auseinandersetzungen trugen sie den Sieg davon. Andere Autoren kamen zu einem ähnlichen oder sogar etwas höheren Prozentsatz.

Es soll in der vorliegenden Arbeit deshalb hauptsächlich um jene militärischen Kommandeure gehen, die erfolgreich und zumeist siegreich waren; im Blickpunkt stehen ihre Persönlichkeit und ihre Schlachten und Feldzüge. Daneben werden einige österreichische Militärs vorgestellt, die hervorragende Leistungen an Tapferkeit und Initiative vollbracht haben, auch wenn diese in einem Gesamtgeschehen stattfanden, das für die habsburgische Armee nicht glücklich verlief.

Die vorgestellten Persönlichkeiten repräsentieren einen weitgespannten Zeitraum von den ersten Babenbergern bis hin zu den Helden des Ersten Weltkrieges, also fast tausend Jahre österreichischer und europäischer Geschichte. Die hier Vorgestellten sind oft nicht Österreicher im heutigen Sinne. Doch ist nicht ihre Herkunft, sondern ihr Dienst für das Haus Habsburg und in der kaiserlichen Armee maßgeblich, die sie als „österreichische Helden" klassifiziert.

Für das Projekt wurden eine größere Anzahl entsprechender Literatur und einige aussagekräftige Originalquellen herangezogen, wobei, neben dem ereignisgeschichtlichen, besonderer Wert auf den biografischen Aspekt gelegt wurde. Denn von allen

Faktoren, die den militärischen Erfolg bestimmen, ist die Persönlichkeit des jeweiligen Befehlshabers der wesentlichste.

Alle jene, denen es hier zu brutal zugeht, sollten sich mit der folgenden, humoresk gemeinten Einlassung des Filmschauspielers Peter Ustinov trösten: „Ein Wort über Generäle: So mit vier sind wir alle Generäle, mit Holzschwertern und Papiermützen. Nur ein paar von uns kommen da nie drüber hinaus."

LITERATUR

ANGER, Gilbert: Illustrierte Geschichte der k. und k. Armee. Wien 1900
BERNDT, Otto: Die Zahl im Kriege. Wien 1897
GUNDOLF, Hubert: Um Österreich! Schlachten unter Habsburgs Krone. Graz 1995
WEILER, Josef: Männer vom Schwerte. Wien 1855
ZITTERHOFER, Karl: Die Heeres- und Truppengeschichten Österreich-Ungarns. Wien 1907

Maria Theresia-Denkmal in Wien von Kaspar von Zumbusch (1888)

VON DEN KRIEGERN DES MITTELALTERS
BIS IN DIE ZEIT DER LANDSKNECHTE

> „Am Anfang fast jeder Laufbahn steht ein Aben-
> teuer; mit Staaten, Institutionen, Zivilisationen
> ist es nicht anders."
>
> WILLIAM BOLITHO

Es gibt in der österreichischen Geschichte keinen Wilhelm Tell und keinen Arnold Winkelried, derartige mythische Figuren können wir unbesorgt den Schweizern überlassen. Die österreichischen Helden des Mittelalters sind historisch greifbarer, denn sie sind keine Sagenfiguren.

Die Babenberger Markgrafen und Herzöge waren in erster Linie zumeist Krieger. So kann es auch nicht verwundern, dass einige von ihnen im Kampf fielen und der letzte seines Geschlechts in einer – für ihn siegreichen – Schlacht ums Leben kam.

Schon der erste Markgraf aus dem Hause Babenberg wird als sehr mutiger und umsichtiger Mann beschrieben. So soll Leopold I. bereits als Jüngling Kaiser Otto I. auf der Jagd begleitet haben und diesem beigestanden sein, als er beim Angriff einer Bärin den Bogen seiner Armbrust in der Eile so überspannte, dass er zerbrach. Leopold übergab dem Kaiser in höchster Gefahr geistesgegenwärtig seinen Bogen, der das Tier schließlich erlegen konnte. Der Kaiser soll Leopold daraufhin ein Territorium zur Herrschaft versprochen haben, das später der Kern des heutigen Österreichs geworden ist. Auch wenn diese Geschichte wohl einen sagenartigen Charakter hat, so war dieser erste Babenberger-Markgraf sicher ein sehr fähiger und furchtloser Mann, wie er schon bald bei kriegerischen Auseinandersetzungen beweisen sollte, die das damals noch recht raue und umkämpfte Ostland bereithielt.

Von Leopold, dem Sohn des Markgrafen Adalbert, wird berichtet, dass er 1041 bei einer Auseinandersetzung mit Böhmen eine Festung im Grenzgebiet zerstört habe, dabei führte er „unzählbare Beute von Menschen und Vieh davon, ließ auch den Sohn des Befehlshabers fesseln und machte die Festung dem Erdboden gleich". Adalbert hatte auch den Beinamen „der Siegreiche", da er oft und erfolgreich Kriegszüge unternahm.

Auch Markgraf Ernst soll an vielen Kriegszügen teilgenommen haben und wurde selbst Opfer in einer Schlacht. Er fiel im Kampf bei Homburg an der Unstrut am 9. Juni 1075; ein Annalist merkte hierzu an: „Dort wurde Ernst …, der im Reich hoch angesehen und durch seine zahlreichen Siege über die Ungarn berühmt war, schwer verwundet; er wurde halbtot ins Lager getragen und starb am nächsten Tage."

Der mutige Markgraf Leopold II. wagte es, sich im Investiturstreit gegen den deutschen König Heinrich IV. zu stellen, der in einem Gegenschlag den böhmischen Herzog Wratislaw II. ins Feld schickte. Leopold II. trat den an Zahl und Ausrüstung überlegenen Böhmen, die ins Weinviertel eingefallen waren, am 12. Mai 1082 bei

Markgraf Leopold II. in der Schlacht bei Mailberg gegen die Böhmen. Im Hintergrund das Kloster Melk und die Burg Thurnau in Gars am Kamp (Babenberger-Stammbaum, Stift Klosterneuburg)

Mailberg entgegen. Der Markgraf, der nur über wenige Ritter verfügte und deshalb hauptsächlich bewaffnete Bauern aufbieten musste, blieb dennoch zuversichtlich und soll eine bewegende, bramarbasierende Rede gehalten haben. Dann stürzte er sich gegen einen überlegenen Feind in die Schlacht. Auch wenn die Schlacht bei Mail-

berg nach heftigem Kampf mit einer Niederlage für Leopold II. endete, konnte er letztlich durch geschickte Manöver seine Stellung und sein Territorium behaupten.

Die Babenberger konnten oder wollten sich niemals von den Auseinandersetzungen innerhalb des Reiches fernhalten, was immer wieder auch zu militärischen Konflikten führte. Durch ihre Erlangung der bayerischen und die Schaffung der österreichischen Herzogswürde erlebten sie schließlich eine Rangerhöhung. Heinrich Jasomirgott nahm auch am Zweiten Kreuzzug teil und konnte sich nach dessen Scheitern als einer von wenigen in die Heimat durchschlagen. Er machte Wien zu seiner Residenz und starb fast heroisch an den Folgen eines „Berufsunfalls", als eine Holzbrücke unter ihm zusammenbrach, die er hoch zu Ross in voller Rüstung überquerte. Herzog Leopold V., genannt der Tugendhafte, nahm am – nach der Eroberung Jerusalems durch Sultan Saladin – ausgerufenen Kreuzzug teil und reiste mit Rittern aus Österreich

Herzog Leopold wird von Kaiser Friedrich I. Barbarossa die Fahne verliehen (Babenberger-Stammbaum, Stift Klosterneuburg)

und der Steiermark nach Italien und von dort aus per Schiff an die Küste Syriens. Beim Kampf um die Stadt Akkon erwies er sich als mutiger Kämpfer und fähiger Anführer. Dabei soll er bei einem von ihm geführten Angriff auf die feindlichen Befestigungen so viele Feinde erschlagen haben, dass er so mit dem Blut der Moslems besudelt wurde, dass nach Abnahme seines Gürtels nur ein Streifen seines vormals weißen Waffenrocks sichtbar gewesen sei. Dies stellt die angebliche Geburtsstunde der österreichischen Fahne dar. Der Herzog soll sein blutiges rotweißrotes Gewand dann auch als Fahne verwendet haben, nachdem der eifersüchtige englische König Richard Löwenherz das alte österreichische Banner entehrt hatte. Auch wenn es inzwischen erwiesen ist, dass der rot-weiß-rote Bindenschild erst unter Leopolds Enkel Herzog Friedrich II., genannt der Streitbare, auftauchte, illustriert die Geschichte den Mut und die militärische Kraft des Herzogs, der es letztlich auch wagte, den mächtigen König Richard Löwenherz gefangen zu nehmen.

Herzog Leopold VI. nahm an zwei Kreuzzügen teil (1212 am Kreuzzug gegen die Katharer und 1217–1219 am Kreuzzug von Damiette). Er bewies seine militärischen Fähigkeiten sowohl beim Kampf gegen die südfranzösischen „Ketzer" (die Katharer oder auch Albigenser) als auch bei der Auseinandersetzung mit den Moslems

Die Gefangennahme von König Richard Löwenherz in Erdberg bei Wien (oben) und seine kniefällige Bitte um seine Freilassung beim Kaiser (unten) (Chronik des Petrus de Ebulo, 1197)

in Spanien, Ägypten und Palästina. Leopold VI. kämpfte überdies gemeinsam mit Kaiser Friedrich II. in Italien, konnte sich aber gut aus dem Dauerkonflikt zwischen Staufern und Welfen heraushalten. Gleichzeitig war er als großer Förderer des Minnesangs tätig, vergrößerte den Landbesitz und Machtbereich der Babenberger, erhob Anspruch auf die Herrschaft über Zypern und heiratete eine byzantinische Prinzessin. Unter ihm erreichte die Dynastie der Babenberger ihren Höhepunkt bezüglich Machtentfaltung und Anerkennung.

Mit den Kreuzzügen Leopolds VI. ist auch der Stammvater des Geschlechts der späteren Reichsgrafen von Althann verbunden. Dieser Dietmar von Thann nahm mit dem Herzog gemeinsam – trotz seines bereits sehr hohen Alters – im Jahre 1216 an einem Kreuzzug teil. Bei der Belagerung von Ptolemais kämpfte der Herzog so heftig und ohne Rücksicht auf sein Leben, dass er schließlich nach dem Tod seines Pferdes – vollkommen mit fremdem und eigenem Blut bedeckt – stürzte und seinen

Der Babenberger Herzog Leopold VI.: Die Erstürmung von Ptolemais (Darstellung des 19. Jhdts.)

herandrängenden Feinden hilflos ausgeliefert schien. Da eilte der alte Thann herbei und kämpfte wie ein Besessener, um das Leben seines Lehensherrn zu retten. Es gelang ihm auch unter Aufbietung aller seiner Kräfte, den Herzog zu verteidigen und in Sicherheit zu bringen. Als Thann später ebenfalls mit Blut besudelt seinem Herrn gegenüberstand, lobte Leopold VI. in Anwesenheit seines Gefolges den alten Recken und nannte ihn von nun an nur mehr „min alt Thann". Daraus entwickelte sich der Name des Geschlechts der Althann.

Der letzte Babenberger, Friedrich der Streitbare, war eine Persönlichkeit, die viele gute und schlechte Eigenschaften seines Geschlechts in sich vereinigte. Er war aber auch ein furchtloser Kämpfer und begabter Heerführer, was er im Laufe seines kurzen Lebens immer wieder aufs Neue bewies. Man gab ihm schon zu seinen Lebzeiten viele kriegerische Beinamen wie „miles potens" („mächtiger Krieger") oder „semper bellicosus" („stets streitbar").

Friedrich II. wurde am 15. Juni 1211 als Sohn Herzog Leopolds VI. in Wiener Neustadt geboren. Über seine Kindheit und Jugend ist, wie bei den meisten Babenbergern, nicht viel bekannt. Im Jahre 1230 wurde Friedrich Herzog von Österreich und der Steiermark. Von nun an wurde es unruhig in seinen Territorien, denn getrieben vom Ehrgeiz, seine Macht zu vergrößern , war er von Beginn an in Konflikte und Kämpfe mit allen Nachbarn seines Herrschaftsbereiches verwickelt. Die heftigsten Auseinandersetzungen gab es mit dem alten babenbergischen Erbfeind Ungarn, aber auch mit Bayern und Böhmen. Doch auch im Inneren seiner Territorien gab es Konflikte, da er dem Land zu viele Lasten aufbürdete. So erhoben sich zu Beginn seiner Regierung die bis dahin treuen Gefolgsleute aus dem Geschlecht der Kuenringer und mussten niedergekämpft werden. Da Herzog Friedrich II. eindeutig militärisches Talent besaß, ja vielleicht sogar der talentierteste Heerführer unter den Babenbergern war, und Kämpfen fast nie auswich, konnte er sich auch gegen die meisten seiner Gegner recht gut behaupten und ihnen manche Niederlage zufügen.

Doch schließlich wurde der Konflikt mit Kaiser Friedrich II. für ihn existenzbedrohend. Herzog Friedrich hatte sich in die staufischen Machtkämpfe eingemischt, finanzielle Forderungen an den Kaiser gestellt und war nicht zu den Hoftagen erschienen. Der Konflikt schaukelte sich auf und Kaiser Friedrich II. ächtete den Herzog 1236 schließlich sogar. In der Folge befand sich dieser regelrecht auf der Flucht. Das hatte bedeutende Auswirkungen auf seine Territorien. Große Teile des Adels schienen über diese Entwicklung nicht unglücklich und Wien wurde während dieser Zeit für einige Jahre sogar freie Reichsstadt. Doch Friedrich der Streitbare kämpfte unermüdlich weiter, suchte Verbündete und konnte sich in seiner Geburtsstadt Wiener Neustadt halten. Die politische Lage brachte es schließlich mit sich, dass der Herzog im Jahre 1239 mit dem Kaiser Frieden schließen konnte.

Der vormals verfemte Babenberger wurde nun zu einem wichtigen Bündnispartner des bedrängten Kaisers Friedrich II., der in einem für ihn sehr gefährlichen Konflikt mit dem Papst verwickelt war. Es gab auch Verhandlungen über die Erhebung Wiens zu einem eigenständigen Bistum und die Erhöhung des Herzogtums Österreich gemeinsam mit der Steiermark zu einem Königreich. Doch die damit verbundene und geforderte Heirat seiner Nichte Gertrud mit dem Kaiser konnte der Babenberger nicht durchsetzen, da sich das Mädchen hartnäckig weigerte. Der Kaiser blieb ihm dennoch verbunden, da er ihn auch angesichts der Mongolengefahr als Verbündeten brauchte.

Ein besonderes Kapitel im Leben des streitbaren Babenbergers ist sein Kampf gegen die Mongolen, die nach Mitteleuropa vorstießen und in Ungarn schreckliche Blutbäder anrichteten. Friedrich II. bat den ungarischen König Béla IV. um Hilfe und ritt mit seinen Getreuen bis vor Pest, wo er in ein Gefecht mit einer mongolischen Horde verwickelt wurde. Dabei gab er wieder einmal ein Beispiel seiner persönlichen Tapferkeit, mischte sich aber danach massiv in die inneren ungarischen Streitigkeiten ein. König Béla floh nach einer verlorenen Schlacht gegen die Mongolen nach Österreich, wobei Herzog Friedrich nicht davor zurückschreckte, ihn finanziell belangte und sich von ihm drei ungarische Komitate verpfänden ließ. Mongolische Reiter-

Das Ende der Babenberger-Herrschaft: Herzog Friedrich der Streitbare fällt 1246 in einem Gefecht an der Leitha gegen die Ungarn (Babenberger-Stammbaum, Stift Klosterneuburg)

19

scharen drangen nun auch auf österreichisches Gebiet vor, konnten aber im Kampf zurückgewiesen werden.

Im Winter 1241/42 fand dann eine Schlacht bei Wiener Neustadt statt, die vielleicht nur ein größeres Gefecht war, später dann aber als Sieg der Österreicher gefeiert wurde. Auch wenn manche Forscher die Bedeutung dieser militärischen Auseinandersetzung anzweifeln und den Nimbus Herzog Friedrichs II. als Erretter Mittel- und Westeuropas vor den Mongolen in Frage stellen, so hat dieser doch im Gegensatz zu vielen europäischen Fürsten vor ihm keine Niederlage gegen die berittenen Angstgegner aus dem Osten erlitten. Der mongolische Eroberungssturm in Richtung Westeuropa kam jedenfalls im Osten Österreichs zum Erliegen.

Der streitbare Herzog fiel schließlich am 15. Juni 1246 in der Schlacht an der Leitha gegen seine „Lieblingsgegner", die Ungarn. Dabei hat Friedrich diese seine letzte Schlacht sogar noch gewonnen. Die Gerüchte wollten nicht verstummen, dass der Herzog von einem seiner Vasallen den Todesstoß erhielt, da man seiner dauernden Kriege bereits überdrüssig war. Da mit ihm das Geschlecht der Babenberger im Mannesstamm ausstarb, konnten nach einem jahrzehntelangen Interregnum die Habsburger aus der fernen Schweiz in Österreich zum Zuge kommen.

Die größte Ritterschlacht des Mittelalters bei Dürnkrut am 26. August 1278, die letztlich das Schicksal Österreichs bestimmte, war auch ein Ort des Heldentums. Nicht nur der bereits 60-jährige Rudolf von Habsburg kämpfte tapfer mit seinen Truppen, sondern auch ein gewisser Ulrich von Kapellen spielte eine bedeutende Rolle in dieser Entscheidungsschlacht. Hatte er sich anfangs dagegen gesträubt, sei-

Das Ende des Interregnums: Rudolf von Habsburg wird 1273 in Aachen zum König gekrönt (aus der Silbereysen-Chronik Aaran)

Rudolf von Habsburg vor der Leiche Ottokars von Böhmen nach der Schlacht auf dem Marchfeld 1278 (Darstellung des 19. Jhdts. von C. Rahl)

nem habsburgischen Herrn bei einer damals militärisch eher verpönten Kriegslist zur Verfügung zu stehen, so erfüllte der tapfere Ritter Ulrich dann doch seine Aufgabe mit Bravour.

Rudolf von Habsburg hatte befohlen, dass sich 60 gepanzerte Reiter als „Reserve" in den Hohlwegen zwischen den Weinstöcken des Hochfelds verstecken sollten, um seinen Gegner Ottokar II. in einen Hinterhalt zu locken.

Da man derlei im ritterlichen Mittelalter nicht gerne sah und sich niemand um das Kommando dieser Truppe riss, setzte Rudolf durch, dass der tapfere Ritter Rudolf von Kapellen diese „schändliche Aufgabe" übernehmen müsste. Dieser tat sein Bestes und griff tapfer und letztlich entscheidend ein, als der Ausgang der blutigen Schlacht mehr als ungewiss und das Leben König Rudolfs gefährdet war. Der endgültige Kampf war besonders heftig und brutal, doch am Schluss lagen die Blüte der Ritterschaft des Böhmenkönigs und dieser selbst tot auf dem Schlachtfeld. Rudolf hatte seinen gefährlichsten Konkurrenten beseitigt und legte die Grundlage für die viele Jahrhunderte dauernde Macht des Hauses Habsburg. Ohne Ulrich von Kapellen und

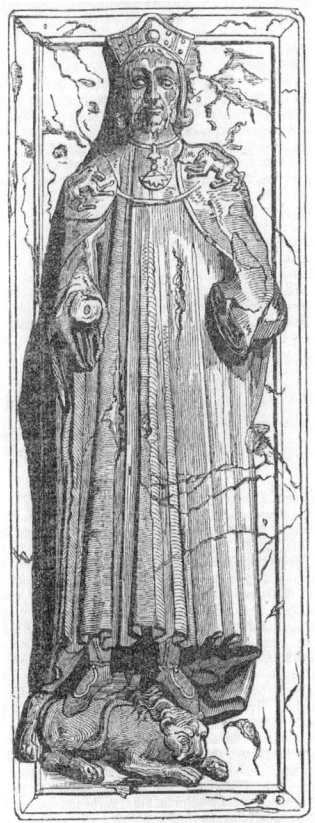

Rudolf von Habsburg

21

seine tatkräftige Ausführung einer „Kriegslist" wäre vielleicht die europäische Geschichte ganz anders verlaufen.

Der machtbesessene und kriegerische Sohn Rudolfs, Albrecht I., schien militärisch sehr begabt gewesen zu sein. Geboren 1255, wurde er sehr sorgfältig erzogen und übte ab 1274 über die habsburgischen „Oberen Lande" Herrschaftsrechte aus, weshalb er auch beim Krieg gegen den Böhmenkönig nicht dabei war. Albrecht heiratete die Tochter des Grafen von Görz-Tirol, mit der er zwölf Kinder hatte, und ging 1279 nach Österreich, wo er 1281 zum Reichsverweser bestimmt wurde. 1282 gemeinsam mit seinem Bruder Rudolf mit Österreich, Steiermark, Kärnten, Krain und der

Der Herzogsstuhl in Kärnten (Darstellung aus dem 19. Jhdt. nach J. N. Geiger)

Windischen Mark belehnt, verfügte er nun über eine große Hausmacht. Er setzte hier die Landesherrschaft konsequent gegen den Adel durch und schlug im Winter 1287/88 einen Aufstand in Wien nieder. Sein Vater König Rudolf wollte, dass Albrecht König von Ungarn wird, doch der erste König aus dem Hause Habsburg starb bald darauf. Nach dem Tod Rudolfs kam es zu einem Aufstand in der Steiermark, den Albrecht durch einen völlig unerwarteten Vorstoß über den winterlichen Semmering im Februar 1292 beendete. Er zeigte sich nun als Mann der Tat und der schnellen militärischen Entscheidungen. Sein Plan zur Erlangung der deutschen Königswürde scheiterte aber zunächst am Widerstand der Kurfürsten, die Adolf von Nassau wählten. Albrecht brachte Unruhen in den „Oberen Landen" ebenso rasch und konsequent wie in der Steiermark unter Kontrolle. Er huldigte dem neuen König, ließ sich von ihm belehnen und schloss

auch Frieden mit Böhmen. Als er 1295 an einer angeblichen Vergiftung fast starb und durch die unsanfte Behandlung seiner Ärzte auch noch ein Auge verlor, kam es zu weiteren Aufständen gegen ihn, die er jedoch mit seiner typischen Konsequenz niederwarf.

Nun suchte Albrecht die Auseinandersetzung mit dem schwachen König Adolf, der bei den Reichsfürsten in Ungnade gefallen war. Bereitwillig wurde Albrecht zum neuen König gewählt und gewann 1298 die Schlacht bei Göllheim gegen Adolf von Nassau, der hier auch sein Leben verlor. Albrecht I. wurde aber schon bald zum Feindbild der meisten Fürsten, als er eine Annäherung an Frankreich suchte und Zugeständnisse machte. Auch sein letztlich nicht erfolgreicher Versuch, Holland, Seeland und Friesland als Reichslehen an seine Söhne zu verteilen, führte zu Widerstand. Die rheinischen Kurfürsten schlossen sogar einen Bund zur Absetzung Albrechts als König, doch dieser konnte seine Gegner wieder niederringen. Als er Papst Bonifaz

VIII. endlich überredet hatte, ihn zum Kaiser zu krönen, starb dieser an den Folgen eines Attentats.

Albrecht nahm auch an einem Krieg Ungarns gegen Böhmen teil. Als der letzte böhmische König Wenzel III. aus dem Haus der Premysliden 1306 starb, handelte Albrecht rasch und marschierte in Böhmen ein, um seinen Sohn Rudolf zum König zu machen. Doch als dieser nach einem Jahr starb, gelang es Albrecht nicht, einen weiteren seiner Söhne als König zu etablieren, da er zur gleichen Zeit um Thüringen und Meißen kämpfen musste. Der König brauchte Verstärkung, deshalb reiste er in seine Stammlande. Hier fiel er bei den Vorbereitungen zu einem weiteren Feldzug dem Mordanschlag seines Neffen Johann von Schwaben, genannt „Parricida" („Verwandtenmörder"), der sich übergangen fühlte, zum Opfer. Damit wurde ein starker deutscher König des Mittelalters, der über die Fähigkeit verfügte, sein Reich unter Kontrolle zu bringen, aus der Geschichte gerissen.

Neuzeitliches Sgrafitto Baumkirchers (Wiener Neustadt, Zum Weißen Rößl)

Ein besonders furchtloser und waghalsiger Mann war Andreas von Baumkircher, der sich durch seine kriegerischen Taten eine Bekanntheit verschaffte. Geboren um 1410, entstammte er einem obersteirischen Geschlecht und trachtete schon in jungen Jahren danach, den Besitz seiner Familie zu vermehren. Er wird als sehr großer Mann „mit gewaltigen Leibeskräften, ritterlichem Mut und Standhaftigkeit" beschrieben und soll darin alle seine Standesgenossen übertroffen haben. Baumkircher kämpfte lange Zeit treu und aufopfernd für Kaiser Friedrich III. Als Rebellen am 28. August 1452 den Kaiser in Wiener Neustadt gefangen nehmen wollten und zum Sturm auf die Burg ansetzten, stellte sich Baumkircher am Tor als „Riese an Kraft und Mut" allein einer größeren Gruppe von Feinden entgegen und konnte sie so lange aufhalten, bis das Tor geschlossen war. Bei diesem Kampf wurden ihm angeblich 13 Wunden zugefügt, was ihn aber nicht am Weiterkämpfen hinderte.

Georg Podiebrad

Auch im Jahre 1461 rettete Baumkircher die kaiserliche Burg in Wien vor dem gegen den Kaiser kämpfenden Erzherzog Albrecht und schlug diesen in die Flucht. Ein Jahr später wurde die Burg Friedrichs III. erneut belagert und Baumkircher unterstützte mit Eifer das Entsatzheer unter Georg Podiebrad.

Doch der Kaiser erwies sich nie als besonders dankbar gegenüber seinem bemühten Gefolgsmann und Retter, was dazu führte, dass dieser an die Spitze eines Bündnisses trat, das seitens einer Gruppe steirischer Adeliger gegen Friedrich III. geschlossen worden war. Baumkircher war auch hierbei sehr erfolgreich und konnte mehrere Städte und Schlösser unter seine Kontrolle bringen. Er begab sich unter den Schutz des ungarischen Königs Matthias Corvinus und übergab die Stadt Leibnitz an die Magyaren.

Der Kaiser befand sich 1468/69 in Italien und reiste eilig heim, als er von den Erfolgen Baumkirchers und seiner Mitverschworenen erfuhr. Nach der so genannten Fürstenfelder Julischlacht (1469) verheerte Baumkircher große Teile der Steiermark. Im Juli 1470 sah sich Friedrich III. zu Verhandlungen gezwungen und die innerösterreichischen Stände erwirkten einen Ausgleich mit Baumkircher. Der Kaiser amnestierte in Völkermarkt den Aufrührer und seine Mitverschworenen. Baumkircher sollte nun angeblich 14.000 Gulden erhalten, sah das Geld aber nie, was bei der ständigen finanziellen Misere des Kaisers auch nicht verwundert.

Als man ihm freies Geleit zusicherte, kam Baumkircher am 23. April 1471 nach Graz, um zu verhandeln. Hier wurde er vorerst mit viel Freundlichkeit hingehalten, bis die Zeit für sein zugesichertes freies Geleit abgelaufen war. Als er bereits eine Falle vermutete, vertröstete man ihn auf eine Entscheidung des Kaisers. Baumkircher versuchte, die Flucht zu ergreifen, schwang sich auf sein Pferd und ritt auf das Stadttor zu. Zu spät, denn im letzten Moment schloss sich vor ihm das Tor. Das Läuten einer Glocke verkündete nun den Ablauf der zugesicherten Schonfrist. Baumkircher wurde überwältigt und ein Priester und der Henker warteten schon auf ihn. Obwohl er noch anbot, alle geraubten Güter und 60.000 Gulden für sein Leben zu geben, wurde er ohne Gerichtsverfahren geköpft. Diesen „Dank des Hauses Habsburg" sollten auch noch andere verdiente Männer im Laufe der Geschichte erfahren.

LITERATUR

BERMANN, Moriz: Alt- und Neu-Wien. Geschichte der Kaiserstadt und ihrer Umgebungen. Wien 1880

BRAUMANN, Franz u. Heinz Grill: Österreich von der Urzeit bis zu den Babenbergern. Wien 1995

GUTKAS, Karl: Die Babenberger in Österreich. St. Pölten 1977

HAUSMANN, Friedrich: Probleme um Friedrich II. Wien 1974

HÖDL, Günther: Habsburg und Österreich 1273–1493. Wien 1988

JURITSCH, Georg: Geschichte der Babenberger und ihrer Länder. Wien 1894

KRONES, Franz von: Baumkircher, Andreas Freiherr von. In: Allgemeine Deutsche Biographie. Band 2, München 1875

LECHNER, Karl: Die Babenberger. Markgrafen und Herzoge von Österreich 976–1246. Wien 1996

METZNER, Alfons: Die Habsburger. Österreichs Regenten in Wort und Bild. Teschen 1894

RUSCH, Gustav u. a.: Bilder aus der Geschichte der Stadt Wien. Wien 1912

TEUFFENBACH, Albin v.: Österreichs Hort. Geschichts- und Kulturbilder aus den Habsburgischen Erbländern. 2 Bände, Wien 1910

TEUFFENBACH: Vaterländisches Ehrenbuch. Wien 1880

WURZBACH, Constant von: Biographisches Lexikon des Kaiserthums Österreich. Bd. 6 u. 7, Wien 1860/61

ZEISSBERG, Heinrich Ritter von: Friedrich II. Herzog von Österreich und Steiermark. In: Allgemeine Deutsche Biographie. Band 7, München 1878

GEORG VON FRUNDSBERG
DER „VATER DER LANDSKNECHTE"

„Jörg von Frundsberg führt uns an.
Tra la la la la la la,
Der die Schlacht gewann,
Lerman vor Pavia."
AUS EINEM ALTEN LANDS-
KNECHTSLIED

Georg von Frundsberg (Gemälde von
Christoph Amberger, 1528)

Georg (Jörg) von Frundsberg wurde am 24. September 1473 auf der Mindelburg in Schwaben geboren. Sein Vater war Hauptmann des Schwäbischen Bundes, entstammte einem Tiroler Adelsgeschlecht und hatte die Mindelburg erst wenige Jahre zuvor erworben. Georg war das vierzehnte und letzte Kind, ein sehr kräftiger und aufgeweckter Junge. Da er der jüngste der neun Frundsberg-Söhne war, kam für ihn eigentlich nur eine Laufbahn als Geistlicher oder als Kriegsmann in Frage. Man bestimmte ihn also zum Soldaten und sein Vater und sein Onkel übernahmen die Ausbildung und brachten ihm Kämpfen, Reiten und Jagen bei, vernachlässigten aber seine geistige Bildung, die sich der junge Frundsberg später selbst aneignen musste.

Kaum 18 Jahre alt geworden, nahm Georg von Frundsberg bereits im Jahre 1492 mit einer berittenen Truppe an einem Kriegszug gegen Herzog Albrecht von Bayern teil. Obwohl das Unternehmen nur von kurzer Dauer war, wurde der junge Mann durch das Erlebte geprägt. Die Landsknechte im Lager faszinierten ihn durch ihre bunte, angeberische Aufmachung, ihre demokratische Form der Organisation und ihr Selbstbewusstsein. Ihm missfielen aber die ständige Trunkenheit der Leute, die vielen Prostituierten im Lager und das allgegenwärtige Glücksspiel. Frundsberg war einerseits fasziniert, andererseits aber auch angewidert von diesen zu seiner Zeit das Schlachtfeld beherrschenden Fußsoldaten, mit denen er sich in Zukunft würde abgeben müssen.

Im Jahre 1499 zog Georg von Frundsberg in Begleitung seines Bruders Adam, dem Feldhauptmann des Schwäbischen Bundes, erneut in den Krieg. Die Gegner waren die Schweizer, die um ihre Unabhängigkeit innerhalb des Reiches kämpften.

Bei Bregenz am Bodensee erlitt das kaiserliche Landsknechtsheer eine fürchterliche Niederlage. Man hat dieses Ereignis später als das „Bregenzer Grab" bezeichnet, da bis zu 5000 Landsknechte dabei gefallen sein sollen. Eine Reihe weiterer Niederlagen folgten, wobei bei allen Treffen die Verluste der Landsknechte viel höher waren als jene der Schweizer.

Die von Frundsberg bereits als unorganisiert, schlecht ausgebildet und undiszipliniert erkannten Landsknechte hatten gegen die Schweizer Reisläufer, die als die besten Soldaten der Welt galten, geringe Chancen. Die Schweizer galten zu jener Zeit als sichere Garanten für Siege und hatten einige Jahrzehnte zuvor sogar die Militärmacht des gefürchteten Herzogtums Burgund in drei Schlachten völlig vernichtet. Es schien kein wirksames Gegenmittel gegen die erfolgreichste Phalanx seit der griechischen Antike zu geben. Doch schon bald sollten die unüberwindlichen Schweizer ihren Meister finden.

Der junge Frundsberg erkannte, dass die Siege und die erdrückende Überlegenheit der Schweizer Söldner auf dem Schlachtfeld kein Zufall waren, sondern einen bedeutenden Wandel im Militärwesen darstellten. Die Zeit der gepanzerten Reiter war vorbei und die vornehmlich mit Spießen bewaffnete Infanterie war nun zur wichtigsten Waffengattung geworden. Dazu kam die zunehmende Bedeutung der Feuerwaffen im Kriegsgeschehen. Immer mehr Infanteristen wurden damit ausgerüstet und die Artillerie war vom Schlachtfeld trotz ihrer noch sehr mangelnden Beweglichkeit kaum mehr wegzudenken.

Die trunksüchtigen, ehrlosen und nur für den Sold und die Beute kämpfenden Männer waren Frundsberg ein Gräuel und so versuchte er, eine ganz neue Truppe heranzuziehen. Er wollte „fromme" Landsknechte formen, die an das Ziel glaubten, für das sie kämpften. Außerdem sollten sie disziplinierter und vor allem nicht Geißel und Schrecken der Zivilbevölkerung sein. Es musste etwas Ritterliches in den neuen Kriegsknechten sein, ein verantwortungsvolles und berechenbares Soldatenvolk sollte entstehen. Trotz aller Bemühungen und mancher Erfolge konnte Frundsberg diesen Anspruch aber niemals verwirklichen. Was er durchsetzen konnte, waren klarere Befehlsstrukturen, eine bessere Ausbildung und mehr Organisation. Wenn Frundsberg später ins Feld zog, waren seine Leute meist disziplinierter als die „Konkurrenz".

Nur wenige Monate nach dem Krieg am Bodensee befand sich Frundsberg erneut in einem militärischen Konflikt. Dieses Mal kämpfte er als einfacher Landsknecht für den Mailänder Herzog Ludovico Sforza, der von Trient aus mit einem Heer die Franzosen aus Mailand vertreiben wollte, wobei nun Landsknechte und Schweizer gemeinsam Seite an Seite im Feld standen. Frundsberg beobachtete dabei die Schweizer genau, um von ihnen zu lernen, und konnte später vieles davon für seine Reform des Landsknechtswesens verwenden.

Im Jahre 1504 versuchte Frundsberg ein Fähnlein Fußknechte, die er für die Stadt Memmingen drillte, neben einer guten Ausbildung zu „frommen Landsknechten" zu machen. Er war insofern erfolgreich, als er mit dieser Truppe bei Regensburg im Bayerischen Erbfolgekrieg mit Bravour gegen eine Truppe böhmischer Söldner bestehen konnte. Kaiser Maximilian I. war davon so angetan, dass er Frundsberg eigenhändig zum Ritter schlug. Dieser war von der kaiserlichen Huld sehr beeindruckt und wurde von nun an ein treuer Diener des Hauses Habsburg.

Belagerung der Festung Kufstein 1504. Hier bewährte sich die Artillerie Kaiser Maximilians.

In einer Zeit, in der gemeinsames Exerzieren unbekannt war und es keine feste Marschordnung gab, teilte Frundsberg seine Haufen in Vorhut, Hauptmacht und Nachhut auf und legte fest, wie man die Spieße genau zu gebrauchen hatte und wie die Kavallerie den Rückzug decken sollte. Besonders wichtig waren ihm auch die neuen Feuerwaffen, denen er ein größeres Gewicht gab. Da den Landsknechten bisher jede Form eines geordneten Rückzugs fremd war, lehrte er die Männer, wie man diesen durchführen und von der Defensive wieder in die Offensive gehen konnte.

1506 nahm Frundsberg am Krieg um das Herzogtum Geldern teil. Hier kämpfte er tapfer und umsichtig, auch wenn der Krieg für die Habsburger eher unerfreulich verlief, da die erwarteten Erfolge ausblieben. Wichtigster Schauplatz für Frundsbergs praktische Kriegskunst wurde aber Italien, wo er 1507 als Hauptmann am Romzug Kaiser Maximilians teilnahm und ab 1508 gegen die Venezianer kämpfte, die dem Kaiser den Krieg erklärt hatten. Die Kämpfe in Oberitalien gegen die Truppen Venedigs sollten ihn für die nächsten Jahre am meisten beschäftigen.

Frundsberg wurde immer mehr zum Experten für die Kriegführung mit Landsknechten. Er bewies häufig sein großes taktisches Können und seine Männer vertrauten seiner charismatischen Persönlichkeit. Frundsberg kommandierte ab 1509 mehrere Fähnlein Landsknechte, mit denen er an den Kämpfen um Verona teilnahm. Er führte Unternehmungen durch, die andere militärische Führer als unmöglich betrachteten. 1511 eroberte Frundsberg mit 1800 Mann das Bergdorf Pleif und den für uneinnehmbar gehaltenen Peutelstein-Pass in Südtirol. Er sicherte dem Kaiser damit alle wichtigen Gebirgsübergänge für künftige Feldzüge gegen die Venezianer.

Im Herbst des folgenden Jahres belagerte Frundsberg gemeinsam mit Georg von Liechtenstein als Führer eines schwäbischen Aufgebots von 8000 Mann die Raubritterburg Hohenkrähen im Hegau, von der aus eine Bande von Straßenräubern und Wegelagerern die Handelswege in Oberschwaben verunsicherten. Die Burg konnte schließlich eingenommen werden und der von seinen Fähigkeiten beeindruckte Kaiser Maximilian ernannte Frundsberg nun zum Obersten Feldhauptmann in Tirol und zum kaiserlichen Kriegsrat. Außerdem wurde er mit Schloss Runkelstein bei Bozen belehnt.

Im Jahre 1513 führte Frundsberg mit der Unterstützung anderer Landsknechtsführer 7000 Kriegsknechte über die Alpen nach Bassano. Der venezianische Feldherr Bartolomeo d'Alviano versperrte ihnen mit einem zahlenmäßig weit überlegenen Heer aber den Weg und brachte sie in dem unwegsamen Gelände in eine für sie nachteilige Position.

Als die Venezianer ihm das Angebot machten, er solle sich ergeben und mit seinen Männern ohne Waffen abziehen, zog er natürlich den Kampf vor. Am 7. Oktober 1513 schlug Frundsberg das viel größere Heer der Venezianer zwischen Motta und Creazzo vernichtend. Anlässlich dieser Schlacht soll der berühmte Spruch gefallen sein: „Viel Feind, viel Ehr!" Er schlug alle Warnungen seiner Unterführer in den Wind, die gemeint hatten, er könnte nicht mit seinen unterlegenen Kräften gegen die Venezianer antreten. Frundsberg spekulierte erfolgreich darauf, dass die Venezianer mit einem sicheren Sieg rechneten und deshalb unvorsichtig sein würden. Seine gut positionierten Arkebusiere nahmen die Venezianer in ein heftiges Kreuzfeuer und die Landsknechtshaufen stießen dann in die unkoordinierte Masse der Gegner. Frundsberg selbst kämpfte wie so oft mit dem Schwert in der Hand in der ersten Reihe seiner Männer. Wenig später war die Schlacht gewonnen und die Italiener hatten 5000 Mann und ihre Artillerie verloren. Frundsberg eroberte in der Folge noch die als uneinnehmbar geltende Festung Cadore in den Dolomiten.

Nachdem er den Winter in Verona verbracht hatte, eroberte er im Frühjahr 1514 die Städte Este und Rovigo. Nachdem er das Friaul unterworfen hatte, wurde Frundsberg schwer krank und musste nach Deutschland zurückkehren. Aber schon einige Monate später schickte ihn der Kaiser wieder nach Oberitalien, wo er die strategisch sehr wichtige Stadt Verona gegen die Venezianer verteidigen sollte. Gemeinsam mit seinen Landsknechten und einer spanischen Truppe leistete Frundsberg den Venezianern und ihren französischen Verbündeten erbitterten Widerstand.

Es schien so, als würde er die Stadt weiterhin erfolgreich gegen das starke Belagerungsheer seiner Gegner halten können, als ihm der Kaiser in den Rücken fiel. Denn dieser gab Verona im Frieden von Brüssel im Dezember 1516 preis und Frundsberg musste schließlich schwer enttäuscht und verbittert aus der Stadt abziehen.

Frundsberg hatte im Jahre 1500 Katharina von Schrofenstein geheiratet, die ihm fünf Töchter und drei Söhne schenkte. Alle seine Söhne kämpften später unter dem Befehl ihres Vaters

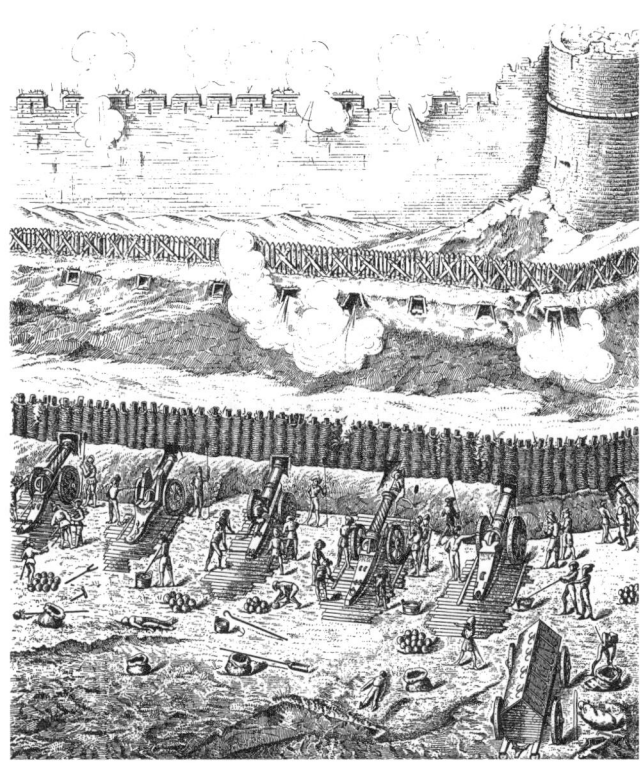

Artillerie: Belagerungsbatterie aus dem Beginn des 16. Jahrhunderts (nach dem „Weißkunig")

bei dessen Kriegszügen. Frundsbergs Sohn Kaspar wurde später selbst ein begabter und tatkräftiger Landsknechtführer. Nachdem Katharina 1518 gestorben war, heiratete Frundsberg ein Jahr später Anna von Lodron, mit der er eine weitere Tochter hatte. Nach dem Tod seiner älteren Brüder erbte er die Herrschaft Mindelheim und einigen Besitz in Tirol und hätte sich schon relativ früh zur Ruhe setzen können. Doch Frundsberg war immer zur Stelle, wenn der Kaiser ihn rief. Und dieser benötigte sehr oft seine Dienste.

Als Kaiser Maximilian am 12. Februar 1519 starb, fand Frundsberg in dessen jugendlichem Nachfolger Karl V. einen neuen Oberherrn, der aus einem etwas anderen Holz geschnitzt war als der alte Kaiser und ihn weniger großzügig behandelte, was sowohl das Finanzielle als auch die Wertschätzung der militärischen Ratschläge des Landsknechtführers betraf.

Deutsche Landsknechte (nach einem Holzschnitt von Jost Ammann)

Im Jahre 1519 nahm Frundsberg an einem Feldzug in Deutschland teil. Er marschierte mit dem Schwäbischen Bund gegen den Herzog Ulrich von Württemberg. Es kämpften dieses Mal Landsknechte gegen Landsknechte, aber Frundsbergs Männer behielten die Oberhand. Der Konflikt wurde relativ rasch entschieden und Frundsberg bewies, dass die von ihm angeworbenen und ausgebildeten Männer die besseren Soldaten waren, besonders wenn sie unter seiner persönlichen Führung standen.

Der als genial angesehene Rückzug Frundsbergs bei Valenciennes 1521 folgte auf den von Kaiser Karl V. befohlenen Angriff auf Nordfrankreich, an dem viele der bedeutendsten Landsknechtführer jener Zeit teilnahmen. Frundsberg hatte für das Unternehmen gegen den französischen König Franz unerwartet große Geldmittel bekommen und betrieb damit eifrig die Werbung möglichst vieler Landsknechte. Er traf in den Niederlanden mit den Truppen des Grafen von Nassau, Franz von Sickingens und anderer Heerführer zusammen.

Etwa 50.000 Mann waren zusammengekommen. Doch das Unternehmen stand vom Anfang an unter keinem guten Stern, denn man konnte sich nicht auf ein gemeinsames Kommando einigen. Deshalb wurde das Heer in verschieden große Haufen geteilt, von denen manche einfach nur die nächstgelegenen festen Plätze belagerten, während Frundsberg die Picardie „beglückte“. Es dauerte einige Zeit, bis die Franzosen ein Heer von 40.000 Mann unter Karl von Bourbon aufbieten konnten. Vor dieser Gefahr nun schlossen sich die kaiserlichen Heerhaufen wieder zusammen und versammelten sich bei Valenciennes, um den Übergang über die Schelde zu verteidigen.

Karl V. nach der Schlacht am Mühlberg (Tizian 1548)

Die Franzosen erschienen ziemlich rasch, griffen aber zunächst nicht an. Die beiden Heere lagen sich tagelang gegenüber. Als die Kaiserlichen jedoch die Nachricht erhielten, dass ein Teil der Franzosen gegen die Stadt Bouchain marschierte, rückten auch der Graf von Nassau und Frundsberg mit 12.000 Fußsoldaten und 4000 Reitern in diese Richtung vor, wobei man die Geschütze zurückließ. Frundsberg trieb die Männer an, da es um das rasche Erreichen der bei der Stadt befindlichen Scheldebrücke ging. Dann stieß die kaiserliche Vorausabteilung im dichten Nebel auf die Franzosen. Frundsberg konnte sich wegen des Nebels kein richtiges Bild verschaffen und hatte keine Ahnung von der Stärke des Feindes. Er hielt deshalb den Nassauer Grafen von einem Angriff ab und ließ dann seine besten Leute zu sich kommen, denen er eine Erkundung der Lage befahl. Von einem gefangenen Schweizer erfuhr Frundsberg schließlich, dass er es mit der französischen Hauptarmee zu tun hatte, die seinen Truppen weit überlegen war. Bei einem Kriegsrat setzte er dann gegen den Widerstand des Nassauers den Rückzug durch.

Frundsberg wusste aber, dass dieses Manöver bei Landsknechtstruppen leicht in Panik und Flucht ausarten konnte, weshalb er seine Offiziere beruhigte und den Abmarsch genau plante. Während die kaiserlichen Reiter den Gegner mit einem Scheinangriff in Aufregung versetzten, marschierte er im Nebel mit seiner Infanterie geordnet davon. Die Truppe kam nun in die Nähe der Stadt Valenciennes. Dort brach durch die Undiszipliniertheit einiger Leute vom Tross Unruhe aus und die niederländischen Kriegsknechte und englischen Bogenschützen in Frundsbergs Truppe wandten sich zur Flucht. Doch es gelang dem erfahrenen Feldherrn, seine deutschen Landsknechte zu beruhigen, was sich auch auf alle anderen auswirkte. Als sie in Sicherheit waren, befahl Frundsberg seinen Männern, sie sollten nun beten und Gott für die Rettung danken. Seine Leute waren ihm viel zu wertvoll, um sie sinnlos zu opfern.

Die Franzosen, die keinen Durchblick hatten, zerstritten sich währenddessen über ihre weitere Vorgehensweise. König Franz wechselte den Heerführer aus; als seine Armee dann endlich vorrückte, fand sie keinen Gegner mehr vor. Frundsberg hatte inzwischen seine Truppe mit dem Hauptheer vereinigt und nahm mit diesem gemeinsam die Stadt Dornick, das heutige Tournai, ein. Kaiser Karl beendete daraufhin die Kampagne in Frankreich und der Hauptkriegsschauplatz verlagerte sich nach Oberitalien.

Ende 1521 benötigte Karl V. erneut dringend die Dienste Frundsbergs und ernannte ihn zum Obersten Feldhauptmann. Der französische König hatte ein großes und gut ausgerüstetes Heer aufgeboten, um möglichst große Teile Italiens unter seine Kontrolle zu bringen. Von den 32.000 Mann, die er ins Feld schickte, waren immerhin die Hälfte kampferfahrene Schweizer Reisläufer. Frundsberg zögerte nicht lange und verstärkte das zahlenmäßig unterlegene kaiserliche Heer durch 6000 deutsche Landsknechte, die er auf eigene Rechnung angeworben hatte. Mit dieser Truppe und der Hilfe einheimischer Bauern marschierte er durch die verschneiten Bergamasker Alpen und stieß für die Franzosen völlig überraschend bei Mailand zum kaiserlichen Heer, das unter dem Kommando von Prospero Colonna stand.

Die Schlacht bei Bicocca am 27. April 1522 wurde wieder eine von Frundsbergs militärischen Glanzleistungen und zudem ein wichtiger Meilenstein der Kriegsgeschichte. Das zahlenmäßig den Kaiserlichen und ihren Verbündeten überlegene französische Heer umfasste unter anderem 16.000 der gefürchteten Schweizer Reisläufer, was ihm schon fast den Nimbus der Unbesiegbarkeit verlieh. Die Schweizer drängten auch zur Schlacht und wollten sich bei dieser Gelegenheit für ihre Niederlage gegen die Landsknechte in der Schlacht bei Marignano im Jahre 1515 rächen, da diese den Ruf ihrer Unbesiegbarkeit zerstört hatten.

Frundsberg, der sich mit dem nominellen Oberkommandierenden Prospero Colonna gut verstand, hatte eine ausgezeichnete Verteidigungsstellung ausgesucht. Beim nordwestlich von Mailand gelegenen Jagdschloss La Bicocca war er links durch sumpfiges Gebiet und Wassergräben geschützt, während zu seiner Rechten ein Hohlweg mit vier Reihen Arkebusieren gesichert war. An der Frontseite standen die Geschütze und weitere Schützen mit Feuerwaffen. Die mit Lanzen bewaffneten Landsknechte, seine Hauptmacht, hatte er schachbrettartig im Zentrum aufgestellt.

Als die Schweizer schließlich mit viel Schwung zu ihrem normalerweise unaufhaltbaren Frontalangriff antraten, setzten die Artillerie und die Gewehrschützen Frundsbergs den Angreifern schwer zu. Trotz sehr hoher Verluste rückten die Schweizer Reisläufer dann doch vor und die deutschen Landsknechte traten in Aktion. Es war das zweite Mal in der Kriegsgeschichte, dass so viele Schweizer und deutsche Söldner aufeinanderprallten. Frundsberg war wie üblich ganz vorne und erblickte auf der Gegenseite Arnold Winkelried aus Unterwalden. Dieser wollte sofort einen Zweikampf und rief: „Du alter Gesell, find ich dich da! Hat dein Leben noch kein End? Du musst hier von meiner Hand sterben!" „Es soll dir widerfahren, will's Gott!", antwortete Frundsberg und schon stürzten sich die beiden aufeinander, wobei Winkelried von einem seiner Spießgesellen unterstützt wurde. Doch trotz der Hilfe erschlug Frundsberg innerhalb kurzer Zeit beide mit seiner Hellebarde.

Die Schweizer und ihre französischen Verbündeten erlitten eine schwere Niederlage und mehr als 5000 Mann sollen gefallen sein. Frundsberg hatte mit seiner flexibleren Taktik und dem guten Zusammenspiel von Landsknechten, Artillerie und Gewehrschützen gegen die plumpe Angriffstaktik des Schweizer Gewalthaufens gesiegt. Die Verluste der Kaiserlichen und ihrer Verbündeten waren äußerst gering.

Seine Theorien legte der Schlachtensieger in einem Buch vor, das Ende 1522 erschien: „Trewer Rath und Bedencken. Eines Alten wol versuchten und Erfahrenen

Kriegsmans." Darin beschrieb Frundsberg die von ihm bevorzugte Taktik der Verlängerung der Front, mit der er die Tiefe der gegnerischen Gevierthaufen umfassen wollte. Frundsberg meinte, es wären immer die vordersten fünf oder sechs Glieder, mit denen man eine Schlacht gewinnen oder verlieren würde. Weshalb es günstiger sei, wenn mehr Landsknechte durch eine breite Aufstellung der Truppe „zu der arbeit kommen können", denn damit würde der Sieg erleichtert werden. Das war jedoch nur eines von vielen Werken zur Kriegstaktik, die Frundsberg verfasst hat. Was zeigt, dass er sich nicht nur auf die Praxis, sondern auch auf die Theorie verstand.

In den von ihm verfassten „Artikelbriefen" stellte er eine Art von Grundgesetz für die Landsknechte auf. Darin führte er die Rechte und Pflichten für Offiziere und Mannschaften auf und legte das Gerichts-, Proviant- und Soldwesen fest. Außerdem wurden Musterung, militärische Ämter und die Befehlshierarchie beschrieben.

Die berühmte Schlacht bei Pavia am 24. Februar 1525 sollte Frundsbergs bekanntester militärischer Erfolg werden. Der französische König Franz I., der mit dem Papst verbündet war, hatte nach der Einnahme Mailands einen Belagerungsring um

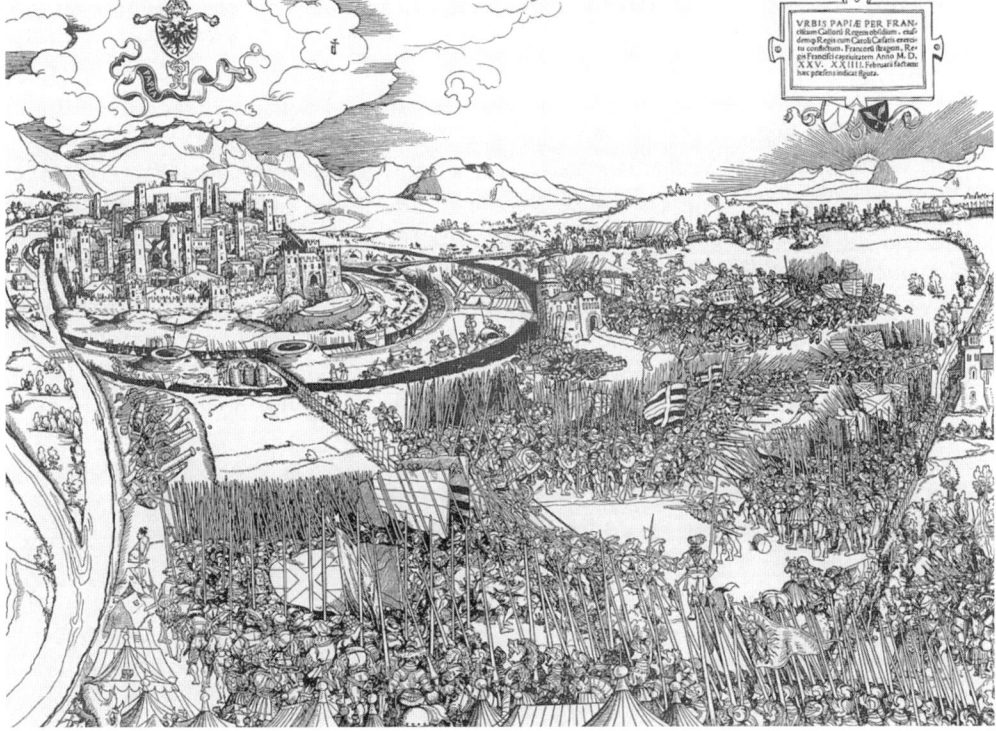

Schlacht bei Pavia. Tapisserie im Museo Nazionale di Capodimonte (Neapel)

die strategisch wichtige, alte Stadt Pavia gezogen. Die Armee des Königs umfasste etwa 35.000 Mann, unter denen sich auch viele Schweizer befanden, während die Festung von 6000 Verteidigern gehalten wurde. Zu deren Entsatz sandte Karl V. eine Armee von 23.000 Mann unter dem Kommando des Marchese Fernando Pescara und Georg von Frundsbergs.

Die Stellungen der Franzosen waren sehr gut ausgebaut und ein Angriff schien aussichtslos, doch Frundsberg griff zu einer Kriegslist. Er erkannte, dass im linken

Flügel des Feindes der Park von Certosa nur schlecht gesichert war. Hier konnten spanische Pioniere in der Nacht eine Bresche in die Mauer des Parks brechen. Frundsberg wollte mit sieben Fähnlein die Wachen überrumpeln. Er ordnete an, dass seine Soldaten weiße Hemden über die Panzerung zu ziehen hätten, um die eigenen Leute in der Dunkelheit zu erkennen. Das Unternehmen gelang und die völlig überraschten Franzosen im Park kapitulierten vor Frundsbergs Männern. Nun mussten die Truppen von König Franz ihre Front umkehren und rasch neue Verschanzungen anlegen.

Am 24. Februar kam es schließlich zur eigentlichen Schlacht, indem die Franzosen ein heftiges Feuer gegen die Eindringlinge im Park von Certosa eröffneten. Dann griff die überlegene französische Kavallerie an und erzielte erste Erfolge. Pescara hatte jedoch 1500 Arkebusiere aufgestellt, die gegen die Reiter ein verheerendes Feuer eröffneten. Der französische Angriff kam zum Stehen und erstmals in der Kriegsgeschichte hatte der Einsatz von Gewehren allein den Verlauf einer Schlacht gewendet. Doch König Franz I. gab sich noch nicht geschlagen und schickte die Schweizer zum Angriff vor. Es kam zu einem heftigen Kampf spießbewaffneter Männer, während Frundsberg in einem gewagten Flankenmarsch mit 6000 Landsknechten vom linken Flügel ins Zentrum marschierte und dort massiv angriff. Die Schweizer und die französischen Ritter verteidigten sich verbissen und der König setzte als letzte Hoffnung eine gefürchtete niederländische Söldnertruppe – den „Schwarzen Haufen" – ein. Doch auch diese Gegner wurden von Frundsbergs Landsknechten vernichtet. Als sich die Soldaten des französischen Königs zur Flucht wandten, ertranken viele im Fluss Ticino. Die Gesamtverluste der Franzosen und Schweizer betrugen etwa 10.000 Mann, worunter auch einige sehr hohe Adelige waren. Der vielleicht schlimmste Verlust für Frankreich war aber die Gefangennahme des Königs, denn Franz I., der bis zum Schluss tapfer gekämpft hatte, wurde schließlich überwältigt und geriet mit seinem großen Gefolge in Gefangenschaft. Georg von Frundsberg erhielt das prunkvolle Schwert des Königs als Trophäe, da alle in ihm den eigentlichen Sieger der Schlacht sahen. Die Franzosen mussten in der Folge ganz Italien räumen.

Luther auf dem Reichstag zu Worms, 1521 (Gemälde von Anton von Werner)

Die Zeit, in der der geniale Feldhauptmann Frundsberg seinen kriegerischen Zenit erreichte, war auch die Zeit Luthers und der beginnenden Reformation. Frundsberg schien von einer gewissen Gläubigkeit erfüllt gewesen zu sein, ohne sich allzu viele Gedanken über theologische Spitzfindigkeiten zu machen. Dennoch dürfte er Sympathie für den Rebellen und Reformer Luther gehegt haben. Es ist nicht ganz sicher, ob Frundsberg den berühmten Ausspruch „Mönchlein, Mönchlein, du gehst einen schweren Gang!" wirklich getan hat. Es wird jedenfalls berichtet, er hätte dies beim Reichstag in Worms zu Martin Luther gesagt. Frundsberg war eine eher weltliche Persönlichkeit und theologische Streitereien werden ihn wohl kaum interessiert haben. Doch schloss auch er sich schließlich der neuen Glaubenslehre an, was vielleicht auf seine Unzufriedenheit mit der Politik des korrupten Papstes zurückzuführen war. Gegen Ende seines Lebens sollte er schließlich zum Schrecken der katholischen Kirche werden.

Als es um die Verteidigung der alten Ordnung ging, stand der alte Landsknechtsführer natürlich auf der Seite seiner adeligen Standesgenossen. Obwohl er kein Anhänger einer allzu brutalen Unterdrückungspolitik war, sorgte er beim großen Bauernkrieg vom Sommer 1525 dafür, dass die feudale Ordnung verteidigt wurde. Seine Fähnlein halfen mit, in Mittelschwaben, im Allgäu, in Trient und in Salzburg die Aufständischen niederzuwerfen. Dafür soll er von einem Allgäuer Bauern verflucht worden sein, der ihm eine göttliche Strafe für sein Vorgehen prophezeite.

Frundsberg war bereits zu Lebzeiten zu einer Art Legende geworden. Viele Geschichten wurden über ihn erzählt. Man beschrieb seine imposante Erscheinung und seine körperliche Kraft, ein Dichter verglich ihn mit einem Bären. In Wirklichkeit war er optisch wenig beeindruckend mit seinem schütteren Haar und seiner enormen Leibesfülle, die ihm immer mehr zu schaffen machte. Gegen Ende seines Lebens hatte er fast den gesamten frundsbergischen Besitz in seiner Hand. Der frühe Tod seiner Brüder und Neffen hatte dazu geführt, dass er neben der Herrschaft Mindelheim eine Anzahl stattlicher Herrschaften und Streubesitz in Nord- und Südtirol besaß. Dadurch hatte er neben seiner Tätigkeit als Kriegsunternehmer auch einiges an Verwaltungstätigkeit und eine größere Anzahl an Gerichtsprozessen zu bestreiten.

Der alternde Feldherr Frundsberg war nach der Schlacht von Pavia trotz seiner fragwürdigen Rolle in den Bauernkriegen am Höhepunkt seiner Popularität und das Schicksal vergönnte ihm ein Jahr Ruhe, ehe er zu seinem letzten und wohl dramatischsten Feldzug aufbrach. 1526 zog er trotz gesundheitlicher Probleme wieder ins Feld. Um den Waffengang für den Kaiser zu finanzieren, musste Frundsberg seinen Besitz in Mindelheim und das Familiensilber verpfänden. Das brachte ihm 30.000 Gulden ein, mit denen er eine stattliche Truppe aufstellen konnte. Obwohl er sich wahrscheinlich wenig Hoffnungen machte, das investierte Geld jemals wiederzusehen, ritt er stolz seinen 16.000 Mann voran, die ihn verehrten und ihm gierig auf Sold und Beute folgten. Die Landsknechte bewunderten ihren großen Führer, der mit der für ihn typischen roten Schärpe stolz und unerschütterlich zu Pferde saß. Doch einem engen Vertrauten gegenüber sagte er resignierend: „Mein treuer Dienst bleibt unerkannt. Kein Dank noch Lohn davon ich bring. Man wiegt mich zu gering und hat mich schier vergessen."

1526 war der Gegner Papst, der wieder einmal die Front gewechselt und sich mit dem französischen König gegen Karl V. verbündet hatte. Frundsbergs Armee war durch weitere Rekrutierungen ziemlich angewachsen, als er bei Brescia im November auf das päpstliche Heer stieß. In einem Anfall von Selbstüberschätzung versuchte dessen Kommandant Giovanni de Medici, die Landsknechte Frundsbergs an der Überquerung des Po zu hindern und ihnen auch noch einen Hinterhalt zu bereiten. Doch der erfahrene Landsknechtsführer war für den Italiener eine Nummer zu groß und kehrte den Spieß um. Frundsberg beschloss, die Schlacht im Alleingang zu gewinnen. Er ließ sich ein Falkonett bringen und lud dieses sehr leichte Geschütz eigenhändig. Dann zielte er auf den päpstlichen Befehlshaber. Der erste Schuss ging fehl, doch der zweite erreichte das Ziel. Die etwa einen Kilo schwere Kugel traf das Bein Medicis und zerschmetterte es. Nachdem Frundsberg ihren Anführer so schnell und gekonnt erledigt hatte, zogen sich die Truppen des Papstes völlig demoralisiert zurück. Es war dies wohl einer der unblutigsten Siege der Kriegsgeschichte.

Frundsbergs Weg nach Rom schien nun frei, da die Söldner der französischen Armee gegen ihren Befehlshaber gemeutert hatten und nun völlig undiszipliniert plündernd herumzogen. Das Heer Frundsbergs umfasste jetzt 20.000 Mann, die allerdings schon lange keinen Sold mehr erhalten hatten. Die Versorgungslage war auch sehr schlecht und das Einzige, was die Männer noch bei Laune hielt, war die Aussicht, sich bei Plünderungen in Rom entsprechend bereichern zu können. Sie folgten also Frundsberg, der den Kaiser verzweifelt um Geld anbettelte, weiter nach Rom. Dann machten die ersten Gerüchte die Runde, dass es zu einem Friedensschluss mit dem Papst kommen würde. Die Stimmung der Männer wurde immer aufgebrachter und entlud sich schließlich am 16. März 1527, als zuerst die spanischen und italienischen Kontingente in Frundsbergs Armee meuterten und ihre Kommandeure attackierten. Auch die deutschen Landsknechte versammelten sich nun vor Frundsbergs Zelt und forderten aufgebracht „Geld, Geld, Geld!".

Der alte Landsknechtsführer hatte ähnliche Vorfälle schon einige Male erlebt, da er immer wieder Probleme mit der Zahlungsmoral seiner Auftraggeber gehabt hatte. Doch nun schien die Situation besonders ernst. Frundsberg versuchte, seine Leute zu beruhigen, und appellierte an ihre Liebe und Ergebenheit ihm gegenüber. Doch dieses Mal ließen sich die Söldner nicht beruhigen und einige richteten sogar ihre Spieße gegen den „Vater der Landsknechte". Frundsberg war darüber sehr erregt und betroffen, denn immerhin hatte er die Männer ausgebildet und zu dem gemacht, was sie waren. Seine „Kinder" meuterten gegen ihn und bedrohten ihn sogar. Nun ereilte den stark übergewichtigen Mann ein Hirnschlag, er fiel auf eine große Trommel und verlor das Bewusstsein. Frundsberg konnte erst vier Tage nach dem Ereignis wieder sprechen, war aber nicht mehr fähig, den Kampf weiterzuführen. Während des Transports zurück nach Deutschland, erfuhr er noch vom Tod seines Sohnes Melchior, der an der Pest gestorben war. In Mindelheim wurde er bereits von seinen Gläubigern erwartet. Er konnte seine Schulden nicht bezahlen und die Bittbriefe seiner Frau an Karl V. und dessen Bruder Erzherzog Ferdinand blieben erfolglos. Der „Dank des Hauses Habsburg" bestand darin, dass man den nun invaliden Mann, dem man so viel verdankte, einfach als unnütz betrachtete und gänzlich ignorierte. Frundsberg musste sich bis ans Ende seines Lebens mit seinen Gläubigern herumschlagen und starb am 20. August 1528 in Mindelheim.

Wenn der alte Haudegen seinen Landsknechten als Führer nach der Meuterei von Bologna erhalten geblieben wäre, dann hätte er wohl ein Ereignis verhindern oder

Sacco di Roma, 1527 (Gemälde von Johannes Lingelbach, 17. Jhdt.)

zumindest abmildern können, das als „Sacco di Roma" in die Geschichte einging. Denn Frundsbergs Landsknechte wurden nach seinem Abgang von Charles III., Herzog von Bourbon, „kommandiert", der mit dieser Aufgabe aber sichtlich überfordert war. Das Heer belagerte Florenz, um endlich an die so lange erwartete Beute und Verpflegung zu gelangen. Sie konnten jedoch die gut verteidigte Stadt nicht einnehmen und die Versorgungslage und Disziplin der Truppen brach endgültig zusammen. Die Söldner marschierten nun geschlossen nach Rom, das sie am 4. Mai 1527 erreichten. Papst Clemens VII. versuchte verzweifelt, den Herzog von Bourbon zu bestechen, doch der hatte längst die Kontrolle verloren. Am 6. Mai überwanden die Landsknechte den schwachen Widerstand an den Mauern der Stadt und drangen in diese ein. Beim Einnehmen der Stadt wurde der Herzog von Bourbon getötet, sodass nun auch die letzte Instanz, die vielleicht mäßigend hätte eingreifen können, beseitigt war. Die nun folgenden Massaker, Plünderungen und Vergewaltigungen, die mehr als 30.000 Opfer forderten, gelten heute als eines der schrecklichsten Ereignisse der neuzeitlichen Kriegsgeschichte. Ungefähr die Hälfte der Stadtbevölkerung wurde getötet, der Papst konnte sein Leben nur durch die Selbstaufopferung der Schweizer Garde retten. 90 Prozent der Kunstschätze Roms wurden geplündert, die meisten Kirchen und Paläste ausgeraubt und teilweise in Brand gesetzt. Der Papst konnte sich nach wochenlanger Belagerung der Engelsburg freikaufen und schließlich seine verwüstete Stadt lebend verlassen. Karl V. wurde für die Ereignisse heftig kritisiert, zeigte sich jedoch wenig schuldbewusst. Der „Sacco di Roma" zeigt, wie gefährlich die frühneuzeitlichen Söldnerheere werden konnten, wenn sie nicht ausreichend finanziell versorgt wurden und ihnen ihr charismatischer Anführer abhanden kam.

Frundsberg war höchstwahrscheinlich der bedeutendste in einer Reihe erstklassiger Heerführer, die im Mitteleuropa des 16. Jahrhunderts zum Einsatz kamen. Das Haus Österreich hatte ihm den größten Anteil seiner Waffenerfolge in Italien zu verdanken. Nach Frundsbergs Tod machte sich dieser Verlust massiv bemerkbar. Niemand konnte so erstklassig die Landsknechte befehligen und mit ihnen so erfolgreich ins Feld ziehen. Schon im Feldzug von 1528 konnten die Habsburger ohne Frundsberg nicht mehr an ihre alten Erfolge anschließen.

Als bittere Bilanz seines Lebens soll der große Feldhauptmann gesagt haben: „Drei Dinge sollten jedermann vom Krieg abschrecken: Die Verderbung und Unterdrückung der armen, unschuldigen Leute, das unordentliche und sträfliche Leben der Kriegsknechte und die Undankbarkeit der Fürsten." Er wusste genau, wovon er sprach.

In der Bevölkerung und bei späteren Landsknechtsgenerationen hatte Frundsberg ein von großer Verehrung geprägtes Nachleben, er wurde fast zu einer Art Sagenfigur. Im Volkslied „Georg von Frundsberg, ein treuer Held" heißt es:

„Er überwand mit eigner Hand,
Venedigs Pracht, der Schweizer Macht,
französisch Schar legt er nieder gar;
mit großer Schlacht den päpstlichen Bund
zu Schanden er macht."

LITERATUR

BAUMANN, Reinhard: Landsknechte. München 1994

FLOCKEN, Jan von: Kriegerschicksal von Hannibal bis Manstein. Berlin 2006

FÜRNKRANZ, Franz: Die Landsknechte. Entstehung, Organisation, Gerichtswesen. Wien 1985

HIRTENFELD, J. u. H. Meynert: Österreichisches Militär-Konversations-Lexikon. 2 Bände, Wien 1851

KURZMANN, Gerhard: Kaiser Maximilian I. und das Kriegswesen der österreichischen Länder und des Reiches. Wien 1985

MILLER, Arthur Maximilian: Herr Jörg von Frundsberg. Freiburg 1928

MILLER, Douglas: Landsknechte 1486–1560. St. Augustin 2004

ORTENBURG, Georg: Waffe und Waffengebrauch im Zeitalter der Landsknechte. Koblenz 1984

RICHTER, Erich: Frundsberg. Vater der Landsknechte, Feldherr des Reiches. München 1968

SCHWEIGERD, Carl Adam: Österreichs Helden – und Heerführer von Maximilian I. bis auf die neuesten in Biographien und Charakterskizzen. Wien 1852

TEUFFENBACH, Albin v.: Österreichs Hort. Geschichts- und Kulturbilder aus den Habsburgischen Erbländern. 2 Bände, Wien 1910

THEUER, Franz: Blutiges Erbe. Die Habsburger im Kampf mit Franzosen, Päpsten, Ungarn und Türken. Eisenstadt 1996

ZWIEDINECK-SÜDENHORST, Hans von: Kriegsbilder aus der Zeit der Landsknechte. Stuttgart 1883

NIKLAS GRAF SALM
DER TÜRKENKRIEGER

„… im letzen Hauptsturme empfing der damals 71-jährige Heldengreis Niklas Salm seine Todeswunde … seinen Siegerdegen mit der Rechten noch festhaltend, den Fuß auf dem eroberten Roßschweifen, in den Armen der Freundschaft und Liebe seines Waffenbruders Rogendorf und dessen Tochter Elisabeth, die sich vergebens müht, das aus der Wunde strömende Blut mit ihrem Schleier zu stillen." (Constant Wurzbach)

Skulptur des Niklas Salm,
Wien, Rathauspark

Niklas Graf Salm wurde im Jahre 1459 in Niedersalm in den Ardennen geboren. Er entstammte der Linie der Salm-Neuburg. Seine Eltern Johann V. Graf zu Salm und Anna von Harcourt gehörten weniger bedeutenden Adelsgeschlechtern an. Über die Kindheit und Ausbildung des jungen Salms ist kaum etwas bekannt, aber er dürfte sich schon in Knabenjahren für den Kriegsdienst entschieden haben und betrat sehr jung den Boden des europäischen Kriegstheaters.

Salm nahm bereits als 17-Jähriger am 22. Juni 1477 an der Schlacht bei Murten teil. Hier zog er aus dem militärischen Desaster des stolzen und selbstherrlichen Burgunderherzogs Karl des Kühnen seine Schlüsse, denn der Herzog hatte mit einem gut ausgerüsteten, aber konventionell organisierten Heer die Entscheidung gesucht. Die Zeit der gemischten Adelsaufgebote war endgültig vorbei, die militärische Zukunft gehörte den eidgenössischen Reisläufern und den Landsknechten. In den folgenden Jahren nahm Salm an verschiedenen kriegerischen Unternehmungen teil und bewies dabei immer wieder seine militärischen Fähigkeiten.

Der noch recht junge und doch bereits sehr kriegserfahrene Salm trat 1483 in österreichische Dienste. Er sollte den Habsburgern letztlich 47 Jahre lang treu und erfolgreich dienen. Der erste österreichische Kriegseinsatz des jungen Soldaten führte ihn unter Herzog Albrecht dem Beherzten von Sachsen zum Entsatz von Wiener Neustadt. Auch wenn dieser Feldzug eine ziemliche Katastrophe wurde, schien Salm sich selbst sehr gut geschlagen zu haben, was seinen persönlichen mutigen Einsatz und kleinere Erfolge betraf. Es folgten immer wieder Kämpfe mit den Türken, wobei auch eingedrungene osmanische Streifscharen abgewehrt und vernichtet wurden. 1488 zog Salm unter Maximilian I. gegen die aufständischen Bürger Flanderns. Wieder bewährte er sich und gewann das Wohlwollen des späteren Kaisers. Er wurde drei Jahre später zum kaiserlichen Feldhauptmann ernannt. In den folgenden Jahren war er bei verschiedenen Konflikten im Einsatz und er bewies immer wieder Mut und militärisches Können.

Im Schweizerkrieg von 1499 war Salm unter jenen Truppen, die unter der Führung des Grafen Wolfgang von Fürstenberg, dem Obersten Feldhauptmann des Schwäbischen Bundes, standen, und kämpfte am 11. April bei Mannenbach in der Nähe von Konstanz, wo er eine Schweizer Truppe unter dem Verlust von 300 Soldaten zurückdrängen konnte. Der Landshuter Erbfolgekrieg bot ebenfalls Gelegenheit für Salm, seine militärischen Fähigkeiten unter Beweis zu stellen. Er nahm im November 1504 den Ort und das Schloss Trostberg ein. Salm galt schon jetzt als einer der hervorragendsten Feldhauptleute.

1506 gab Salm Maximilians Sohn Philipp das Geleit nach Kastilien und wurde zudem beauftragt, militärisch in die inneren Wirren Ungarns einzugreifen. Als Kommandant der Truppen König Maximilians I. zog er in Ungarn ein und schaltete die Gegner des Vertrags von 1491 aus, der das Erbrecht der Habsburger sicherte, falls König Vladislav ohne männlichen Nachkommen sterben sollte.

Maximilian I. war zufrieden mit Salms Treue und Fähigkeiten, zu denen unter anderem diplomatische Tüchtigkeit gehörte, sodass er ihn mit den in Wien stattfindenden Landtagsverhandlungen der Jahre 1509 und 1510 beauftragte. Zwischendurch kämpfte Salm 1509 unter Georg von Frundsberg in Italien. Als er jedoch im Jahre 1511 das Kommando über die in Innerösterreich stehenden kaiserlichen Truppen übernahm, kam es zu einem nicht näher bekannten Ereignis, bei dem sich Salm den Unwillen des Kaisers zuzog. Bestürzt darüber eilte der bewährte Heerführer nach Trient, wo Maximilian sein Hoflager hielt. Hier konnte er mit Hilfe des Kanzlers Sernstein eine Versöhnung mit dem Kaiser herbeiführen, der auf die Dienste eines so fähigen Mannes wie Salm nicht verzichten konnte.

In der folgenden Zeit wurden die Bewerbungen Salms um Übernahme von Kriegsdiensten für den Kaiser dennoch immer wieder abgelehnt. Als die Lage der habsburgischen Truppen im Küstenland, wo man sich wieder mit den Venezianern bekriegte, im Frühjahr 1514 sehr schlecht war, entsann man sich des bewährten Feldhauptmanns und gab ihm ein Kommando. Als Salm auf das belagerte Marano zumarschierte, brachen die Venezianer die Belagerung ab und zogen sich zurück. Er zog nun nach Görz und verstärkte seine Armee, denn er wollte die Venezianer komplett aus dem Friaul vertreiben und sich mit den aus Tirol kommenden Truppen vereinigen. Auf seinem Vormarsch überfiel Salm am 12. Juli 1514 den venezianischen Feldhauptmann Giovanni Bittuci und brachte ihm eine schwere Niederlage bei. Die Gefangennahme Bittucis bedeutete einen großen Schock für die Venezianer, deren Stadt zudem noch von Seuchen heimgesucht wurde. Am 18. Oktober 1514 kam es zum Waffenstillstand, der den Sieg Salms bestätigte.

Salm stand nun wieder hoch in der Gunst des Kaisers und nahm im Sommer 1515 an der Wiener Fürstenversammlung teil, die zu jener berühmten Doppelheirat führte, die auf die dynastische und territoriale Geschichte des Hauses Habsburg großen Einfluss haben sollte. Wenig später musste der bewährte Feldhauptmann vom italienischen Kriegsschauplatz abmarschieren. Am 7. Oktober 1515 erkämpfte Salm gemeinsam mit Frundsberg den Sieg bei Creazzo und nahm an der Erstürmung Veronas teil. Anschließend beteiligte er sich an der mutigen Verteidigung der Stadt. Zuvor verwundet, kämpfte Salm mit „vil guetten Herrn und Knecht" einen tapferen Kampf.

Wenig später wurde der kampferprobte Graf zum Statthalter von Ober- und Unterösterreich ernannt. Nach der Ankunft Ferdinands I. in Wien erfolgte Salms Berufung zum Feldhauptmann dieser Länder. Er machte sich wie sein Freund und Kollege Frundsberg um die Verbesserung der Ausbildung und Disziplinierung der Landsknechte verdient.

Am 4. Juni 1522 erhielt Salm seinen „Bestallbrief", der ihn zum „obristen Veldhauptmann" der Untersteiermark gegen die Türken machte. Diese Position bedeutete für ihn keine große Herausforderung, da die Lage relativ ruhig blieb. Deshalb erhielt Salm zu Beginn des Winters 1523 den Befehl, die „crabatischen und crainerischen Pferde" zu beurlauben, also weitgehend abzurüsten. Die nun folgende Ruhe dauerte nicht allzu lange, denn der Krieg in Italien erforderte 1524 einen altgedienten und erfahrenen Feldhauptmann wie Salm. Erzherzog Ferdinand hatte auf eigene Kosten Truppen ausgerüstet und bestellte am 15. Dezember 1524 Salm zum Hauptmann der Landsknechte und der Kavallerie. Dieser konnte nun wieder unter dem Kommando seines alten Waffengefährten Georg von Frundsberg kämpfen.

Die Schlacht bei Pavia am 23. Februar 1525 bedeutete einen der Höhepunkte in der militärischen Karriere des bereits 65-jährigen Niklas Graf Salm. Er war nach heftigem Kampf wesentlich an der Gefangennahme des französischen Königs Franz I. beteiligt. Salm „hat sich mit seinen Reutern hart umb den König angenommen, dem König seinen Hengst erstochen". Er verwundete den König im Kampf und wurde von diesem ebenfalls durch einen Stich in den Schenkel verletzt. Der alte Haudegen hatte endgültig großen Waffenruhm erworben.

Seine habsburgischen Herren brauchten Salm jedoch dringend an der Heimatfront, wo sich die Bauern erhoben hatten. Da ihm als Oberstem Feldhauptmann in den österreichischen Ländern die Leitung des Kriegswesens oblag, begab er sich in die Obersteiermark, wo der Aufstand der Bauern des Ennstals begonnen hatte. Anfangs kam Salm wegen der geringen Anzahl der zur Verfügung stehenden Truppen und dem Ausbleiben der Soldzahlungen in eine schwierige Lage. Erst als er seine Truppe auf 2100 Kriegsknechte aufgestockt hatte und der Nachschub einigermaßen funktionierte, konnte er den Auftrag aus Wien ausführen und die Stadt Schladming, deren Einwohner sich am Aufstand beteiligt hatten, angreifen und brandschatzen. Er ließ Schladming wie befohlen anzünden „und in Grund verprennen". In Fortführung dieser „Befriedungspolitik" wurden im Weiteren viele Häuser von Aufständischen in Aussee niedergebrannt; das Städtchen Eisenerz wurde gebrandschatzt. Salm agierte mit seinen Truppen rasch, beweglich und schlug konsequent zu. Sein Mitleid mit den aufständischen Bauern schien nicht sehr ausgeprägt gewesen zu sein, denn er ließ viele von ihnen grausam töten und brannte ihre Bauernhöfe nieder. Das brachte im

Spätherbst 1525 den Aufstand zum Erliegen. Salm hatte bewiesen, dass er bezüglich der eigenen Bevölkerung „ein Mann fürs Grobe" sein konnte. Erzherzog Ferdinand hatte gleich eine neue Order für ihn bereit. Salm sollte gegen Johann Zápolya geschickt werden, der Anspruch auf die ungarische Krone erhoben hatte. Zu Beginn des Feldzugs führte der Markgraf Kasimir von Brandenburg-Kulmbach den Oberbefehl. Nach dessen gesundheitsbedingtem Ausfall übernahm Salm das Kommando. Er ging rasch vor, folgte Zápolya auf dessen Rückzug von Ofen nach Oberungarn, besetzte Erlau, zersprengte feindliche Truppen bei Sájolád und rückte über Tokaj nach Tarcal, wo er ein Lager aufschlug. Hier wurde er am 26. September 1527 angegriffen und anfangs zurückgedrängt. Salm gelang es aber rasch, seine zurückweichenden Männer neu zu formieren und einen erfolgreichen Gegenangriff zu starten. Letztlich behauptete er das Schlachtfeld. Salm ließ nun den Truppen Zápolyas keine Zeit mehr, sich zu reorganisieren und verfolgte sie konsequent. Am 27. September griff er sie bei Tokaj so heftig an, dass sie ihr Heil in der Flucht suchten. Nachdem viele niedergemacht worden oder in der Theiss ertrunken waren, erbeuteten Salms Landsknechte die gesamte Artillerie und den Tross ihrer Gegner. Salm nahm Tokaj und die Festung Bodrog nebst einigen anderen Orten ein. Durch diesen durchschlagenden Sieg ermöglichte der Feldhauptmann die Anerkennung Ferdinands als König und dessen Krönung in Stuhlweißenburg. Im Hoflager Ferdinands in Ofen zeichnete dieser seinen erfolgreichen Heerführer entsprechend durch besondere Beweise seiner Gunst aus.

Die erste Türkenbelagerung Wiens, 1529 (zeitgenössischer Holzschnitt)

Kaiser Karl V. als Sieger über die Türken (Italien um 1556)

Salm war bereits im Greisenalter und gesundheitliche Probleme plagten ihn. Er reiste nach Baden, um dort eine Besserung seiner „Leibsschwachheit" – der Gicht – zu erzielen. Hier erhielt er wieder einen „Bestallbrief", der ihn zu den Waffen rief. Doch dieses Mal zögerte er, weil er sich zu alt und krank für weitere Heldentaten fühlte. Schließlich ließ sich Salm doch noch überreden und errang am 15. März 1528 einen entscheidenden Sieg gegen Zápolya bei Szinye. Im selben Jahr wurde Salm zum Obersten Feldhauptmann ernannt. Die Lage verschärfte sich inzwischen weiter, da Johann Zápolya nun die

Hans Guldenmundt: „Die Gefangen(en) klagen". Türkischer Krieger mit gefangenen öster-
reichischen Bauern (Holzschnitt ca. 1529/30)

Unterstützung des türkischen Sultans erhielt, der zu einem Eroberungsfeldzug aus-
rückte.

Als die Türken im Jahre 1529 unerwartet rasch und unaufhaltsam mit einer riesigen Armee von 250.000 Mann gegen Wien vorrückten, erfolgte Salms Ernennung
zum Stadtkommandanten, was sich als weise Entscheidung herausstellen sollte. Dem
erfahrenen, bereits 70-jährigen „Heldengreis" war klar, dass er mit den ihm zur
Verfügung stehenden 20.000 Mann zu Fuß und 2000 Reitern gegen die mehr als
zehnfach überlegenen Truppen des Sultans keinen leichten Stand haben würde, doch
er widmete sich seiner wohl bedeutendsten Aufgabe mit einer für sein Alter ungewöhnlichen Energie und Tatkraft. Wien sollte so rasch und so perfekt wie möglich
verteidigungsfähig gemacht werden.

Wie es um die verteidigungstechnische Situation der Stadt bestellt war, beschrieb
350 Jahre später der Historiker Moritz Bermann recht anschaulich: „… die Thür-
me waren baufällig, die Palisaden fehlten gänzlich, oder waren schwach und verfallen. Daher bedurfte es fast übermenschlicher Anstrengung, um in der kurzen Zeit
noch Sorge für Befestigung, Proviantierung und Geld zu tragen. Glücklicherwei-
se war dafür ein Mann auf dem Platze, der allein ein Kriegsheer aufwog … der
die Vertheidigungsanstalten leitete und in der Eile herstellen ließ, was hergestellt
werden konnte." Vielleicht wurde Salms Eifer auch beflügelt, weil er selbst Haus-

besitzer in Wien war. Er besaß ein stattliches Haus, das am heutigen Josefsplatz Nr. 5 stand.

An seiner Seite hatte er Wilhelm von Rogendorf, den jungen Pfalzgrafen Philipp, der oft wegen seines fürstlichen Ranges vor Salm genannt wurde, und viele weitere, sehr fähige Offiziere und Landsknechtsführer. Salm schickte auch von ihm ausgewählte Teile der Bevölkerung Wiens – viele Frauen, Kinder, alte Männer und Kleriker – aus Wien weg, um im Falle einer Belagerung nicht zu viele Nichtkombattanten in der Stadt zu haben. Die Evakuierten wurden allerdings von türkischen Streifscharen komplett massakriert – dabei starben 5000 Menschen.

Salm schien mit dem Gedanken gespielt zu haben, den Türken außerhalb der Stadt entgegenzutreten, anstelle sich in Wien „einsperren" zu lassen. Die anderen Mitglieder des Kriegsrats, insbesondere Pfalzgraf Philipp, überstimmten ihn aber, wobei sie die erdrückende zahlenmäßige Überlegenheit der Türken anführten. Salm war eher ein Experte für mobile Kriegführung; seine Rolle als Verteidiger einer Stadt aber sollte er schließlich glänzend erfüllen.

Am 21. September kam die Nachricht, dass die Armee des Sultans die Raab überschritten hatte und bereits am 22. September tauchten türkische Vorhuten vor den Mauern Wiens auf. Für die geplante Verteidigung der Vorstädte war es nun zu spät. So blieb nur die Option, so viele Häuser wie möglich niederzubrennen und tunlichst alle Vorräte in die Stadt zu schaffen. Die Wiener Stadtmauer war damals bereits veraltet und stammte im Wesentlichen aus dem 13. Jahrhundert. Rasch wurden einige der Stadttore durch Erde und Mauern unpassierbar gemacht. Vom Stephansdom aus sollten mehrere Beobachter stets das gesamte Umland im Auge behalten. Allen Beteiligten war klar, dass sich der Angriffsschwerpunkt der Türken im Süden bilden würde.

Ibrahim Pascha

Als sich der Großwesir Ibrahim Pascha am 25. September 1529 vor Wien einfand, ließ er gleich ein schier unübersehbares Zeltlager halbmondförmig errichten. Der Sultan schickte einige gefangene kaiserliche Kavalleristen, reich an Kleidern und Geschenken ausgestattet, nach Wien, um seine Bedingungen zu übermitteln. Die Stadt hätte sich auf Gnade oder Ungnade zu ergeben. Sollte Wien Widerstand leisten, würde er die Stadt komplett zerstören und ihre gesamten Einwohner abschlachten lassen.

Natürlich dachten Salm und die anderen Kommandeure nicht an Kapitulation und der Stadtkommandant ließ vier gefangene Türken ebenfalls gut gekleidet und beschenkt zum Sultan schicken. Der Kampf konnte beginnen. Im Sommer 1529 erschwerte der Dauerregen die Aktionen der Infanterie und der Artillerie ungemein. Nur die Reiter konnten einigermaßen ungehindert agieren. Besonders wichtig war, dass dieses Wetter den Transport der schweren türkischen Belagerungsartillerie nach Wien verhindert hatte.

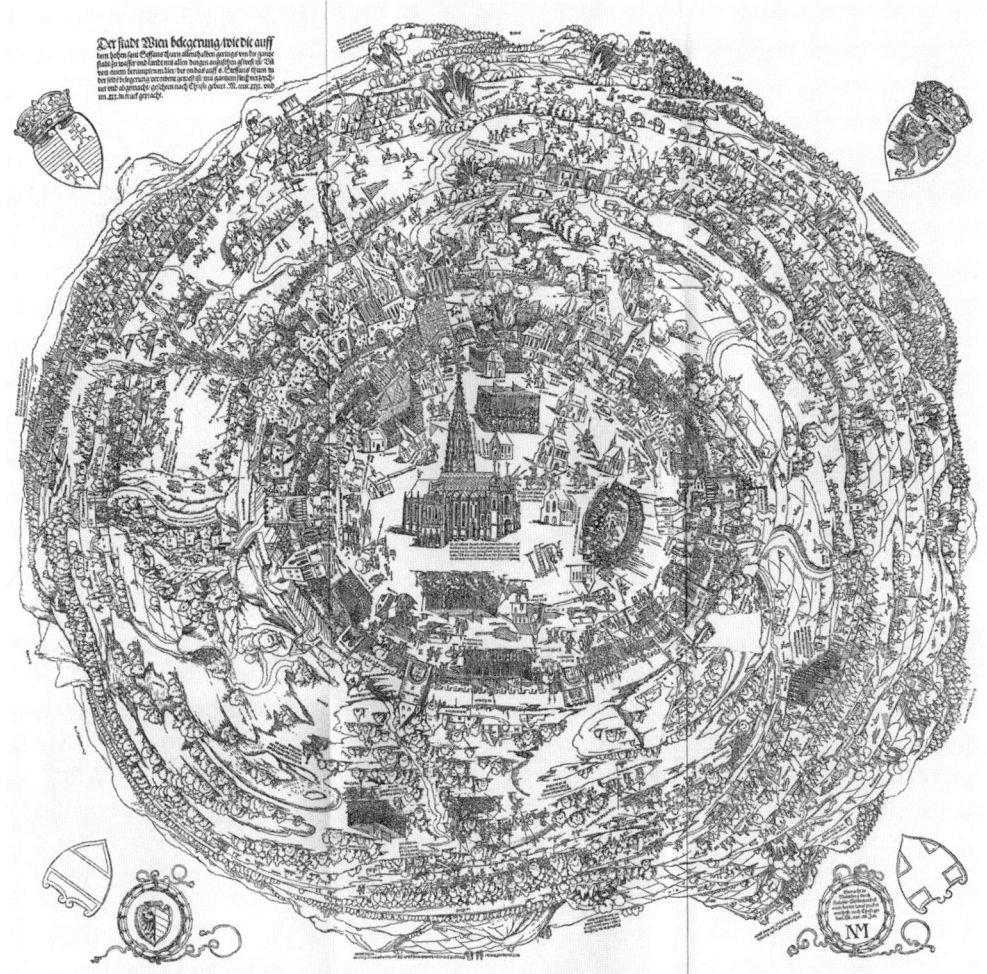

Erste Türkenbelagerung Wiens, Rundansicht von Niklas Meldemann

Nach den ersten Artillerieduellen erkannte Salm, dass das Feuern durch die dafür nicht konstruierten Schießscharten der alten Mauern ungeeignet war. Rasch ließ er die Kanonen auf die Dächer von Häusern stellen bzw. eigene Feuerstellungen bauen. Schon von Beginn an versuchten die Verteidiger, die Positionen der Türken durch Ausfälle zu schwächen. Besonders die Angriffe am 27. und 28. September, die mit jeweils 1000 Mann durchgeführt wurden, brachten den Türken schwere Verluste bei. Der Sultan erkannte, dass die Eroberung der Stadt nicht einfach werden würde. Außerdem war das Jahr bereits weit fortgeschritten und somit musste die Entscheidung innerhalb weniger Wochen herbeigeführt werden.

Der Armee des Sultans mangelte es an schwerem Belagerungsgeschütz, das ermöglicht hätte, aus sicherer Entfernung Breschen in die Mauern zu schießen. Die Türken begannen damit, Minen zu graben, um die Stadtmauern zu sprengen. Die Belagerten verfügten jedoch über erfahrene Mineure und legten geschickt Gegenminen, die die türkischen Versuche oft in einem Fiasko enden ließen. Durch die Aussagen von Über-

Belagerung von Wien durch die Türken, 1529

läufern konnten einige der türkischen Stollen – so insbesondere beim Kärntnertor – entdeckt und zerstört werden. In den Kellern in der Nähe der Stadtmauer stellte man Trommeln auf, die mit Erbsen bestreut wurden, um Erschütterungen feststellen zu können. Die Türken konnten trotzdem einige erfolgreiche Sprengungen durchführen und Breschen in die Verteidigungsmauern reißen. Doch bei diesen Angriffen wurden rasch Palisaden errichtet, hinter denen Salm seine besten Leute postierte. Letztlich wurden alle Angreifer blutig abgewiesen.

Man unternahm immer wieder Ausfälle gegen die türkischen Batterien, um Kanonen zu vernageln und die Lafetten zu zerstören. Dabei wurden bei heftigen Kämpfen viele Soldaten des Sultans niedergemacht. Hundert Kämpfer eines spanischen Kontingents, das sich auch an der Verteidigung der Stadt beteiligte, überfielen eine große Anzahl Türken, die in den Weingärten Trauben pflückten und massakrierten diese. Durch Überläufer aus dem osmanischen Lager war man in Wien immer gut über die Pläne des Gegners informiert. Wasserbecken wurden zusätzlich zu den bereits erwähnten Erbsentrommeln an neuralgischen Punkten aufgestellt, um türkische Grabungsaktivitäten noch besser orten zu können.

Dennoch kam es immer wieder, meist nach Minensprengungen, zu gefährlichen Großangriffen der Türken, die unter Aufbietung aller Kräfte zurückgeschlagen werden mussten. Salm war dabei oft persönlich im Zentrum des Geschehens und widersetzte sich jeder Gefahr.

Insgesamt sollen innerhalb eines Monats 20 Sturmangriffe gegen die Mauern Wiens erfolgt sein, die alle zurückgeschlagen werden konnten. Beim gewaltigen Angriff der Osmanen am 14. Oktober leisteten Salm und seine Männer schier Unglaubliches. Es gelang ihnen, den wütenden Sturmangriff zum Stillstand zu bringen und zusammenbrechen zu lassen. Der Großwesir und seine Offiziere trieben die türkischen Soldaten nun sogar mit Säbeln und Peitschen vorwärts. Doch die Zahl der Opfer war einfach zu groß, die Krieger des Sultans wurden immer unwilliger und waren so am Schluss am Rande einer Rebellion. Salm war wie immer an der gefährlichsten Stelle und wirkte wie ein Fels in der Brandung. Er wurde dieses Mal verwundet, behielt aber weiterhin alles unter Kontrolle. Seine Verletzung dürfte ihn trotz anderslautender Berichte (siehe Wurzbach!) vorerst nicht allzu sehr behindert haben.

Der Großwesir berichtete dem Sultan, dass die Belagerung gescheitert und die osmanischen Truppen völlig erschöpft wären. Unter den 20.000 Mann, die die Türken bisher vor Wien verloren hatten, waren besonders viele Janitscharen und andere Elitetruppen, was diese Verluste nur noch schwerwiegender machte. Daraufhin gab der demoralisierte Sultan Süleyman nach einer letzten heftigen Kanonade die Belage-

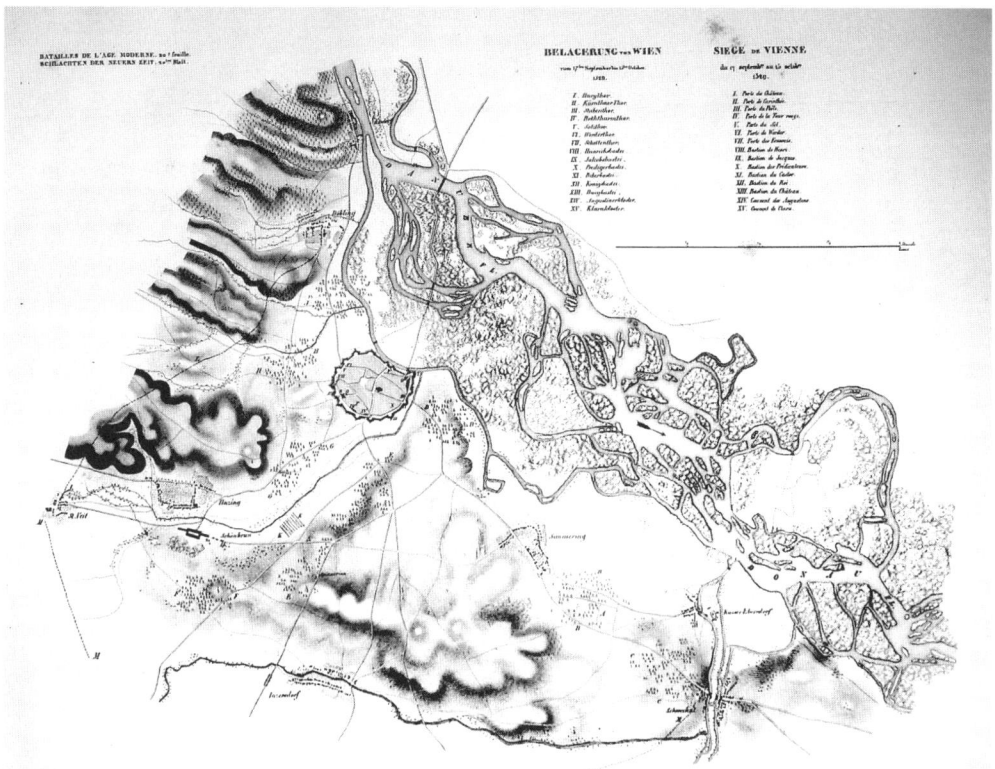

Plan der Belagerung von Wien (Lithographie, 1830)

rung auf und trat mit seinem stark dahingeschmolzenen Heer den Rückzug an. Das Wetter war sehr schlecht und es begann zu schneien. Vieles am Tross, das nur schwer beweglich war und nicht noch rasch verbrannt werden konnte, ließen die Belagerer zurück, darunter auch das Prunkzelt von Sultan Süleyman. Die Wiener freuten sich über diese Beute, von der man noch heute einige interessante Stücke im Heeresgeschichtlichen Museum in Wien bewundern kann. Angeblich sollen die Wiener bereits am Ende dieser ersten Türkenbelagerung in Kontakt mit dem Kaffee gekommen sein, auch wenn man dieses Ereignis zumeist eher dem Ende der Belagerung von 1683 zuschreibt.

Salm konnte nun entgegen seiner Absicht nicht sofort den Feind verfolgen, sondern wurde Opfer einer der Tücken des Landsknechtswesens. Viele seiner Männer meuterten, da sie schon lange keinen Sold mehr erhalten hatten. So konnte Salm, der weiterhin an seiner Verwundung litt, erst Mitte November den langsam abziehenden Türken folgen. Doch nun ging es Schlag auf Schlag. Die Kaiserlichen nahmen nach der Stadt Altenburg auch Raab, Komorn, Martinsberg und schließlich Gran.

Aber wegen neuerlicher Soldprobleme meuterten die Landsknechte erneut. Salm sah sich gezwungen, seinen erfolgreichen Feldzug abzubrechen und sich nach Pressburg zurückzuziehen. Einige eroberte Orte mussten unbesetzt zurückgelassen werden. Salm begab sich auf sein Schloss Marchegg, das er bereits 1502 erworben und großzügig ausgestattet hatte. Hier erfuhr er schließlich vom Friedensschluss mit dem Sultan, was auch das Ende dieses seines letzten Feldzuges bedeutete. Er hatte Wien gerettet und den Osmanen eine Niederlage beigebracht, die ihre weitere Expansion für lange Zeit zum Stillstand bringen sollte.

Salm war bei der Verteidigung Wiens durch ein abgesprengtes Mauerstück am Schenkel verwundet worden, was vorerst nicht als allzu schwerwiegend angesehen wurde. Da er nicht mehr der Jüngste war und die Strapazen seines langen Soldatenlebens ihm bereits zusetzten, erholte er sich von dieser Verletzung nicht mehr. Der 71-Jährige ersuchte schließlich im März 1530 den Kaiser um Enthebung vom Dienst eines Obersten Feldhauptmanns. Der Kaiser leistete dem Gesuch nur widerwillig Folge, da er wusste, was er an Salm hatte. Dieser überlebte seine Enthebung nur kurz und starb schließlich am 4. Mai 1530 im niederösterreichischen Marchegg.

Niklas Graf Salm hatte zwei Söhne, Nikolaus II. Graf vom Salm und Neuburg und Wolfgang von Salm, der Bischof von Passau wurde und in dieser Funktion als Kunstmäzen auftrat und den Ausgleich zu den Protestanten suchte.

Nach dem Tod des erfolgreichen Feldherrn ließen Karl V. und Ferdinand I. ein Marmorepitaph in der Wiener St. Dorotheakirche errichten. Das Grabmal befindet sich heute in der Wiener Votivkirche. 1867 schuf der Bildhauer Mathias Purkartshofer ein Standbild Salms, das sich heute vor dem Wiener Rathaus befindet. Er wurde oft als typischer Renaissance-Feldherr bezeichnet, sozusagen als deutsche Version eines Condottiere.

LITERATUR

BERMANN, Moritz: Alt- und Neu-Wien. Geschichte der Kaiserstadt und ihrer Umgebungen. Wien 1880

DIETER, Heinrich u. Georg Lorenz (Hg.): Unsere Helden. Geschichtliche Lehrbilder. 7 Bände, Wien 1895–1915

KANKOFFER, Ignatz: Bilder aus der vaterländischen Geschichte. Wien 1862

MELEGARI, Venzio: Sturm auf Bastionen. Große Belagerungen. Wien 1970

RUSCH, Gustav u. a.: Bilder aus der Geschichte der Stadt Wien. Wien 1912

SCHWEIGERD, Carl Adam: Österreichs Helden – und Heerführer von Maximilian I. bis auf die neuesten in Biographien und Charakterskizzen. Wien 1852

STOYE, John: Die Türken vor Wien. Graz 2010

THEUER, Franz: Blutiges Erbe. Die Habsburger im Kampf mit Franzosen, Päpsten, Ungarn und Türken. Eisenstadt 1996

WURZBACH, Constant von: Biographisches Lexikon des Kaiserthums Österreich. Bd. 28, Wien 1874

ALBRECHT VON WALLENSTEIN
FELDHERR, KRIEGSUNTERNEHMER UND POLITIKER

„Der nahe Feind gibt dem Schießgewehr keinen Raum, keine Frist zur Ladung, Mann ficht gegen Mann, das unnütze Feuerrohr macht dem Schwert und der Pike Platz und die Kunst der Erbitterung." (Friedrich Schiller)

Albrecht Wenzel Eusebius von Waldstein, genannt Wallenstein (1583–1634)

Während des blutigen 17. Jahrhunderts waren Friedensjahre selten und die kaiserlichen Truppen fast ständig in Kampfhandlungen verstrickt. Ein Krieg in diesem Jahrhundert überragte alle bewaffneten Auseinandersetzungen und bestimmte die Zukunft Europas: gemeint ist der schreckliche Dreißigjährige Krieg. In den blutigen Jahren zwischen 1618 und 1648 betraten viele bedeutende Heerführer die Bühne der Kriegsgeschichte. Einer jedoch überragte sie alle und ist auch heute noch die bekannteste Persönlichkeit dieses Krieges. In einem Internetforum für Historiker wurde nach dem größten Heerführer des Dreißigjährigen Krieges gefragt. Die Liste führt Wallenstein vor Gustav Adolf und Tilly an.

Albrecht Wenzel Eusebius von Wallenstein wurde am 24. September 1583 in Hermanitz an der Elbe geboren. Er entstammte dem alten böhmischen Adelsgeschlecht der Grafen von Waldstein, deren Wurzeln bereits in das 11. Jahrhundert zurückreichen. Die Familie war wie viele böhmische Adelsgeschlechter seit zwei Generationen protestantisch. Wallensteins Vater Wilhelm heiratete die Tochter einer anderen alten protestantischen Adelsfamilie, Margareta von Smirický. Von den sieben Kindern des Paares sollten nur Albrecht und zwei seiner Schwestern das Erwachsenenalter erreichen, was zu jener Zeit nicht ungewöhnlich war. Trotz der relativ bescheidenen finanziellen Verhältnisse seiner Eltern erhielt Albrecht eine gute Erziehung und machte einen seiner Lehrer, Johann Graf, später zu seinem engsten Berater. 1593 starb die Mutter des jungen Albrecht und Anfang 1595 auch noch sein Vater. Der junge Wallenstein war mit elf Jahren Vollwaise und wurde von Heinrich Slavata, der nun sein Vormund war, auf dessen Schloss genommen. Slavata ließ ihn dort zusammen mit seinem eigenen Sohn von Angehörigen der Böhmischen Brüder, die sich am Urchristentum orientierten und Kriegsdienst, Eide und die Bekleidung öffentlicher Ämter ablehnten, erziehen.

Der 14-jährige Wallenstein wurde in eine evangelische Lateinschule in der niederschlesischen Stadt Goldberg geschickt. Im Alter von 16 Jahren kam er an die protestantische Akademie in Altdorf bei Nürnberg, die als Ausbildungsstätte großes Ansehen genoss. Diese musste Wallenstein allerdings nach sieben Monaten wieder verlassen. Grund dafür waren seine Aggressivität und Gewaltbereitschaft, die sich unter anderem dadurch äußerte, dass er während eines Wutanfalls seinen Diener halbtot schlug. Auch soll er in die Ermordung eines Fähnrichs der Altdorfer Bürgerwehr verwickelt gewesen sein. Da inzwischen auch sein Vormund gestorben war, begab sich der junge Wallenstein für zwei Jahre auf eine „Grand Tour"; eine Kavalierstour, wie das für junge Adelige jener Zeit üblich war. Er schien die Universitäten von Padua und Bologna besucht zu haben, da er später mit italienischen Sprachkenntnissen und einer humanistischen Bildung aufwarten konnte.

Nachdem er zurückgekehrt war, trat Wallenstein als Edelknabe in die Dienste des Markgrafen Karl von Burgau, des Sohnes eines Habsburgers mit einer Bürgerlichen, der unter anderem auf Schloss Ambras bei Innsbruck residierte. Im Dienste dieses katholischen Herrschers schien es dem jungen Wallenstein nun zweckmäßig, seine Religion zu wechseln, und er wurde offiziell katholisch. Später ließ man sich dazu die Legende einfallen, der ehrgeizige böhmische Adelige wäre durch die Jungfrau Maria bekehrt worden. Wallenstein war jedoch offensichtlich niemals von religiöser Überzeugung geprägt.

Johann Tserclaes Tilly
(1559–1632)

Der ehrgeizige junge Adelige wurde 1604 auf Empfehlung eines Verwandten Fähnrichs in einem Regiment böhmischer Fußknechte, mit denen er unter General Georg Basta gegen aufständische Protestanten nach Ungarn marschierte. Dabei lernte Wallenstein den Kommandeur der Artillerie, Graf von Tilly, kennen. Er eignete sich vieles von der Taktik der Kaiserlichen und ihrer Gegner an. Nachdem sich das Heer nach einem mäßig erfolgreichen Feldzug in die Winterquartiere zurückgezogen hatte, wurde Wallenstein, der bei Kaschau seine erste Verwundung erlitten hatte, wegen seiner Tapferkeit zum Hauptmann befördert. Aufgrund der schlechten Versorgungslage der Armee wurde eine Abordnung nach Prag geschickt, an der Wallenstein als Vertreter der Infanterie teilnahm. Wallenstein blieb anschließend in Prag, da er sich schwer an der Hand verletzte. Als die böhmischen Stände ihre Regimenter unter General Basta wegen des schlechten Zustandes der Armee auflösten, wurde Wallenstein am 4. Februar 1605 zum Abdankungskommissar ernannt.

Er erfüllte seine Aufgabe mit Erfolg und wurde zum Kommandeur eines Regiments deutscher Fußtruppen ernannt, kam allerdings wegen des Friedens mit den Ungarn nicht mehr zum Einsatz. Danach wollte er in die Spanischen Niederlande gehen, entschied sich aber für den Dienst als Kämmerer bei Erzherzog Matthias. In dessen Gefolge nahm er auch an dem aggressiven Vorgehen des Erzherzogs gegen Rudolf II. teil, der so fast all seiner Macht beraubt wurde. Wallenstein bewies damit viel Instinkt, da er sich auf die erfolgreiche Seite stellte. Dabei ließ sich Wallenstein in Prag von Johannes Kepler ein Horoskop erstellen, das ihm ziemlich genau sein weiteres Schicksal voraussagte.

Wallenstein heiratete im Mai 1609 Lukrezia Nekesch von Landek, eine vermögende Witwe aus mährischem Adel. Seine Gemahlin starb schon 1614 und der ererbte Reichtum stellte Wallenstein auf eine Ebene mit den großen mährischen Grundherren und schuf die wirtschaftliche Basis für seine weiteren Unternehmungen. Seiner Frau zu Ehren inszenierte er ein prunkvolles Begräbnis und gründete das Kartäuserkloster in Stiep. Er war ein geachteter Adeliger, der bisher immer auf die richtige Partei gesetzt hatte und den man beim höheren und niederen Adel um seinen Reichtum und seine prachtvolle Selbstinszenierung beneidete.

Wallenstein modernisierte seine Besitzungen, gab seinen Untertanen mehr Freiheiten und machte viel mehr Gewinn als vergleichbare Grundherren. Da er in religiösen Belangen meistens sehr tolerant vorging, stieg sein Ansehen unter seinen meist protestantischen Standesgenossen und er wurde zum Musterungskommissar ernannt. Wallenstein stellte ein Regiment Musketiere auf die Beine, das Schutz gegen das gefürchtete Passauer Kriegsvolk bieten sollte.

Nach dem Tod Kaiser Rudolfs II. wurde Wallenstein erneut Kämmerer des nunmehrigen Kaisers Matthias und fiel allgemein durch seinen Reichtum und sein prunkvolles Auftreten auf. 1615 erfolgte nach überstandener langer schwerer Krankheit seine Ernennung zum Obersten eines Regiments Fußvolk. Er erhielt in diesem Jahr zwei weitere Kämmererposten bei österreichischen Erzherzögen.

Das Jahr 1617 brachte mit dem Krieg des steirischen Erzherzog Ferdinands mit Venedig eine neue militärische Bewährungsprobe für Wallenstein. Er warb auf eigene Kosten eine Truppe von 180 Kürassieren und 80 Musketieren an, marschierte mit ihnen nach Friaul und gliederte sie in das Heer des Erzherzogs ein. Diese Truppe bewährte sich bald unter seiner energischen Führung vor Gradisca und trug wesentlich zum Erfolg des Feldzuges bei. Da er der einzige Vasall war, der derart dem Erzherzog zu Hilfe gekommen war, genoss Wallenstein bei Ferdinand hohes Ansehen. Als er einen neuen Artikelbrief als Gesetz für seine Landsknechte schaffen wollte, beauftragte der Erzherzog Wallenstein, diesen zu entwerfen. Der schuf das „Wallensteinische Reutter Recht", das bald darauf als Kriegsrecht für das gesamte habsburgische Heer eingeführt wurde.

Die Situation in Böhmen verschärfte sich inzwischen immer mehr und führte zum Prager Fenstersturz am 23. Mai 1618. Die böhmischen Stände sagten sich vom Kaiser los und bildeten eine provisorische Regierung. Graf Thurn stellte Truppen auf und zog nach Wien. Auch die mährischen Stände organisierten eine Landesverteidigung. Wallenstein wurde beauftragt, Truppen anzuwerben. Obwohl er kein Freund des Aufstandes war, stellte Wallenstein ein Regiment von 3000 Musketieren in Iglau auf, von denen einige Fähnlein nach Olmütz abkommandiert wurden. Bei einem Besuch Erzherzogs Ferdinand im August 1618 in Mähren bot er ihm an, auf eigene Kosten ein Kürassierregiment zu werben, das gegen die böhmischen Aufständischen eingesetzt werden könnte. Dafür lieh er sich größere Summen und nahm 20.000 Gulden aus seiner eigenen Kasse. Kaiser Matthias ernannte Wallenstein im Herbst

Anlass für den Ausbruch des Dreißigjährigen Kriegs: Der „Prager Fenstersturz" am 23. Mai 1618 (Kupferstich von Matthäus Merian, 1640)

1618 zum kaiserlichen Oberst. Er war also somit gleichzeitig dem Kaiser und den mährischen Ständen als Offizier verpflichtet.

Das neue Regiment wurde in den Niederlanden angeworben und war im März 1619 einsatzfähig. In diesem Monat starb auch Kaiser Matthias und Erzherzog Ferdinand wurde sein Nachfolger. Wallenstein warb nun noch zusätzlich 300 Arkebusiere an und ging wieder nach Mähren.

Dort waren die Stände uneinig, ob sie sich dem Aufstand anschließen sollten. Deshalb kamen böhmische Truppen über die mährische Grenze, um die Ständevertreter zu zwingen, sich „richtig" zu entscheiden. Da die Bevölkerung mit der Erhebung sympathisierte, sollte auf einem Landtag in Brünn der Anschluss an die Rebellen vollzogen werden.

Wallenstein war ein Gegner dieser Entwicklung und boykottierte den Landtag. Er versuchte, mit seinem mährischen Regiment – gemeinsam mit Oberst Georg von Nachrod und dessen Truppe – nach Wien zu marschieren. Nachrods Regiment meuterte aber und Wallenstein konnte eine ähnliche Entwicklung in seiner Truppe nur durch die Tötung eines Offiziers im Keim ersticken. Er beschloss nun, die Kasse der mährischen Stände in Olmütz zu rauben, was ihm am 30. April in einer recht brutalen Aktion auch gelang. Mit der stattlichen Summe von 96.000 Reichstalern und vielen erbeuteten Waffen erreichte Wallenstein mit den Resten seiner Truppe schließlich Wien. Die Hälfte seiner Soldaten war unterwegs desertiert. Die mährischen Stände waren über diese Aktion erbittert, nannten den abtrünnigen Oberst einen Verräter und schlossen sich noch enger an Böhmen an. Wallensteins Besitz wurde beschlagnahmt und er offiziell des Landes verwiesen. Von nun an war er auf Gedeih und Verderb mit der Sache Ferdinands verbunden.

Wallenstein traf Anfang Mai 1619 auf sein flandrisches Regiment in Passau und schickte dieses nach Südböhmen, wo es vom kaiserlichen General Charles de Bucquoy bereits erwartet wurde. Als es am 10. Juni zur Schlacht bei Sablat gegen die Truppen des Söldnerführers Ernst von Mansfeld kam, führte Wallenstein seine Kürassiere selbst in den Kampf. Mansfelds Armee wurde fast völlig vernichtet und die Beute der Kaiserlichen war ziemlich groß, da ihnen der gesamte Tross und alle Vorräte ihrer Gegner in die Hände fielen. Obwohl noch eine böhmische Armee unter dem Grafen Thurn in der Nähe Wiens stand, hatte sich durch diesen Sieg das Blatt zugunsten der Kaiserlichen gewendet.

Nun traten aber auch die Stände Nieder- und Oberösterreichs dem Bündnis gegen die Habsburger bei und der siebenbürgische Fürst Gábor Bethlen fiel in habsburgisches Gebiet ein. Außerdem wählten die Aufständischen am 26. August 1619 den

Befreiung Kaiser Ferdinands durch die Kürassiere Dampierres, 11. Juni 1619 (Darstellung aus dem 19. Jahrhundert)

Kurfürsten Friedrich V. von der Pfalz zum böhmischen König. Der von der Mehrheit der Kurfürsten zum Kaiser gewählte Ferdinand II. war fest entschlossen, der katholischen Sache zum Siege zu verhelfen und die Abtrünnigen zu vernichten.

Da Gábor Bethlen Wien bedrohte, marschierte Bucquoys Armee, in der sich auch Wallenstein und sein Regiment befanden, nach Süden. Wallenstein betrieb weitere Truppenanwerbungen in den spanischen Niederlanden. Wieder bezahlte er alles selbst und der Kaiser war ihm bereits 80.000 Gulden schuldig. Inzwischen traf am 24. Oktober das kaiserliche Heer auf die vereinten Armeen seiner Gegner und konnte Wien sichern. Dabei bewährte sich Wallenstein mit seinem Regiment, indem er

Kaiser Ferdinand verweigert den Protestanten die Religionsfreiheit, 11. Juni 1619 (Darstellung des 19. Jahrhunderts)

den Übergang der Armee über die Donau gegen heftige Angriffe Gábor Bethlens sicherte.

Zu Beginn des Jahres 1620 erhielt Wallenstein die Ermächtigung zur Anwerbung weiterer Truppen in den Spanischen Niederlanden, wobei er diese vorerst erneut selbst finanzieren musste. Er konnte dem Kaiser im Februar wieder 1500 Kürassiere und 500 Arkebusiere zuführen. In den folgenden Monaten war er mit Märschen und in Gefechte gegen böhmische Truppen verstrickt. Dann erkrankte Wallenstein erneut schwer. Von nun setzte ihm die Gicht heftig zu und erschwerte seine Aktivitäten. Er selbst vermutete, dass die Krankheit auf seinen hohen Alkoholkonsum zurückzuführen war.

Der bayerische Herzog Maximilian I. drang mit dem Heer der Katholischen Liga in die Österreichischen Erblande ein, um diese dem Kaiser zu unterwerfen. Nach seinem Sieg bei Linz vereinigte Maximilian seine Truppen mit der kaiserlichen Armee und marschierte am 26. September 1620 in Böhmen ein. Am 5. Oktober drang der Kurfürst von Sachsen ebenfalls von Norden her in das Königreich ein. Die desolaten Truppen des „Winterkönigs" (der diesen Spottnamen von der kaiserlichen Propaganda erhalten hatte, da man damit rechnete, dass er nicht lange herrschen werde) und der böhmischen Stände konnten den Eindringlingen keinen Widerstand leisten und zogen sich in Richtung Prag zurück. Da die Kaiserlichen und ihre Verbündeten sie verfolgten, kam es am 8. November zur denkwürdigen Schlacht am Weißen Berg,

Der Beginn des Dreißigjährigen Krieges: Die Schlacht auf dem Weißen Berge

die mit einer vernichtenden Niederlage der böhmischen Armee endete. Wallenstein besetzte inzwischen den Nordwesten Böhmens, während der Großteil seiner eigenen Regimenter bei der Hauptarmee verblieben war. Die nacheinander besetzten Städte Laun, Schlan, Leitmeritz, Aussig, Brüx, Komotau und Kaaden mussten sich unterwerfen und dem Kaiser Treue schwören. Wallenstein warb neue Söldner für die Besetzung der Städte an und residierte einige Zeit in Laun, bevor er nach Prag ging. Er war nun faktisch der Militärbefehlshaber des ganzen nördlichen Böhmens. Zu Beginn des Jahres 1621 wurde Wallenstein Mitglied des Hofkriegsrates und erhielt weitere Vollmachten. Er rekrutierte auch weiterhin neue Regimenter für die Armee des Kaisers.

Auch wenn Wallenstein an der Schicksalsschlacht am Weißen Berg nicht teilgenommen hatte, wurde er nun doch einer der Hauptnutznießer des kaiserlichen Sieges. Durch die Enteignung und Vertreibung vieler Adelsgeschlechter kam es zu einer historisch einmaligen Umverteilung von Besitz auf eine kleine Gruppe, die vom Krieg profitierte. Wallenstein konnte große nordböhmische Herrschaften wie Reichenberg und Friedland an sich bringen und diesem Besitz eine Vielzahl weiterer Güter hinzufügen. Sein Herrschaftsgebiet erstreckte sich bald auf 9000 km² und umfasste zahlreiche Städte und Hunderte von Dörfern. Man bezichtigte Wallenstein nun bereits der Selbstsucht, Gewinngier und Skrupellosigkeit und er übertraf alle seine Konkurrenten an Wirtschaftssinn, Unternehmungslust und Geschäftsgeist. Friedland wurde später samt der ihm einverleibten 58 Herrschaften zum Fürstentum ernannt. Der Kaiser wusste, was er einem Parteigänger wie Wallenstein schuldig war, und die hohen Beträge, die der ehrgeizige Adelige vorgestreckt hatte, ließen sich am besten durch die Überlassung von Gütern als Gegenleistung abbauen. Auf diese Art erhielt Wallenstein Besitzungen wie Jitschin, Böhmisch-Aicha, Groß Skal, Semil und Horitz als Pfand übereignet.

Während des Sommers 1621 kämpfte Wallenstein mit einem Regiment in Mähren gegen Gábor Bethlen und den Markgrafen von Jägerndorf. Als sich die Truppen dieser beiden Habsburggegner vereinigten, musste er sich zurückziehen und neue Truppen anwerben. In dieser Situation fiel der kaiserliche Oberkommandierende General Bucquoy und der Oberbefehl in Mähren ging auf Wallenstein über. Er betrieb zu jener Zeit bereits sein später so gründlich perfektioniertes und deshalb berüchtigtes Kontributionssystem, das dem Land und seiner Bevölkerung schwer zusetzte. Dadurch gelang es ihm, seine Armee auf 18.000 Mann aufzustocken und die zahlenmäßig weit überlegenen Truppen des militärisch nicht sehr geschickten siebenbürgischen Fürsten von einem Vordringen nach Wien abzuhalten.

Ende Dezember 1621 kam es zu einem Friedensvertrag, der in erster Linie Wallenstein zu verdanken war. Als Anerkennung seiner Verdienste wurde er zum Befehlshaber von Prag ernannt.

Die Bestellung Wallensteins zum Gubernator des Königreichs Böhmen am 18. Januar 1622 verlieh ihm große Macht. Zur gleichen Zeit war er am errichteten Münzkonsortium in Böhmen beteiligt, das gegen die Zahlung von sechs Millionen Gulden das Münzprägerecht in Böhmen, Mähren und Niederösterreich für ein Jahr pachtete. Die Hoffnung Ferdinands II., damit seine Finanzprobleme lösen zu können, zerschlug sich, denn Wallenstein und seine Komplizen bereicherten sich durch Münzverschlechterungen und lösten damit eine gefährliche Inflation aus. Die „Kipper- und Wipperzeit" erreichte ihren Höhepunkt. Der erfolgreiche Aufsteiger heiratete am 9. Juni 1623 Isabella von Harrach, die Tochter eines kaiserlichen Ministers. Da die Harrachs ein mächtiges altes Geschlecht waren, kam Wallenstein in die engere kaiserliche Hofgesellschaft. Er dürfte aber auch ein sehr enges und liebevolles Verhältnis mit seiner Gattin gehabt haben, die sich um ihn kümmerte, wenn ihn seine Gichtanfälle plagten.

Der Krieg ging indessen weiter, da sich Friedrich von der Pfalz nicht unterwerfen wollte und Maximilian I. von Bayern gegen den Willen der Protestanten die pfälzische Kurwürde okkupiert hatte. Wallenstein war seit 3. Juni 1623 Generalwachtmeister und die meisten seiner Regimenter kämpften unter dem Kommando General Tillys, als Gábor Behtlen wieder in Oberungarn angriff. Wallenstein wurde sofort aktiv und warb neue Truppen, wie üblich durch Eigenfinanzierung. Der Kaiser machte ihn aus Dankbarkeit am 3. September 1623 zum Reichsfürsten und Wallenstein durfte sich von nun an „Von Gottes Gnaden" nennen. Die alteingesessenen Fürsten waren darüber verärgert und verweigerten dem diesbezüglich sensiblen, weil eitlen Emporkömmling die nötige Anerkennung.

Im Kampf mit den Siebenbürgern zog Wallenstein mit dem kaiserlichen General Caraffa in Richtung Pressburg, wo sie auf große Hindernisse stießen. Wallenstein verschanzte sich schließlich mit der Infanterie in Göding an der March, während Caraffa mit der Kavallerie weitermarschierte. Die Truppen litten Hunger und wurden zudem durch die zahlenmäßig wieder weit überlegenen Truppen Gábor Bethlens eingeschlossen. Wallenstein hatte Glück, dass seine Gegner ebenfalls große Versorgungsprobleme hatten und schließlich am 19. November 1623 einem Waffenstillstand zustimmten. Wallenstein sah die Komplikationen, die durch den Geldmangel der Habsburger und die schwierige Versorgungslage der Truppen dauerhaft bestanden, ziemlich klar und machte Vorschläge für Verbesserungen. Doch der Hofkriegsrat ignorierte wie sooft seine Einwendungen.

Während des Jahres 1624 hatte Wallenstein mehr Zeit, um sich um sein neues Fürstentum zu kümmern, und trieb eine Vielzahl von Projekten energisch voran. Er ließ viel bauen, wollte Bildungseinrichtungen bis hin zur Universität einrichten, erließ eine Landesverfassung für sein kleines „Reich" und verbesserte die wirtschaftliche Lage. Der Kaiser erhob Wallensteins Ländereien in den Rang eines selbständigen Fürstentums und das Lehen wurde vererbbar. Währenddessen spitzte sich im Norden Deutschlands die Situation zu, da jetzt eine Koalition Frankreichs, Englands, Dänemarks und der Generalstaaten (die heutigen Niederlande) die protestantischen Fürsten unterstützte. Besonders der König von Dänemark, Christian IV., der auch Herzog von Holstein und somit Reichsfürst war, intervenierte militärisch massiv im Reichsgebiet.

Im Juni 1625 drangen die Truppen des Dänen über die Elbe und die Weser nach Süden vor. Da der Kaiser zuletzt die Stärke seiner Armee wegen der drückenden Geldnot reduziert hatte, rieten seine Verbündeten zu einer neuen Aufrüstung. Wallenstein erkannte die Gelegenheit, wieder groß in das Kriegsgeschäft einzusteigen. Er erschien im Januar 1625 bei Ferdinand II. und machte ihm das Angebot, binnen kürzester Zeit auf eigene Kosten eine Armee in der Stärke von 15.000 Mann zu Fuß und 5000 Berittenen aufzustellen. Als er gefragt wurde, wie er denn 20.000 Soldaten unterhalten könnte, erwiderte Wallenstein: „20.000 nicht, wohl aber 50.000."

Die Zeit drängte und Tilly, der in heftige Kämpfe verstrickt war, brauchte dringend Entlastung. Doch die Verhandlungen zogen sich über Monate hin, bis am 7. April 1625 der Kaiser ein Ernennungsdekret für Wallenstein ausstellen ließ. Dieser wurde damit zum Führer und Haupt aller kaiserlichen Truppen im Reich ernannt. Da man sich in vielen Details noch immer nicht einigen konnte, dauerte es bis zum 13. Juni, bis Wallenstein die Direktiven für die Kriegführung bekam und zum Herzog von Friedland ernannt wurde. Er stand über allen Generälen der Katholischen Liga und auf einer Ebene mit dem bayerischen Kurfürsten Maximilian, was dem nicht genehm war, da er das einem Emporkömmling einfach nicht zugestehen wollte und die Macht des Friedländers fürchtete. Wallenstein setzte alle Energien und die Ressourcen seiner Besitzungen in den Dienst der Aufstellung und Ausrüstung einer möglichst großen Armee. Dabei wurde er von dem Bankier Hans de Witte unterstützt, der sein Vertrauen in ihn setzte. Wallenstein forderte, dass neben den besetzten Gebieten alle Reichsstände, Reichsstädte und die habsburgischen Erbländer eine regelmäßige Kriegsabgabe zu entrichten hätten. Auch dieser Forderung

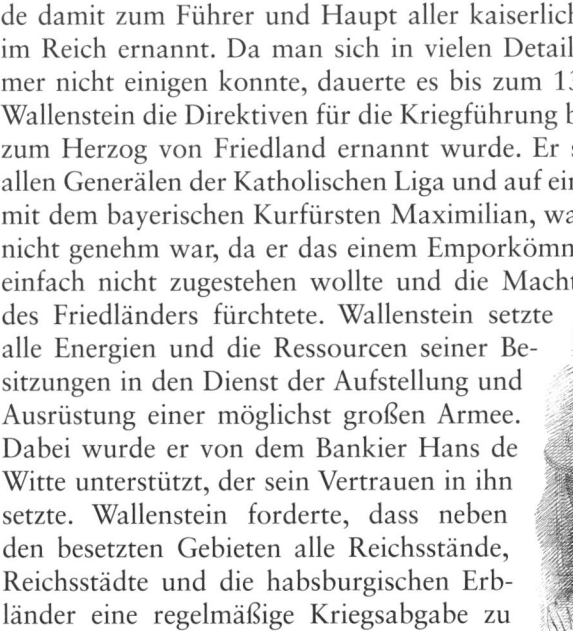

Wallenstein als Herzog von Friedland

wurde vom Kaiser nachgegeben und am 27. Juni 1625 die Kontributionen beschlossen.

Bereits Ende Juli hatte Wallenstein im Reich, in Böhmen und in Ungarn eine Vielzahl neuer Regimenter aufgestellt, die er in Eger versammelte. Diese neue Armee umfasste 50.000 Mann und war gut und modern ausgerüstet. Im August marschierte Wallenstein mit seinen Truppen ins Reichsgebiet und erreichte Ende September Göttingen. Am 13. Oktober 1625 gab es ein Zusammentreffen des neuen Generalissimus mit Tilly, der inzwischen die Dänen etwas zurückgedrängt hatte. Da die Gegend nicht für die Überwinterung zweier großer Armeen geeignet erschien, einigte man sich darauf, dass Wallenstein sich in den Bistümern Magdeburg und Halberstadt einquartieren und Tilly nach Hildesheim und Braunschweig marschieren sollte.

Während der Wintermonate wurden letztlich ergebnislose Verhandlungen mit König Christian IV. geführt, aber es kam zu keinen größeren Kämpfen. Wallenstein bezog mit seinen Truppen strategisch gute Positionen an der Mittelelbe. Einige Orte mit Brücken über die Elbe wurden mit starken Befestigungen versehen. Der Friedländer betrieb weiterhin heftige Werbung, um seine Armee zu vergrößern. Im März 1626 begann der protestantische Feldherr Mansfeld mit seinen Truppen in Richtung Süden nach Schlesien zu ziehen, um sich mit Gábor Bethlen zu vereinigen. Wallenstein schlug Anfang April in zwei aufeinanderfolgenden Reitergefechten die Einheiten des dänischen Generals Fuchs, die Mansfeld, unterstützen sollten. Dieser wollte ohne Hilfe der Dänen den Übergang über die Elbe bei Magdeburg erzwingen. Seine Truppen wurden aber bei Angriffen auf den von kaiserlichen Truppen gehaltenen Brückenkopf empfindlich geschlagen. Wallenstein traf am 14. April 1626 mit seiner Hauptarmee ein und schlug die Truppen Mansfelds am 25. April in der Schlacht an der Dessauer Brücke. Die Niederlage der Protestanten war nahezu vernichtend und Wallenstein verfolgte seinen geschlagenen Gegner bis nach Zerbst, ließ ihn dann aber mit seinen restlichen 5000 Mann nach Brandenburg entkommen. Von seinen Gegnern am Wiener Hof wurde Wallenstein deswegen in der Folge heftig kritisiert.

Während der schwer angeschlagene Mansfeld in sicherer Entfernung wieder Truppen anwarb, griff Wallenstein ihn nicht an, da die Versorgung seiner Soldaten und die Soldzahlungen unbefriedigend waren. Wallenstein musste wieder aus eigener Tasche Geld an die Männer verteilen und Verpflegung aus seinem eigenen Herzogtum bringen lassen. Gleichzeitig war er in Auseinandersetzungen mit einigen seiner Unterführer verstrickt, die mit manchen seiner Entscheidungen nicht einverstanden waren.

Obwohl er mit Tilly vereinbart hatte, dass sich ihre Armeen vereinigen und dann gemeinsam nach Norden ziehen würden, wartete Wallenstein vergeblich. Tilly entschied sich anders und belagerte lieber Göttingen. Da die Soldzahlungen für seine Armee weiter ausblieben, war Wallenstein im Juli 1626 fast soweit, den Oberbefehl niederzulegen. Dann erfuhr er, dass Mansfeld mit 20.000 Mann wieder losmarschiert war, um sich mit dem Siebenbürger Bethlen zu vereinigen. Wallenstein war durch Kundschafter gut unterrichtet und machte sich sogleich an die Verfolgung des protestantischen Feldherrn. Doch dazu musste er auch den Widerstand Tillys und des bayerischen Kurfürsten überwinden, die die Mehrzahl seiner Truppen im Norden haben wollten, um König Christian in Schach zu halten. Die aus Wien widersprüchlichen Anweisungen machten Wallenstein wütend und er entschloss sich gegen alle Widerstände doch zur Verfolgung Mansfelds, der die österreichischen Erblande bedrohte. Am 8. August setzte er seine Armee in Marsch und trieb seine auf 14.000 Mann abgespeckten Kerntruppen zu einem Marsch in einer Geschwindigkeit, die damals für eine Armee völlig unüblich war. Bereits am 6. September überschritt seine Armee die Grenze zwischen Mähren und Ungarn und hatte damit in nur 30 Tagen über 800 Kilometer zurückgelegt. Wallenstein schrieb dazu an den Grafen Harrach: „Ich versichere ihn, daß keine Armee nie so stark marschiert hat als diese."

Mansfeld, der einen enormen Vorsprung hatte, war inzwischen nach Ungarn gezogen und musste feststellen, dass Gábor Bethlen sich mit seiner Armee noch in Siebenbürgen aufhielt. Eine Vereinigung schien nun nicht mehr möglich. Wallenstein hatte auf dem langen Marsch etwa 3000 Mann durch Hunger und Krankheiten verloren und kam nicht umhin, seinen erschöpften Männern eine Erholungspause zu gewähren. Dazu schlug er am 9. September 1626 bei Neuhäusl ein Lager auf – und musste erbost feststellen, dass man ihm trotz Versprechens aus Wien keine Vorräte und Lebensmittel bereitgestellt hatte. Wieder war er gezwungen, Essbares und Ausrüstung aus seinen eigenen Besitzungen heranzuschaffen. Am 18. September brach Wallenstein wieder auf, entsetzte die belagerte Festung Neograd und traf am 30. September auf die Armee Gábor Bethlens, der inzwischen herangemarschiert war. Der Siebenbürger war trotz zahlenmäßiger Überlegenheit vor Angst wie gelähmt, bot einen Waffenstillstand an und setzte sich in der folgenden Nacht ab. Wallenstein verfolgte ihn aber nicht, sondern marschierte wieder nach Neuhäusl zurück.

In den folgenden Wochen lieferte sich der Friedländer mit seinen Gegnern ein Duell um die Belagerung und Besetzung strategisch mehr oder weniger wichtiger Orte, während seine Versorgungslage immer schlechter wurde. Da die Männer alles aßen, was irgendwie noch essbar war, fielen viele seiner Männer krankheitsbedingt aus. Wallensteins einziger Trost war, dass auch Mansfelds Truppen unter Hunger und Krankheiten litten und dessen Heer fast noch schneller dahinschmolz. Mansfeld übergab schließlich den Rest seiner Armee dem Herrscher Siebenbürgens und wollte sich nach Venedig absetzen, um dort neue Truppen anzuwerben. Dazu sollte es nicht mehr kommen: Selbst bereits schwer krank, verstarb Mansfeld schließlich am 30. November nahe der Stadt Sarajewo. Dabei soll er aufrecht gestanden und sich auf sein Schwert gestützt haben, während ihm einige seiner Männer beistanden.

Gábor Bethlen war ebenfalls erschöpft und fürchtete zudem den Nimbus Wallensteins. So kam es am 20. Dezember zum Frieden von Pressburg. Als Wallenstein mit seiner stark mitgenommenen Armee ins Winterquartier zog, gab es weiterhin keine Versorgung aus Wien, worauf er auf dem Marsch weitere 2000 Männer verlor. Der Feldherr war von so großem Hass und Verbitterung gegenüber dem Wiener Hofkriegsrat und den intriganten Neidern und Hofschranzen in der Umgebung des Kaisers erfüllt, dass er sein Kommando niederlegen wollte. Sein Schwiegervater Harrach und einige andere versuchten, Wallenstein umzustimmen, da man ihn nicht verlieren wollte. Inzwischen hatte Tilly mit Unterstützung der zurückgelassenen Teile von Wallensteins Armee am 27. August die Dänen in der Schlacht bei Lutter besiegt. In einer geheimen Besprechung in Bruck an der Leitha vereinbarten Wallenstein und kaiserliche Hofräte einige Punkte, wie die Vergrößerung der Armee, direkte Kontributionen und die großzügige Einräumung von Quartierrechten, was den bayerischen Kurfürsten und die katholischen Reichsfürsten in Rage brachten. Wallenstein sollte primär den Krieg von den Erbländern fernhalten, in den katholischen Ländern

Kontributionen eintreiben und im Reich eine große Besatzungsarmee unterhalten. Die Vergrößerung der Armee auf 70.000 Mann wurde vereinbart. Wallenstein erhielt weitere Rechte, die ihn immer unabhängiger von allen Institutionen des Reiches machten.

Für das Jahr 1627 hatte Wallenstein beschlossen, Schlesien zu befreien und im Norden den dänischen König zu verjagen. König Christian konnte bis April 1627 seine Armee wieder einsatzfähig machen, da er Unterstützung aus Frankreich und England bekam. Wallenstein, der im Mai Vater einer Tochter geworden war, arbeitete intensiv von seinen Besitzungen aus an der Reorganisation seiner Armee. Gleichzeitig musste er sich gegen die Klagen der katholischen Reichsfürsten und der mährischen Stände verteidigen, die sich gegen die Kontributionen wehrten. Kaiser Ferdinand II. rief ihn zu einer Konferenz nach Wien, deren Ergebnis für die weiteren Pläne Wallensteins aber positiv war, da ihm bezüglich der Vergrößerung der Armee Zugeständnisse gemacht wurden.

In Schlesien standen noch etwa 14.000 protestantische Soldaten unter dänischem Kommando. Wallenstein traf am 10. Juni 1627 in Neiße ein und begann die Zurückeroberung der Provinz. Er zog mit seinen 40.000 Soldaten von Stadt zu Stadt und forderte die Besatzungen zur Übergabe gegen freies Geleit auf. Die meisten von ihnen akzeptierten dieses Angebot und nur wenige versuchten, gegen die erdrückende Übermacht Widerstand zu leisten. Bereits nach sechs Wochen war ganz Schlesien in Wallensteins Hand, was für große Begeisterung in Wien sorgte.

Am 7. August 1627 marschierte der Friedländer mit seiner in mehrere Marschsäulen aufgeteilten Riesenarmee nach Norden. Sein Ziel war vorerst die Mark Brandenburg, in die bereits kaiserliche Vorabteilungen eingedrungen waren. Wallenstein rückte rasch vor und erreichte am 21. August Cottbus sowie am 28. August Perleberg. Bereits am 29. August wurde die Festung Dömitz an der mecklenburgischen Grenze genommen. Drei Tage später traf Wallenstein in Tillys Befehlsstand in Lauenburg ein. Tilly war den defensiven Dänen gefolgt. Die beiden Feldherren machten dem Dänenkönig ein Friedensangebot, das dieser aber ablehnte. Daher begannen die beiden katholischen Heerführer am 6. September eine große Offensive. Nacheinander fielen jetzt wichtige Städte wie Trittau, Pinneberg, Oldesloe, Segeberg, Rendsburg, Elmshorn und Itzehoe in die Hände der Kaiserlichen. Tilly wurde beim Vormarsch verwundet und Wallenstein übernahm das Kommando beider Armeen. Er rückte schier unaufhaltsam vor und hatte schon am 18. Oktober alle festländischen Truppen der Dänen überwältigt. König Christian rettete sich zwar mit seinen Getreuen nach Seeland, doch Wallensteins Sieg in diesem Blitzkrieg von nur sechs Wochen erstaunte ganz Europa.

Der Sieg über die Dänen war die Grundlage für einen Frieden im Reich und Wallenstein warnte den Wiener Hof, unannehmbare Forderungen zu stellen. Ein gerechter Friede bot für ihn die einmalige Gelegenheit, die Armee gegen die Türken zu wenden und ihnen große Gebiete in Ungarn und am Balkan wieder zu entreißen. Der Kaiser ehrte seinen Feldherrn in höchstem Maße und bot ihm sogar den dänischen Thron an, den Wallenstein aber ablehnte. Er bekam stattdessen das Herzogtum Mecklenburg als Lehen, was bei den Kurfürsten des Reiches erneut für Unmut sorgte. Man warf Wallenstein die schweren Verwüstungen im Reich vor und beschuldigte ihn, nach der Kaiserkrone zu streben. Der Kaiser war aber auf der Seite seines großen Feldherrn und dieser ließ zur Abschreckung viele Plünderer und Marodeure hinrichten. Der Friedländer erhielt den hochtrabenden Titel eines „Generals des Ozeanischen und Baltischen Meeres" und wurde zum Herzog von Sagan.

Wallenstein schlug auch einen letzten militärischen Versuch des Dänenkönigs zurück und konzentrierte sich auf die Belagerung der Stadt Stralsund, die sich nicht ergeben wollte. Trotz aller Versuche, die Stralsunder zu einer Unterwerfung zu bewegen, setzten diese ihren Widerstand fort und suchten Hilfe bei den Königen Dänemarks und Schwedens. Hatte zunächst Oberst von Arnim die Stadt belagert und beschossen, so übernahm Wallenstein nun das Kommando. Doch alle Anstrengungen der Eroberung der durch ihre Lage gut geschützten Stadt scheiterten. Also versuchte es der Feldherr weiter mit Verhandlungen und man einigte sich schließlich auf einen Kompromiss, bei dem die Stadt ihre Loyalität gegenüber dem Kaiser versicherte. Als sich Wallenstein zurückzog, hatte er die erste wirkliche Niederlage seiner Karriere erlitten. Die Schweden nahmen die Stadt in Besitz und sollten sie bis 1814 behalten.

Wallenstein schlug kurze Zeit nach seinem Abzug von Stralsund eine versuchte Landung des Dänenkönigs auf Rügen zurück und eroberte am 2. September 1628 die von den Dänen besetzte Stadt Wolgast zurück. Bei den einsetzenden Verhandlungen mit König Christian von Dänemark über einen Friedensvertrag setzte sich Wallenstein massiv für milde und gerechte Bedingungen ein, ungeachtet der Rachegelüste des Kaisers, der große Gebiete seiner Gegner für sich in Besitz nehmen wollte. Der Feldherr ging wegen des großen Widerstands aus Wien sogar so weit, dass er Geheimverhandlungen führte und schließlich auch den katholischen Hardliner Tilly auf seine Seite bringen konnte. Es gelang ihm zusätzlich, den Einfluss der Schweden und Franzosen zurückzudrängen, da diese an keinem für den Kaiser vorteilhaften Frieden interessiert waren. Am 22. Mai 1629 wurde schließlich der Friede von Lübeck geschlossen, den viele für den diplomatisch besten und maßvollsten Vertrag des Dreißigjährigen Krieges halten. Der dänische König erhielt dank Wallenstein alle seine verlorenen Gebiete und Rechte im Reich zurück, beide Seiten verzichteten auf Wiedergutmachungsgelder und alle Gefangenen wurden freigelassen. König Christian wurde zu einem Parteigänger des Kaisers und unterstützte diesen später sogar militärisch.

Der glanzvolle Vertrag von Lübeck war im Wesentlichen ein Kind Wallensteins und er hatte nun für eineinhalb Jahre keinen militärischen Gegner mehr. In dieser Situation sorgte der vielleicht größte Fehler der Habsburger in diesem Krieg schließlich für eine radikale Änderung der Lage. Ferdinand II. erließ am 6. März 1629 das Restitutionsedikt, das bestimmte, dass alle von den Protestanten in Besitz genommenen Kirchengüter den Katholiken zurückgegeben werden mussten. Während sich für Wallenstein wegen der zunehmenden Feindschaft fast aller katholischen Reichsfürsten gegen seine Person und deren scheinbar unaufhaltsamen Machtzuwachs die Situation verschlechterte, braute sich wegen der für die Betroffenen unannehmbaren Forderungen des kaiserlichen Restitutionsedikts eine große Katastrophe für das Reich zusammen.

Am Kurfürstentag in Regensburg, der seit dem 3. Juli 1630 stattfand, erzwangen die Fürsten die Entlassung Wallensteins und die Übergabe des Oberbefehls an Tilly sowie eine Verringerung der Heeresstärke. Alle diese Maßnahmen sollten fatale Auswirkungen für die Kaiserlichen haben. Wallenstein zog sich grollend zurück, während der schwedische König, der am 6. Juli in Pommern gelandet war, bereits seinen Siegeszug nach Süden angetreten hatte. Am 17. September 1631 verlor Tilly die Schlacht bei Breitenfeld gegen den Schwedenkönig und wurde in der ebenfalls verlorenen Schlacht bei Rain am Lech am 15. April 1632 tödlich verwundet. Die Schweden standen nun in Süddeutschland und die Sache der Katholiken schien so gut wie verloren.

Kaiser Ferdinand II. war inzwischen zur Einsicht gelangt und hatte am 14. April mit der „Vereinbarung von Göllersdorf" Wallenstein erneut zum Oberbefehlshaber ernannt. Der Feldherr hatte nun mehr Vollmachten und Rechte als je zuvor und durfte auch ganz offiziell diplomatische Verhandlungen führen. Wallenstein vertrieb vorerst die Sachsen aus Böhmen und wandte sich dann den Schweden bei Nürnberg zu. Von Juli bis September 1632 standen sich die größten Feldherren ihrer Epoche bei einer Burgruine namens „Alte Veste" in Zirndorf bei Fürth gegenüber. Wallenstein hatte im Westen der Stadt Nürnberg ein großes Feldlager errichten lassen, das über 50.000 Soldaten beherbergte.

Gustav II. Adolf, König von Schweden (1594–1632)

Es kam zu keinen größeren Kampfhandlungen, aber der Stellungskrieg und die Anwesenheit zweier großer Armeen verwüsteten die gesamte Region. Seuchen und Hunger forderten unter den Einwohnern der Stadt Nürnberg viele Opfer.

Gustav Adolf, der anfangs von Wallenstein in die Defensive gedrängt worden war, hatte nach dem Eintreffen von zahlreichen Verstärkungen nun die Gelegenheit, dem Friedländer am 31. August eine offene Feldschlacht anzubieten. Doch Wallenstein ließ sich nicht darauf ein, woraufhin Gustav Adolf Wallensteins Lager mit Artillerie beschießen ließ. Auch ein schwedischer Infanterieangriff am 1. September blieb ergebnislos. Gustav Adolf setzte daraufhin bei Nacht über die Rednitz und errichtete ein befestigtes Lager auf der Hardhöhe bei Fürth, das er massiv ausbauen ließ. Wallenstein erwartete einen Umgehungsangriff aus dem Westen und brachte seine Truppen auf diesem Flügel seiner Stellungen in Schlachtordnung. Der Schwedenkönig wollte aber die Kaiserlichen zu einer Feldschlacht in für ihn günstigeres Gelände zwingen. Da die Aufklärung der Schweden versagt hatte, griff Gustav Adolf Wallensteins Lager an, da er annahm, dieser wolle sich absetzen. Der schwedische Angriff auf das Lager konnte von den Kaiserlichen zum Stehen gebracht werden. Gustav Adolf suchte daraufhin die Entscheidung auf dem linkem Flügel, wo es den Schweden in heftigen Kämpfen gelang, mehrere Lagerbefestigungen zu nehmen, bevor die Nacht hereinbrach.

Am Morgen des 4. September behinderte starker Dauerregen die Angreifer mehr als die Verteidiger, worauf der Schwedenkönig bereits am Vormittag die Schlacht abbrach und seine Truppen ins Lager zurückführte. Die Schweden hatten höhere Verluste als die Kaiserlichen erlitten und der Nimbus der Unbesiegbarkeit von Gustav Adolf war angeschlagen. Wallenstein hatte die Schlacht aus der Defensive herausgeführt und das Feld behaupten können. Da die Versorgungslage immer schlechter

Reitergefecht zwischen österreichischen und schwedischen Truppen (Gemälde von Johann Anton Eismann, um 1660)

wurde und immer mehr Männer und Pferde starben, entschloss sich der schwedische König zum Abzug. Nachdem sich beide Armeen noch einmal in Schlachtordnung gegenübergestanden hatten, zogen die Schweden am 18. September ab, während Wallenstein am 23. seine Zelte abbrach. Sie hinterließen ein völlig verwüstetes Gebiet mit vielen Opfern in der Zivilbevölkerung.

Wallenstein vermutete, dass die Schweden nach Bayern abziehen würden und damit der Feldzug für dieses Jahr beendet wäre, womit er die Hoffnung verband, dass seine Armee in Sachsen überwintern könnte. Doch Gustav Adolf wollte weiter eine baldige Entscheidung herbeiführen. Er marschierte nach Sachsen, was Wallenstein nicht erwartet hatte. Am 16. November 1632 war es schließlich soweit und Wallenstein konnte der großen Schlacht mit den Schweden nicht mehr aus dem Wege gehen. Er hatte es bis zuletzt gehofft und bereits begonnen, seine Truppen für die Winterquartiere aufzuteilen. Dieser Entschluss sollte sich rächen, da er sich geschwächt in das Unvermeidliche einer Schlacht mit Gustav Adolf fügen musste. Am Morgen des 15. November hatte er Pappenheim mit seiner Kavallerie nach Halle ins Quartier geschickt, musste ihn aber nun eiligst wieder zurückbeordern, denn einige der abmarschierenden Einheiten unter der Führung des Generalwachtmeisters Colloredo stießen schon am Vormittag des 15. November auf die heranmarschierende schwedische Hauptarmee. Es war Colloredo zu verdanken, dass die totale Katastrophe für Wallensteins Streitmacht ausblieb, denn er besetzte und verteidigte zwei Brücken an dem Flüsschen Rippach, was die Schweden aufhielt. Der inzwischen informierte Wallenstein konnte nun seine Rückholaktion starten und sich für den nächsten Tag auf eine Schlacht vorbereiten, die er eigentlich erst für das kommende Frühjahr geplant hatte.

Der Friedländer hatte aus der Katastrophe Tillys bei Breitenfeld gelernt. Seine Kavallerie ahmte die Taktik der Schweden nach und hatte sich deren Ausrüstung angepasst. Wallenstein wollte seine Reiterei genauso beweglich machen, wie es bei Gustav Adolf der Fall war. Auch die Infanterie agierte in kleineren und wendigeren Formationen. Zudem verwendete Wallenstein, wie seine Gegner, eine Art von leichter Artillerie. Ganz gegen seine sonstige Art der Kriegführung hatte sich Wallenstein dieses Mal für eine völlig defensive Kampfführung entschieden. Zu groß war sein Respekt vor dem genialen Heerführer aus dem hohen Norden.

Am Morgen des 16. November erkannte der ungeduldige Gustav Adolf, dass sein Gegner die kaiserliche Armee nördlich der Straße nach Leipzig in Stellung gebracht hatte, den Ort Lützen an seiner rechten Flanke. Entlang der etwa 2,5 Kilometer langen Front waren die Truppen so aufgestellt, dass ausreichend Platz für das Manövrieren und Heranführen von Reserven vorhanden war. Wallenstein hatte die Artillerie und die bereits vorhandene Reiterei gut verteilt, wartete aber weiterhin auf die Rückkehr Pappenheims, der noch immer nicht angerückt war. Einstweilen waren die Schweden, die eine sehr durchmischte Aufstellung der drei Waffengattungen genommen hatten, zahlenmäßig im Vorteil. Außerdem hatten sie ein großes Übergewicht bei der Anzahl leichter Geschütze, was sich in der Schlacht auswirken sollte.

Pappenheim

Der hartnäckige Frühnebel lichtete sich erst gegen elf Uhr und Gustav Adolf ließ seine Truppen nach einer Andacht und einem von fast allen schwedischen Soldaten gesungenen „rührenden Lied" (Schiller) zum Angriff übergehen. Mit sicherem Instinkt konzentrierte der Schwedenkönig seinen Hauptschlag gegen Wallensteins linken Flügel, an dem der sehnlich erwartete Pappenheim noch immer nicht erschienen war und der somit den schwächsten Teil von Wallensteins Front bildete. Gustav Adolf führte hier selbst den Angriff und konnte rasch die Oberhand gewinnen. Nun begann auch das Zentrum der Kaiserlichen zu wanken und die Schweden eroberten die dort aufgestellte Artillerie.

Wallenstein versuchte alles, um die Situation zu retten, und es gelang den Kaiserlichen auch, die verlorenen Kanonen wieder zurückzugewinnen. Gegen zwölf Uhr indes schien die Schlacht verloren und einige von Wallensteins Einheiten wollten sich bereits zur Flucht wenden. Fast im letzten Moment erschien Pappenheim an der Spitze von 3000 kaiserlichen Reitern und griff sofort massiert an. Dieser warf die Schweden zurück und entlastete damit das kaiserliche Zentrum, das von Wallenstein neu formiert wurde. Pappenheim hatte einige Hundert Mann leichte Kavallerie hinter die schwedische Front geschickt, die dort den Tross angriffen, was zu großer Unruhe bei den Schweden führte, da damit die gesamte mitgeführte Beute in Gefahr

Pappenheims Tod in der Schlacht von Lützen, 1632

war. Einige Regimenter Gustav Adolfs wandten sich gegen den unangenehmen Gegner im Rücken und fehlten damit an der Front.

Pappenheim wurde beim ersten Angriff von mehreren Kugeln tödlich getroffen und musste vom Schlachtfeld getragen werden. In der Folge flohen seine Regimentskommandeure und nahmen Teile ihrer Truppen mit sich. So ging das eben gewonnene Terrain verloren. Der linke Flügel Wallensteins löste sich nach und nach auf und sein Zentrum geriet erneut in Gefahr. Wieder schien die Schlacht für die Kaiserlichen verloren und nur erneuter dichter Nebel rettete ein wenig die Situation.

Wallenstein gelang es, seine Front wieder in Ordnung zu bringen. Oberst Piccolomini übernahm die Initiative und führte in rascher Folge sieben Reiterangriffe gegen die Protestanten. Wallensteins Soldaten wurden wieder zuversichtlich und die schwedischen Verluste nahmen zu. Die Kaiserlichen gewannen an ihrem rechten Flügel die Oberhand und drängten die schwedische Infanterie zurück, wodurch auch Gustav Adolfs Zentrum gefährdet wurde. Der König entschloss sich deshalb, an dieser Stelle persönlich einzugreifen, und ritt mit einem Regiment an die gefährdete Stelle, um Entlastung zu bringen. Entweder durch den Nebel oder bedingt durch seine Kurzsichtigkeit kam Gustav Adolf zu nahe an die Linien der Kaiserlichen. Er war leicht erkennbar, da er an der Spitze seiner Reiter prächtig gekleidet galoppierte. Eine Kugel traf seinen linken Arm, und als einer seiner Begleiter, der Herzog von Lauenburg, ihn aus dem Getümmel herausführen wollte, waren sie plötzlich von Reitern Wallensteins umzingelt, die den König mit ihren Pistolen töteten und zudem noch die Leiche ausraubten. Entgegen der üblichen Praxis, nach welcher der Tod des Kommandeurs auch den Verlust der Schlacht bedeutete, wurde aber von Seiten der Schweden weitergekämpft. Sie wollten Rache nehmen für den Tod ihres Königs und drängten nach und nach Wallensteins Truppen vom Schlachtfeld. Die Kaiserlichen verloren viele von ihren Geschützen, die jetzt gegen sie selbst gerichtet wurden. Wallenstein musste wütend erkennen, dass einige seiner Kommandeure sich schmählich vom Feind absetzten. Das Gemetzel dauerte aber weiter bis zum Einbruch der Dunkelheit und der Friedländer gab schließlich den Befehl zum Rückzug, da er keine Erfolgsmöglichkeit mehr sah. Die Schweden schlugen erschöpft ihr Lager in ihren ursprünglichen Stellungen auf, während die Kaiserlichen davonzogen, ohne verfolgt zu werden.

Auch wenn Wallenstein später die faktische Niederlage von Lützen als Sieg verkaufen wollte, gab es doch das Problem, dass er unter Verlust großer Teile seiner Artillerie das Schlachtfeld verlassen musste. Sein militärisches Ansehen litt dadurch aber nur bedingt, denn der für die Katholiken so gefährliche Gustav Adolf war in dieser Schlacht beseitigt worden und Wallenstein hatte dadurch die Sache des Kaisers vorerst gerettet. Die kaiserliche Armee ging in die Winterquartiere und das Land litt erneut unter massiven Kosten, die durch die Einquartierung entstanden.

Während Wallenstein fünf Monate in seinem prächtigen Prager Palast residierte, fand er genügend Zeit, um mit Offizieren abzurechnen, die seiner Meinung nach bei Lützen versagt hatten. Außerdem machte er seine angeschlagene Armee wieder schlagfertig und brachte sie auf einen Stand von 60.000 Mann. Dann zog er mit dem Gros seiner Truppen nach Schlesien, wo sich Sachsen, Brandenburger und Schweden befanden. Doch anstatt mit seinen überlegenen Kräften die Gegner vor sich herzutreiben, setzte Wallenstein auf Verhandlungen mit den Sachsen, den Schweden, den böhmischen Emigranten und sogar mit den Franzosen. Man sagt, es sei ihm von den böhmischen Exilanten die böhmische Königskrone angeboten worden, falls er in ihr Lager übertrete. Wallenstein vertrat nun jedenfalls Standpunkte, die in keiner Weise jenen des Kaisers entsprachen, und stellte den starren konfessionellen Standpunkt der Habsburger und das Restitutionsedikt in Frage. Man misstraute ihm von allen Seiten und am Wiener Hof begann man, an seiner Loyalität zu zweifeln.

Wallenstein besann sich schließlich und nahm am 11. Oktober 1633 ein schwedisches Korps in Schlesien mit seinem Kommandanten Thurn bei Steinau an der Oder gefangen. Er nützte diesen Sieg indes nicht aus und ließ Thurn wieder frei. Danach zog er sich – für fast alle Zeitgenossen überraschend – wieder nach Böhmen zurück. Da er auch dem bayerischen Kurfürsten keine Hilfe leistete, weil er angeblich einen Winterfeldzug vermeiden wollte, ging Regensburg an Herzog Bernhard von Weimar verloren. Wallensteins Verhalten und die Vielzahl von Gerüchten darüber beunruhigten Ferdinand II. und die Gegner des Friedländers gewannen am Wiener Hof immer mehr die Oberhand. Dieser setzte weiter auf Verhandlungen mit seinen Gegnern und sein Wechsel der Fronten schien in Wien immer wahrscheinlicher. Um festzustellen, ob ihm die Armee noch auf seinen Wegen folgen würde, versammelte Wallenstein die Generäle und Befehlshaber am 11. Januar in Pilsen. Auch wenn es ihm gelang, die 49 Teilnehmer scheinbar (weil viele einfach keinen Widerspruch wagten) auf seine Seite zu bringen, und sie eine Erklärung unterschrieben, in der sie bezeugten, dem Feldherrn weiter treu zu dienen, blieben dennoch einige Zweifel und viel Misstrauen.

Die Offiziersversammlung schürte in Wien nur noch die Befürchtungen bezüglich Wallensteins machtmäßigem Sonderweg und der Kaiser reagierte, indem er sich der Treue einiger wichtiger Generäle wie Gallas, Piccolomini und Aldringen versicherte. Eine Kommission bestätigte Ferdinand II. die Schuld Wallensteins im Hinblick auf

„Wallensteins Lager" (Darstellung des 19. Jahrhunderts nach F. Gaul)

Insubordination und Verrat und die Berechtigung zu ungewöhnlichen Maßnahmen. Der Kaiser erließ deshalb am 24. Januar 1634 das Absetzungspatent gegen seinen Feldherrn. Gleichzeitig erging der Befehl an einige kaisertreue Generäle, Wallenstein und seine Mitverschwörer gefangen zu nehmen oder zu töten. Unterdessen blieb Ferdinand II. aber in Korrespondenz mit dem Friedländer, um ihn in Sicherheit zu wiegen.

Wallenstein betrieb seine Verhandlungen weiter, doch das Misstrauen der Franzosen und Protestanten war zu groß, weshalb es zu keiner Einigung kam. Am 19. Februar setzte der Feldherr ein Schreiben auf, in dem er erklärte, niemals etwas gegen den Kaiser oder die Religion unternehmen zu wollen, und bot in Wien seinen Rücktritt an. Doch die Entscheidung war bereits gefallen und Wallenstein erkannte zu spät, dass er sich in eine aussichtslose Lage manövriert hatte. Es entglitt ihm zunehmend die Kontrolle über seine Armee und viele seiner Generäle signalisierten offen ihr Missfallen. Der schwer an der Gicht leidende Wallenstein zog sich schließlich mit nur wenigen Truppen nach Eger zurück. Hier sollte ihn aber sein Schicksal ereilen, denn der Stadtkommandant Gordon und die Offiziere Leslie und Butler waren kaisertreu und entschlossen, den Befehl aus Wien umzusetzen. Am Abend des 25. Februar 1634 wurden zuerst einige seiner engsten Getreuen bei einem Bankett auf der Burg von Eger ermordet, dann ereilte Wallenstein das gleiche Schicksal durch die Partisane des Hauptmanns Devereux in seinem Schlafgemach.

Der Dreißigjährige Krieg wurde dadurch nicht beendet, sondern trat in eine neue blutige Phase und schließlich musste man sich auch auf Seiten der unduldsamen Habsburger zu einem Frieden bereitfinden, den man durch Wallenstein und seine Bemühungen vielleicht viel früher und mit viel weniger Opfern und Verlusten an Macht und Territorium erreichen hätte können.

Wallensteins Persönlichkeit steht für die Modernisierung der Kriegführung, der Aufstellung, Ausrüstung und Disziplinierung großer Armeen. Er ist in gewisser Weise auch der Ahnvater des ersten wirklich stehenden Heeres der Habsburger. Die zwiespältige und auch skrupellose Persönlichkeit dieses großen Heerführers hat bis auf den heutigen Tag immer wieder Schriftsteller, Historiker und Künstler animiert, sich mit ihr auseinanderzusetzen.

LITERATUR

ARNDT, Johannes: Der Dreißigjährige Krieg. Stuttgart 2009

BEDÜRFTIG, Friedemann: Der Dreißigjährige Krieg. Darmstadt 2006

BLACH, Jeremy (Hg.): 70 große Schlachten der Weltgeschichte. Leipzig 2005

BUCHER, Eberhard (Hg.): Das Neueste von gestern. 5 Bände, München 1913

LANGENDORF, Jean-Jacques: Ahnengalerie der kaiserlichen Armee 1618–1918. Biographische Schattenrisse. Wien 1995

POLISENSKY, Josef und Josef Kollmann: Wallenstein. Feldherr des Dreißigjährigen Krieges. Köln 1997

RICHTER, Johann Daniel Wilhelm: Geschichte des dreißigjährigen Krieges aus Urkunden und anderen Quellenschriften erzählt. 2 Bände, Erfurt 1855

RICHTER, Heinz M.: Die Piccolomini. Berlin 1874

SCHWEIGERD, Carl Adam: Österreichs Helden – und Heerführer von Maximilian I. bis auf die neuesten in Biographien und Charakterskizzen. Wien 1852

SMOLLE, Leo: Wallenstein und das Zeitalter des dreißigjährigen Krieges. Graz 1911

WAGNER, G.: Wallenstein. Der böhmische Condottiere. Ein Lebensbild mit zeitgenössischen Dokumenten. Wien 1958

JOHANN GRAF VON SPORCK
EIN GROSSER REITERGENERAL

„Endlich vor Spork. Neben seinem Schim-
mel ragt der Graf. Sein langes Haar hat den
Glanz des Eisens …" (Rainer Maria Rilke)

Im Wiener Heeresgeschichtlichen Museum befindet sich ein beeindruckendes Aus-
stellungsstück. Es ist dies der Reiterharnisch eines groß gewachsenen Mannes, ein
Stück von aufwändiger Machart, das dem Betrachter auch heute noch einen gewissen Respekt einflößt. Das herausragende Exemplar deutscher Plattnerkunst, das
36 kg wiegt, gehörte einem Mann einfacher Herkunft, der an vielen Kriegszügen
und Schlachten des kriegerischen 17. Jahrhunderts teilgenommen hat und es bis zum
hochdekorierten General und Reichsgrafen gebracht hat.

Johann Sporck wurde vermutlich am 6. Januar 1600 auf dem Sporckhof in Westerloh (heute im Stadtgebiet von Delbrück), das ein Teil des Fürstbistums Paderborn
war, geboren. Sein Vater, Franz Nolte, hatte eine Tochter von Jobst Sporck, dem der
nach seiner Familie benannte Meierhof bei Westerloh gehörte, geheiratet. Das Paar
hatte eine Tochter und vier Söhne, von denen drei eine Militärkarriere machen sollten. Über die Kindheit und Jugend Sporcks ist nichts bekannt, aber er dürfte so gut
wie keine Schulbildung erhalten haben. Ob er Analphabet war, wie behauptet wurde,
ist Spekulation. So wie sein Vater nannte er sich später nicht Nolte, sondern Sporck.

Der junge Mann trat 1619 als Rekrut in das bayerische Heer ein, während der
Wirren des Dreißigjährigen Krieges, den er bis zum Ende mitmachen sollte. Es wurde später berichtet, dass es eine verschmähte Liebe gewesen sei, die Sporck zum
Militär getrieben hätte. Dabei waren die Beweggründe wohl andere, denn als nicht-
erbberechtiger Sohn eines Bauern waren seine Zukunftsaussichten begrenzt. Außerdem hatte sich sein älterer Bruder schon für eine militärische Laufbahn entschieden.
Sporck nahm das Handgeld, das ihm die Werber anboten, und wurde Dragoner.

Der junge Mann machte den Feldzug der Bayern und Kaiserlichen nach Böhmen mit, der am 8. November 1620 in die Schlacht am Weißen Berg mündete. Hier
kämpfte Sporck tapfer und musste miterleben, wie sein älterer Bruder als Rittmeister
fiel. Doch das hielt den wagemutigen Krieger nicht davon ab, dem Soldatenhand-
werk weiter die Treue zu halten. Es begann eine beispiellose Karriere. Von 1621 bis
1632 war Sporck bei den Truppen des Grafen Tilly und nahm an dessen Kriegszügen
teil. Er war an den Schlachten im Loener Bruch und bei Lutter beteiligt.

1631 wurde Sporck Kornett im Reiterregiment von Oberst Lothar Dietrich von
Bönninghausen. Ein Jahr später kämpfte der kühne Reiter unter Wallenstein gegen

Gustav Adolf bei Nürnberg. Im Jahre 1633 wurde er bereits als Rittmeister erwähnt. Er befehligte in den nächsten Jahren eine Schwadron in den Reiterscharen des bayerischen Obersten Johann von Werth und kämpfte mit dieser Truppe gegen die Schweden in der Oberpfalz und in Schwaben. Hier bewies er seine große Begabung für den „kleinen Krieg", bei dem es auf persönlichen Mut, Entschlossenheit, blitzschnelles Erfassen der Lage, Schnelligkeit und tollkühnes Handeln ankam. Sporcks Truppe hatte die Aufgabe, den Feind zu stören, seine Verbindungslinien zu unterbrechen und bei jeder Gelegenheit zuzuschlagen. Es sind viele tollkühne Abenteuer des wagemutigen Reiteroffiziers überliefert, die beweisen, wie sehr er für diese Aufgabe geschaffen war.

Das musste auch der schwedische Oberst Speerreuter feststellen, der mit Sporck blutige Erfahrung machte. Der Schwede sollte mit einem kleinen Korps den Rücken der Armee Bernhards von Weimar decken, wobei seine Männer plündernd in der Gegend von Augsburg umherzogen. Da die Schweden kaum Rücksicht auf den Schutz ihres Lagers nahmen, fasste Sporck gemeinsam mit Werth den Entschluss zu einem überraschenden Nachtangriff. Dieser klappte vorzüglich und überraschte die Schweden vollkommen. Ein großer Teil von Speerreuters Männern wurde massakriert oder in die nahen Sümpfe getrieben, während ihr Anführer im letzten Moment mit dem Leben davonkam.

Wenig später half Sporck bei der Eroberung zweier von den Schweden besetzten Festungen mit. Er blieb, solange er Rittmeister war, beim Regiment Werth.

1636 wurde Sporck Oberstwachtmeister und griff nach dem Treffen bei Wittstock, bei dem er leicht verwundet wurde, mit seinen zahlenmäßig weit unterlegenen Reitern eine feindliche Einheit von 600 Mann unter Oberst Witzleben an. Diese konnten rasch in die Flucht geschlagen werden, wobei der feindliche Kommandant mit vielen seiner Leute gefangen genommen wurde. Doch das war nicht die einzige Heldentat. Im Herbst 1638 stieß Sporck bei Müllerstadt in Franken mit seinen Reitern auf die Marschkolonnen des schwedischen Generals Königsmarck. Obwohl die Schweden etwa 5000 Mann zählten, attackierte Sporck die Marschierenden mit seinen 80 Reitern in der Flanke. Der Angriff gelang, die Schweden gerieten in völlige Verwirrung und verloren 100 Mann. Sporck erbeutete eine Standarte und 300 Pferde, wurde allerdings von einer Kugel getroffen. Das Geschoss traf ihn neben dem linken Auge, er überlebte die Verwundung, litt aber lange an den Folgen und sein Gesicht war danach für immer verunstaltet. Durch dieses wagemutige Abenteuer hatte er noch mehr als bisher auf sich aufmerksam gemacht und sich für höhere militärische Kommandos empfohlen.

1639 wurde Sporck Oberst eines bayerischen Reiterregiments und hatte die Unabhängigkeit eines Generals. Der Krieg ging scheinbar endlos weiter im inzwischen völlig verwüsteten Deutschland. Sporck führte weitere abenteuerliche Unternehmungen durch. Im Januar 1640 war er an der Verfolgung der Weimarschen Truppen, die über den Rhein übergesetzt hatten, beteiligt. Er stellte seinen Gegnern wie ein hungriger Wolf nach, bis sich eine günstige Gelegenheit ergab. Am 27. Februar 1640 rieb Sporck bei Popenhausen an der Fulda das Weimarsche „Rote Regiment" vollständig auf und erbeutete zwölf Standarten. Einige Wochen später zerschlug er bei Heiligenstadt ein schwedisches Bataillon und siegte bei Treffurt gegen tausend protestantische Söldner, obwohl sein Heer zahlenmäßig unterlegen war.

Am 24. Mai 1641 begann Sporck mit der Belagerung von Meiningen. Im Herbst des nächsten Jahres kommandierte der kühne Reiterführer ein starkes Reitergeschwader gegen den schwedischen General Königsmark, der mit 4000 Kavalleristen nach Thüringen eingedrungen war und Erfurt geplündert hatte. Sporck besiegte zunächst den schwedischen Oberstleutnant Knorre und griff dann das schwedisch besetzte Meiningen an. Kurz vor dem Fall der Festung aber schickte ihn der bayerische Herzog in die Oberpfalz; Sporck gab die Belagerung widerwillig auf und folgte dem Befehl.

Im Jahre 1643 kämpfte er gegen die Franzosen und überfiel 1200 Mann im Nachtquartier bei Geislingen. Am 19. November 1643 eroberte er durch einen Handstreich die gesamte Artillerie der Franzosen bei Tuttlingen. Bereits einen Tag später griff er Möhringen, wo die Hauptmacht der Franzosen stand, an und kämpfte die feindliche Kavallerie nieder. Danach verfolgte er den geschlagenen Feind, zersprengte das französische Heer und nahm dessen Führer gefangen. Sporck wurde zu einer bei allen Gegnern gefürchteten Persönlichkeit, die eigentlich nur eine Taktik kannte – den Angriff.

Der lange schreckliche Krieg ermattete zunehmend und es fanden immer weniger größere Gefechtshandlungen statt. Stattdessen gab es immer mehr Einzelaktionen und Überfälle, Belagerungen und kleinere Zerstörungsaktionen, die das Gesicht dieses Krieges nun prägten.

Sporck tat als Oberst zumeist das, was er auch als Rittmeister getan hatte. Am 6. März 1645 konnte er in der Schlacht bei Jankau aber zeigen, dass seine soldatischen Fähigkeiten über jene eines Regimentskommandeurs hinausgingen. Er absolvierte am Vorabend der Schlacht einen tollkühnen Gewaltmarsch und fügte der schwedischen Kavallerie eine schwere Niederlage zu. Danach befehligte er den linken Flügel des Kaiserlich-Bayerischen Heeres. Doch die kaiserliche Kavallerie versagte und wich zurück. Sporck griff von der Flanke her das schwedische Zentrum an und trieb es davon.

Nun schien die Schlacht entschieden, aber dann begannen die ausgehungerten Kavalleristen, den schwedischen Tross zu plündern. Nur das Regiment Sporcks bewahrte Disziplin und kämpfte weiter gegen die wieder attackierenden Schweden. Doch damit konnte der Ausgang der Schlacht sich nicht mehr zu seinen Gunsten wenden und die Bayerisch-Kaiserlichen Truppen wurden vom Schlachtfeld vertrieben. Sporck kehrte in der Nacht mit seinen Männern zurück und überfiel die siegestrunkenen Schweden. Dabei wurde er jedoch schwer verwundet und bei der Übergabe von Iglau gefangen. Einige Monate später kaufte ihn der Kaiser gemeinsam mit anderen Offizieren um 120.000 Taler frei.

Noch im selben Jahr wurde Sporck, der sich jetzt nur mehr mit einem „von" schrieb, zum Generalwachtmeister befördert. Er blieb aber in seinem Wesen schlicht und war seinen Soldaten in erster Linie ein Kamerad. Man warf ihm auch eine gewisse Derbheit und Rücksichtslosigkeit bezüglich aller, die er nicht unmittelbar als seine Kameraden betrachtete, vor. Er sprach sein Leben lang nur westfälisches Platt. Seine Männer jedenfalls verehrten ihn und folgten ihm blindlings bei allen seinen Aktionen. Verheiratet war Sporck im Übrigen mit Freifrau Anna Margarete von Linsingen, die einem alten hessischen Geschlecht entstammte. Die Gemahlin folgte ihrem Gatten bei fast allen seinen Feldzügen.

Der mutige Reitergeneral war nach seiner Freilassung ständig in die Kämpfe mit den Schweden unter Wrangel und den Franzosen unter Turenne, die in Bayern eingefallen waren, verwickelt. Um die Gefahr für sein Territorium abzuwenden, nahm der bayerische Kurfürst Verhandlungen auf und schloss im März 1647 in Ulm einen Waffenstillstand. Sporck und General von Werth protestierten gegen diese Entwicklung und beschlossen, sich mit ihren Truppen dem Heer des Kaisers anzuschließen. Doch die Männer meuterten, als sie erfuhren, dass ihre Führer sich den habsburgischen Truppen anschließen wollten, und somit blieb Sporck und von Werth nichts übrig, als ohne Truppen zum Kaiser überzulaufen. Dabei musste Sporck sogar seine Frau zurücklassen. Nach erfolgreicher Flucht veranlasste Kaiser Ferdinand III. seine Erhebung in den Reichsfreiherrenstand. Außerdem hob der Kaiser die vom Kurfürsten gegen Sporck wegen dessen „Fahnenflucht" verhängte Acht auf. Sporck dankte dies seinem neuen Herrn, indem er sich militärisch rasch wieder verdient machte.

Im Jahre 1648 nahte endlich der Westfälische Frieden, der ein völlig verwüstetes und entvölkertes Deutschland hinterließ, in dem der Kaiser massiv an Macht verloren hatte. Der Frieden von Münster und Osnabrück brachte einige friedlichere Jahre. Der alte Haudegen Sporck versuchte sich einige Zeit in unkriegerischen Tätigkeiten.

Doch schon bald kam es durch den Einbruch der Schweden in Polen erneut zum Krieg. Wieder stellte der Kaiser eine Armee gegen die Schweden ins Feld. Gemeinsam mit Hatzfeld und Montecuccoli gehörte Sporck zu deren Führern. 1657 nahm er an der Belagerung und Eroberung Krakaus teil. Er hatte die Ehre, den Polenkönig Kasimir und dessen Gattin beim Einzug in die Stadt zu begleiten. Sporck war dann an der Eroberung Thorns beteiligt und rückte bis Pommerellen und Ostpreußen vor.

Die schwedische Armee hatte sich nach ihrem Rückzug aus Polen gegen Dänemark gewandt und belagerte Kopenhagen. Sporck marschierte nun gemeinsam mit Montecuccoli durch die Neumark, Mecklenburg und Holstein. Die Kavallerie Sporcks war immer der Hauptarmee weit voraus, nahm Rendsburg ein, setzte nach Alsen über und vertrieb auch schwedische Truppen aus Vorpommern. Mehrere kleinere Städte wurden erobert, Greifswald und Stettin in Besitz genommen. Der Frieden von Oliva im Jahre 1660 beendete vorerst die Kämpfe in Norddeutschland.

1661 nahm Sporck am unglücklichen Feldzug gegen die Osmanen in Siebenbürgen teil. Die Türken waren überraschend eingebrochen und richteten große Verwüstungen an. Da die Österreicher anfangs zu schwach waren, wurde von ihnen Groß-Wardein erobert. Montecuccoli wurde zum Oberbefehlshaber und Sporck zum Chef der Kavallerie ernannt und gegen den Feind geschickt. Die Versorgungslage war sehr schlecht, und als die Armee in Siebenbürgen ankam, fand sie alles verwüstet vor. Es folgte deshalb ein mühsamer Rückzug, ohne mit den Türken eine Schlacht geschlagen zu haben. Der Sultan nutzte die Gelegenheit, den seit 50 Jahren bestehenden Frieden mit Österreich endgültig zu kündigen.

Gegen den Einfall der türkischen Armee in Ungarn konnten die Kaiserlichen vorerst wenig ausrichten, da sie zahlenmäßig unterlegen waren. Die eindringende Armee eroberte viele Festungen und Streifscharen drangen sogar bis Mähren und Schlesien vor. Sporck war mit seinen Kavalleristen, die sich aus Husaren, Dragonern und Lanzenreitern zusammensetzten, ständig unterwegs, um auf diese kleineren Einheiten Jagd zu machen und um den türkischen Nachschub zu stören. Da er an jedem Kampf auch persönlich an der Spitze teilnahm, wurden seine Männer von seiner Verwegen-

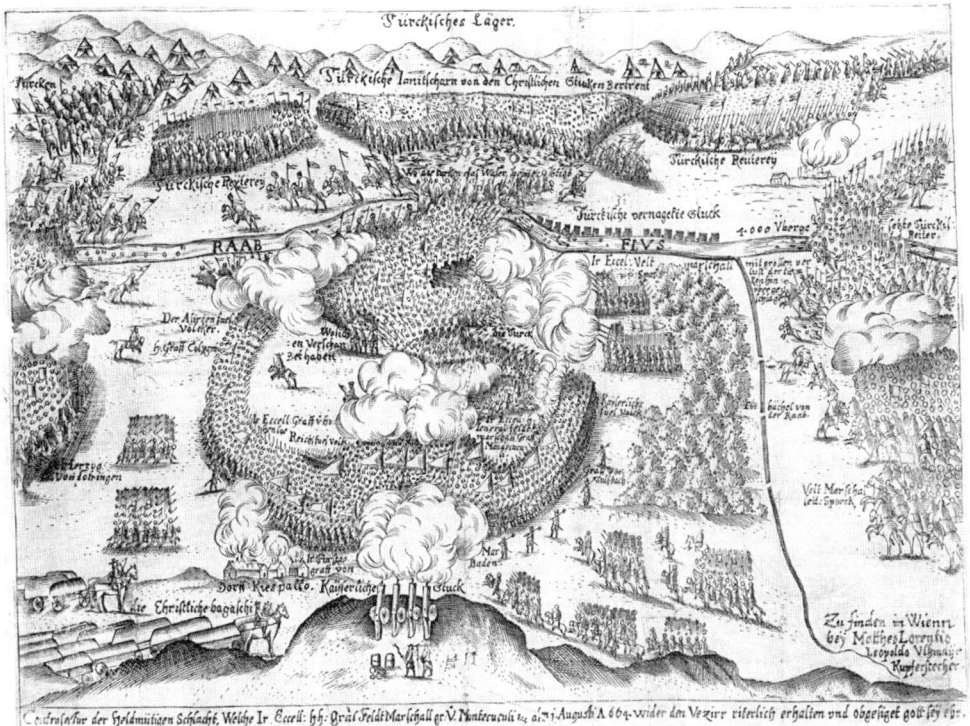

Schlacht bei St. Gotthard-Mogersdorf

heit stets mitgerissen. Die Türken zogen sich über den Winter nach Belgrad zurück und drangen im Frühjahr wieder in Ungarn ein. Doch das kaiserliche Heer hatte sich durch Kontingente aus vielen Teilen Europas massiv verstärkt und man versuchte, das Vordringen der Türken in die Steiermark zu verhindern. Bei Körmend verhinderte Sporck eine Furtung der Türken über die Raab. Beide Armeen marschierten dann flussabwärts flankierend weiter und belauerten sich gegenseitig.

Am 1. August 1664 kam es schließlich zur Schlacht bei St. Gotthard an der Raab. Dieser Tag sollte zum Höhepunkt in der Karriere von Sporck werden. Als die Armee Montecuccolis massiv in Bedrängnis geraten war, befahl der Feldherr einen letzten gemeinsamen Gegenangriff. Sporck ritt zu seinen Kavalleristen, entblößte sein Haupt und kniete nieder. Dann betete er mit lauter Stimme: „Allmächtiger Generalissimus dort oben, willst du uns, deinen christgläubigen Kindern, nicht helfen, so hilf doch wenigstens den Türkenhunden nicht, sondern sieh nur zu und du sollst deine Freude haben."

Nach diesem denkwürdigen Gebet warf sich Sporck mit seinen Männern gegen die osmanische Armee. Er soll mitten unter seinen Reitern, über und über rot gefärbt vom Türkenblut, gefochten haben. Der Kampf dauerte drei Stunden und die osmanische Front begann an Sporcks Flügel zu wanken und riss die übrige Armee in wilder Flucht mit sich mit. Alle Beobachter waren sich einig, dass Sporck und seinen Reitern ein wesentlicher Anteil an diesem einzigartigen Sieg abendländischer Truppen gegen die Türken gebührte.

Sporck in der Schlacht von St. Gotthard-Mogersdorf (Szentgotthard), 1664 (Darstellung aus dem 19. Jahrhundert)

Sporck befand sich am Höhepunkt seines Ruhmes und wurde vom Kaiser zum Oberbefehlshaber der gesamten kaiserlichen Reiterei ernannt und erhielt außerdem die Würde eines Reichsgrafen. Weiters bekam er einige ertragreiche Güter als Dotationen. Man begann sich nun in ganz Europa Legenden über den fast schon sagenhaften Helden zu erzählen und einige Anekdoten über ihn kamen in Umlauf. Eine davon: Als man Sporck darauf aufmerksam machte, er müsste nun als Graf Sporck unterschreiben, entgegnete der alte Haudegen: „Lass nur, ich war eher Sporck als Graf." Er unterschrieb weiter als Sporck Graf.

Der Türkensieger ließ in das Mittelfeld seines Wappens einen abgeschlagenen Türkenkopf mit Turban einfügen.

Sporck war jetzt bereits 64 Jahre alt und wurde zu einem gern gesehenen Gast bei Hof, wo man ihm einen ungezwungenen Umgang gestattete und auf sein Urteil großen Wert legte.

Bei der ungarischen Zrinski-Frankopan-Verschwörung gegen Kaiser Leopold I. im Jahre 1670 kämpfte Sporck mit viel Erfolg gegen die Aufständischen und sicherte den Habsburgern den nicht von den Türken besetzten Teil Ungarns.

Danach hatte er die ungewöhnliche Idee, sein 50-jähriges Waffenjubiläum mit einer Wallfahrt nach Rom zu feiern. Papst Clemens X. empfing den „Vorstreiter der christlichen Kirche gegen Ketzer und Türken" mit großem Gepränge und ehrte ihn durch verschiedene Gunstbeweise.

Im Jahre 1672 brach ein neuerlicher Aufstand des ungarischen Adels los. Sporck hatte den Oberbefehl über die gesamte kaiserliche Streitmacht inne und schlug diesen „Malcontenten-Aufstand" (dt. Aufstand der Unzufriedenen) nieder. Danach rief der Kaiser den inzwischen 72-Jährigen zurück und schickte ihn gegen den als größten

Heerführer seiner Zeit bezeichneten französischen Feldmarschall Turenne. Sporck erreichte mit seinen Kavallerietruppen den Rhein und konnte Turenne schließlich durch dauernde Störungen hinter die Mainlinie zurücktreiben. Doch damit nicht genug: Sporck umging die Stellungen der Franzosen und griff Turennes Versorgungslinien an. Dieser musste die Mainlinie aufgeben und sich hinter den Rhein zurückziehen. Der Plan für Sporcks Vorgehen soll zwar von Montecuccoli stammen, doch nur ein Mann wie der große Reitergeneral konnte ihn ausführen. Er und Montecuccoli waren lange Zeit ein eingespieltes Team, obwohl sie sich in ihrem Wesen sehr unterschieden. Während der gelehrte Feldherr mit zunehmendem Alter immer vorsichtiger und berechnender wurde, blieb Sporck seiner Kühnheit und Entschlossenheit ein Leben lang treu.

1674 befand sich der Reitergeneral im Winterlager in Brilon. Er besuchte mit seinem Stab seine engere Heimat in Weserloh, wo er begeistert empfangen wurde. Im folgenden Jahr betraute der Kaiser Sporck mit dem Oberbefehl über die in den Niederlanden kämpfenden österreichischen Truppen. Trotz seines hohen Alters machte sich Sporck wieder mit Elan an seine Aufgabe und eroberte Dinant, Chimay und Huy. Er konnte damit einige Gebiete entlang der Maas für das Haus Österreich sichern.

1675 brachte den letzten Feldzug Sporcks, der mit seiner Armee den von Turenne bei Frankfurt am Main stark bedrängten Montecuccoli zu Hilfe eilte. Es kam zu einem langen Hin- und Her-Manövrieren, bevor sich die Franzosen bei Sasbach zur Schlacht stellten. Der große Turenne fiel bereits zu Beginn der Schlacht. Die führerlos gewordene französische Armee floh und Sporck trat zu seiner letzten Verfolgung an.

Da er seine Kräfte schwinden fühlte, verließ Sporck danach endgültig die kaiserliche Armee und zog sich in seine böhmische Heimat zurück. Von Schloss Hermannstädtel aus verwaltete er seine sieben Güter, die ihm der Kaiser für seine treuen und langjährigen Dienste geschenkt hatte. Sporck war nun einer der reichsten Großgrundbesitzer Böhmens.

Der furchtlose Kavallerist hatte in unzähligen Schlachten und Gefechten gekämpft, meistens mitten im ärgsten Getümmel, und war dennoch nur einmal ernsthaft verwundet worden. Er hatte noch einige ruhige Jahre vor sich, in denen er sich wegen seiner Leutseligkeit und Großzügigkeit bei der Bevölkerung sehr beliebt machte. Am 6. August 1679 starb der „größte europäische Kavallerie-General", wie ihn ein französischer Feldmarschall nannte, auf seinem Schloss in Hermannstädtel in Böhmen. Auf seinem Grabstein ist zu lesen: „Was ich gewesen bin, gab der Tod ein Ende. Bitt', Leser, daß es Gott zur Seligkeit mir wende." Angeblich wurde Sporck gemeinsam mit einem Zwerg bestattet, der ihm als Kammerdiener, Hofnarr und Freund gedient hatte und ihm einmal in Ungarn das Leben gerettet haben soll.

Nach dem Tod Sporcks blieb sein Reiterharnisch bis 1858 im Besitz seiner Familie, die das Prunkstück schließlich dem k. k. Arsenal und dann, im Jahre 1986, dem damaligen Heeresmuseum übergaben.

Sporck hatte relativ spät nach dem Tod seiner ersten Gattin, mit der er nur eine Tochter hatte, das mecklenburgische Edelfräulein Eleonore Maria Katharina von Fineke geheiratet, mit der er vier Kinder hatte: Franz Anton, Ferdinand Leopold, Maria Sabina und Anna Katharina. Die beiden Söhne waren beim Tod Sporcks noch minderjährig und kamen unter die Vormundschaft seiner Neffen Johann und Johann Dietrich.

Dass der Apfel manchmal doch weit vom Stamm fallen kann, bestätigte sich in Johann von Sporcks Sohn Franz Anton. Der kränkliche und schwächliche Junge erwies sich für den Militärdienst als ungeeignet, war aber sehr intelligent und wissbegierig. Franz Anton von Sporck besuchte die Universität und war der Kunst sehr zugetan. Sein besonderes Interesse galt der Theologie und er wurde ein Förderer des Jansenismus und erbitterter Feind der Jesuiten, was sogar zu seiner Verurteilung wegen Ketzerei führte. Außerdem konstruierte er ein mehrschüssiges Jagdgewehr mit Revolvermagazin und stiftete den St. Hubertus-Orden, der heute noch existiert.

LITERATUR

ARNDT, Johannes: Der Dreißigjährige Krieg. Stuttgart 2009

BARKER, T.: The Military Intellectual and Battle. Raimondo Montecuccoli and the Thirty Years War. New York 1975

BEDÜRFTIG, Friedemann: Der Dreißigjährige Krieg. Darmstadt 2006

FRAUNGRUBER, Hans: Hoch Habsburg! Bilder aus Österreichs alten und jungen Tagen. Wien 1909

HELFERT, Alexander Freiherr von: An Ehren und an Siegen reich. Bilder aus Österreichs Geschichte. Wien 1907

LANGENDORF, Jean-Jacques: Ahnengalerie der kaiserlichen Armee 1618–1918. Biographische Schattenrisse. Wien 1995

RICHTER, Johann Daniel Wilhelm: Geschichte des dreißigjährigen Krieges aus Urkunden und anderen Quellenschriften erzählt. 2 Bände, Erfurt 1855

RILKE, Rainer Maria: Die Weise von Liebe und Tod des Cornets Christoph Rilke. Leipzig 1927

ROSENKRANZ, Georg Joseph: Graf Johann von Sporck. Paderborn 1954

SAUER, Egon v. Nordendorf: Österreichs Kavallerie. Von den Anfängen bis zur Gegenwart. Wien 1987

SCHEFERS, Johann: Johann Graf von Sporck. Delbrück 1998

SCHREIBER, Georg: Des Kaisers Reiterei. Österreichs Kavallerie in vier Jahrhunderten. Wien 1967

SCHWEIGERD, Carl Adam: Österreichs Helden – und Heerführer von Maximilian I. bis auf die neuesten in Biographien und Charakterskizzen. Wien 1852.

STIEVE, Felix: Sporck, Johann Graf von. In: Allgemeine Deutsche Biographie. Bd. 35, Leipzig 1893

WURZBACH, Constant von: Biographisches Lexikon des Kaiserthums Österreich. Bd. 36, Wien 1878

RAIMONDO MONTECUCCOLI
MEISTER DES KRIEGES IN THEORIE UND PRAXIS

Montecuccoli

Dieser fast vollkommen vergessene Heerführer war einer der bedeutendsten Feldherren der österreichischen Geschichte und ein großer Militärschriftsteller.

Montecuccoli entstammte einem alten Adelsgeschlecht, das schon unter den Ottonen von Burgund in das Gebiet Modenas eingewandert war und sich dort nach seiner Burg benannte: Montecuccolo, was Kuckucksberg bedeutet. Die Familie verfügte über keine großen Ländereien und so mussten viele der jüngeren Mitglieder der Familie in fremde Dienste treten. Raimondos Vater Galeotto war als General in spanischen Diensten, zwei seiner Onkel waren kaiserliche Generäle und einer seiner Cousins diente in der spanisch-niederländischen Armee. Montecuccolis Mutter war eine feine Hofdame aus Ferrara.

Raimondo Montecuccoli wurde am 21. Februar 1609 im Stammschloss der Familie geboren, wurde humanistisch ausgebildet und erhielt eine sorgfältige Erziehung. Man hatte ihn eigentlich für eine klerikale Laufbahn vorgesehen. Als jedoch sein Vater sehr früh starb, ermöglichte ein Onkel dem knapp achtzehnjährigen Raimondo den Eintritt in die kaiserliche Armee. Trotz seiner Zuneigung zur Literatur und den Künsten entschloss sich der junge Montecuccoli 1627 für den Dienst unter Habsburgs Fahnen.

Er rückte mitten im Dreißigjährigen Krieg ein. Zunächst musste er sich „von der Pike auf" durch alle Waffengattungen dienen, wobei er von seinen Verwandten gefördert wurde. Der junge Montecuccoli wurde zum begeisterten Soldaten und diente sich empor. Bereits 1629 war er Hauptmann in einem Infanterieregiment.

Während vieler Feldzüge nahm er an fast allen großen Schlachten teil und erlebte viele Kriegsgräuel.

Im Frühjahr 1631 war Montecuccoli bei der Belagerung von Neubrandenburg beteiligt und wurde danach Zeuge der Zerstörung von Magdeburg. Bei Breitenfeld geriet er am 17. September 1631 verwundet in schwedische Gefangenschaft. Bereits sechs Monate später war Montecuccoli wieder beim kaiserlichen Heer und ersuchte um die Zuteilung eines eigenen Regiments. Doch es sollte noch bis Juli 1635 dauern, ehe seinem Wunsch entsprochen wurde. Man würdigte damit seine Verdienste bei einem gelungenen Handstreich gegen die Stadt Kaiserslautern, den Montecuccoli mit 200 abgesessenen Kürassieren unternommen hatte. Er war einer von vielen italienischen Regimentsinhabern, die es in der kaiserlichen Armee gab, was von den deutschen Offizieren oft nicht so gerne gesehen wurde, da man den Italienern Falschheit und Eigennutz unterstellte. Montecuccoli machte seine Sache aber gut und erwarb damit auch das Wohlwollen seines Vorgesetzten Feldmarschall Melchior von Hatzfeld. Dieser verteidigte Montecuccoli, als 1637 der Kurfürst von Brandenburg gegen ihn vorgehen wollte. Oberst Montecuccoli hatte mit seinen Leuten den Tross des Brandenburgers geplündert, was bei den Versorgungsschwierigkeiten der Armeen zu jener Zeit oft vorkam.

Als Montecuccoli am 19. Mai 1639 eine heftige Auseinandersetzung mit seinem Vorgesetzten General Georg von Hofkirchen hatte, war dies der Beginn einer militärischen Katastrophe. Die beiden Offiziere konnten sich nicht über die Verteidigung eines Übergangs über die Elbe bei der böhmischen Stadt Melnik einigen, was zu einer schweren Niederlage ihrer Truppen führte. Montecuccoli kämpfte tapfer, wurde aber verwundet. Die Reiter seines Regiments flohen und ließen ihn im Stich. Er wurde zum zweiten Mal in seiner Karriere von den Schweden gefangen genommen. Da ein rascher Austausch dieses Mal scheiterte, musste sich Montecuccoli auf eine längere Gefangenschaft einstellen. Er war komfortabel im Schloss von Stettin untergebracht, wo er sogar die Bibliothek benutzen durfte. Hier hatte er viel Zeit, sich dem Studium der militärischen Klassiker zu widmen. Montecuccoli begann selbst mit dem Abfassen eines militärischen Handbuches. Er wollte umfassend „über die Dinge des Krieges" schreiben. So entstand nach und nach sein „Trattato della Guerra" genanntes Werk, in dem er sich bemühte, die Kriegführung als methodische und rationale Wissenschaft darzustellen. Noch während seiner Gefangenschaft schrieb er ein weiteres Buch, das er „Delle Battaglie" nannte. Hier ging es mehr um Praktisches, er empfahl unter anderem, die Truppen nicht mit Angehörigen verschiedener Nationen zu mischen, was für den Zusammenhalt und die Kameradschaft nicht von Vorteil wäre. Montecuccoli widmete dieses Buch dem Herzog Francesco I. von Modena, der sich für seine Freilassung aus der Gefangenschaft einsetzte. Im Mai 1642 war er wieder frei und forderte General Hofkirchen, der ihm die Schuld am Verlust der Gefechte bei Melnik und Brandeis gab, zum Duell. Der Kampf dauerte nicht lange und Montecuccoli entwaffnete als der bessere Kämpfer seinen Gegner. Danach versöhnten sich die beiden Streithähne wieder.

Montecuccoli diente – vom Kaiser entsandt – im Winter 1642/43 und wohl auch aus Dankbarkeit dem Herzog von Modena bei dessen „Ersten Burgenkrieg" im Jahre 1643. Er machte dort als General der Kavallerie eine gute Figur und wurde für seine Verdienste zum Feldmarschall Modenas erhoben. Doch allzu lange hielt es Montecuccoli nicht in Italien, denn schon ein Jahr später war er wieder am deutschen Kriegsschauplatz anzutreffen. Die Kaiserlichen waren nach der schweren Niederlage in der zweiten Schlacht bei Breitenfeld im November 1642 in Bedrängnis geraten. 1644 erhielt Montecuccoli seine Ernennung zum Feldmarschall-Leutnant und Hofkriegsrat.

1645 war der kühne Krieger in Schlesien und machte einige Regimenter wieder kampfbereit. Doch auch er konnte mit den demoralisierten und teilweise in Auflösung befindlichen kaiserlichen Truppen keine Wunder erwirken. So musste Montecuccoli die militärische Katastrophe von Jankau am 6. Mai 1645 erleben. Mit 5000 Mann aus von ihm aufgestellten Truppen marschierte Montecuccoli im Juni 1645 zu Erzherzog Leopold, der an der Donau stand. Gemeinsam mit ihm zog er gegen den Fürsten von Siebenbürgen und gegen General Wittenberg ins Feld, der in Schlesien eingebrochen war. Montecuccoli kämpfte erfolgreich mit den Mitteln des „kleinen Krieges" und erregte damit die Bewunderung Kaiser Ferdinands III.

Dieser griff nun auf ihn zurück, als es nötig wurde, dem französischen Heerführer Turenne, der als der „größte Kriegsmeister seiner Zeit" galt, die Stirn zu bieten. Turenne agierte auch im verwüsteten Reichsgebiet und bedrohte 1647 die böhmischen Länder. Montecuccoli unterstützte zunächst General Melander, der jedoch 1648 im Kampf den Tod fand. Montecuccoli musste als neuer Oberbefehlshaber den Rückzug antreten. Bei diesem Manöver erwies er sich als großartiger Taktiker und führte seine Truppen so meisterhaft, dass er die Niederlage fast in einen Sieg verwandeln konnte, was ihm auch die Hochachtung seiner Gegner eintrug. Montecuccoli schrieb nach der nicht zu gewinnenden Schlacht von Zusmarshausen am 17. Mai 1648, dass die kaiserlichen Soldaten nur mehr mit dem Mut der Verzweiflung kämpfen würden.

Er wurde zu den Friedensverhandlungen in Münster als kaiserlicher Bevollmächtigter für die Feststellung der militärischen Demarkationslinien beordert. Der Kaiser hatte das größte Vertrauen in ihn und er machte seine Sache auch auf diesem Gebiet zur Zufriedenheit, was ihn für weitere diplomatische Missionen empfahl. Er wurde bis 1657 immer wieder für kaiserliche Vertrauensmissionen herangezogen und reiste unter anderem nach Regensburg, Augsburg, Flandern, England und Schweden. Dort wurde er von Königin Christine ehrenvoll empfangen, da die eigenwillige Herrscherin große Sympathien für ihn hegte.

Wenngleich der Westfälische Friede ein Aufatmen für alle Beteiligten brachte, bedeutete er auch, dass sich Montecuccoli so wie viele andere Soldaten eine neue Beschäftigung suchen musste. Er war bei der Unterzeichnung des Friedensvertrags Mitglied des Wiener Hofkriegsrates und General der Kavallerie. Während er sich wieder schriftstellerisch betätigte, sah er sich nach einem neuen Kommando um. Er bemühte sich einige Zeit um einen Eintritt in die spanische Armee, nahm aber schließlich davon Abstand, da ihn die desolaten Verhältnisse in der einst gefürchtetsten Macht Europas abschreckten. 1653 veröffentlichte er eines seiner wichtigsten Werke, nämlich „Dell'Arte Militare".

Montecuccoli reiste viel und unternahm neben seinen diplomatischen Touren auch private Reisen. So hielt er sich gerne in Modena auf. Dort ereignete sich aber bei einem Turnier ein schlimmer Unfall. Montecuccoli tötete einen seiner besten Freunde mit einem Lanzenstich. Derlei Zwischenfälle bei Turnieren waren recht häufig, doch der Vorfall zeigt auch, dass Montecuccoli trotz seiner „Modernität" als Soldat und militärischer Theoretiker in seinem Wesen ein Ritter alten Schlages war.

1657 heiratete der weit gereiste Feldherr und Diplomat die Gräfin Margarethe von Dietrichstein-Nikolsburg. Im selben Jahr fand er eine erneute Beschäftigung als Soldat und beteiligte sich am Zweiten Nordischen Krieg.

In den Jahren 1661 bis 1664 war Montecuccoli Gouverneur der wichtigen Festung Raab, womit er Oberbefehlshaber des ganzen Grenzgebietes in Ungarn war. Diese Grenze stand unter der andauernden Bedrohung durch die Osmanen, zu deren Abwehr der Feldherr nur etwa 25.000 Mann zur Verfügung hatte. Gleichzeitig musste er sich auch mit den unwilligen ungarischen Ständen auseinandersetzen, die ihm oft mehr Schwierigkeiten bereiteten als die Türken. Als im Herbst des Jahres 1663 die Türken sengend und brennend bis in die Steiermark vordrangen, sah sich Montecuccoli aller Unterstützung beraubt und legte sein Amt nieder. Doch als die Situation durch den türkischen Vormarsch erneut kritisch wurde, ließ er sich von Kaiser Leopold I. 1664 wieder an die Spitze der habsburgischen Streitkräfte in Ungarn berufen. Der Kaiser hatte vom Reichstag in Regensburg Hilfe zugesagt bekommen und nun trafen die Verstärkungen auch ein. Viele Kontingente aus anderen europäischen Ländern beteiligten sich am Kampf gegen die Türken. Nach einigen kleineren Gefechten kam es schließlich zur denkwürdigen Schlacht bei St. Gotthard-Mogersdorf.

Die Armee, die Montecuccoli bei St. Gotthard in die Schlacht führte, war eine stark durchmischte, in der sich Angehörige aus fast allen Teilen Europas befanden. Unter anderem waren viele Franzosen in den Truppen, die sich nun den zahlenmäßig weit überlegenen Türken in den Weg stellten. Die Schlacht, die eine der bedeutendsten der Türkenkriege werden sollte, fand an der Raab zwischen Mogersdorf und dem Zisterzienserkloster St. Gotthard statt.

Am frühen Morgen des 1. August 1664 überschritten einige Tausend Mann osmanischer Elitetruppen unter dem Feuerschutz der Geschütze die Raab und überrannten die Vorposten und das Lager der Reichstruppen, das gegen den Befehl Montecuccolis kaum mit Schanzen gesichert war. Das führte zu großer Unordnung und Zersplitterung der Truppen im Kern, während die Janitscharen das Dorf Mogersdorf einnahmen. Das Zentrum von Montecuccolis Truppen wirkte damit faktisch nicht mehr existent. Die Schlacht schien entschieden, bevor sie für die Christenarmee so richtig begonnen hatte.

Montecuccoli war sich der Gefährlichkeit der Situation bewusst und führte mit drei Infanterie- und zwei Reiterregimentern persönlich den Gegenstoß. Gleichzeitig griff das Rheinbundkorps mit gemischten Verbänden die Janitscharen in Mogersdorf von Osten her an und brachte den Ort rasch wieder unter Kontrolle. Da auch die französischen Hilfstruppen eingriffen, wurden die restlichen Türken aus Mogersdorf verjagt und alle weiteren Rückeroberungsversuche abgewehrt.

Nachdem sich die Situation zu ihrem Nachteil entwickelt hatte, zogen sich die Türken wieder auf ihren Brückenkopf am linken Ufer der Raab zurück. Während Montecuccoli noch unschlüssig war, ob er nun zum Angriff auf den Brückenkopf schreiten sollte, wurde sein rechter Flügel durch einen großen Reiterangriff der Türken bedroht. Doch die Situation wurde durch die Kavallerie unter Sporck bereinigt, der mit seinen Reitern gegen die zahlenmäßig weit überlegenen türkischen Kavalleristen einen heftigen Gegenangriff unternahm und nach einem wütenden Gefecht die Gegner unter hohen Verlusten über den Fluss zurücktrieb.

Dieser Erfolg bestärkte Montecuccoli darin, den osmanischen Brückenkopf anzugreifen. Nachdem er auch den zögernden Befehlshaber der Franzosen zu dem Unternehmen überredet hatte, griffen seine Truppen massiert an. Die schlecht verschanzten Türken wurden aus ihren Stellungen verjagt und flüchteten. Der Fluss im Rücken

Abbildung und Beschreibung/
Des blutigen Haupt-Scharmützels/ underhaltener Victori der Christl.
Haupt-Armee/ wider den Erb-Feind: So Freytags den 1. Aug. N. Cal. dieses 1664. Jahrs/
bey dem Stättlein S. Gotthart am Raab-Fluß geschehen ist.

(Die ganzseitige zeitgenössische Kupferstich-Darstellung der Schlacht mit den Bildnissen RAIMUND MONTECUCULI und ACHMET BASSA sowie den zweispaltigen Fraktur-Begleittext.)

Schlacht bei St. Gotthard-Mogersdorf (zeitgenössische Darstellung)

verhinderte ihren Rückzug und sie wurden fast vollständig aufgerieben. Die auf dem anderen Ufer der Raab gebliebenen Türken wagten keine weiteren Versuche mehr, über den Fluss zu setzen, und Montecuccoli war der Sieger der Schlacht. Sie hatte ihm nur etwa 1000 Soldaten gekostet, während die Türken mindestens 12.000 Mann verloren. Bereits neun Tage nach der Schlacht wurde am 10. August der Frieden von Eisenburg unterzeichnet, der 20 Jahre dauern sollte.

Nach seinem Triumph von St. Gotthard verbrachte Montecuccoli acht friedliche Jahre. Kaiser Leopold I. griff immer wieder gerne auf den weisen und diplomatisch erfahrenen Feldherrn zurück, wenn heikle Missionen zu erledigen waren. Dieser widmete sich mehr der Wissenschaft als zuvor und erhielt immer wieder Ehrungen. So erhob ihn 1668 der spanische König zum Ritter vom Goldenen Vlies und der Kaiser machte ihn zum Präsidenten des Hofkriegsrates und zum obersten Direktor der Artillerie. Mit seiner Funktion als Hofkriegsratspräsident vereinte Montecuccoli auch die Agenden eines Ministers des Äußeren für osmanische Angelegenheiten. Außerdem war der erfolgreiche Feldherr weiterhin bemüht, die Kampfkraft der Armee zu steigern. Montecuccoli hatte während der Türkenkriege die Franzosen als tapfere Soldaten kennengelernt, doch er erkannte die große Gefahr, die vom Expansionsstreben Ludwigs XIV. ausging, und forderte die militärische Niederwerfung Frankreichs.

Im Jahre 1672 hatte er Gelegenheit, gegen den französischen „Erbfeind" in den Krieg zu ziehen. Aufgrund seiner Ratschläge hatte der Kaiser ein Bündnis mit dem Kurfürsten von Brandenburg geschlossen. Allerdings hatte man seine Vorschläge zur Verbesserung und Vergrößerung der Armee zu wenig befolgt. Das rächte sich, denn der französische Feldherr Turenne konnte mit seinen Truppen ungehindert über den Rhein setzen und einen erfolgreichen Feldzug führen. Für die Kaiserlichen und ihre Verbündeten verlief die Auseinandersetzung entsprechend frustrierend. Montecuccoli konnte durch geschicktes Agieren allzu große Verluste verhindern, erhielt aber erst Anfang 1673 freie Hand für alle Operationen. Er ging in die Offensive und konnte „mit Kühnheit, Gewandtheit, Scharfsinn und mustergültiger Ausnützung aller Umstände" beträchtliche Erfolge erzielen. Er bewies, dass man auch einen Angstgegner wie Turenne ausmanövrieren konnte. Doch diese Erfolge wurden durch den Feldzug von 1674, an dem Montecuccoli nicht teilnahm, geschmälert und Turenne konnte einen seiner glänzendsten Siege feiern.

Während des Jahres 1675 führte der erfahrene Feldherr wieder das Oberkommando und bekämpfte Turenne monatelang am Rhein. Er setzte auf kluge Manöver und strategische Schachzüge, geschickte Täuschungen und unangreifbare Stellungen. Montecuccoli bewies seine Meisterschaft und der große Turenne verlor letztlich sein Leben. Danach mussten sich die Franzosen über den Rhein zurückziehen. Die letzte Schlacht seines Soldatenlebens schlug Montecuccoli bei Altenheim – und siegte.

Das Alter und die vielen Strapazen forderten ihren Tribut von dem großen Krieger und er musste, „körperlich in hohem Grade leidend", seine Soldatenlaufbahn beenden. Die Gicht schränkte seine Bewegungsmöglichkeiten immer mehr ein. Der Kaiser musste seinen besten Feldherrn beurlauben. Der Krieg gegen Frankreich ging wechselhaft bis 1679 weiter und wurde mit dem Frieden von Nijmwegen beendet.

Am Ende seines Lebens soll der alte Feldherr „einsam und nörglerisch" gewesen sein. Er kümmerte sich aber weiterhin um seine Aufgabe als Präsident des Hofkriegsrates und war bestrebt, die Schlagkraft der Armee zu verbessern. Montecuccoli betrachtete die Pikeniere als inzwischen wirkungslose Waffengattung und verringerte ihre Zahl. Außerdem forderte er die Ersetzung der schweren Musketen durch leichtere und modernere Flinten. Dazu kurbelte er auch die österreichische Waffenherstellung in Steyr an und versuchte die Produktion zu standardisieren und zu systematisieren. Weiters führte er die Grenadiere als neue Elitetruppe ein, was in anderen Armeen übernommen wurde. Montecuccoli wusste, dass den stehenden Heeren die Zukunft gehörte, da die Soldaten nur dann gut ausgebildet werden konnten, wenn der Staat jederzeit auf ein schlagkräftiges Heer zurückgreifen konnte.

Er reiste im Herbst 1680 dem kaiserlichen Hof trotz Krankheit und Schwäche nach Linz nach und wurde dort Opfer eines Unfalls: Beim Reiten durch einen herabstürzenden Balken schwer am Kopf verletzt, verstarb Montecuccoli am 16. Oktober 1680 an den Folgen. Er wurde auf eigenen Wunsch ohne Pomp und Zeremonien bestattet und hinterließ einen Sohn und drei Töchter. Seine fürstliche Linie starb 1698 mit seinem Sohn Leopold Philipp aus.

LITERATUR

ALLMAYER-BECK, Johann Christoph u. Erich Lessing: Die kaiserlichen Kriegsvölker. Von Maximilian I. bis Prinz Eugen. München 1978

ARNDT, Johannes: Der Dreißigjährige Krieg. Stuttgart 2009

BARKER, T.: The Military Intellectual and Battle. Raimondo Montecuccoli and the Thirty Years War. New York 1975

BEDÜRFTIG, Friedemann: Der Dreißigjährige Krieg. Darmstadt 2006

BORNSCHEIN, Adolph: Leben, Thaten und Charakterzüge Österreichischer Feldherrn. Wien 1812

FRAUNGRUBER, Hans: Hoch Habsburg! Bilder aus Österreichs alten und jungen Tagen. Wien 1909

GAMBER, Emil: Das Land der vielen Schlachtfelder. St. Pölten 1941

GUNDOLF, Hubert: Um Österreich! Schlachten unter Habsburgs Krone. Graz 1995

HEUSER, Beatrice: Den Krieg denken. Paderborn 2010

HORMAYR zu Hortenburg, Joseph von: Oesterreichischer Plutarch, oder, Leben und Bildnisse aller Regenten und der berühmtesten Feldherren, Staatsmänner, Gelehrten und Künstler des österreichischen Kaiserstaates. 20 Bde., Wien 1807

LANGENDORF, Jean-Jacques: Ahnengalerie der kaiserlichen Armee 1618–1918. Biographische Schattenrisse. Wien 1995

PREIL, Arndt: Österreichs Schlachtfelder. 4 Bände, Graz 1993

REGELE, Oskar: Der österreichische Hofkriegsrat 1556–1848. Wien 1949

RITTERSBERG, Johann Ritter von: Biographien der ausgezeichneten Feldherren der k. k. österreichischen Armee. Prag 1829

ROSENKRANZ, Georg Joseph: Graf Johann von Sporck. Paderborn 1954

SACHSLEHNER, Johannes: Schicksalsorte Österreichs. Wien 2009

SCHREIBER, Georg: Raimondo Montecuccoli. Feldherr, Schriftsteller und Kavalier. Graz 2000

SCHWEIGERD, Carl Adam: Österreichs Helden – und Heerführer von Maximilian I. bis auf die neuesten in Biographien und Charakterskizzen. Wien 1852

WURZBACH, Constant von: Biographisches Lexikon des Kaiserthums Österreich. Bd. 19, Wien 1868

VIENNA

ERNST RÜDIGER GRAF STARHEMBERG
DER VERTEIDIGER WIENS

„Seine vornehmste Ruhmestat ist es, dass Wien gegen eine unzählbare Zahl von Ottomanen unter seinem glückverheißenden Befehl – man hätte wohl nicht zu sagen gewusst, ob mehr durch Glück oder mehr durch Tapferkeit – neun Wochen hindurch verteidigt wurde ..." (aus einer alten Inschrift)

Rüdiger von Starhemberg

Ernst Rüdiger Graf von Starhemberg wurde am 12. Januar 1638 in Graz geboren. Die Starhembergs sind ein altes österreichisches Geschlecht, das 1643 die reichsgräfliche Würde zugesprochen bekam. Ein Vorfahre Starhembergs hatte sich mit großem Verdienst gegen die Herrschaft des Böhmenkönigs Ottokar II. gewandt, weitere Starhembergs hatten für die Habsburger und gegen die Osmanen gekämpft. Die Familie war in der Reformationszeit zum evangelischen Glauben übergetreten, hatte aber rechtzeitig „in den Schoß der katholischen Kirche zurückgefunden", als es opportun erschien.

Der junge Starhemberg wurde in seinem Elternhaus von Jesuiten unterrichtet. Nach der damals üblichen Kavalierstour hatte der junge Mann seine erste öffentliche Funktion als Kämmerer Kaiser Leopolds I. bei dessen Wahl und Krönung im Jahre 1658. Danach wurde er Landrat und niederösterreichischer Regimentsrat. Im Jahre 1659 war er bei der Belagerung von Stettin als Volontär im Regiment seines Vetters, blieb aber danach noch einige Jahre im Staatsdienst. So fungierte er 1663 als Oberkommissar der Stände im Mühlviertel.

Der Türkenkrieg veranlasste ihn schließlich, sich einer militärischen Karriere zuzuwenden. An ihr arbeitete er bis an sein Lebensende. Starhemberg zog zu Beginn des Feldzugs Montecuccolis im Jahre 1664 als Hauptmann an der Spitze einer Kompanie ins Feld und machte durch sein mutiges und umsichtiges Verhalten bei der Belagerung von Kanisza und der Schlacht bei St. Gotthard auf sich aufmerksam. Er focht tapfer beim entscheidenden Angriff der Infanterie unter Feldmarschall-Leutnant Sparre an der Spitze mit. Rasch bekam er die Beförderung zum Oberstleutnant und man übertrug ihm das Militärkommando in Tokaj und Szatmár. 1669 wurde Starhemberg zum Oberst ernannt und erhielt das Regiment des Grafen Sparre. Während der „Magnatenverschwörung" wurden Starhemberg und seine Offiziere am

7. April 1670 durch Franz I. Rákóczi während eines Essens gefangen genommen und in Eisen gelegt. Starhemberg selbst wurde erst nach längerer Zeit wieder freigelassen.

Er kämpfte 1672 im holländischen Allianzkrieg gegen die Franzosen und stand 1673 unter Montecuccoli am Main gegen Turenne im Feld. Starhemberg bewährte sich auch hier in manchem Gefecht und machte die Belagerung von Bonn mit, wo er in heftigste Kampfhandlungen verwickelt wurde. Er zeichnete sich am 11. August 1674 bei Seneffe (belgische Provinz Hennegau) durch seine große Tapferkeit und sein überlegtes Vorgehen aus und wurde 1675 in den Rang eines General-Feldwachtmeisters erhoben.

Bei der Erstürmung von Wilstedt am 31. Juli 1675 drang Starhemberg durch eine Bresche in den Ort ein und bewährte sich am darauffolgenden Tag in der Schlacht bei Altenheim durch kluge Entscheidungen und seinen persönlichen Mut; dieses Mal aber wurde er schwer verwundet. Seine Beförderung zum Feldmarschall-Leutnant folgte auf diesen erneuten Beweis seiner militärischen Fähigkeiten.

Während des Winters 1675/76, den er in Linz und Wien verbrachte, wurde Starhemberg zu den Beratungen für den Feldzugsplan für das folgende Jahr hinzugezogen. Am 16. Mai 1676 nahm er im Sturmangriff zwei Erdbefestigungen bei Philippsburg und bewährte sich auch während des Feldzugs. Am 25. Juli 1676 wurde er jedoch wieder schwer verwundet. Starhemberg kämpfte 1677 und 1678 unter dem Herzog von Lothringen, erlitt bei einem feindlichen Überraschungsangriff bei Rheinfelden, bei dem auch ein Brückenkopf erobert wurde, indes schwere Verluste. Er konnte sich dennoch vor der feindlichen Übermacht geordnet zurückziehen und die Brücke dabei zerstören, womit er ein Übersetzen der Franzosen verhinderte.

Das Jahr 1680 brachte Starhembergs Ernennung zum Kommandanten der Stadt Wien und zum Oberst der Wiener „Stadtguardia". Er widmete sich mit viel Energie der Verbesserung der Befestigungsanlagen, doch scheiterten die meisten seiner Projekte am Geldmangel. 1682 erfolgte Starhembergs Beförderung zum Feldzeugmeister; 1683 befehligte er unter Herzog von Lothringen die Infanterie, die bei Kittsee zusammengezogen wurde. Ursprünglich für das Kommando der Festung Raab vorgesehen, wurde Starhemberg auf Wunsch des Kaisers nach Wien beordert und erneut zum Kommandanten der bedrohten Stadt ernannt.

Am 3. Mai 1683 erreichte die Armee Sultan Mehmeds IV. Belgrad und der Großwesir Kara Mustafa erhielt den Oberbefehl. Der türkische Vormarsch ging weiter und in Stuhlweißenburg wurde den Soldaten mitgeteilt, dass das Ziel der Operation die Einnahme Wiens wäre. Obwohl Herzog Karl von Lothringen versuchte, den Gegner durch die Belagerung der Festung Neuhäusl abzulenken, setzten die Osmanen ihren Marsch auf Wien fort. Der Herzog zog sich daraufhin mit seiner kleinen Armee nach Raab, dem heutigen Győr, zurück. Als die Türken vordrangen, ergaben sich einige ungarische Städte kampflos, aber Raab sollte standhalten. Der Lothringer ließ einen Teil seiner Truppen in der Stadt zurück und zog eilends in Richtung Wien ab. Ernst Rüdiger von Starhemberg begann bereits damit, die Verteidigung vorzubereiten und ließ die Stadtmauern ausbessern.

Die Pestepidemie von 1679 hatte Wien große Menschenverluste gebracht und die Wirtschaft und Abwehrkraft der Stadt massiv geschwächt. Zudem war man auch im Kriegszustand mit dem expansiven Frankreich unter Ludwig XIV., was für die unter permanentem Geldmangel leidenden Habsburger einen Zweifrontenkrieg bedeute-

Kara Mustafa (links) führte Sultan Mehmeds IV. Armee 1683 vor Wien

te. Die Voraussetzungen einer erfolgreichen Abwehr eines osmanischen Angriffs auf Wien standen also nicht allzu gut. Für den Sultan wäre der Besitz Wiens, das von den Türken als Tor zu Westeuropa gesehen wurde, die ideale Basis für eine weitere Expansion gewesen. Deshalb konnte man davon ausgehen, dass die Truppen unter Kara Mustafa ihre gesamte Energie für die Eroberung der Stadt einsetzten.

Der eindeutige Pluspunkt Wiens im Vergleich zur türkischen Belagerung von 1529 war dessen gewaltige Befestigung, die kriegstechnisch auf dem neuesten Stand war. 1672 hatte man noch einige zusätzliche Ravelins (Wallschilde) errichtet, die sich während der Belagerung bewähren sollten. Im Gegensatz zur ersten Türkenbelagerung war das osmanische Heer nun artilleristisch viel besser ausgerüstet und der Angriff erfolgte nicht im Herbst, sondern im Hochsommer, was den Belagerern mehr Zeit für ihr Unternehmen gab.

Am 4. Juli 1683 erreichte das gewaltige Heer der Osmanen die österreichische Grenze und drei Tage später griffen 40.000 Krimtataren die Ortschaft Petronell an. Dabei kam es zu Gefechtsberührungen mit zurückweichenden österreichischen Dragonern. Karl von Lothringen stellte sich mit seinen Truppen zum Kampf und griff entschlossen die Tataren an.

Das Gefecht dauerte nur kurze Zeit und kostete die Reiter Kara Mustafas mehrere Hundert Mann, während die Verluste der Kaiserlichen gering waren. Allerdings war einer davon Ludwig Julius von Savoyen, der Bruder Prinz Eugens. Er wurde schwer verwundet und starb wenige Tage später. Obwohl der Kampf mit den eingedrungenen Tataren ein militärischer Erfolg war, verbreitete sich große Panik in Wien und Umgebung, da vielen in der Bevölkerung nun erst der Ernst der Lage bewusst wurde.

In Wien herrschte rasch völliges Chaos und fast alle, die es sich leisten konnten, flüchteten aus der Stadt. Kaiser Leopold war aufgrund seines bedächtigen und entscheidungsschwachen Charakters lange Zeit unschlüssig und hatte nichts Besseres zu tun, als auf die Jagd zu gehen, obwohl die Türken schon fast die Stadt erreicht hatten. Im letzten Moment entschloss auch er sich zur Flucht. Gemeinsam mit dem kaiserlichen Hof entkamen etwa 30.000 Menschen in Richtung Passau. Ernst Rüdiger Starhemberg blieb als Stadtkommandant zurück. Weitere verfügbare Truppen wurden in Eilmärschen nach Wien beordert, während sich Herzog Karl mit seinem kleinen Heer in die Leopoldstadt zurückzog. Die Bewohner der Vorstädte, die noch nicht geflüchtet waren, sollten nun ihre Habseligkeiten und möglichst viele Lebensmittel in die Stadt schaffen. Dann gab Starhemberg am 12. Juli den Befehl zum Abbrennen der Vorstädte. Es muss ein gigantischer Brand gewesen sein, der nun rund um Wien tobte und vieles vernichtete, was über lange Zeit mühsam aufgebaut worden war. Während noch einiges an Munition über die Donau in Wien eintraf, forderte der Stadtkommandant die Studenten und Bürger Wiens zum Mitkämpfen auf. Nicht alle folgten dem Aufruf bereitwillig. Starhemberg bildete aus den Bürgern der Stadt acht Fähnlein, deren Kommandant der Wiener Bürgermeister Liebenberg wurde. Der Kampfwert dieser Truppe war allerdings nicht zu hoch zu veranschlagen. Liebenberg selbst erkrankte am 22. August an der Ruhr und starb noch vor dem Entsatz der Stadt.

Guido Starhemberg, Neffe von Ernst Rüdiger

Inzwischen hatten die Osmanen die befestigte, aber schlecht verteidigte Stadt Hainburg erobert und fast die gesamte Bevölkerung massakriert. Auch andere Städte und Dörfer im Umkreis von Wien wurden angegriffen und zerstört, wobei oft der größere Teil der Bevölkerung getötet wurde. Auch wurden sehr viele Menschen gefangen genommen und verschleppt. Von Wien aus konnte man in der Umgebung überall Rauch aufsteigen sehen.

Am 14. Juli erschien Kara Mustafa vor der Stadt und verkündete: „Entweder Islam oder Tribut – sonst wird die Entscheidung in unserem Streit dem Schwert überlassen!" Starhemberg lehnte jede Kapitulation ab. In ganz Wien hörte man Gebetsrufe und osmanische Musikkapellen. Dann übertönte das Donnern der Kanonen und das Knallen der Gewehre alles; die Belagerung nahm ihren Anfang.

Während dieser Zeit hielt sich der Herzog von Lothringen mit seinen Truppen noch jenseits des Donaukanals auf und konnte der Stadt Versorgungsgüter bringen. Am 16. Juli musste er sich jedoch nach Jedlesee zurückziehen. Die Osmanen konnten Leopoldstadt in Brand setzen und die Brücken zerstören. Die Einschließung Wiens war vollkommen.

Als kurz nach Beginn der Belagerung im Schottenkloster ein Brand ausbrach, der sich rasch ausbreitete und fast das bürgerliche Zeughaus mit seinen 1800 Pulverfäs-

Wien, zweite Türkenbelagerung, Leander Russ, Sturm der Türken auf die Löwelbastei, 1683 (Wien, Österreichische Galerie, 1837)

sern erreichte, schien die Stadt verloren. Hier bewies Starhemberg jene „heldenmütige Entschlossenheit", für die er später gerühmt wurde. Er organisierte den Kampf gegen das Feuer und legte selbst Hand an, indem er mit seinem Neffen Guido gegen die Flammen ankämpfte. Es gelang schließlich, durch die Aufbietung aller Kräfte das Zeughaus zu retten.

Am selben Tag hätte Starhemberg sein Leben fast verloren. Denn als er auf den Mauern die Artilleriestellungen besuchte, wurde er durch ein abspringendes Stück der Mauer am Kopf verletzt. Man riss in der Folge brandgefährdete Gebäude ganz oder teilweise ab. Starhemberg war trotz der Gefahr ständig an den Brennpunkten des Geschehens, inspizierte mehrmals täglich die Wälle und sprach den Männern Mut zu. Bei Undiszipliniertheit und mangelhaftem Verhalten konnte er äußerst streng sein, dafür war er andererseits auch sehr großzügig, wenn er tapferes und umsichtiges Verhalten lobte. Die Männer vertrauten und verehrten ihn, was auch

Sturm der Türken auf die Wiener Burgbastei, 1683 (Darstellung des 19. Jahrhunderts nach J. N. Geiger)

dazu führte, dass die meisten tapfer weiterkämpften, obwohl die Situation lange Zeit hoffnungslos schien.

Am 17. und am 19. Juli versuchten die Türken die strategisch wichtige Stadt Klosterneuburg zu erobern. Diese Angriffe wurden blutig abgeschlagen und die Stadt blieb in kaiserlicher Hand. Vor den Mauern Wiens wurden hastig Schützengräben angelegt und Angreifer und Verteidiger hoben Laufgräben aus. Starhemberg ließ immer wieder Ausfälle durchführen, um türkische Anlagen zu vernichten. Dennoch näherten sich die feindlichen Gräben den Mauern immer mehr. Bei der Burg- und Löwelbastei waren die Türken schon so nahe, dass man mit Handgranaten kämpfen konnte. Die Belagerer gruben noch tiefer und konnten erste Minen gegen die äußere Verteidigungslinie eingraben.

Der 23. Juli brachte eine erste Minensprengung vor dem Ravelin und der Burgbastei, ein darauffolgender Angriff konnte aber blutig zurückgeschlagen werden. In den Häusern der Stadt wurden Menschen damit beschäftigt, in den Kellern nach Grabungsgeräuschen zu lauschen.

Am 25. Juli gelang es den Belagerern, eine weitere Mine vor der Löwelbastei zu sprengen. Die Verteidiger antworteten am nächsten Tag mit einer Sprengung einer osmanischen Schanze. Starhemberg wurde am selben Tag durch einen Splitter am Arm schwer verwundet und ließ sich nun einige Tage in einer Sänfte herumtragen, behielt aber weiterhin alles unter Kontrolle.

Die folgenden Tage brachten immer wieder Sprengungen und Gegensprengungen, die oft mit aufeinanderfolgenden Nahkämpfen verbunden waren, doch gelang den Osmanen vorerst kein entscheidender Einbruch in das Verteidigungssystem. Dieses wurde von den Verteidigern nach jeder Sprengung immer wieder notdürftig instand gesetzt und neu armiert.

In der Stadt gab es inzwischen erste Versorgungsprobleme und manche versuchten durch Wucher und Schwarzhandel, Geschäfte zu machen. Starhemberg und Liebenberg begegneten diesem Treiben mit schweren Strafen. Auch das riesige Heer der Osmanen aber hatte große Probleme mit der Versorgung, was den Wienern freilich nur ein geringer Trost sein konnte.

Da sich ein großer Teil der männlichen Bewohner Wiens noch immer gegen die Einberufung zu den Verteidigern sträubte, verschärfte Starhemberg sein Vorgehen und erließ letztlich am 26. August einen Einberufungsbefehl auch an alle, die bisher als untauglich galten. Am 28. ordnete er sogar die Todesstrafe für jene an, die sich noch immer drücken wollten. Als abschreckendes Beispiel wurde je ein „Schnellgalgen" auf der Freyung, auf dem Neuen Markt und auf dem Hohen Markt errichtet. Er ließ zwei Deserteure am 16. August hängen und zwei Knaben im Alter von 10 und 15 Jahren, die im Verdacht standen, für die Türken spioniert zu haben, öffentlich köpfen.

Undisziplinierte Soldaten wurden durch den unerbittlichen Stadtkommandanten streng bestraft. Die Unachtsamkeit eines Leutnants auf Wache ermöglichte den Türken das weitere Vordringen. Starhemberg gab ihm die Möglichkeit, zwischen dem Galgen und einem selbstmörderischen Ausfall zu wählen. Der junge Offizier entschied sich für Letzteres und wurde von den Türken „in Stücke gehauen". Noch am letzten Tag der Belagerung ließ Starhemberg Kampfunwillige bestrafen.

Kurz nach Beginn der Belagerung waren Seuchen in der Stadt ausgebrochen, die zu vielen Todesopfern unter der Bevölkerung führten. Selbst Starhemberg war zwischen dem 11. August und dem 20. August schwer krank gewesen und hatte nur schwer seine Aufgaben erfüllen können. Doch sein eiserner Wille half ihm, auch noch vom Krankenbett aus zu agieren und Befehle zu erteilen. Kurz darauf war er wieder auf den Wällen zu sehen. Starhemberg stieg während der Belagerung immer wieder die Stufen des Südturms des Stephansdoms hinauf, um die feindlichen Truppen zu beobachten. Der Turm war durchgehend mit zwei Jesuiten besetzt, die mit Fernrohren jede Bewegung der Türken überwachten.

Die Situation der Belagerten verschärfte sich während des Augusts Tag für Tag und Starhemberg ließ gegen Ende des Monats jede Nacht Raketen vom Stephansdom abschießen, um auf die verzweifelte Lage aufmerksam zu machen. Durch wagemutige Kuriere, von denen manche bei ihrer gefährlichen Aufgabe ihr Leben verloren, war man über die Entwicklung außerhalb der Stadt und den Anmarsch der Entsatzarmee einigermaßen informiert. Hier bewährte sich besonders der Händler und Abenteurer Georg Franz Kolschitzky, der später mit dem Beginn der Wiener Kaffeehauskultur in Verbindung gebracht wurde.

Am 27. August schrieb Starhemberg in französischer Sprache an den Herzog von Lothringen: „Seit meiner letzten Meldung hat der Feind sechs oder sieben Minen am Ravelin springen lassen; der angerichtete Schaden wurde aber nach Zurückweisung des Gegners wieder ausgebessert. … Allein mein gnädigster Herr, es ist Zeit, uns zu Hilfe zu kommen, wir verlieren zu viele Leute und viele Offiziere, mehr durch die Ruhr als durch das feindliche Feuer, weil alle Tage 60 Personen an dieser Krankheit sterben. Wir haben keine Granaten mehr, bisher unser bestes Verteidigungsmittel;

unsere Geschütze sind teils durch den Feind demontiert worden, teils zersprungen ... in Folge des schlechten Materials, das man dem Giesser gegeben. ... Übrigens ist es sicher, dass der Feind bereits viele Janitscharen verloren hat und täglich noch verliert, dass er viele Verwundete und Kranke besitzt, letztere mit demselben Übel, welches bei uns wütet. ... Wir erwarten daher die Ankunft Eurer Hoheit mit einer außerordentlichen Ungeduld. ... P. S. In diesem Augenblicke melden mir meine Mineurs von der Burg-Bastion, dass sie den Feind bereits unter ihren Füßen arbeiten hören; es scheint, dass die Türken den Graben unterirdisch passiert haben, und es ist demnach keine Zeit zu verlieren."

Dieser Brief erreichte den Herzog, der alle Anstrengungen unternahm, der bedrängten Stadt zu Hilfe zu kommen. Inzwischen vollzog sich der mühsame Vormarsch der Entsatzarmee, zu der auch ein teilweise „exotisches" Kontingent von 24.000 Polen unter König Johann III. Sobieski sowie Kosaken und Tartaren gehörten.

Der Polenkönig war von Krakau aus nach Wien marschiert. Sobieski konnte auf den Ruhm verweisen, die Türken bereits mehrfach besiegt zu haben, auch wenn er sie als ständige Bedrohung Polens nicht ausschalten konnte. Er beanspruchte als ranghöchster Fürst den Oberbefehl über die vereinte Armee, was später für einige Probleme sorgen sollte.

Die erfolgreiche Entsatzschlacht war letztlich aber das Verdienst Herzog Karls von Lothringen. Dieser hatte zuvor bereits Pressburg von den Türken und ihren Verbündeten befreit und eine starke türkische Truppe bei der Ortschaft Bisamberg vernichtend geschlagen.

Der Aufmarsch der Entsatzarmee vollzog sich überraschend ungestört, denn Kara Mustafa hatte bei seinen Bemühungen, die Stadt vor dem Eintreffen der Verbündeten doch noch zu erobern, alle Vorsichtsmaßnahmen unterlassen. Als er sich zur Schlacht stellen musste, war er siegessicher, da sein Heer zahlenmäßig noch immer weit überlegen war. Die Masse der Türken konzentrierten sich am 11. September zwischen Nussdorf und der Wien, während die Stadt weiterhin beschossen wurde.

Der 12. September war der Tag der Entscheidung. Nachdem der Prediger Marco d'Aviano die Feldmesse gelesen hatte, brach das Entsatzheer von seinen Stellungen auf den Wiener Hausbergen zum Angriff auf die Belagerer auf. Der linke Flügel der Entsatzarmee drängte die Türken in heftigen Kämpfen zurück. Im Zentrum verlief der Vormarsch nicht zügig genug und es entstand eine gefährliche Lücke, in die türkische Verbände eindrangen, die erst niedergekämpft werden mussten. Ab 13 Uhr griffen endlich die Polen von Dornbach aus in das Geschehen ein und auch hier gelang es, die Türken zurückzuwerfen. Um 17 Uhr gab der Herzog von Lothringen den Befehl zu einer Rechtsschwenkung und zum Angriff gegen den rechten Flügel des Feindes, bei dem das türkische Lager überrannt wurde. Die Truppen Kara Mustafas wurden in die Zange genommen und konnten auch durch einen heftigen Gegenangriff keine Wende herbeiführen. Sie flüchteten und die Schlacht war entschieden. Am Ende des Tages standen türkischen Verlusten von etwa 12.000 Mann jene der Christen von ca. 3000 Mann gegenüber.

In Wien hatte man das Geschehen so weit wie möglich verfolgt und nach dem Sieg brach großer Jubel aus. Die Belagerung Wiens hatte volle 61 Tage gedauert und allen Beteiligten das Äußerste abverlangt. 41 Minen waren gesprengt und 50 Sturmangrif-

Ansprache Sobieskis vor der Schlacht am Kahlen Berg (Darstellung des 19. Jhdts. nach J. N. Geiger)

fe abgeschlagen worden. Von den regulären Soldaten in Wien starben 5000 und von den bewaffneten Bürgern 1650 Mann im Kampf oder an Krankheiten.

Bevor der inzwischen eingetroffene Kaiser Leopold I. am 19. September das schwer gezeichnete Wien wieder verließ, verlieh er Starhemberg für seine Verdienste den Feldmarschallstab, die Insignien eines Staats- und Konferenzministers sowie das Recht, den Stephansturm im Wappen zu führen. Außerdem schenkte er ihm 100.000 Reichstaler und einen kostbaren Ring. Starhemberg erbat für die Soldaten der Wiener Garnison eine Sonderzahlung, zu der sich der Kaiser schließlich herabließ. Dann verließ Leopold die halb zerstörte und nach Tod stinkende Stadt, ohne sich besondere Gedanken darüber zu machen, dass er eigentlich durch seine ungeschickte Politik an dieser Katastrophe schuld war. Immerhin hatte der Kaiser lange Zeit nicht die Tragweite des osmanischen Vormarsches erkannt, die Bevölkerung weitgehend ihrem Schicksal überlassen und sich nicht rechtzeitig um Verbündete gekümmert.

Die siegreichen Verbündeten verfolgten die Reste des osmanischen Heeres nach Ungarn und nahmen dort in heftigen Kämpfen einen Ort nach dem anderen ein. Die polnischen Truppen unter Jan Sobieski wurden immer disziplinloser und wüteten in befreiten ungarischen Gebieten wie im Feindesland. Das Morden, Brandschatzen und Plündern wurde nun auch dem zurückhaltenden Starhemberg zu viel und er berichtete aufgebracht, dass „der König nicht Herr seiner Truppen war, die nicht mehr zurückzuhalten waren". Als die Polen am 3. November von Esztergom aus den Marsch in die Heimat antraten, atmeten viele erleichtert auf.

93

Starhemberg erfüllte weiter seine Rolle als Soldat und widmete sich dem Kampf gegen die Türken. Bereits am 25. September 1683 kommandierte er die Infanterie in Ungarn im Gefecht und nahm an mehreren Feldzügen zur Zurückdrängung der Türken teil.

Starhemberg beteiligte sich an der Belagerung von Gran und 1684 auch an jener von Ofen. Anfangs war er im Kriegsrat ein Gegner dieser Belagerung gewesen, er leitete diese aber später und kämpfte auch tapfer mit. So griff er am 19. Juli mit 6000 Mann an, drang durch eine Bresche in die Unterstadt ein und besetzte diese, wobei er den Türken schwere Verluste zufügte. Starhembergs Gichterkrankung machte sich heftig bemerkbar; er musste sich mit einem Sessel herumtragen lassen. Da er mit heftigen Intrigen wegen seiner Kritik am Feldzugsplan zu kämpfen hatte, bat Starhemberg den Kaiser um Enthebung von seinem Kommando. Anfang Oktober verließ er den Kriegsschauplatz und wurde wieder Stadtkommandant von Wien.

Im Jahre 1686 erhielt der „Verteidiger Wiens" erneut das Kommando über die Infanterie bei den kaiserlichen Truppen in Ungarn und nahm an der zweiten Belagerung von Ofen teil. Dabei erlitt er wieder eine schwere Verwundung, als er am 31. Juli 1686 die Stellungen begutachtete, was zum Verlust eines Fingers seiner linken Hand führte. Das war der endgültige Grund für sein Ausscheiden aus dem aktiven Dienst und er erhielt im Oktober 1686 das Amt des Vizepräsidenten des Hofkriegsrates.

Am 2. Oktober 1691 wurde Starhemberg vom Kaiser zum Präsidenten des Hofkriegsrates ernannt. Hier versuchte er alles, um die bestehenden und teilweise völlig unzureichenden Verhältnisse bezüglich Truppenstärke, Ausrüstung und Verpflegung zu verbessern, hatte jedoch mit dem üblichen habsburgischen Hauptproblem, dem Geldmangel, zu kämpfen. Starhembergs Armeeorganisation trug dennoch viel dazu bei, dass Prinz Eugen den Spanischen Erbfolgekrieg für das Haus Habsburg so erfolgreich führen konnte.

Der Verteidiger Wiens war auch allem Neuen zugetan und sehr aufgeschlossen. So trachtete er danach, die Ausrüstung der Soldaten zu verbessern und zu modernisieren, legte Verpflegungsdepots an und förderte junge Offiziere. Unter der Leitung Starhembergs bekam der Hofkriegsrat frische Impulse und seine guten Beziehungen ermöglichten ihm, seine Pläne auch durchzusetzen. Er wird als „leutselig und ohne Falsch" beschrieben. Wer sich sein Vertrauen erwarb, wurde gefördert und hatte gute Aussichten auf eine blendende Karriere.

Der alte General hatte eine gute Beobachtungsgabe und machte sich keine Illusionen über die Verehrung, die die Bevölkerung seinem Stand entgegenbrachte. Er meinte: „In Wien gilt einer, der in einer Komödie auftritt, weit mehr als jemand, der eine Schlacht geschlagen oder eine Festung erobert hat."

Starhemberg hatte 1659 eine nahe Verwandte, Helena von Starhemberg, geheiratet, die 1688 starb. Danach vermählte er sich mit der Gräfin Maria Jörger zu Tollet. Da seine beiden Söhne aus erster Ehe während der Türkenkriege im Kampf gefallen waren, hinterließ er keine männlichen Erben. Der „Verteidiger Wiens" wird als im Privatleben sehr kultiviert und gebildet beschrieben. Er konnte gut reden und schrieb Briefe in mehreren Sprachen. Starhemberg war ein sehr guter Reiter, züchtete edle Pferde und liebte wie viele seiner Standesgenossen die Jagd. Da er im dienstlichen Umgang aufbrausend, schroff, streng und unbeugsam sein konnte, hatte er viele Gegner, die gegen ihn intrigierten. Bei allem, was er tat, war er aber immer von einem großen Pflichtgefühl, einer unerbittlichen Strenge gegen sich selbst und großer Treue gegenüber seinem Herrscher und seinen Vorgesetzten beseelt.

Starhemberg starb als angesehener und wohlhabender Mann am 4. Juni 1701 auf seinem Gut an der Wieden an der Wassersucht. Seine letzte Ruhestätte fand er in der Wiener Schottenkirche, wo sich auch ein Monument von ihm befindet. Später wurde zusätzlich sein Standbild auf der Elisabethbrücke errichtet, das später vor dem Wiener Rathaus neu aufgestellt wurde.

LITERATUR

BORNSCHEIN, Adolph: Leben, Thaten und Charakterzüge Österreichischer Feldherrn. Wien 1812

COCHENHAUSEN, Friedrich von (Hg.): Schicksalsschlachten der Völker. Berlin 1937

FRAUNGRUBER, Hans: Hoch Habsburg! Bilder aus Österreichs alten und jungen Tagen. Wien 1909

GUNDOLF, Hubert: Um Österreich! Schlachten unter Habsburgs Krone. Graz 1995

HANTSCH, Hugo (Hg.): Gestalter der Geschicke Österreichs. Innsbruck 1962.

HORMAYR zu Hortenburg, Joseph von: Oesterreichischer Plutarch, oder, Leben und Bildnisse aller Regenten und der berühmtesten Feldherren, Staatsmänner, Gelehrten und Künstler des österreichischen Kaiserstaates. 20 Bde., Wien 1807

LANGENDORF, Jean-Jacques: Ahnengalerie der kaiserlichen Armee 1618–1918. Biographische Schattenrisse. Wien 1995

MELEGARI, Venzio: Sturm auf Bastionen. Große Belagerungen. Wien 1970

REGELE, Oskar: Der österreichische Hofkriegsrat 1556–1848. Wien 1949

SACHSLEHNER, Johannes: Wien anno 1683. Wien 2004

SCHINZL, Adolf: Ernst Rüdiger Graf von Starhemberg. In: Allgemeine Deutsche Biographie. Bd. 35, München 1893

SCHMITT, Richard u. Peter Strasser: Rot-weiß-rote Schicksalstage. St. Pölten 2004

SCHWEIGERD, Carl Adam: Österreichs Helden – und Heerführer von Maximilian I. bis auf die neuesten in Biographien und Charakterskizzen. Wien 1852

STOYE, John: Die Türken vor Wien. Graz 2010

VAJDA, Stephan: Die Belagerung. Bericht über das Türkenjahr 1683. Wien 1983

WURZBACH, Constant von: Biographisches Lexikon des Kaiserthums Österreich. Bd. 37, Wien 1878

ZITZENBACHER, Walter: Österreichs historische Legenden. Innsbruck o. J.

ZÖLLNER, Erich u. Karl Gutkas (Hg.): Österreich und die Osmanen – Prinz Eugen und seine Zeit. Wien 1988

*Prinz Eugen
(Gemälde eines
unbekannten Meisters
vor 1710)*

PRINZ EUGEN VON SAVOYEN
SCHLACHTENSIEGER, KUNSTMÄZEN UND DIPLOMAT

Napoleon bezeichnete Prinz Eugen als einen der acht größten Feldherren der Geschichte, zu denen er sich mit gutem Recht auch zählte. Prinz Eugen unternahm 13 Feldzüge, siegte in mehr als zwei Dutzend Schlachten und erlitt nur eine wirkliche Niederlage.

Eugen Franz, Prinz von Savoyen-Carignan, wurde am 18. Oktober 1663 in Paris geboren. Die Familie Savoyen-Carignan war eine in Frankreich lebende Nebenlinie des in Norditalien herrschenden Herzogsgeschlechts der Savoyer. Eugens Vater Eugène-Maurice hatte den Titel eines Grafen von Soissons geerbt und führte zudem die Bezeichnung eines „Prinzen von Geblüt", was auf seine Verwandtschaft mit dem bourbonischen Königshauses hinwies. Die Mutter Olympia Mancini war die Nichte des mächtigen Kardinals und Diplomaten Mazarin. Die Familie war bedeutend und angesehen und man sollte erwarten, dass der kleine Eugen und seine vier Brüder und drei Schwestern eine angemessene Erziehung erhalten hätten. Dies war jedoch nicht der Fall. Seine Mutter Olympia hatte angeblich eine Liaison mit Ludwig XIV. und war ständig in das oberflächliche Leben bei Hofe mit seinen vielen Intrigen eingebunden. Sie hatte mutmaßlich wenig Interesse an ihren Kindern.

Eugens Vater starb völlig unerwartet 1673, als sein Sohn erst zehn Jahre alt war. Es gab Gerüchte, dass er von seiner Frau vergiftet worden sei. Als Eugens Mutter 1680 nach mehreren Skandalen flüchten musste, ließ sie ihre Kinder in der Obhut ihrer Schwiegermutter zurück. Liselotte von der Pfalz bezeichnete den jungen Eugen als „schmutzigen und debauchierten" Burschen, aus dem nichts werden würde.

Als 15-Jähriger begleitete Eugen seine Mutter auf eine Reise zum Savoyer Hof in Turin. Hier schnitt man ihm eine Tonsur und verpasste ihm eine Soutane, um ihn an seine Bestimmung zu gewöhnen. Sowohl der König von Frankreich als auch der Herzog von Savoyen hatten ihn für diese Karriere vorgesehen, besaß er doch bereits zwei Abteien. Darauf dürfte auch sein Spitzname „Der kleine Abbé" zurückzuführen sein. Die Interessen des jungen Eugens gingen aber schon früh in eine andere Richtung, denn er wollte seinem Großvater und Vater nacheifern, die beide eine militärische Karriere absolviert hatten. Als er den „Sonnenkönig" jedoch um das Kommando über ein Regiment bat, reagierte dieser ungehalten und verweigerte dem optisch wenig anziehenden, schmächtigen und kleinwüchsigen Jungen die Erfüllung seines Wunsches.

Im Juli 1683 erfuhr Eugen vom Tod seines Bruders Ludwig Julius von Savoyen, der als Oberst im kaiserlichen Heer gedient hatte und bei einem Gefecht bei Petronell tödlich verwundet worden war. Er entschloss sich, seine militärische Karriere selbst in die Hand zu nehmen, und wollte sich als Nachfolger im Kommando des Dragonerregiments seines Bruders beim Kaiser bewerben. Dazu musste er aber aus Frankreich flüchten, da der französische König ihm nicht gerade wohlgesonnen war und von seinen militärischen Neigungen nichts hielt. Die Flucht war recht abenteuerlich, da der König nach Eugen fahnden ließ, gelang aber letztlich.

Kaiser Leopold I. empfing den jungen Mann mit offenen Armen und gab ihm auch ein Offizierspatent. Die Offiziersstelle im Regiment war jedoch vergeben; es kämpfte unter seinem neuen Kommandeur bereits gegen die Türken, die Wien belagerten. Eugen zog im Rang eines Oberstleutnants mit dem Entsatzheer in Richtung Wien. Am 12. September 1683 sah er zum ersten Mal die Stadt, die sein Schicksal werden sollte, und kämpfte gemeinsam mit seinem Cousin Ludwig Wilhelm von Baden in der Schlacht um die kaiserliche Hauptstadt. Hier schlug er sich mit Erfolg und erwarb sich das Wohlwollen des bayerischen Kurfürsten Max Emanuel. Der Herzog von Savoyen schickte ihm goldene Sporen. Eugens weiterer militärischer Karriere stand nun nichts mehr im Wege.

Schon Ende des Jahres 1683 erhielt der junge Krieger sein eigenes Dragonerregiment. Die Dragoner und die Kavallerie überhaupt sollten in seiner Art der Kriegführung häufig eine wichtige Rolle spielen. Sein Regiment war anfangs in einer schlechten Verfassung, da es durch die zurückliegenden Kämpfe sehr gelitten hatte und es an vielem mangelte. Sein Freund Ludwig Wilhelm von Baden half ihm mit Geld aus und Eugen tat sein Bestes, um das Regiment kampfkräftiger zu machen. Die Männer nahmen den knabenhaften jungen Prinzen nicht besonders ernst und nannten ihn „kleiner Kapuziner". Doch Eugen zeigte bald, dass er ihren Respekt verdiente.

Er nahm an fast allen Schlachten des großen Türkenkrieges teil und beeindruckte immer wieder mit seinem militärischen Talent. Nach der schnellen Einnahme der Festung Pest wurde ab Ende Juli 1684 die stark befestigte Stadt Buda belagert. Hier erhielt Eugen seine erste Kriegsverletzung, als ihn eine Kugel am Arm traf. Die Belagerung scheiterte letztlich verlustreich und das Regiment Eugens wurde dezimiert. Dieser ließ sich aber nicht entmutigen, sondern reiste zum Herzog von Savoyen, um von ihm Geld für die Reorganisation seiner Truppe zu erbitten.

Im Sommer 1685 war Eugen wieder voll ins Kriegsgeschehen involviert und zeichnete sich in der Schlacht bei Gran und der Eroberung der Festung Neuhäusel aus. Er beeindruckte durch sein Draufgängertum und durch seine geschickte Kampfführung.

Am 16. Oktober 1685 wurde er mit 22 Jahren zum Generalfeldwachtmeister ernannt. Im selben Jahr versuchte seine Mutter ihn bei einer gemeinsamen Reise nach Spanien, wo man ihn hofierte und auszeichnete, mit einer spanischen Adeligen zu verheiraten, was aber misslang. Eugen schien eher unwillig gewesen zu sein, was wohl auch mit seinem ausgeprägten erotischen Desinteresse am weiblichen Geschlecht zu tun hatte. Auch die Pläne eines Übertritts in die Dienste Spaniens oder Savoyens, mit denen er sich zu dieser Zeit auseinandersetzte, wurden von ihm letztlich verworfen. Eugen blieb den Habsburgern von nun an und für den Rest seines Lebens treu und wurde der vielleicht bedeutendste Feldherr der österreichischen Geschichte.

Das Jahr 1686 stand weiter im Zeichen des heftigen Krieges gegen die Türken und Prinz Eugen tat sich durch einen Überraschungsangriff seiner Dragoner auf Pest hervor, der zu einer Massenflucht des Gegners führte. Auch im darauffolgenden, erneuten Kampf um Ofen zeigte sich Eugen als geschickter Kavallerieführer und setzte sich bedenkenlos großen Gefahren aus. Am 2. September 1686 wurde die Stadt erobert; wegen anderer Aufgaben konnte Eugen aber am Generalsturm nicht teilnehmen.

Trotz seiner militärischen Erfolge war Eugen noch immer in großen Geldschwierigkeiten und musste wieder seine Verwandtschaft um Unterstützung bitten. Der Herzog von Savoyen half erneut aus. 1687 ging der Krieg gegen die Türken heftig weiter und Eugen zeichnete sich bei der Schlacht am Fuße des Berges Harsan aus. Da er die feindlichen Schanzen bezwungen hatte, durfte er die Siegesnachricht persönlich zum Kaiser nach Wien bringen. Eugen genoss diese Aufgabe und sorgte nach einem Gewaltritt in Wien für großes Aufsehen. Dann eilte er wieder zur Truppe, um sich erneut furchtlos ins Geschehen zu werfen. Dafür erhielt er am 31. Januar 1688 die Mitgliedschaft des Ordens vom Goldenen Vlies, allerdings musste er die goldene Ordenskette selbst bezahlen.

Beim Sturm auf Belgrad erlitt Eugen 1688 eine schwere Verwundung, als ihn ein Pfeil in die Hand traf und diese durchbohrte. Es war bekanntlich nicht seine einzige, wobei es verwundert, dass jemand wie er, der sich in seinem soldatischen Leben so vielen Gefahren aussetzte, doch immer relativ glimpflich davonkam. Bereits 1689 wurde er vor Mainz wieder verwundet.

Die Karriere Eugens verlief weiter recht stürmisch. Am 31. Januar 1688 wurde er Feldmarschall-Leutnant, 1690 erhielt er den Rang eines Generals der Kavallerie und seine Ernennung zum Feldmarschall erfolgte am 25. Mai 1693. Wirklich große Verbände befehligte der Prinz erst ab 1690; 1696 kommandierte er die kaiserliche Armee in Oberitalien. Hier hatte Eugen im Pfälzischen Erbfolgekrieg (1688–1697) aber einen sehr schweren Stand gegen die Franzosen, da seine Truppen weit unterlegen waren.

Nach dem Vertrag von Vigevano am 7. Oktober 1696 konnte sich Eugen mit den österreichischen Truppen wieder aus Norditalien zurückziehen. Der Kampf gegen die Osmanen war für die Habsburger der bedeutendere Kriegsschauplatz. Hier sollte Eugen zum wirklich überragenden Heerführer werden und seine glänzenden Siege erringen.

Nachdem der bisherige Oberbefehlshaber am Kriegsschauplatz gegen die Osmanen Kurfürst August von Sachsen sein Kommando niedergelegt hatte, empfahl Ernst Rüdiger Graf von Starhemberg als Präsident des Hofkriegsrates Prinz Eugen am 15. März 1697 für diese Position: „Ich weiß keinen, der mehr Verstand, Experienz, Application und Eifer zu Euer Kaiserlichen Majestät Dienst hätte … als der Prinz von Savoyen. Er hat … die Armata jederzeit in großer Einigkeit, Respect und Gehorsam erhalten … von den Offizieren beliebt … die alle und sonderlich die Vornehmeren dem Prinzen von Savoyen so viel geneigt … sind." Von dieser Empfehlung des legendären Verteidiger Wiens ließ sich der Kaiser rasch überzeugen.

Als Eugen 1697 zum Oberbefehlshaber der kaiserlichen Truppen in Ungarn ernannt wurde, war er 34 Jahre alt. Trotz der bereits hohen Reputation des kleinwüchsigen Prinzen schien seine Ausgangsposition nicht allzu vielversprechend, war das Reich doch in mehrere Kriege gleichzeitig verwickelt. Man kämpfte nicht nur gegen die Osmanen, sondern auch gegen die Franzosen am Rhein und in Italien. Die Staatskasse war wegen der vielen Konflikte völlig leer. Da man laut herrschender Meinung zum Kriegführen aber in erster Linie viel Geld brauchte, schienen die Erfolgsaussichten Eugens insgesamt gering zu sein.

Der Savoyer setzte jedoch alles daran, seine ehrgeizigen Ziele in die Tat umzusetzen. Er borgte sich selbst bei seinen Offizieren Geld, um die Truppe zu verpflegen, und er versprach seinen Gläubigern große Beute, die er den Türken abjagen wollte. Als der Prinz im Mai 1697 bei seiner Hauptarmee einlangte, wurden ihm 31.142 Soldaten gemeldet. Eugen bedankte sich und meinte, er sei nun der 31.143igste und es würden bald mehr werden. Seine Armee bekam in der Folge weiteren Zulauf, wozu auch Einheiten der verbündeten Brandenburger und Sachsen zählten. So war seine etwa 50.000 Mann starke Armee trotz des Geldmangels in kriegsfähigem Zustand. Natürlich verfügte das Osmanische Reich unter Sultan Mustafa II. über eine vielfach überlegene Anzahl an Truppen und war auch gut ausgerüstet, doch Eugen wirkte auf seine Umgebung sehr siegesgewiss.

Dennoch schien die zahlenmäßige Überlegenheit der Türken drückend und Kaiser Leopold I. hielt einen Angriff für viel zu gefährlich. Doch Eugen wollte eine Entscheidung erzwingen und setzte auf seine Schnelligkeit.

Als er aus Peterwardein die Meldung bekam, dass der Sultan mit seinem Heer und der gesamten Donauflottille bereits in Belgrad sei, trieb der Savoyer seine Männer in einem anstrengenden Gewaltmarsch in Richtung Peterwardein. Hier traf er auf das riesige türkische Heer, das sich zunächst passiv verhielt. Während des gesamten Augusts betrieben die beiden Armeen nun taktische Stellungswechsel, um sich auszumanövrieren, ohne dass es zu einer großen Schlacht kam. Dabei versuchte Eugen immer wieder, den Türken den Kampf anzubieten. Die Osmanen zogen Anfang September entlang der Theiß nach Norden, um die Festung Szegedin anzugreifen. Eugen folgte der feindlichen Armee, wobei seine Kavallerie den Türken immer wieder zusetzte. Dabei gelang die Gefangennahme eines türkischen Offiziers, von dem Eugen erfuhr, dass der Sultan den Plan der Eroberung von Szegedin aufgegeben hatte und nun die Theiß bei Zenta überqueren wollte, um sich in das Winterquartier bei Temesvar zu begeben.

Der Prinz erkannte seine große Gelegenheit, den Türken eine vernichtende Niederlage beizubringen. Er wollte die osmanische Armee direkt beim Flussübergang angreifen. Um das zu erreichen, trieb er seine Truppen zur größtmöglichen Eile an und ließ hinter jedem Reiter einen Infanteristen aufsitzen. Ohne regelrechten Aufmarsch griff er gleich aus der Bewegung heraus an. Zusätzlich sollten einige Einheiten die Sandbänke im Fluss besetzen und die Türken von dort unter Feuer nehmen. Der Sultan hatte inzwischen einen Brückenkopf errichten und befestigen lassen, erwartete aber keinen raschen Vormarsch der christlichen Truppen. Der Überraschungseffekt war deshalb auf der Seite Eugens, als seine Soldaten den Brückenkopf und die Pontonbrücke der Osmanen attackierten. Nach heftigem Beschuss ließ er die Infanterie und abgesessene Kavallerie angreifen und kämpfte selbst an der Spitze eines Dragonerregiments. Die Schanzen wurden rasch überrannt und deren Verteidiger in den Fluss geworfen. Dann wurde die Brücke, die mit vielen Osmanen besetzt war, unter erbittertes Feuer genommen. Die kaiserlichen Soldaten machten so gut wie keine Gefangenen und veranstalteten ein schreckliches Massaker unter ihren Feinden.

Prinz Eugens Sieg über die Osmanen in der Schlacht bei Zenta, 11. September 1697

Nachdem die Überlebenden des osmanischen Heeres mitsamt dem Sultan geflüchtet waren, nahmen die Kaiserlichen das feindliche Lager in Besitz und machten riesige Beute. 6000 Wagen mit viel Proviant, 80 große und 58 kleinere Kanonen, 423 Fahnen, die türkische Kriegskasse mit drei Millionen Gulden und eine große Anzahl an Pferden, Kamelen und Ochsen konnten verzeichnet werden. Einige Beutestücke wie das Siegel des Sultans befinden sich heute im Wiener Heeresgeschichtlichen Museum.

Während die Türken etwa 25.000 Mann, darunter den Großwesir und viele ranghohe Würdenträger, verloren hatten, betrugen die Verluste der kaiserlichen Armee nur 429 Soldaten. Dieses Zahlenverhältnis ist in der Kriegsgeschichte fast einmalig.

Den grandiosen Sieg bei Zenta, der zur Zerschlagung der türkischen Offensivarmee geführt hatte, wollte Eugen weiter ausnutzen und tief in das Gebiet des Feindes hineinstoßen. Er versammelte deshalb an der Save seine Kavallerieregimenter, setzte mit ihnen über den Fluss und drang trotz des schwierigen Geländes und der nicht vorhandenen Wege in Richtung Sarajewo vor. Eugen schickte Unterhändler mit der Forderung zur Übergabe in die Stadt, doch die Türken töteten diese bis auf einen, der entkommen konnte. Am 21. Oktober 1697 drang der Prinz mit seinen Männern in die Stadt ein, die weitgehend von der Bevölkerung verlassen worden war. Er gab Sarajewo zur Plünderung frei, verbot jedoch, die Stadt anzuzünden. Dennoch kam es zu einem verheerenden Brand. Eugen zeigte keine Gefühlsregung, als er schrieb: „Man hat die Stadt völlig niedergebrannt und auch die ganze Umgebung. Unsere Trupps, die den Feind verfolgten, haben Beute eingebracht, und auch Frauen und Kinder …" Er setzte auf den Abschreckungskrieg gegen die Türken und bewies, dass er genauso brutal sein konnte wie die meisten anderen Heerführer seiner Zeit.

Es dauerte lange, bis sich die Stadt von den Geschehnissen erholt hatte. Da der Winter nahte, zog sich Eugen mit seinen Truppen am 27. Oktober wieder aus der Stadt zurück. Er hatte große Kontributionen eingetrieben und reichlich Beute gemacht. Dieser Kavallerievorstoß gilt als eine seiner militärischen Meisterleistungen, da er in kurzer Zeit ohne nennenswerte Verluste mehr als 250 Kilometer durch unbekanntes und unwegsames Gebiet zurückgelegt hatte. Ganz Europa sprach nun von Eugen und seinen tollen Reitern.

Als der Prinz nach Wien zurückkam, wurde er als großer Kriegsheld gefeiert. Dieser bereitete aber schon den Feldzug für 1698 vor. Eugen plante die Rückeroberung Belgrads und wollte auch Temesvar in seinen Besitz bringen. Er forderte vom Kaiser mehr Infanterie, mehr Kavallerie und eine verstärkte Artillerie. Sachverständige sollten aus England und Holland kommen, um Brücken für den Vormarsch zu errichten. Außerdem wollte er die Donauflotte ausbauen. Vor allem forderte er aber mehr Geld vom Kaiser, um seine Vorhaben umsetzen zu können. Doch das war der wunde Punkt der Habsburger: Eugen sollte während seiner gesamten militärischen Laufbahn nie die wirklich nötigen Mittel bekommen. Dazu kam, dass im Sommer 1698 einige Regimenter meuterten, weil ihnen wieder der Sold vorenthalten worden war. Da sie angeblich die Offiziere töten und zu den Türken übergehen wollten, griff Eugen mit voller Härte durch: 20 Männer wurden gehängt, 12 erschossen und die übrigen mussten Spießruten laufen.

Dessen ungeachtet beendete der einzigartige Sieg Eugens und dessen Ausnutzung die türkische Expansionspolitik am Balkan. Sultan Mustafa II. musste beim Frieden von Karlowitz am 26. Januar 1699 einem für ihn demütigenden Vertrag zustimmen, der Ungarn, Siebenbürgen, Kroatien und Slawonien in den Besitz der Habsburger brachte.

Der Türkenbezwinger konnte kurze Zeit ohne Kriegshandlungen verbringen. Er war jetzt einer der bedeutendsten Männer des Reiches und erhielt vom Kaiser Geschenke und Auszeichnungen. Eugen besaß seit 1690 in der Wiener Himmelpfortgasse ein Haus, das sein prunkvolles Stadtpalais werden sollte, und erwarb auf einer Erhebung im Südosten der Stadt ein großes Grundstück, wo er ein repräsentatives Schloss errichten lassen wollte. Für diese Bauvorhaben kam nur einer der beiden führenden Architekten Wiens, Lukas von Hildebrandt oder Fischer von Erlach, in Frage. Der Prinz legte stets Wert auf Qualität, was sich auch in seinen Kunstsammlungen widerspiegelte.

Doch die Friedenszeit währte nicht sehr lange, denn am Allerheiligentag des Jahres 1700 starb der letzte spanische Habsburger Karl II., ein von generationenlanger Inzucht gezeichneter Kretin, dessen Tod schon lange in Europas Fürstenhöfen erwartet worden war.

Da neben der Wiener Linie der Habsburger auch noch andere „Erben" die riesige spanische Ländermasse für sich beanspruchten, kam es zur bis dahin größten militärischen Auseinandersetzung seit dem Ende des Dreißigjährigen Krieges. In ihr sollte der kleinwüchsige Savoyer nicht nur als Feldherr, sondern auch als Staatsmann zu einer der maßgebenden Personen Europas werden.

Der Ausbruch des Spanischen Erbfolgekrieges (1701–1714) bedeutete für den allgemein geachteten Sieger von Zenta erneut eine große Herausforderung. Eugen war der bedeutendste Trumpf im Ärmel der Habsburger im Kampf um das spanische Erbe. Zunächst musste sich der große Held allerdings mit der Ausrüstung und Versorgung seiner vernachlässigten Truppen beschäftigen. Er sprach vom „völlig desolaten Zustand meiner Lumpensoldaten". Wie üblich war der Grund für den Mangel an Waffen, Munition, Verpflegung und Pferden die ständigen Geldprobleme des Herrscherhauses. Auch die hohe Zahl an Fahnenflüchtigen nebst vielen Kranken machte der kaiserlichen Armee schwer zu schaffen. Eugen appellierte unter anderem an den wohlhabenden Klerus, um Geld zu erhalten. Letztlich musste er allerdings mit einer nicht gut ausgerüsteten Armee ins Feld ziehen.

Am 20. Mai 1701 musterte Eugen in Rovereto 30.000 Mann, mit denen er die Ausgänge im Süden Tirols, die von den Franzosen mit überlegenen Kräften gehalten wurden, freikämpfen sollte. Um den Gegner, der sich gut verschanzt hatte, zu täuschen, veranstaltete der Prinz einige Scheinvorstöße und rückte letztlich über einen von den Franzosen nicht beachteten Saumpfad in einem viertägigen Gewaltmarsch vor. Als die Österreicher in der Nähe von Verona auftauchten, war die Verwirrung der Franzosen groß. Eugen nutzte das aus und schlug den Gegner am 9. Juli bei Carpi so nachhaltig, dass sich die Franzosen über den Mincio in Sicherheit brachten. Während bei seinen Gegnern der Oberbefehlshaber ausgewechselt wurde, trieb er sie weiter vor sich her. Eugen bezog bei Chiari ein Lager und errichtete Verschanzungen. Gleichzeitig eröffnete er einen Kleinkrieg mit der Kavallerie gegen die Franzosen. Der neue französische Kommandeur Villeroy schritt nun am 29. August mit seinen Truppen zum Angriff auf Chiari. Eugen ließ seine Soldaten gut gedeckt den Angriff abwarten und erst im letzten Moment auf kurze Distanz feuern. Das Treffen endete schließlich für die Franzosen mit dem Verlust von 2000 Mann, während Eugen 117 Mann verlor.

Danach verlegten sich die Kaiserlichen wieder auf den Kleinkrieg und Störaktionen und die Franzosen zogen sich weiter zurück. Eugens Truppen waren inzwischen durch den Mangel an Geld und Nachschub in schlechter Verfassung und er blieb den ganzen Winter über bei seinen Leuten, um den Zerfall der Armee zu verhindern. Außerdem plante der Prinz einen Handstreich auf die Stadt Cremona, der am 1. Februar 1702 eingeleitet wurde. Eugen drang mit 2000 Mann am frühen Morgen durch einen Wasserleitungskanal in die Stadt ein. Es kam zu heftigen Kämpfen mit den zahlenmäßig weit stärkeren Franzosen, bei denen deren Kommandant Villeroy gefangen genommen werden konnte. Doch nach zehn Stunden Kampf musste Eugen die Stadt wieder verlassen, da die Überlegenheit der Gegner zu groß war. Er verlor bei dem kühnen Unternehmen insgesamt 900 Mann (Tote, Verwundete und Gefangene). Aber er nahm neben Villeroy 90 Offiziere und 400 Mann als Gefangene und zudem 500 Pferde und 7 Standarten als Beute mit. Bei den Kämpfen waren insgesamt 1200 Franzosen gefallen oder verwundet worden. Für diese war das Ereignis in seinen Auswirkungen wie eine verlorene Schlacht und sie zogen sich weiter zurück.

Die Franzosen erhielten in der Folge einen neuen Kommandeur, der sich als gefährlicher Gegner erweisen sollte. Der Herzog von Vendôme war ein Verwandter Eugens und konnte seine Armee auf 80.000 Mann erhöhen, während der Prinz nur mehr 28.000 Soldaten hatte. Eugen musste nach und nach zurückweichen, überschritt den Po und lieferte Vendôme bei Lozzara am 15. August 1702 eine Schlacht, die zwar kein entscheidender Sieg wurde, die Kaiserlichen aber das Schlachtfeld behaupten ließ. Eugen schrieb angesichts der Lage, er könne „keine Miracel machen", da er keine Unterstützung erhalte. Von nun an gab es bis zum Einbruch des Winters nur mehr kleinere Scharmützel. Der Prinz, der auch eine schwere Krankheit mit hohem Fieber hinter sich hatte, war über die nicht vorhandene Unterstützung und die Zustände in Wien sehr ungehalten, da sich die Situation seit dem Tod Starhembergs sehr verschlechtert hatte. Also machte er sich im Dezember 1702 nach Wien auf und fand seine schlimmsten Befürchtungen bestätigt. Der noch immer kränkelnde und ziemlich erschöpfte Eugen versuchte, durch Denkschriften bzw. Audienzen auf den Kaiser und andere Verantwortliche einzuwirken, und zwar insbesondere deshalb, weil sich die militärische Situation an allen Fronten dieses großen Krieges verschlimmert hatte. Daraufhin ernannte ihn der Kaiser zum Präsidenten des Hofkriegsrates und den fähigen Feldzeugmeister Heister zum Vizepräsidenten. Einige unfähige Amtsträger wurden von ihren Posten entfernt.

Eugen hatte große Pläne, konnte aber wegen des allgemeinen Geldmangels viele seiner Projekte nicht durchsetzen. Er berief aber das niederösterreichische Landesaufgebot zu den Waffen und befahl die Errichtung von Linienwällen, deren Hinterlassenschaften bis heute das Erscheinungsbild der Stadt beeinflussen.

Der Prinz begab sich im Januar 1704 nach Pressburg, um die Verteidigung gegen die Kuruzzen voranzutreiben. Der Herzog von Savoyen und der König von Portugal waren auf Seiten der Habsburger, was nach den Rückschlägen von 1703 neue Hoffnung gab. Eugens Kriegspläne für 1704 zielten gegen Bayern. Er plante ein gemeinsames Vorgehen mit den Briten und dem Reichsheer auf diesem Kriegsschauplatz, während er in Italien keine großen Unternehmungen beabsichtigte.

Der 10. Juni 1704 war ein bedeutender Tag in der europäischen Kriegsgeschichte. Es wurde zwar keine ruhmreiche Schlacht geschlagen, aber zwei der drei größten Feldherren dieser Epoche begegneten einander zum ersten Mal persönlich. In dem kleinen schwäbischen Städtchen Großheppach bei Stuttgart trafen Prinz Eugen und der britische Heerführer John Churchill, 1. Duke of Marlborough, aufeinander. Trotz großer charakterlicher Unterschiede verstanden sich die beiden Schlachtenlenker auf Anhieb sehr gut – und eine historisch einmalige und fruchtbare Zusammenarbeit zweier militärischer Genies nahm ihren Lauf. Später schrieb Winston Churchill, der ein Nachkomme des Herzogs von Marlborough war: „Hier der Engländer mit seinen edlen und ebenmäßigen Zügen, seiner rosigen Haut, der lässigen Haltung des Höflings, dem spöttischen Lächeln und einer Aura von verhaltener Kraft – dort der französisch-österreichisch-italienische Haudegen, vor Energie vibrierend, mit oliv-farbenem Teint und voll innerer Glut. Hier Marlborough: ruhig, liebenswürdig und zurückhaltend – dort Eugen: glühend, ‚staccato‘, gestenreich und heroisch." In Wirklichkeit wurde beim ersten Treffen, an dem auch der „Türkenlouis" Ludwig Wilhelm von Baden teilnahm, vor allem sehr viel getrunken und der „edle" Engländer fiel völlig aus der Rolle und wäre fast einer Alkoholvergiftung erlegen. Aber es entstand eine enge Freundschaft zwischen diesen beiden großen Feldherren.

Beim Doppelort Höchstädt-Blindheim sollte schließlich die große Entscheidungs-schlacht stattfinden. Eugen und Marlborough standen im Morgengrauen des 13. Augusts 1704 mit ihren 52.000 Soldaten einem Heer von 56.000 Franzosen und Bayern gegenüber. Deren Führer gaben sich siegessicher und agierten wohl auch deshalb unvorsichtig.

Eugen ließ an seine Truppen vorsorglich größere Mengen an Wein ausschenken, um sie in Stimmung zu bringen. Dann setzten er und Marlborough ihre vereinten Armeen in neun Marschkolonnen in Bewegung. Die Bayern und Franzosen wurden durch diese Aktion überrascht und richteten sich auf Verteidigung ein. Es gelang ihnen in der Folge, mehrere Angriffe Eugens und Marlboroughs zurückzuschlagen. Die Schlacht verlief bis in die frühen Nachmittagsstunden sehr blutig, ohne dass eine der beiden Parteien eine Entscheidung hätte herbeiführen können. Um 15 Uhr gab es sogar eine Art von Kampfpause, da beide Seiten völlig erschöpft waren. Eugen befand sich immer wieder an den Brennpunkten und feuerte seine Männer an. Dann gelang dem Engländer mit seiner Kavallerie doch der Durchbruch und Eugen nahm persönlich den französischen Heerführer Marschall Tallard gefangen. Als Kaiser Leopold erfuhr, dass der Savoyer sich wieder bereitwillig allen Gefahren ausgesetzt hatte, ersuchte er ihn, künftig mehr für seine Sicherheit zu sorgen, da er viel zu wertvoll für die Allianz sei.

Auch wenn die Zahl der Toten und Verwundeten auf beiden Seiten für eine Schlacht in jener Zeit extrem hoch war, konnten die Armeen der Franzosen und Bayern fast vernichtet werden. Die Sieger nahmen 11.000 Mann gefangen und erbeuteten die gesamte Artillerie und den Tross ihrer Gegner.

Mit den noch immer rebellischen ungarischen Aufständischen, die sogar den Wiener Linienwall angreifen wollten, versuchte Eugen eine Verhandlungslösung zu erreichen, da er sich wieder dem italienischen Kriegsschauplatz zuwenden musste, wo die Lage äußerst schlecht war. In dieser Situation starb am 5. Mai 1705 Kaiser Leopold I., den Eugen wie einen Vater verehrt hatte. Dessen ziemlich anders gearteten, weil

Schlacht von Höchstädt am 13. August 1704

geistig flexibleren, initiativeren und weniger bigotten Sohn Joseph I. empfand der Prinz eher wie einen Bruder.

Als Eugen nach einem Marsch um den Gardasee in Gavardo bei Brescia eintraf, fand er in einem verschanzten Lager 25.000 Mann vor. Die Soldaten ohne Montur, „die Bettlern glichen", waren ausgehungert und „mehr Schatten als Menschen". Wieder war Vendôme sein Gegner, dessen Heer erneut zahlenmäßig weit überlegen war. Unter diesen Umständen konnte Eugen dem Herzog von Savoyen nicht zu Hilfe kommen, sondern musste um die Existenz seiner Armee kämpfen. Als er versuchte, den Bruder Vendômes am 16. August 1705 bei Cassano zu besiegen, verlor der Prinz die einzige Schlacht seiner Laufbahn als selbständiger Kommandeur. Die Österreicher büßten 4500 Mann ein und Eugen wurde durch eine Kugel am Hals verwundet. Trotz dieser Niederlage konnten sich die Österreicher wegen der Untätigkeit der Franzosen aber weiterhin in Italien behaupten.

Im Januar 1706 ging Eugen wieder nach Wien, um Unterstützung zu erbitten. Marlborough setzte sich auch für ihn ein und verschaffte ihm eine englische Anleihe. Außerdem konnte man die Preußen als Beistand gewinnen. Der dann folgende Feldzug in Italien begann für Eugen nicht sehr glücklich; er musste sich in den Süden Tirols zurückziehen und auf Verstärkungen warten.

Turin wurde seit 15. Mai durch 40.000 Franzosen belagert und von den Österreichern unter Feldmarschall-Leutnant Daun verteidigt. Eugen hatte inzwischen seine Truppen verstärkt und hielt Mitte Juni die Gelegenheit für gekommen, zur Offensive überzugehen. Wie schon zuvor täuschte er den Feind, konzentrierte seine Kräfte nach Gewaltmärschen bei Montagnana und überschritt am 14. Juli die untere Etsch und danach den Po. Am 24. Juli war er bereits in der Nähe von Ferrara, was die Franzosen wieder in große Konfusion versetzte, da ihre Verteidigungslinien erneut wirkungslos blieben.

In der Folge marschierte Eugen mit seiner Armee in erstaunlich kurzer Zeit durch Modena, Parma und mailändische Gebiete, wobei er am Weg die Festungen Reggio und Carpi eroberte. Nach 39 Tagen war er am 1. September 1706 südlich von Turin, während sich die Franzosen, die nun vom Herzog von Orleans befehligt wurden, zu keiner Aktion durchringen konnten. Eugen vereinigte sich mit den Truppen des Herzogs von Savoyen und bereitete vom 2. bis 5. September den Angriff auf die Belagerungsarmee Turins vor. Die vereinten Armeen umzingelten am 6. September die Stadt, um die schwächsten Verschanzungen der Franzosen im Nordwesten Turins anzugreifen. Am Abend dieses Tages erließ Eugen eine einfache und klare Disposition für die Schlacht, die als eine seiner bedeutendsten in die Geschichte eingehen sollte.

Am 7. September rückte er mit acht Kolonnen vor und übernahm selbst die Spitze des linken Flügels, als dieser ins Wanken geriet. Dabei wurden sein Diener und ein Page, die ihn begleiteten, erschossen und sein Pferd verwundet, aber die Truppe wurde von Eugens Einsatz beflügelt und die Schanzen wurden genommen. Eugen konnte die eroberten Feldbefestigungen gegen einen wütenden Gegenangriff halten und auch im Zentrum blieben die Franzosen erfolglos. Der Herzog von Orléans wurde verwundet und ein weiterer feindlicher General fiel. Der Kommandant der Festung, Wirich Graf Daun, unternahm mit seinen Männern einen Ausfall. Der Kampf wurde noch einige Zeit mit äußerster Erbitterung geführt. Der Zusammenhalt der Franzosen löste sich auf und ihre Soldaten flohen. Eugen hat in dieser Schlacht zwar

Prinz Eugen in der Schlacht bei Turin gegen die Franzosen unter La Feuillade, 7. September 1706 (Darstellung nach C. Blaas)

3000 Mann verloren, aber ganz Oberitalien erobert. Mailand kapitulierte und im Oktober und November folgten viele feste Plätze seinem Beispiel.

Kaiser Joseph I. schickte Eugen einen Ehrendegen und ernannte ihn zum Generalgouverneur des Herzogtums Mailand. Am 13. Mai 1707 wurde in Mailand ein Vertrag geschlossen, der die Räumung und den freien Abzug aller französischen Besatzungen in ganz Italien beinhaltete. Inzwischen hatte Marlborough auch in Belgien einen großen Sieg errungen; nur in Ungarn war die Situation weiterhin problematisch.

Nachdem am 4. Januar 1707 der Markgraf von Baden gestorben war, erhielt Eugen dessen Position als Oberbefehlshaber der ganzen kaiserlichen Kriegsmacht und wurde vom Reichstag zum Reichsfeldmarschall ernannt. Er war 44 Jahre alt und feierte am 16. April seinen Amtsantritt als Gouverneur von Mailand mit einer prächtigen Zeremonie. Sein Gehalt in dieser neuen Position betrug großzügige 100.000 Gulden, zusätzlich zu seinen sonstigen Einkünften.

Die Seemächte England und Holland drängten nun, dass Eugen die Stadt Toulon angreifen solle, während der Kaiser ihn gerne an anderen Kriegsschauplätzen gesehen hätte. Doch der Prinz, der auch das Angebot des Zaren abgelehnt hatte, ihm die Krone Polens zu verschaffen, ging schließlich zu der Armee, die in die Provence einfallen und das Hauptarsenal der Franzosen in Toulon zerstören sollte. Aber die Belagerung der stark befestigten Hafenstadt misslang, da es zu Unstimmigkeiten zwischen Victor Amadeus von Savoyen, der den nominellen Oberbefehl hatte, und Prinz Eugen kam. Der Hauptangriff wurde schlecht vorbereitet, gegen den Wunsch Eugens unternommen und endete mit einer Niederlage. Der Rückzug erwies sich als problematisch und es war nur dem Geschick Eugens zu verdanken, dass die Armee intakt in ihre Winterquartiere zurückkehren konnte. Der Prinz ging nun nach Wien, um den Feldzug für 1708 vorzubereiten.

Den Frühling desselben Jahres verbrachte Eugen mit diplomatischen Verhandlungen, die für die Finanzierung weiterer Feldzüge in Holland, Hannover, Hessen, der Pfalz und in Sachsen nötig wurden. Er drängte die Verbündeten zu mehr Leistungen, da der Wiener Hof nicht mehr kreditwürdig war. Durch diese Verhandlungen verzögerte sich der geplante Feldzug und begann erst im Juni. Während Marlborough in Belgien kämpfte, wollte Eugen den Franzosen einen Vorstoß über den Rhein vortäuschen, dann aber seine Truppen mit denen Marlboroughs vereinen. Nachdem seine Truppen die Mosel überschritten hatten, eilte Eugen zu seinem Verbündeten und

Schlacht bei Oudenaarde, 1708

fand Marlborough sehr besorgt wegen des Vordringens der Franzosen nach Gent und Brügge. Man plante, dem Gegner bei Oudenaarde eine Schlacht zu liefern. Eugen besuchte seine Mutter in Brüssel, die bald darauf, am 10. Oktober dieses Jahres, starb. Das Verhältnis von Mutter und Sohn war immer ein sehr problematisches gewesen.

Am 11. Juli 1708 kam es zur Schlacht bei Oudenaarde, bei der Eugen und Marlborough mit 70.000 Mann ein französisches 80.000-Mann-Heer unter Befehl der Herzöge von Vendôme und Bourgogne besiegen konnten. Wieder bewiesen die beiden großen Feldherren ihre erfolgreiche Zusammenarbeit.

Nachdem die gesamten Truppen Eugens nachgerückt waren, belagerten die beiden Feldherren die Festung Lille, obwohl eine starke französische Armee in der Nähe

*Prinz Eugen und der Herzog von Marlborough während der Schlacht bei Malplaquet
(Holzstich nach Wilhelm Camphausen)*

war. Eugen leitete die Belagerung, während ihm Marlborough den Rücken freihielt.
Am 20. September stürmten die Belagerer unter der Führung des Prinzen, der sich
mitten im Getümmel befand, die Breschen eines Außenwerks. Dabei erlitt Eugen
einen Streifschuss am Kopf und stürzte zu Boden, erhob sich aber rasch und beruhigte seine erschrockenen Leute. Wie so oft hatte er Glück gehabt und war nur leicht
verletzt worden. Die Belagerung ging weiter, da die 10.000 Verteidiger verbissen aus-
hielten. Eugens Truppen litten mehr Mangel als die Belagerten und manche wollten
das Unternehmen aufgeben, doch Eugen blieb standhaft und trieb die Minier- und
Schanzarbeiten weiter voran. Ende November vereitelte er gemeinsam mit Marlborough einen Entsatzversuch der Franzosen und bereitete den entscheidenden Sturm
vor. Doch am 9. Dezember kapitulierten die Verteidiger nach einer 120-tägigen Belagerung. Nach diesem großen Erfolg wurde am 30. Dezember Gent eingenommen
und die Franzosen zogen sich aus Brügge zurück. Belgien war somit in kaiserlicher
Hand und man plante einen Vorstoß ins Herz Frankreichs. Die erfolgreiche Belagerung hatte Eugens Kriegsruhm vermehrt und der endgültige Sieg über Frankreich
schien greifbar nah.

Im Jahre 1709 befand sich Flandern erneut im Mittelpunkt des Kriegsgeschehens,
da der französische König wieder eine starke Armee ins Feld schickte. Bei Malplaquet
in der Nähe von Lille kam es am 11. September 1709 zu einer der bedeutendsten
Schlachten dieses Krieges. Eugen und Marlborough kommandierten 90.000 Soldaten, denen 80.000 gut verschanzte Franzosen gegenüberstanden. Am rechten Flügel
versuchte Eugen mit seinen gemischten Verbänden aus Kaiserlichen, Reichstruppen,

Sachsen und Dänen, den Franzosen in die Flanke zu stoßen. Das Unternehmen gestaltete sich als schwierig, da die Franzosen eindeutig in der besseren Position waren. Nach zwei zurückgeschlagenen Angriffen leitete Eugen persönlich den dritten. Jetzt konnten seine Truppen die Linien des Gegners durchbrechen und diese aus dem Wald von Sars vertreiben. Doch der französische Marschall de Villars gab sich nicht so schnell geschlagen und konnte nach einem Gegenangriff seine Linien wiederherstellen. Nachdem auch Marlborough persönlich mit seiner Infanterie angriff und Eugen seine Truppen weiter vorantrieb, setzte sich schließlich die Überlegenheit der Verbündeten durch und die Franzosen traten den Rückzug an. Die Verluste auf beiden Seiten waren hoch und nach dieser blutigsten Schlacht des Krieges waren die Truppen Eugens und Marlboroughs zu sehr geschwächt, um den Sieg ausnutzen zu können. Malplaquet war nicht die glänzendste Schlacht in Eugens Karriere – auch wenn es ein Sieg war, den manche aber einen Pyrrhussieg nannten.

Nachdem Kaiser Joseph I. 1711 überraschend gestorben war und sein Bruder Karl VI. neben seiner spanischen Königswürde auch die Macht im Reich übernommen hatte, brach die Kriegskoalition auseinander, denn niemand wollte ein übermächtiges Österreich. Eugen versuchte noch, die Engländer in der Koalition zu halten, und reiste 1712 zur britischen Königin Anne. Da auch Marlborough inzwischen gestürzt worden war, blieb seine Mission erfolglos. Die Holländer schieden nach einer Niederlage aus dem Krieg aus und Eugen war gezwungen, mit den Kräften Österreichs und Reichskontingenten den Krieg defensiv weiterzuführen. Nachdem die Kämpfe der folgenden Zeit ohne große Entscheidungen verliefen und die allgemeine Ermattung zugenommen hatte, sah sich Eugen gezwungen, mit den Franzosen in Verhandlungen zu treten. Es kam zu einer Teilung des spanischen Reiches, bei dem Spanien und die Kolonien an die Bourbonen und die italienischen Besitzungen sowie die Spanischen Niederlande an Österreich fielen. Damit hatte man einen zufriedenstellenden Kompromiss erreicht, der in erster Linie der Genialität Prinz Eugens zu verdanken war. Sein Ruhm basierte nicht nur auf seinem militärischen Genie, sondern auch darauf, dass er als erfolgreicher Friedensstifter gewirkt hatte. Eugen stand nun als Staatsmann an erster Stelle neben dem kaiserlichen Thron, der allerdings von dem wenig begabten Karl VI. bestiegen wurde.

Wieder gab es nur eine sehr kurze Friedensphase, denn das Osmanische Reich unternahm ab 1714 den Versuch, den Frieden von Karlowitz zu revidieren und verlorene Gebiete wieder unter seine Kontrolle zu bringen. Auftrieb dazu gab den Türken dabei sicherlich ihr Erfolg im Krieg gegen das russische Zarenreich, den sie 1711 siegreich mit dem Frieden von Pruth beenden konnten. Da man die Republik Venedig für recht schwach hielt und auch Österreich nach dem langen Spanischen Erbfolgekrieg für entkräftet, gingen die Osmanen zunächst gegen die venezianischen Besitzungen auf der Peloponnes vor. Dieses Vorhaben war sehr erfolgreich und innerhalb weniger Monate war die ganze Halbinsel unter türkischer Herrschaft. Nachdem die Osmanen den Venezianern auch noch deren letzte Besitzungen auf Kreta abgenommen hatten, drängte die Serenissima die Österreicher zum Eingreifen in den Konflikt. Kaiser Karl VI. zögerte zunächst, wurde dann aber durch den Papst und Prinz Eugen, die beide den Krieg wollten, umgestimmt. Karl erneuerte am 13. April 1716 das Bündnis mit Venedig und erhielt daraufhin eine Kriegserklärung des Osmanischen Reiches.

Die Schlacht von Peterwardein, 1716

Eugen wusste, dass Österreich durch die 14 Jahre Erbfolgekrieg „an Geld, Volk und anderen Notwendigkeiten entkräftet worden" war, doch war der Waffengang mit den Türken unausweichlich. Im Juli 1716 wälzte sich eine riesige türkische Armee die Donau aufwärts auf die Festung Peterwardein zu. Den 200.000 Soldaten des Sultans hatte Eugen 70.000 Mann entgegenzustellen. Im Gegensatz zum türkischen Befehlshaber Großwesir Damad Ali verfügte der Savoyer über einen altgedienten Stab fähiger Unterführer, mit denen er schon so manche Schlacht für sich entschieden hatte. Eugens Armee stand zwischen dem sumpfigen Donauufer und der Festung Peterwardein, während die Türken trotz ihrer zahlenmäßigen Überlegenheit auf den nahegelegenen Hügeln Verschanzungen errichteten. Angesichts der Lage rieten manche in Eugens Umkreis zur Defensive, doch dieser setzte, wie fast immer in seiner Laufbahn, auf den Angriff. Genau diesen befahl er für den 5. August.

Anfangs geriet Eugens Armee im Zentrum in Bedrängnis und drohte zusammenzubrechen. Doch der Prinz führte persönlich die Kavallerie in die linke Flanke des Feindes und rollte dessen Front auf. Die leichte osmanische Kavallerie hatte gegen die österreichischen Kürassiere im Kampf keine Chance und wurde zersprengt. Dann wurde auch die osmanische Infanterie mitsamt den Janitscharen niedergemacht. Die Schlacht dauerte letztlich fünf Stunden und brachte erneut einen großen Sieg in Eugens Karriere. Nachdem die Waffen schwiegen, lagen 30.000 Türken und 5000 Kaiserliche tot danieder. Unter den Gefallenen waren auch der Großwesir und viele hohe osmanische Würdenträger. Die Kaiserlichen erbeuteten das gesamte türkische Lager, die meisten Feldzeichen ihrer Gegner und riesige Mengen an Vorräten. Als die Nachricht von diesem Sieg bekannt wurde, ließ der Papst alle Glocken Roms läuten und schickte Prinz Eugen einen geweihten Hut mit Degen. Auch Kaiser Karl VI. war Erfolg beschienen, denn der Reichstag bewilligte ihm eine zusätzliche Türkensteuer.

Als der Prinz während der Kämpfe bei Peterwardein verwundet wurde, drängten ihn seine Offiziere, er solle sich wenigstens verbinden lassen. „Wozu?", entgegnete Eugen. „Wenn es mir bestimmt ist, zu fallen, dann brauche ich keinen Verband. Wenn nicht, dann ist am Abend auch noch Zeit!" Diese Schicksalsergebenheit und Härte gegen sich selbst legte er während seiner gesamten militärischen Laufbahn an den Tag.

Eugen wollte den Erfolg natürlich weiter ausnutzen, nahm aber von einer Belagerung der Stadt Belgrad Abstand, da er noch nicht genügend Einheiten für seine Flussflottille zur Verfügung hatte. Stattdessen entschloss er sich, die Festung Temesvar anzugreifen, die im Zentrum des Banats lag. Das Banat war die letzte Region des Königreichs Ungarn, die noch in der Hand der Osmanen war. Die Belagerung begann am 27. August und gestaltete sich in dem sumpfigen Gelände mühsam und verlustreich. Die osmanische Besatzung, die immerhin aus 15.000 Mann bestand, verteidigte sich zunächst sehr geschickt, doch als Eugen am 12. Oktober zum endgültigen Generalsturm ansetzte, hisste sie die weiße Fahne. Eugen gestattete den türkischen Soldaten und islamischen Zivilisten den freien Abzug und beendete damit 164 Jahre osmanischer Herrschaft im Banat. Eugen befahl, die bevölkerungsarme Region mit deutschen Bauern zu besiedeln; es folgte rasch eine massive Zuwanderung aus den verschiedensten Reichsgebieten.

Nun war für Eugen die Zeit gekommen, sich der Eroberung Belgrads zu widmen. Die Festung war durch ihre Lage zwischen der Donau und Save so geschützt, dass sie nur von Süden aus direkt angegriffen werden konnte. Der Prinz tat alles, um die habsburgische Donauflottille zu verstärken, denn mit ihr wollte er der starken türkischen Flussstreitmacht Paroli bieten. Außerdem waren die Schiffe für die Versorgung seiner Truppen wichtig. Die Besatzungen für die Schiffe wurden vorwiegend aus den habsburgischen Niederlanden angeworben, wobei viele dieser Leute „echte Seemänner" waren.

Am 21. Mai 1717 traf Eugen, von Wien kommend, bei seiner Armee in Futok an der Donau ein. Da ihm die Versammlung aller Truppenteile zu lange dauerte, marschierte er am 9. Juni mit etwa 70.000 Mann in Richtung Belgrad. Die Belagerung sollte möglichst rasch beginnen, weil man das Eintreffen einer großen türkischen Entsatzarmee erwartete. Da der kürzere Anmarschweg eine Überquerung der Save bedeutet hätte, die von der Festung aus unter Feuer genommen werden konnte, entschloss sich Eugen für die Überquerung der Donau, was am 15. und 16. Juni fast reibungslos gelang. Rasch wurden Laufgräben sowie Stellungen für die Kanonen errichtet. Außerdem ließ Eugen im Rücken seiner Truppen Schanzen errichten, die Schutz gegen den Angriff einer osmanischen Entsatzarmee bieten sollten. Die Situation erinnerte ein wenig an die Belagerung von Alesias durch Julius Caesar. Dieser hatte aus einer scheinbar unmöglichen Situation, nämlich als Belagerter selbst von einer zahlenmäßig weit überlegenen Armee belagert zu werden, einen großen Sieg gemacht. Die Verschanzungen des Savoyers wurden später „Eugenische Linien" genannt.

Wie von Eugen erwartet, traf die Entsatzarmee, die immerhin 150.000 Mann umfasste, am 28. Juli ein und errichtete selbst Verschanzungen. Der Prinz hatte damit gerechnet, dass die zahlenmäßig starken Türken zum Angriff übergehen würden und er ihnen eine vernichtende Niederlage bereiten könnte. Diesmal jedoch taten ihm die Osmanen nicht diesen Gefallen. Da er nun zwischen zwei Feuern stand und sich seine Armee durch kleinere Gefechte, Artillerieduelle und Krankheiten, vor allem Malaria, laufend reduzierte, schien Eugens Situation nicht sehr aussichtsreich. Doch bevor der Prinz zu einem alles entscheidenden Befreiungsschlag ansetzten wollte, kam ihm sein Feldherrnglück zu Hilfe.

Am 14. August explodierte plötzlich das Pulvermagazin der Festung, das durch einen Mörser genau an der richtigen Stelle getroffen worden war. Die Explosion tötete 3000 Mann der Besatzung und richtete riesige Zerstörungen an. Eugen wollte daraufhin die Verwirrung der Türken ausnutzen und befahl für die Nacht von 15. auf den 16. August einen Überraschungsangriff auf die Entsatzarmee. Er wollte nur einen kleinen Teil seiner Belagerungstruppen vor der Festung belassen und mit

Die Belagerung Belgrads

dem Gros heftig über die türkische Armee herfallen. Da Nachtangriffe in jener Zeit ungewöhnlich waren, rechneten die Osmanen nicht damit. Eugen hatte seine Truppen so aufgestellt, dass die Kavallerie beide Flanken und die Infanterie das Zentrum bildete.

Zunächst waren die Osmanen von Eugens Angriff überrascht, doch schnell verstärkten sie ihren Widerstand und gingen im Morgengrauen zum Gegenangriff über. Wie schon bei Peterwardein wurde Eugens Zentrum bedroht und der Prinz konnte nur durch den Einsatz aller Reserven und durch sein Kommando über die Kavallerie das Blatt wenden. Der türkische Gegenangriff brach zusammen und Eugens Soldaten stürmten die feindlichen Schanzen. Die Schlachtordnung der Osmanen zerfiel und sie zogen sich zurück. Um zehn Uhr morgens war die Schlacht endgültig entschieden und Eugens Truppen konnten wieder reichlich Beute machen. Etwa 20.000 Mann des türkischen Heeres waren gefallen, während die Verluste der Kaiserlichen viel geringer waren. Die Stadt kapitulierte und die Besatzung durfte unter freiem Geleit abziehen.

Die Eroberung Belgrads war einer von Eugens größten Triumphen und brachte ihn endgültig in den Olymp der größten Feldherren aller Zeiten. Das auch heute noch bekannte Volkslied „Prinz Eugen, der edle Ritter" verherrlicht diese Schlacht. Die Folge der Eroberung Belgrads durch Eugen war der glänzende Friede von Passarowitz im Jahre 1718, durch den die Österreicher die Türken fast schon aus Europa verdrängt zu haben schienen. Niemals sollten die Habsburger einen ruhmvolleren und eindeutigeren Friedensvertrag abschließen.

Eugen bekleidete offiziell zwischen 1716 und 1724 das Amt eines Statthalters der österreichischen Niederlande. Zudem verband er seine Funktion als Hofkriegsratspräsident mit jener des Vorsitzenden der „Geheimen Konferenz". Der große Feldherr war nun einer der mächtigsten Männer im Reich, doch sein Verhältnis zu Kaiser Karl VI. war nicht so wie jenes zu dessen Vorgängern und blieb eher kühl distanziert. Man machte Eugen später den Vorwurf, er hätte in der Zeit nach seinem letzten großen Türkensieg die Anpassung der Armee an die sich wandelnden Verhältnisse verabsäumt. Wie unter dem alternden Friedrich II. in Preußen hätte sich in Österreich der Zustand der Armee in den späten Jahren Eugens kontinuierlich verschlechtert. Längere Friedensperioden scheinen großen Heerführern und ihren Armeen selten gut zu tun.

Prinz Eugen war während seiner gesamten Laufbahn immer wieder höfischen Intrigen ausgesetzt und die Zahl seiner internen Gegner und Neider war groß. Besonders unter der Regierung Kaiser Karls VI. war der große Feldherr immer wieder Opfer bösartiger Angriffe. Dabei bewies er leider nicht allzu oft das nötige Geschick bei der Gegenwehr. Ein Zeitgenosse urteilte deshalb über ihn: „Wenn der Prinz in seinen Schlachten gegen die Türken und gegen die Franzosen ebenso ungeschickt gewesen wäre wie in den Schlachten, die er bei Hof führte, wäre er nie ein Feldherr geworden."

Sehr wenig Begeisterung hatte Eugen für die von Karl VI. erdachte und durchgefochtene Pragmatische Sanktion (Unteilbarkeit und Untrennbarkeit aller habsburgischen Erbkönigreiche und -länder), für die der Kaiser bereit war, fast jedes Opfer zu bringen. Der Prinz meinte dazu: „Mit zweihunderttausend Soldaten und einer gefüllten Schatzkammer wäre der Erbin wohl mehr gedient als mit diesem papierenen Gesetz!" Er sollte damit recht behalten, denn als Maria Theresia die Nachfolge ihres Vaters antrat, war die Pragmatische Sanktion nicht mehr wert als ein Stück Papier.

Eugen diente dem Kaiser und dem Reich weiter mit all seiner Kraft, doch alterte er rasch und sein Körper und Geist hielten mit seinem großen Namen und seinem Ruhm nicht mehr Schritt. Dennoch paradierte er noch im April 1733 an der Spitze seines Dragonerregiments vor dem Kaiser. Wieder stand ein Erbfolgekrieg vor der Tür, wobei es dieses Mal um den polnischen Thron ging. Der alte Eugen war kein ausgesprochener Gegner dieses Krieges und manche nannten ihn auch einen Kriegstreiber. Obwohl er im letzten Moment doch noch vor dem Waffengang warnte, da dieses Mal keine Finanzhilfe aus England zu erwarten war und die Habsburger wie üblich kein Geld hatten, reiste der alte und kränkelnde Kriegsheld an die Front.

Im Polnischen Thronfolgekrieg, der für Österreich fatal verlief, befehligte der greise Eugen die Truppen am Rhein. Die Franzosen eroberten in dem defensiv geführten Feldzug die wichtige Festung. Der letzte Feldzug des Prinzen zeigte ihn nur mehr als einen Schatten seiner selbst. Er konnte sich nicht mehr dazu durchringen, etwas zu wagen, überlegte, zögerte und verpasste günstige Gelegenheiten. Den energiegeladenen Helden von einst gab es nicht mehr. Eugen war frühzeitig vergreist und in raschen körperlichen und geistigen Verfall begriffen. Heute würde man wohl auch von einer Form von Demenz sprechen. Dennoch war der junge Kronprinz von Preußen ergriffen, als er den alten Helden in seinem Quartier besuchen durfte. Später schrieb Friedrich II.: „Der Held hatte sich selbst überlebt. Er scheute sich, seinen wohlbefestigten Ruf dem Zufall einer einzigen Schlacht auszusetzen." Trotz dieser Niederlage zählte er Eugen zu den größten Helden der Geschichte und wollte ihm nacheifern.

Als Eugen von seinem glücklosen Feldzug zurückkehrte, wurde in Wien weiter heftig gegen den alten Mann intrigiert; man wollte ihn ausschalten. Seine Kritiker warfen ihm vor, er habe sich als Präsident des Hofkriegsrates in den Friedensjahren zu wenig um die Armee und ihren Zustand gekümmert. Die ständigen Geldsorgen konnten unter einem Kaiser, der lieber in höfischen Prunk und Repräsentation investierte, nicht gelöst werden. Eugen hatte zwar ein Kriegsarchiv und eine Ausbildungsstätte für Ingenieure eingerichtet, aber an die Ausbildung der Offiziere dachte er kaum. So hatte sich der Stand der Armee reduziert und Offiziersstellen und Regimenter wurden verkauft. Feldmarschall Guido von Starhemberg, dessen Beine gelähmt waren, bemerkte: „Ich werde von den Füßen aufwärts alt, aber ich kenne jemanden, dessen Zustand sich genauso vom Kopf abwärts verschlechtert." Allen war klar, dass er damit den Prinzen Eugen meinte.

Dieser drängte nun zu einer raschen Beendigung des Krieges, da er einen erneuten Angriff der Türken befürchtete. Dann starb auch noch Eugens letzter direkter männlicher Verwandter als Opfer des Krieges im Winterquartier am Rhein. Der alte Feldherr begab sich im Mai 1735 zu seinem letzten Gefecht und lieferte sich mit den Franzosen einen reinen Manöverkrieg ohne Schlachten. Es kamen zwar die Russen zu Hilfe, doch es wurde bereits um einen Friedensvertrag gefeilscht. Dieser brachte schließlich den Frieden, aber schlimme Gebiets- uns Statusverluste für den Kaiser. Eugen kehrte zurück und kränkelte vor sich hin. Er erschien immer seltener in der Öffentlichkeit und man wartete auf sein Ableben. Sein Zustand besserte sich aber noch einmal und er konnte wieder an Konferenzen und Kartenabenden teilnehmen.

Der 72-jährige Eugen wurde am Morgen des 21. April 1736 tot in seinem Bett gefunden. Dem Kaiser fiel zum Tod jenes Mannes, der seinem Reich die bis dahin größte Ausdehnung und Macht gebracht hatte, in seinem Tagebuch nicht viel ein – was vielleicht symptomatisch für ihre Beziehung war. Eugen dürfte an den Folgen einer Lungenentzündung gestorben sein. Er erhielt ein pompöses Ehrenbegräbnis und ruht nun im Wiener Stephansdom. Seine Nichte und Haupterbin Anna Viktoria von Savoyen veräußerte den Großteil seines riesigen Besitzes, der aus prunkvollen Schlössern, Kunstsammlungen, einem riesigen Bar- und Bankvermögen, einem Zoo und großen Ländereien bestand. Die Schlösser des Prinzen beeindrucken auch heute noch viele Besucher.

Bereits zu Lebzeiten warf man Prinz Eugen vor, er hätte zu oft hasardiert, hätte seine Truppen oft rücksichtslos aufs Spiel gesetzt und zu wenig Wert auf Überlegung und Umsicht gelegt. Doch seine Erfolge gaben ihm Recht! Er siegte, weil er auf Kühnheit und Schnelligkeit setzte und althergebrachte Kriegstheorien bei Bedarf bedenkenlos über Bord warf und dadurch in die illustre Runde der größten Feldherren aller Zeiten aufstieg. Immerhin betrachteten ihn Männer wie Friedrich der Große und Napoleon als Vorbild und versuchten, ihm nachzueifern. Eugen ließ sich trotz seiner „desparaten" Heer- und Schlachtführung bei allen seinen Feldzügen von einem großen Plan leiten. Er ging kalkulierte Risiken ein und war immer bereit zu improvisieren, wenn er es als sinnvoll erachtete. Eugen kannte alle herrschenden Theorien der Kriegskunst, zeigte jedoch sein Genie dadurch, dass er sich bei Bedarf von ihnen lösen konnte. Seine Soldaten wussten das und sie verehrten ihn, denn er war stets ein Vorbild durch seine Furchtlosigkeit und Souveränität, mit der er sie in die Schlacht führte. Kaum ein Heerführer der Neuzeit hat eine derart treuherzige Anhänglichkeit und Popularität bei seinen Truppen hervorrufen können, die bis heute in Dichtung und Geschichtsschreibung ihren Niederschlag gefunden haben.

LITERATUR

BIBL, Viktor: Prinz Eugen, ein Heldenleben. Wien 1941

BLACH, Jeremy (Hg.): 70 große Schlachten der Weltgeschichte. Leipzig 2005

BRAUBACH, Max: Prinz Eugen von Savoyen: eine Biographie. 2 Bände, Wien 1964

CZIBILKA, Alfons v.: Prinz Eugen. Retter des Abendlandes. Wien 1958

DIETER, Heinrich u. Georg Lorenz (Hg.): Unsere Helden. Geschichtliche Lehrbilder. 7 Bände, Wien 1895–1915

EGGHARDT, Hanne: Prinz Eugen. Der Philosoph in Kriegsrüstung. Wien 2007

FLOCKEN, Jan von: Kriegerschicksal von Hannibal bis Manstein. Berlin 2006

GUNDOLF, Hubert: Um Österreich! Schlachten unter Habsburgs Krone. Graz 1995

HANTSCH, Hugo (Hg.): Gestalter der Geschicke Österreichs. Innsbruck 1962

MACKAY, Derek: Prinz Eugen von Savoyen. Feldherr dreier Kaiser. Graz 1979

MARKOV, Walter u. Heinz Helmert: Schlachten der Weltgeschichte. Gütersloh 1983

OPPENHEIMER, Wolfgang: Prinz Eugen von Savoyen. Feldherr und Baumeister Europas. Wien 2004

REGELE, Oskar: Der österreichische Hofkriegsrat 1556–1848. Wien 1949

SAUER, Egon v. Nordendorf: Österreichs Kavallerie. Von den Anfängen bis zur Gegenwart. Wien 1987

STRADAL, Otto: Der andere Prinz Eugen. Wien 1986

TROST, Ernst: Prinz Eugen. Wien 1985

ZÖLLNER, Erich u. Karl Gutkas (Hg.): Österreich und die Osmanen – Prinz Eugen und seine Zeit. Wien 1988

FELDMARSCHALL TRAUN
„LEHRMEISTER" FRIEDRICHS DES GROSSEN

„Ich bin nur deshalb vom Feldmarschall Traun nicht geschlagen worden", meinte Friedrich der Große, „weil ich mich mit ihm überhaupt nicht geschlagen habe."

An einem der prominentesten Plätze Wiens steht zwischen zwei monumentalen Museumsgebäuden das Denkmal Kaiserin Maria Theresias. Der Thron der beleibten Dame ist umgeben von jenen Männern, die unter ihrer Regierung als die wichtigsten Ratgeber, Minister und Feldherren angesehen wurden. An den Ecken der großen Anlage befinden sich hoch zu Ross die vier bedeutendsten österreichischen Heerführer jener Zeit. Einer davon ist jemand, den einer der größten Feldherren der Geschichte, Friedrich der Große, seinen „Lehrmeister" nannte. Feldmarschall Traun ist nicht als einer der großen Schlachtensieger in die Geschichte eingegangen – aber er war sicherlich einer der fähigsten Strategen der europäischen Militärgeschichte.

Die Familie von Abensperg und Traun gehört zu den Uradelsgeschlechtern Oberösterreichs. Viele ihrer Mitglieder dienten in den kaiserlichen Armeen und zeichneten sich auf zahlreichen Schlachtfeldern Europas aus. Otto Ferdinand von Abensperg und Traun wurde am 27. August 1677 in Ödenburg geboren. Dieser Geburtsort war eher zufällig, da Eleonora Susanna, die Gemahlin von Reichsgraf Otto Lorenz von Traun, sich gemeinsam mit diesem auf einer Reise nach Wien befand. Der Reichsgraf hatte aus zwei Ehen insgesamt 13 Kinder, von denen aber nur Otto Ferdinand und seine Halbschwester Eva Maria die Kindheit überlebten – selbst für die damalige Zeit ein trauriger Rekord.

Otto Ferdinand war somit der einzige Sohn und Erbe des Reichsgrafen und erhielt deshalb viel Aufmerksamkeit seitens seiner Eltern und die bestmögliche Erziehung. Nach dem für adelige Sprösslinge üblichen Unterricht durch Hauslehrer, kam der junge Traun in die neu errichtete Hochschule in Halle, um gemäß des Wunsches seines Vaters später wichtige Funktionen im Staatsdienst übernehmen zu können.

Graf Otto Lorenz starb aber bereits am 2. April 1695 in Regensburg und der junge Traun verließ die Universität Halle, um sich als Freiwilliger den brandenburgischen Truppen anzuschließen, die in die Niederlande gingen. Er war bereits seit Langem von dem Wunsch besessen, sein Leben dem Kriegshandwerk zu widmen. Traun nahm an der Belagerung von Namur im Jahre 1695 teil und trat nach der Kapitulation der Festung in die kaiserliche Armee über. Er diente nun gemeinsam mit drei weiteren Mitgliedern seiner Familie im Heer der Habsburger. Über seine militärische Laufbahn in den folgenden Jahren ist wenig bekannt; bald sollte aber der Spanische Erbfolgekrieg ein reiches Betätigungsfeld für jemanden wie Traun bieten, der mit Leib und Seele Soldat geworden war.

Trauns erster Kommandant im Erbfolgekrieg war der damals bereits legendäre Ludwig von Baden. Dieser schätzte den mutigen und klugen Offizier. 1704 wurde er im Range eines Oberstwachtmeisters zum Generaladjutanten ernannt und bewies rasch, dass er für diese Position der richtige Mann war. Er bewährte sich vor allem bei den Kämpfen gegen die Franzosen am Rhein, kam aber auch am italienischen Kriegsschauplatz zum Einsatz.

Im Februar 1708 ging Traun als Generaladjutant mit der Armee unter Feldmarschall Guido von Starhemberg nach Spanien. Hier nahm er bis 1713 an den wechselvollen Kämpfen an der Seite Starhembergs teil. Dieser soll seinen Adjutanten sehr geschätzt haben und dies auch einige Male gegenüber den englischen Verbündeten zum Ausdruck gebracht haben. Deshalb wurde Traun im März 1709 zum Oberstleutnant und im September 1710 zum Oberst befördert, wobei er weiterhin Generaladjutant blieb.

Die Kriegführung beider Seiten auf dem spanischen Kriegsschauplatz war konfus und wenig glorreich, woraus Traun für später seine Schlüsse gezogen haben dürfte. Er entschied sich jedenfalls für eine überlegte Strategie, bei der es nicht darum ging, unbedingt Schlachten zu schlagen, sondern durch kluge Manöver den Gegner letztlich in eine ausweglose Situation zu bringen und „Matt" zu setzen.

Anlässlich des Entsatzes der von den Franzosen belagerten Festung Cardona im November 1711 bewies Traun, wie schon einige Male zuvor, dass das in ihn gesetzte Vertrauen gerechtfertigt war. Die Besatzung geriet durch das Aufbrauchen der Vorräte immer mehr in Schwierigkeiten. Nachdem ein Entsatzversuch unter Feldmarschall-Leutnant Battée gescheitert war, wurden die Truppen verstärkt und Traun begab sich mit neuen Ordern zu ihnen. Der Angriff gelang mit Trauns Unterstützung an zwei Stellen gleichzeitig und die Festung konnte danach mit neuem Proviant versorgt werden. Traun bewies bei den Ereignissen große Umsicht und Tapferkeit. Die Franzosen gaben letztlich unter dem Verlust von 4200 Mann die Belagerung auf.

Traun hatte die Ehre, die Nachricht vom Sieg persönlich nach Barcelona zu bringen, wo die Gattin Kaiser Karls VI. als Regentin Hof hielt. Später bekam er vom Kaiser ein huldvolles Schreiben, in dem dieser seine große Zufriedenheit ausdrückte. Traun erhielt das Infanterieregiment des Grafen Eck, der kurz nach der Befreiung der Festung Cardona verstorben war. Er war sein ganzes weiteres Leben Inhaber dieses Regiments.

Trotz aller Erfolge der kaiserlichen Truppen machte die weltpolitische Lage eine Räumung Spaniens nötig und Traun kam 1714 in die Lombardei. Nachdem sich durch die spanische Besetzung Sardiniens und Siziliens im Sommer 1717 ein neues Bedrohungsszenario ergeben hatte, erhielt Traun den Befehl, mit seinem Regiment nach Neapel zu marschieren. Mit Hilfe der englischen Flotte setzten kaiserliche Truppen unter Feldmarschall Mercy nach Sizilien über. Traun zeigte mit seinem Regiment wieder sein großes militärisches Talent.

Bei der Schlacht von Francavilla Ende Juni 1719 griff Mercy ein stark befestigtes Lager der Spanier an, musste sich aber nach heftigem und verlustreichem Kampf zurückziehen. Traun wurde verwundet. Die Verletzung dürfte nicht allzu schwer gewesen sein, denn er nahm schon bald wieder an den weiteren Kampfhandlungen teil. Im Jahre 1720 wurde er Befehlshaber in Syrakus und einer der wesentlichsten Akteure bei der Eroberung und Besetzung Siziliens und Neapels.

Traun wurde am 14. Oktober 1723 für seine vorbildlichen Leistungen zum Generalfeldwachtmeister befördert. In der Begründung hieß es, er hätte „besonders bei letzhiniger schweren, jedoch siegreichen Eroberung des Königreichs Sizilien erwiesenen distinguierten Bravour, Vernunft und Tapferkeit" diese Beförderung verdient. Traun blieb in Italien und wurde zu einem Militärexperten für diese Region.

Als Feldmarschall-Leutnant Wallis 1727 zum kommandierenden General der Insel ernannt wurde, übernahm Traun dessen Position als Gouverneur von Messina. Er hatte diese Stellung bis 1734 inne und bewältigte seine Pflichten und alle Herausforderungen mit großem Erfolg. Während dieser Jahre korrespondierte er laufend mit Prinz Eugen. Man erörterte hauptsächlich Fragen der Verwaltung und des Militärwesens auf Sizilien. Ein Angebot zur Übernahme der den Bergbau betreffenden Agenden in der Verwaltung der Insel schlug Traun 1728 aus, da er nicht über die nötigen Kenntnisse verfügte. Er ging 1730 auch nicht auf ein Offert des Zaren ein, der ihm eine lukrative Stelle in der russischen Armee anbot. Während bereits dunkle Gewitterwolken am Horizont aufzogen, wurde Traun am 8. November 1733 zum Feldmarschall-Leutnant befördert. Bereits zwei Monate später wurde er nach Neapel berufen, wo er unter Feldmarschall Johann Graf Caraffa einen Teil der verfügbaren kaiserlichen Truppen befehligen sollte. Der Polnische Erbfolgekrieg war ausgebrochen und die Herrschaft des Kaisers im südlichen Italien damit akut gefährdet.

Die weitere Entwicklung nahm für die österreichische Armee einen ungünstigen Verlauf. Traun verstand sich überhaupt nicht mit Caraffa, dessen Fähigkeiten als Heerführer ziemlich beschränkt waren. Zudem waren die spanischen Angreifer zahlenmäßig weit überlegen und man hatte außerdem noch damit zu kämpfen, dass die Sympathien der Bevölkerung weitgehend auf Seiten der Spanier waren. Während Caraffa weiterhin ungeschickt agierte, erhielt Traun das Kommando über die wichtige Festung Capua, deren Besatzung aus neun Bataillonen Infanterie, sechs Grenadierkompanien und einigen unberittenen ehemaligen Kavalleristen bestand. Die Festung kontrollierte den Weg zwischen Rom und Neapel und war gut mit Kanonen und Munition ausgestattet. Als sich eine spanische Armee unter dem Infanten Don Carlos, dem späteren König Karl III., näherte, befahl Traun die Errichtung einer Stellung bei Mignano. Da er für eine erfolgreiche Verteidigung dieser Stellung mindestens 5000 Mann benötigte, forderte er von Caraffa die Entsendung weiterer Truppen. Doch dieser weigerte sich, dem ungeliebten Traun so viele Männer zur Verfügung zu stellen.

Es bedurfte zäher Verhandlungen, bis Traun seine Truppen doch noch um einige hundert Mann verstärken konnte. Außerdem versprach Caraffa die Aufstellung eines weiteren Treffens hinter Trauns Stellungen. Dieser tat nun alles, um die Befestigungen von Mignano und Capua zu verbessern.

Als die Spanier schließlich am 24. März eintrafen, wurden sie von Traun bei Mignano erwartet. Doch Einheimische führten spanische Truppen in seinen Rücken und Traun erfuhr, dass ihn Caraffa im Stich gelassen hatte. Das veranlasste ihn, sich am 30. März nach Capua zurückzuziehen. Die Spanier zogen an der Festung vorbei und stationierten eine Truppe zur Belagerung. Dann ließ sich Don Carlos am 11. April 1734 in Neapel als König huldigen. Am 25. Mai wurden die verbliebenen österreichischen Truppen, die nach der Ablöse des unfähigen Caraffa einen weiteren überforderten Kommandeur bekommen hatten, bei Bitonto vernichtend geschlagen.

Währenddessen hielt Traun im belagerten Capua aus, als sich eine Festung nach der anderen den Spaniern ergab. Seine Männer unternahmen immer wieder gut geplante Ausfälle, um sich Nahrungsmittel zu beschaffen. Am 10. August führte Traun selbst einen erfolgreichen Ausfall an, bei dem eine von den Spaniern errichtete Brücke zerstört werden sollte. Dabei gelang es, viele Tiere zu erbeuten, was die Versorgungslage der Kaiserlichen verbesserte. Die Belagerung dauerte schon sieben Monate und trotz heftiger Beschießung konnten die Spanier die Stadt nicht einnehmen. Traun musste zu seinem Leidwesen durch ausgeschickte Kundschafter erfahren, dass er mit keinem Entsatz durch kaiserliche Truppen zu rechnen hatte. So begann er schließlich, mit den Belagerern zu verhandeln, und konnte eine für ihn günstige Übereinkunft erwirken. Die Besatzung durfte mit allen militärischen Ehren und ihren Waffen die Stadt verlassen. Bei den Verhandlungen hatte er angekündigt, dass man ansonsten die Waffen „… den Toten aus den Händen winden müsse".

Traun verließ am 30. November 1734 an der Spitze seiner Soldaten die Festung, während die Spanier Spalier standen und ihm deren Offiziere ihre Hochachtung aussprachen. Man hatte ihm sogar für Verpflegung und rückständige Gebühren einen Vorschuss von 58.333 Gulden gegeben, womit die Belagerer die Belagerten finanziell unterstützten! Nach diesem einmaligen Abschied von Capua konnte Traun mit spanischen Schiffen seine Truppen auf österreichisches Gebiet bringen.

Als Traun im April 1735 in Wien eintraf, fand er eine beachtliche Anerkennung, indem ihn der Kaiser zum Feldzeugmeister beförderte und nach Ungarn sandte. Dort sollte der Held von Capua die in Siebenbürgen ausgebrochenen Unruhen unterdrücken. Traun ging geschickt vor und es gelang ihm, die Anführer der Aufständischen bei Arad zu überfallen und zu eliminieren. Im Anschluss daran bekam er den Auftrag, die Festungen Ungarns zu inspizieren; er erfüllte die Aufgabe mit der ihm eigenen Gründlichkeit. Nach seiner Rückkehr nach Wien erhielt er für seine Leistungen die Würde eines Geheimen Rates und wurde zum Generalkommandanten der kaiserlichen Truppen in der Lombardei ernannt. Zusätzlich zu dieser Aufgabe wurde er bald Interimsstatthalter im Herzogtum Mailand. Traun stürzte sich mit Eifer in seine neue Aufgabe und verbesserte die Verwaltung des nach vielen Kriegen mit erdrückenden Schulden belasteten Landes. Um mit gutem Beispiel voranzugehen und die Staatsausgaben zu reduzieren, verzichtete er selbst auf die Hälfte seiner ihm zustehenden Einkünfte. Traun ordnete auch einige Projekte an, die der verarmten Bevölkerung helfen sollten. Diese Aktivitäten riefen in Wien einige Kritiker auf den Plan und es wurde gegen ihn intrigiert. Überraschenderweise ließ sich der sonst leicht beeinflussbare Kaiser Karl VI. nicht von der Unterstützung seines eigenwilligen Statthalters abbringen und ernannte ihn im Jahre 1737 zum Gouverneur der Herzogtümer Parma, Piacenza und Mantua. Auch hier war Traun sehr erfolgreich und innovativ, was dazu führte, dass ihn der Kaiser am 19. März 1740 zum Feldmarschall beförderte. Später bestätigte Maria Theresia diese Ernennung durch ihren Vater, der am 20. Oktober 1740 gestorben war.

Beim Ausbruch des Österreichischen Erbfolgekrieges war Traun die erste Wahl für den Auftrag für die Verteidigung Norditaliens, wobei die Truppen in der Lombardei seinem direkten Befehl unterstanden. Die Ausgangslage war nicht allzu günstig, da die Armee in den letzten Regierungsjahren Kaiser Karls eher stiefmütterlich behandelt worden war und sowohl die Stärke als auch der Zustand der Truppen recht mangelhaft war. Alle Bitten Trauns um Unterstützung aus Wien blieben weitgehend erfolglos und somit musste er, wie mehr als hundert Jahre später Radetzky, mit dem auskommen, was er zur Verfügung hatte. Die Situation wurde noch erschwert, da Trauns Feinde in Wien wieder heftig gegen ihn intrigierten. Besonders der einflussreiche kaiserliche Berater Bartenstein forderte nebst einigen anderen Trauns Abberufung, wobei man auch auf sein Alter von 64 Jahren hinwies. Letztlich ließ ihm Maria Theresia doch zwei neu aufgestellte ungarische Regimenter und einige tausend Grenzer zur Unterstützung zukommen, stellte ihm jedoch den Feldmarschall-Leutnant Graf Schulenburg als „Berater" zur Seite.

Obwohl es Maria Theresia gelang, ein Bündnis mit dem König von Sardinien zu schließen, musste sich Traun vorerst alleine den zahlenmäßig weit überlegenen spanischen und neapolitanischen Truppen im Kampf stellen. Sein Vorteil war jedoch das zögerliche und wenig durchdachte Vorgehen seiner Gegner. Die Kommunikation Trauns mit Karl Emanuel, dem König Sardiniens, war wegen der unterschiedlichen Interessenslagen nicht einfach und so dauerte es einige Zeit, bis man gemeinsam marschieren konnte. Um einem Seitenwechsel des Herzogs von Modena zuvorzukommen, marschierten die Verbündeten ein und eroberten am 22. Juli 1742 die Festung Mirandola. Die Spanier wagten keinen Entsatz, zogen sich sogar zurück und die Neapolitaner räumten schließlich ganz das Feld. Leider konnte Traun den König nicht zu weiterem Vordringen überreden und die Österreicher waren alleine zu schwach für eine erneute Offensive.

Als die Spanier im Februar 1743 doch noch zum Angriff schritten, zeigte sich wieder Trauns großes Talent. Es gelang seinen Truppen am 8. Februar 1743, in der Schlacht bei Campo Santo den viel stärkeren Gegner zurückzuschlagen. Traun selbst verlor in dieser Schlacht zwei Pferde, die ihm unter dem Leib weggeschossen wurden. Er blieb danach in seinen Stellungen und besetzte die wichtigsten Flussübergänge. Mehr war ihm wegen der nicht vorhandenen Unterstützung aus Wien und seinen unzuverlässigen Verbündeten nicht möglich. Traun hielt diesen Zustand auf Dauer für unerträglich, sodass er wieder um Ablösung ansuchte. Maria Theresia gab diesem Ansuchen statt und übertrug ihm das Generalkommando in Mähren. Als Dank erhielt er den Orden vom Goldenen Vlies.

Als der erfolgreiche Feldmarschall Ludwig Andreas Khevenhüller am 26. Januar 1744 an einem Blutsturz starb, trat Traun eine neue Stellung an. Er wurde damit beauftragt, Prinz Karl von Lothringen, den ein französischer Historiker einmal als „Spezialisten für militärische Katastrophen" bezeichnete, in der Führung der kaiserlichen Armee am Rhein beizustehen. Traun erreichte am 10. April 1744 München, wo er in Abwesenheit von Karl von Lothringen den Oberbefehl über 46.380 Infanteristen und 21.978 Reiter übernahm. Diese Armee sollte aktiv gegen die bayerischen

Truppen vorgehen, die sich im Raum Heidelberg befanden. Traun agierte anfangs vorsichtig, weil er befürchtete, zwischen den Bayern und den nördlich manövrierenden Preußen in die Zange zu geraten. Maria Theresia, die wie üblich offensiver dachte als ihre Generäle, war darüber nicht begeistert, da sie eine Schlacht wollte. Traun erreichte mit der kaiserlichen Armee am 17. Mai Neckarsulm und musste dort zwei Tage später den Oberbefehl an Prinz Karl abgeben. Die offensiven Vorstellungen der Herrscherin sollten durchgesetzt werden. Nach einem von Traun ausgearbeiteten Geheimplan marschierte die Armee nach Philippsburg und überschritt am 30. Juni den Rhein bei Schreck. Französisches Gebiet war erreicht und es kam zu einer Reihe von Gefechten, an denen Traun immer beteiligt war. Er zeigte dabei trotz seines vorsichtigen Wesens stets großen Mut.

Der Vormarsch der Österreicher in Frankreich schien vielversprechend, doch dann kam die Nachricht, dass König Friedrich II. wieder in Böhmen eingefallen war. Die Armee wurde zur Sicherung der Erblande in Eilmärschen zurückbeordert. Traun führte dieses Manöver geschickt aus und erschien für die Preußen überraschend am böhmischen Kriegsschauplatz. Er zeigte seine Meisterschaft als großer Stratege und manövrierte den preußischen König vollständig aus, ohne sich auf eine größere Schlacht einzulassen. Letztlich erlitten die Preußen eine schwere Niederlage

und zogen sich chaotisch und demoralisiert nach Schlesien zurück. Friedrich der Große schrieb später über sich selbst: „Kein General beging wohl mehr Fehler als der König in diesem Feldzuge. Des Herrn v. Trauns Benehmen ist ein vollkommenes Muster, welches jeder Krieger, der seine Kunst liebt, studieren muß, um es nachzuahmen, wenn er dazu die Fähigkeit besitzt. Der König hat es selbst gestanden, daß er diesen Feldzug für seine Schule in der Kriegskunst und Herrn v. Traun für seinen Lehrer angesehen hat." Auch in späteren Jahren sprach Friedrich II. immer wieder bewundernd über Traun und imitierte einige von dessen taktischen Kunststücken.

Der alte Feldmarschall kam nach seinem Sieg über die Preußen nicht so schnell zur Ruhe, denn er wurde wieder gegen die in Deutschland eingebrochenen Franzosen geschickt. Er drängte dann im Feldzug des Jahres 1745 durch viele geschickte Manöver die Franzosen über den Rhein und ermöglichte so die Kaiserwahl Franz Stephans von Lothringen in Frankfurt am Main. Dann

„… Herrn v. Traun für seinen Lehrer angesehen" – König Friedrich II. von Preußen als junger Monarch

musste er für fast zwei Jahre militärisch pausieren, obwohl man sein strategisches Genie weiterhin dringend gebraucht hätte. Grund dafür war der Einfluss Karls von Lothringen, der sehr nachtragend war. Das Verhältnis zwischen Traun und dem Bruder des Kaisers war nicht mehr so ausgeglichen wie einst, da der militärisch wesentlich weniger begabte Lothringer in Traun natürlich einen Konkurrenten sah und sich dessen Überlegenheit bewusst war. Traun war von seinem Wesen her eher konfliktscheu und versuchte immer wieder, Karl von Lothringen uneigennützig zur Seite zu stehen, auch wenn er mit dessen Entscheidungen nicht immer einverstanden war. Zudem trachtete er, den schlachtenfreudigen Prinzen vor möglichst vielen Fehlern zu bewahren, was oft nicht gelang. Da er wusste, dass seine Untergebenen und auch die Gegner Traun als den eigentlichen Feldherrn betrachteten, war er oft verstimmt und reagierte gereizt. Manchmal ließ er sich auch zu Äußerungen über Traun hinreißen, die eines Prinzen unwürdig waren. So bemerkte er zum Beispiel, dass Traun sich nicht mit den Details in der Armee beschäftigen würde und eigentlich „ein Neuling in der Kriegführung" sei. Traun war um vieles älter und bereits ein erfolgreicher hoher Offizier, als Karl geboren wurde. Nachdem ihn Traun im Feldzug gegen Friedrich den Großen eindeutig deklassiert hatte, schien der Lothringer alles darangesetzt zu haben, dass dieser im böhmischen Feldzug von 1745 kein neues Kommando erhielt. Das Ergebnis waren dann die schweren Niederlagen des Prinzen bei Hohenfriedberg und Soor.

Traun heiratete in seinem Leben zweimal. Seine erste Gemahlin Juliana Polapina kam aus der gräflichen Familie Faletti aus Piemont. Sie schenkte ihm einen Sohn, Carl Joseph, der im Februar 1718 geboren wurde. Er trat in die Fußstapfen seines Vaters und wurde kaiserlicher Offizier. Bereits im Alter von 28 Jahren im Jahre 1746 zum Oberst befördert, kommandierte er das Infanterieregiment seines Vaters. Er starb jedoch bereits am 20. Januar 1747 in Mantua. Für großes Aufsehen sorgte der Umstand, dass Traun im Alter von bereits 70 Jahren im September 1747 Sidonia von Hinderer, die Witwe eines kaiserlichen Hofkriegsrates, heiratete.

Maria Theresia hatte den alten Feldmarschall, dem sie so viel verdankte, trotz der Intrigen seiner Gegner nicht abgeschrieben. 1747 bekam Traun, nachdem er ein Jahr in Wien verbracht hatte, trotz seines Alters und angeschlagenen Gesundheitszustandes eine neue Aufgabe, nämlich das Generalkommando in Siebenbürgen. Traun bemühte sich auch hier um eine Verbesserung der Verhältnisse. Doch sollte er dieses letzte Amt nicht sehr lange innehaben, denn er starb am 18. Februar 1748 in Hermannstadt wohl an der Wassersucht. Dem verstorbenen Feldmarschall wurde in der katholischen Kirche von Hermannstadt ein Monument errichtet.

Graf Thürheim, Trauns verdienstvoller Biograf, beschrieb ihn als einen Heerführer, der „nicht zu den schlachtgierigen Feldherren gehörte. Er wollte nur dann schlagen, wenn das Ziel nicht anders zu erreichen, durch einen Sieg mehr als das Schlachtfeld zu gewinnen war. Er säumte jedoch auch nicht, den Kampf zu suchen, wenn sich, wie bei Campo Santo, eine besonders günstige Gelegenheit zeigte". Freiherr von Hormayr meinte: „Es ist ein großer Ruhm, in kriegerischen Zeiten der glückliche Anführer sieggekrönter Heere zu sein und den Staat dadurch zu mehren. Aber nicht jedem ist solches Glück beschieden, und es ist vielleicht ein noch größerer Ruhm, in der höchsten dringendsten Not sich an die Spitze [zu] stellen und den Staat [zu] erretten, wie es Traun getan hat."

LITERATUR

DUNCKER, Carl von: Otto Ferdinand Graf von Abensberg und Traun. In: Allgemeine Deutsche Biographie. Bd. 38, München 1894

HORMAYR zu Hortenburg, Joseph von: Oesterreichischer Plutarch, oder, Leben und Bildnisse al-

ler Regenten und der berühmtesten Feldherren, Staatsmänner, Gelehrten und Künstler des österreichischen Kaiserstaates. Bd. 17, Wien 1807

LANGENDORF, Jean-Jacques: Ahnengalerie der kaiserlichen Armee 1618–1918. Biographische
Schattenrisse. Wien 1995

TEUFFENBACH, Albin v.: Österreichs Hort. Geschichts- und Kulturbilder aus den Habsburgischen
Erbländern. 2 Bände, Wien 1910

THÜRHEIM, Andreas: Feldmarschall Otto Ferdinand von Abensperg und Traun. Wien 1877

THÜRHEIM, Andreas: Feldmarschall Carl Joseph, Fürst de Ligne. Wien 1877

WURZBACH, Constant von: Biographisches Lexikon des Kaiserthums Österreich. Bd. 47, Wien
1883

LEOPOLD GRAF DAUN
DER SIEGREICHE „ZAUDERER"

„Daß er mutig vorwärts geht! Daß er sich schlägt! Daß er mir die Stadt entsetzt!" (Maria Theresia an Feldmarschall Daun vor der Schlacht von Kolin)

FM Graf Leopold Daun
(Schabkunst, Johann Gottfried Haid)

Leopold Joseph Maria Graf von und zu Daun wurde am 24. September 1705 in Wien als Angehöriger einer alten Adelsfamilie geboren. Sein Vater Wirich Philipp erreichte den Rang eines Feldmarschalls und erwarb sich bei der Verteidigung Turins im Jahre 1706 großen Ruhm. Später hatte er das Amt eines Statthalters der Niederlande inne. Er war es, der seinen Sohn in dessen militärischem Talent bestärkte, nachdem dieser sich gegen den ursprünglich für ihn geplanten Dienst in der Kirche gesträubt hatte.

Der junge Daun trat mit 13 Jahren als „Aspirant" in kaiserliche Dienste und stieg, bedingt durch seine Herkunft, rasch in der militärischen Hierarchie auf. Er erlebte schon in sehr frühen Jahren seinen ersten Einsatz im Krieg in Sizilien in den Jahren 1718 bis 1720. Hier kämpfte er gegen die Spanier und bewies früh Mut und Umsicht. Der 21-jährige Daun erlangte im Jahre 1726 den Rang eines Majors im Infanterieregiment seines Vaters. Es sollte später sein eigenes werden. Dauns Aufstieg ging weiter und bereits 1727 wurde er in den Listen als Oberst angeführt. Im Jahre 1731 wurde er Regimentsinhaber. Man hatte Daun später den Vorwurf gemacht, dass er seinen militärischen Aufstieg in jungen Jahren in erster Linie dem Einfluss seines Vaters verdankt habe; er sollte aber bald das in ihn gesetzte Vertrauen rechtfertigen.

Bei den Feldzügen in Italien und am Rhein 1734 und 1735 zeigte Daun erstmals seine bedeutenden militärischen Führungsqualitäten und machte durch seine Begabung auf sich aufmerksam. Der junge Oberst begleitete den bereits altersschwachen Prinz Eugen, der kaum mehr dem „edlen Ritter" von einst entsprach, bei dessen Rheinfeldzug. Im Lager des Prinzen befand sich unter anderem der junge preußische Kronprinz Friedrich, der später der große Gegner Dauns werden sollte. Den Krieg gegen die Türken 1737 bis 1738 machte er bereits als General-Feldwachtmeister mit; er war hier bereits als bedeutender militärischer Führer anerkannt. Im März 1739 wurde er zum Feldmarschall-Leutnant ernannt. In der Schlacht von Grocka bei Belgrad am 22. Juli 1739 wurde Daun schwer verwundet, erhielt aber auch eine Auszeichnung, weil er sich sehr gut geschlagen hatte. 1740 übertrug man ihm als Anerkennung für seine Verdienste das Wallis'sche Infanterie-Regiment.

Der Österreichische Erbfolgekrieg brachte ab 1740 für Daun erneut eine Vielzahl von militärischen Einsätzen. So kämpfte er in der Schlacht bei Caslau am 17. Mai 1742 und beteiligte sich bei der Belagerung von Prag. 1743 führte er in der Armee Khevenhüllers die Avantgarde, mit der er sich am 9. Mai bei Braunau auszeichnete. Daun nahm am 17. Mai nach heftigem Widerstand der Franzosen das stark befestigte Dingolfing. Er brachte dem Gegner 1000 Mann an Verlusten bei und trieb ihn über die Isar zurück. Am darauffolgenden Tag fügte er den Franzosen eine weitere Niederlage zu.

Prinz Karl von Lothringen und Feldmarschall Traun setzten stark auf die militärische Begabung Dauns und verpflichteten ihn für viele schwierige Unternehmungen während des Feldzuges von 1744. Die kaiserlichen Grenadiere forderten von Karl von Lothringen, dass Daun beim Angriff auf die Rheininsel bei Stockstadt die Führung übernehmen solle, denn die Soldaten setzten großes Vertrauen in ihn. Auch dieses Unternehmen gelang.

Als die Armee im August 1744 wieder über den Rhein zurückbeordert wurde, agierte Daun erneut mit viel Geschick und wies danach gekonnt einen Angriff der Franzosen bei Ludwigsburg zurück. Dann marschierte er mit der Armee nach Böhmen, um sich Friedrich dem Großen in den Weg zu stellen.

Daun befehligte im 2. Schlesischen Krieg in der Schlacht von Hohenfriedberg am 4. Juni und bei Soor am 30. September 1745 den linken Flügel. Sein mutiger Einsatz konnte aber nicht verhindern, dass diese Schlachten infolge der militärischen Überforderung Karls von Lothringen zu Niederlagen wurden, auch wenn ihn selbst daran keine Schuld traf. Bei Hohenfriedberg wurde Daun erneut schwer verwundet. Man beorderte ihn auf den bayerischen Kriegsschauplatz. Dort diente er unter Graf Khevenhüller. Gemeinsam mit der „Pragmatischen Armee" konnten die Franzosen und Bayern bis in das Elsass zurückgedrängt werden. Daun kämpfte mit Mut und Elan und zeichnete sich in den Schlachten bei Braunau, Dingolfing und Landau erneut aus. Der später als „Zauderer" verschriene Daun bewies bei diesen Gelegenheiten, dass er schnell und konsequent militärisch agieren konnte.

Bei den Kämpfen gegen die Franzosen in den Niederlanden bewährte sich Daun am 2. Juli 1747 bei Lawfeld erneut und zeigte wieder sein großes militärisches Talent. Als die verbündeten Engländer und Hannoveraner am linken Flügel durch die heftigen Angriffe der Franzosen in arge Bedrängnis gerieten und man eine Katastrophe für die Armee befürchtete, konnte Daun durch sein Eingreifen die Situation retten und den Verbündeten einen geordneten Rückzug ermöglichen. Man bewunderte allgemein seine umsichtige und gekonnte Truppenführung, was dazu führte, dass er zum Feldzeugmeister befördert wurde. Daun war zu jener Zeit wohl der populärste und bei den Soldaten beliebteste General der Armee und auch Maria Theresia schenkte ihm ihre Gunst.

Er heiratete zum Wohlwollen der Kaiserin die Gräfin Maria Josefa Fuchs, die Witwe des Grafen Nostitz, deren Mutter die engste Vertraute Maria Theresias war. Das sicherte ihm auch den Zugang in den engsten Zirkel der Macht um die Kaiserin. Daun wurde nach dem Frieden von Aachen mit dem Entwurf einer neuen Heeresorganisation und deren Umsetzung betraut. Er setzte seinen Ehrgeiz und seine ganze Energie in das Projekt.

Daun war sich nur zu gut der Schwächen der österreichischen Armee bewusst, was gegen die Preußen immer wieder zu großen militärischen Misserfolgen führte. Die schnellere Schussfolge und die bessere Manövrierfähigkeit der Truppen Friedrichs des Großen konnten durch die große Tapferkeit der kaiserlichen Soldaten nicht aufgewogen werden. Daun versuchte in unermüdlicher Tätigkeit, die Kampffähigkeit der kaiserlichen Armee zu verbessern. Er vergrößerte die Artillerie und hatte in Fürst Wenzel von Liechtenstein den richtigen Mann für deren Reformierung. Die Gewehre der Infanterie wurden verbessert, endlich der eiserne Ladestock eingeführt und mehr Übungen und Manöver abgehalten. Die Armee erhielt erstmals ein einheitliches Dienstreglement, das 1749 erschienene „Daun'sche Reglement". Da er die Ausbildung der jungen Offiziere verbessern und vereinheitlichen wollte, betrieb er das Projekt einer Militärakademie, die dies gewährleisten sollte. Schließlich wurde 1751 die Theresianische Militärakademie in Wiener Neustadt errichtet, die heute noch besteht und die älteste derartige Einrichtung der Welt ist. „Mach' er mir tüchtige Officirs und rechtschaffene Männer darauß", befahl Marie Theresia dem Feldmarschall Daun, als er die Leitung der Akademie übernahm. Im Gegensatz zu Preußen, wo der Adel das alleinige Privileg auf Offiziersstellen hatte, wurden hier pro Jahr 100 Adelige und 100 Bürgerliche aufgenommen. 1754 wurde die Ingenieurakademie als „Kriegs-Pflanz-Schul" in Wien gegründet, da man die Ausbildung auch auf diesem Gebiet auf ein höheres Niveau bringen wollte.

Maria Theresia erhob Daun, der bereits seit 1751 Militärkommandant von Nieder- und Oberösterreich war, am 19. Juni 1754 in den Rang eines Generalfeldmarschalls. Weitere Ehrungen waren die Mitgliedschaft bei den Rittern vom Goldenen Vlies und die Position eines Stadtkommandanten von Wien. Dass er durchaus soziales Bewusstsein hatte, bewies Daun durch seine Initiativen zur Versorgung von Kriegsversehrten und alten Soldaten, die bis dahin am Rand der Gesellschaft dahinvegetierten. Die errichteten Invalidenhäuser sollten auch verhindern, dass diese Menschen zu Kleinkriminellen und Bettlern wurden.

Dauns größte militärische Bewährungsprobe kam mit dem Ausbruch des Siebenjährigen Krieges 1756. Als Friedrich der Große seinen Präventivschlag durchführte und Sachsen besetzte, blickte man in Wien mit großer Spannung auf die Ereignisse im Norden der Monarchie. Der preußische König bewies erneut sein militärisches Genie und marschierte nach der Abwehr der Österreicher in Böhmen ein. Wieder stand der wenig wendige, aber von Maria Theresia aufgrund verwandtschaftlicher Bande favorisierte Karl von Lothringen gegen die Preußen auf verlorenem Posten und dieses Mal war kein Feldmarschall Traun an seiner Seite, um das Schlimmste abzuwenden. Nach seinem verlustreichen Sieg vor den Toren von Prag begann Friedrich II. mit der Belagerung der Stadt. Der von Maria Theresia so hoffnungsvoll herbeigeführte Krieg schien verloren.

Jetzt aber kam die Stunde Dauns, dessen Armee als letzte Hoffnung der Kaiserin galt. Der Feldmarschall war bei Kriegsbeginn eine Art „Generalinspekteur" der bewaffneten Macht und hatte engen Kontakt mit der kurz vor Kriegsbeginn entstandenen „Konferenz", die eine Art von Kriegskabinett war. Für Daun stand die praktische Bewährung an der Spitze seiner von ihm reformierten Truppen bevor. Er zog von Wien aus nach Königgrätz, wo er ein Korps übernahm. Unter seinem Kommando befanden sich zusätzlich sächsische Truppen, die sich zu den Österreichern durchgeschlagen hatten, verschiedene Truppenteile aus Südböhmen, Versprengte und Deserteure – also eine inhomogene Streitmacht. Am 7. Juni 1757 erhielt Daun von Wien aus freie Hand für eine Schlacht, die Prag entsetzen sollte. Er zog mit seinen 54.000 Soldaten in Richtung Prag; ein schwächeres preußisches Observationskorps zog sich von ihm zurück und erstattete König Friedrich II. Meldung. Dieser zog einen Teil seiner Truppen von Prag ab und eilte dem Heer Dauns entgegen.

Daun besetzte die Hügelkette westlich von Kolin und erwartete die Preußen. Friedrich erreichte die Stellungen der Österreicher am Morgen des 18. Juni 1757 und griff trotz unzureichender Aufklärung und zahlenmäßiger Unterlegenheit sofort an. Der preußische König setzte auf sein Erfolgsrezept der schiefen Schlachtordnung und war nach seinen Erfahrungen mit dem militärisch wenig gewandten Karl von

Daun, Schlacht bei Kolin

Lothringen von seinem erneuten Erfolg überzeugt. Doch Daun, der 54.000 Mann und 154 Geschütze aufbieten konnte und damit den 35.000 Soldaten Friedrichs mit ihren 90 Kanonen weit überlegen war, war aus einem anderen Holz geschnitzt als der Lothringer.

Daun bewahrte die Ruhe und wehrte den Versuch Friedrichs ab, die Österreicher von einer Seite aufzurollen und den anderen Flügel durch Scheinangriffe schwächerer Verbände zu beschäftigen. Im Gegensatz zu den Österreichern zeigten die Preußen bald Schwächen und es entstand eine Lücke zwischen den Einheiten von Friedrichs Armee. Daun sah die Gelegenheit und nutzte die Situation aus. Er nahm die Preußen in die Zange und trieb sie vor sich her. Alle Versuche Friedrichs II., seine Armee zum Stehen zu bringen und einen Gegenangriff zu organisieren, scheiterten. Wenn nicht die preußische Garde und die Kürassiere unter Oberst Seydlitz opferbereit den Rückzug der Armee Friedrichs gedeckt hätten, wäre diese völlig vernichtet worden. Nachdem bereits stundenlang gekämpft worden war, wurde um 16 Uhr der letzte Widerstand der Preußen durch einen beherzten Angriff österreichischer und sächsischer Kavallerie auf die preußische Infanterie gebrochen. Die Armee Friedrichs verlor 13.733 Mann, 1667 Pferde und 45 Geschütze, während die österreichischen Verluste viel geringer ausfielen.

Diese erste Niederlage Friedrichs des Großen auf dem Schlachtfeld hatte für die Preußen schwerwiegende Folgen. Sie mussten die Belagerung Prags aufgeben, Schlesien preisgeben und sich nach Sachsen zurückziehen. Maria Theresia war „entzückt", denn sie hatte einen General im Feld, der gezeigt hatte, dass man ihren Erzfeind Friedrich schlagen konnte.

Friedrich II. marschierte mit einem Teil seiner Armee nach Sachsen, während der andere unter dem Prinzen von Preußen in die Lausitz zog. Daun, der gemeinsam mit Karl von Lothringen den Befehl innehatte, verfolgte die Truppen und schlug am 22. November den Herzog von Braunschweig-Bevern bei Breslau. Dadurch fiel die Festung Breslau in österreichische Hände und Friedrich der Große musste seine Pläne erneut ändern. Obwohl Karl von Lothringen den nominellen Oberbefehl in der Schlacht gehabt hatte, war allen klar, dass es sich bei dem Sieg um ein Verdienst Dauns handelte.

Der preußische König ging in die Offensive, was letztlich zur Schlacht bei Leuthen führte. Diese wird als einer der größten Triumphe Friedrichs II. angesehen, der durch seine schiefe Schlachtordnung und sein forsches Vorgehen den überforderten Karl von Lothringen ins totale Chaos stürzte. Daun traf wenig Schuld an der verheerenden Niederlage, da er kaum Entscheidungen treffen konnte. Nachdem Karl von Lothringen in dieser Schlacht vom 5. Dezember 1757 als Feldherr völlig versagt hatte, übertrug die Kaiserin den Oberbefehl spät, aber doch an Daun.

Im Feldzug von 1758 fiel Friedrich in Mähren ein und belagerte Olmütz. Daun gab nach der Meldung über einen großen Konvoi mit Nachschub für die Preußen dem Generalmajor Laudon die Möglichkeit zur Ausschaltung dieses Transports. Dies gelang und Friedrich musste seine Belagerung aufgeben. Während Friedrich sich nun gegen die Russen wandte, marschierte Daun nach Sachsen, um sich Prinz Heinrich zu stellen. Doch der preußische König eilte wieder herbei und provozierte Daun, indem er sein Lager dicht vor den Österreichern bei Hochkirch aufschlug.

Die Schlacht bei Hochkirch am 14. Oktober 1758 gehört sicherlich zu Dauns Meisterstücken. Friedrich der Große wollte eine schnelle Entscheidung auf dem Schlachtfeld herbeiführen und seinem Erfolg über die Russen bei Zorndorf auch einen über die Österreicher folgen lassen. Deshalb schlug der preußische König das Lager seiner Truppen direkt vor den Augen der österreichischen Armee auf, da er dem bedächtigen Daun wohl keine vorschnelle Aktion zutraute und zudem selbst den Gegner überrumpeln wollte. Nach einer genauen Vorbereitung begannen Dauns Truppen gegen fünf Uhr morgens ihren Überraschungsangriff auf das preußische Lager. Hunderte Preußen schliefen noch, als sich bereits Teile ihrer Stellungen in österreichischer Hand befanden. König Friedrich reagierte schnell und ließ eine improvisierte Verteidigungslinie errichten. Sie brach unter dem energisch vorangetriebenen Angriffen Dauns zusammen.

Der preußische König hatte es in erster Linie seinen Kavalleriegenerälen Zieten und Seydlitz zu verdanken, dass er nach und nach einen einigermaßen geordneten Rückzug antreten konnte. Einige preußische Einheiten wurden nach heftiger Gegenwehr zur Gänze gefangen genommen. Friedrich der Große verlor zudem zwei bedeutende Heerführer: Generalfeldmarschall James Keith wurde in der Schlacht tödlich verwundet und Fürst Moritz von Anhalt-Dessau geriet in Gefangenschaft und verstarb später an seinen Verwundungen. Wenn Daun ein Prinz Eugen oder Napoleon gewesen wäre, dann hätte er nach der Schlacht und dem raschen Rückzug der geschockten Preußen die Verfolgung aufgenommen und einen völligen Vernichtungsschlag versucht. Doch er begnügte sich angesichts seiner eigenen nicht unbeträchtlichen Verluste und der großen Beute damit, das Schlachtfeld in seinem Besitz zu haben. Seine Herrscherin Maria Theresia war hocherfreut.

Daun übte später massive Kritik an einigen seiner Generäle, die durch ihr Verhalten verhindert hatten, dass man dem Feind viel höhere Verluste zufügen konnte. Feldmarschall Laudon, der großen Anteil an diesem Sieg hatte, vergaß Daun übrigens fast ganz in seinem Bericht. Die Rivalität dieser beiden verschiedenen Charaktere sollte lange Zeit eine Belastung innerhalb der österreichischen Militärführung bleiben.

Daun belagerte nach seinem Erfolg bei Hochkirch Dresden, gab dieses Vorhaben aber wieder auf, als Friedrich II. erneut aufmarschierte.

Im folgenden Feldzugjahr begann Daun mit einer Reihe von Manövern in Sachsen und Schlesien, die auf die Vereinigung des Korps von Laudon mit den Russen abzielten. Dieser Zusammenschluss gelang und Friedrich musste mit der Niederlage von General Fink bei Maxen einen schweren Rückschlag einstecken. In der ersten Hälfte des Feldzugjahres von 1760 stand Daun in seinem Lager bei Plauen, während Friedrich sich in Meißen verschanzt hatte. Beide hielten sich so in Schach. Friedrich brach ein Vorgehen auf Dresden ab, als ihm Daun zu nahe rückte. Der Preuße wandte sich den vordringenden Russen zu und Daun folgte ihm, da er einen umfassenden Schlag plante. Die Niederlage von Laudons Korps bei Liegnitz brachte dieses Vorgehen jedoch zum Erliegen. Daun zog sich nach Landshut zurück, marschierte dann aber wieder nach Sachsen. Nach langer Zeit kam es wieder zu einer Schlacht zwischen dem großen Preußen und seinem österreichischen Widerpart.

Die Schlacht bei Torgau am 3. November 1760 wurde kein Ruhmesblatt für Daun, der hier auch vom Glück verlassen wurde. In dieser letzten großen Schlacht des Siebenjährigen Krieges versuchte Daun, den Weg zum Anschluss an die Reichsarmee zu erzwingen, die Sachsen besetzt hatte. Er hatte die Süptitzer Höhen bei Torgau als sehr gute Stellung erkannt und diese entsprechend ausgebaut. Der Angriff der Preußen sollte verlustreich verlaufen, was eine Vielzahl von Gräben, Verhauen, Wäldchen, Teiche und Moraste zu garantieren schienen. Weil Friedrich II. unbedingt Sachsen als Nachschubbasis brauchte, blieb ihm nichts anderes übrig, als Daun hier anzugreifen. Da er wie bei Kolin auf eine vorerst defensive Taktik setzte, war Daun dazu verdammt, auf Friedrichs offensive Finten reagieren zu müssen, ohne lange Zeit selbst die Initiative an sich reißen zu können. Der Preuße war dieses Mal besonders einfallsreich und teilte seine Truppen auf. Er marschierte mit drei Korps durch die Wälder, um die von den Österreichern besetzte Anhöhe zu umgehen und diese von Norden aus zu attackieren. Friedrichs genialer Reitergeneral Hans Joachim von Zieten sollte mit dem 4. Korps die Österreicher gleichzeitig von Süden aus angreifen.

Zieten begann seinen Angriff zu früh und zwang damit seinen König, ebenfalls zu attackieren, obwohl dieser seine Einheiten noch nicht ausreichend formiert hatte. Daun konnte deshalb auch den ersten Vorstoß zurückschlagen, doch beim zweiten

Sturm auf seine Stellungen geriet seine Infanterie in Bedrängnis, was die österreichische Kavallerie wieder wettmachen konnte. Ein erneuter massiver Angriff Friedrichs II. von Norden aus wurde blutig abgewiesen. Die Preußen erlitten schwerste Verluste und der Sieg Dauns schien sich abzuzeichnen. Nachdem er die Preußen ein weiteres Mal abgeschlagen hatte, ließ der siegesgewisse Feldmarschall den Gegner von seiner Kavallerie in die Wälder zurücktreiben. Doch dann wurde Daun am Bein verwundet und ließ sich zur Behandlung nach Torgau bringen. Der von ihm mit dem Kommando betraute General Adolf von Buccow erwies sich der Aufgabe nicht gewachsen und verlor die Übersicht über die Kampfhandlungen. Der ebenfalls blessierte König Friedrich glaubte unterdessen, er habe wieder eine Schlacht gegen Daun verloren. Er ließ eine verfrühte Siegesnachricht an die Kaiserin nach Wien schicken. Im allerletzten Moment änderten sich jedoch in der beginnenden Dämmerung die Verhältnisse. Zietens Truppen gelang es um 18 Uhr, die Hauptbatterie der Österreicher in seinen Besitz zu bringen. Nun wurden die Soldaten Dauns von ihren eigenen Kanonen beschossen. Es gab zwei Versuche einer Rückgewinnung, die beide Male erfolglos waren. Die Österreicher begannen, das Feld zu räumen, ohne dass die völlig erschöpften Preußen sie daran ernsthaft hindern konnten.

Die Preußen hatten viel höhere Verluste als die Österreicher in einer der opferreichsten Schlachten des 18. Jahrhunderts. Aber sie hatten letztlich das Feld behauptet, was für den weiteren Verlauf des Krieges entscheidend war. Der Hauptgrund für die knappe Niederlage schien die Verwundung Dauns gewesen zu sein, da er wohl ansonsten die Kontrolle behalten und seine Stellung behauptet hätte. Es sollte im weiteren Verlauf des Krieges nicht mehr gelingen, diese Schlappe wettzumachen.

Daun begab sich nach Wien, wo man ihm trotz seines letzten Misserfolges große Ehrerbietung erwies. Er war durch seine Verwundung schwer in Mitleidenschaft gezogen, von der er sich nie wieder so richtig erholen sollte. Das Jahr 1760 brachte Dauns Ernennung zum Staatsminister im „Staatsrat", dem obersten Beratungsgremium Maria Theresias. Seine Kollegen waren die beiden führenden Staatsmänner Österreichs, Kaunitz und Haugwitz.

1762 übernahm Daun erneut den Oberbefehl in Schlesien. Inzwischen hatte sich die Lage durch den Tod der Zarin Elisabeth zugunsten der Preußen verändert, doch waren im Prinzip beide Parteien personell und wirtschaftlich nahezu am Ende. Daun erwies sich wieder als Zauderer und setzte sich in seiner Stellung am Zobtenberg fest, aus der ihn König Friedrich II. nicht vertreiben konnte. Allerdings konnte Daun auch nicht verhindern, dass die Preußen nach längerer Belagerung die Stadt Schweidnitz einnahmen und 9000 Österreicher in Gefangenschaft gerieten.

Als 1763 der Friede von Hubertusburg geschlossen wurde, musste Maria Theresia endgültig auf Schlesien verzichten, für das sie so viele Opfer gebracht hatte. Daun hatte sein Bestes gegeben, doch die Umstände und sein zögerlicher Charakter verhinderten oft Größeres. Er war seit 1762 Hofkriegsratspräsident und begann mit großem Eifer, die österreichische Streitmacht nach dem langen verlustreichen Krieg wieder aufzubauen und bedeutende Reformen durchzuführen. Er laborierte weiterhin an seiner schweren Verwundung, die er bei Torgau erlitten hatte. Ende 1765 verschlechterte sich sein Zustand dramatisch und am 5. Februar 1766 verstarb einer der bedeutendsten Feldherren der österreichischen Geschichte im Alter von 61 Jahren. Maria Theresia ließ Daun ein prächtiges Denkmal in der Augustinerkirche errichten, wo er auch beigesetzt wurde. Die Kaiserin ordnete folgende Inschrift an: „Retter ihrer Staaten, der Wiederhersteller der Kriegszucht durch Vorschrift und Beispiel und ein rühmlicher Nacheiferer der Helden des Alterthums." Seine schönste Auszeichnung schien aber das bekannte Handschreiben Maria Theresias gewesen zu sein, das sie wahrscheinlich am ersten Jahrestag nach der Schlacht bei Kolin an einem 18. Juni, dem „Geburtstag der Monarchie", an Daun richtete.

Trotz seiner Popularität hegte Daun stets eine gewisse Eifersucht gegenüber seinem Kollegen Laudon, dessen Erfolge spektakulärer erschienen. Deswegen zog er eindeutig Lacy Laudon vor, der allerdings diesem militärisch nicht das Wasser reichen konnte und für einige verhängnisvolle Entwicklungen in der österreichischen Militärgeschichte verantwortlich war. Man nannte Daun den „österreichischen Fabius Cunctator" wegen seiner zögerlichen Bedächtigkeit und dem mangelnden Ausnutzen seiner Siege auf dem Schlachtfeld. Gegen einen schnelleren Gegner wie Friedrich II. tat er sich deshalb schwer, doch hatte er gezeigt, dass er diesen dennoch besiegen konnte. Im Erkennen günstiger Stellungen und deren optimaler Besetzung war er dem Preußen auf jeden Fall überlegen. Wenn Daun zudem noch etwas von dem Elan und der Entschlossenheit eines Prinz Eugen oder Friedrich des Großen besessen hätte, wäre er für den preußischen König ein schwer zu besiegender Gegner gewesen.

LITERATUR

BORNSCHEIN, Adolph: Leben, Thaten und Charakterzüge Österreichischer Feldherrn. Wien 1812

BROUCZEK, Peter: Der Geburtstag der Monarchie. Die Schlacht bei Kolin 1757. Wien 1982

DUFFY, Christopher: Sieben Jahre Krieg 1756–1763. Die Armee Maria Theresias. Wien 2005

FRIDERICI, General (Hg.): Schlacht bei Kolin (Siebenjähriger Krieg). Prag 1941

GLÜCKSELIG, Legis: Blätter aus dem Heldenbuch der österreichischen Armee. Leitmeritz 1858

GUNDOLF, Hubert: Um Österreich! Schlachten unter Habsburgs Krone. Graz 1995

HELFERT, Alexander Freiherr von: An Ehren und an Siegen reich. Bilder aus Österreichs Geschichte. Wien 1907

HIRTENFELD, J.: Der Militär-Maria-Theresien-Orden und seine Mitglieder. 3 Bände, Wien 1857–1890

KANKOFFER, Ignaz: Ruhmeshalle der k. k. österreichischen Armee. Wien 1864

LANGENDORF, Jean-Jacques: Ahnengalerie der kaiserlichen Armee 1618–1918. Biographische Schattenrisse. Wien 1995

PESENDORFER, Franz: Feldmarschall Loudon. Der Sieg und sein Preis. Wien 1989

PREIL, Arndt: Österreichs Schlachtfelder. 4 Bände, Graz 1993

REGELE, Oskar: Der österreichische Hofkriegsrat 1556–1848. Wien 1949

RITTERSBERG, Johann Ritter von: Biographien der ausgezeichneten Feldherren der k. k. österreichischen Armee. Prag 1829

SCHMITT, Richard u. Peter Strasser: Rot-weiß-rote Schicksalstage. St. Pölten 2004

SCHREIBER, Georg: Husaren vor Berlin. Wien 1974

SMOLLE, Leo: Auf Feldern der Ehre. Wien 1890

THADDEN, Franz-Lorenz von: Feldmarschall Daun. Maria Theresias größter Feldherr. Wien 1967

GRAF HADIK VON FUTAK
DER EROBERER BERLINS

Graf Hadik von Futak

Es gibt viele Geschichten über tollkühne „Husarenritte" während der Kriege zwischen Preußen und Österreich – doch der berühmteste ist die handstreichartige Besetzung Berlins durch Graf Hadik im Oktober 1757.

Andreas Hadik wurde am 16. Oktober 1710 auf der Schüttinsel in der heutigen Slowakei als Sohn Mihály Hadiks geboren. Die Hadiks waren ein altes ungarisches Adelsgeschlecht, während die Mutter Franziska Hardy einer luxemburgischen Familie entstammte. Interessanterweise hatten die Hadiks mehrere evangelische Prediger hervorgebracht. Man wandte sich aber später wieder dem Katholizismus zu, was bedingt durch die religiöse Intoleranz der Habsburger wohl in erster Linie eine opportunistische Entscheidung war. Jedenfalls wurde dann auch der junge Hadik von Jesuiten erzogen.

Im Gegensatz zu den meisten hier behandelten Heerführern war Andreas Hadik die militärische Laufbahn nicht von Kindheit an bestimmt, obwohl sein Vater als Offizier diente. Er interessierte sich schon seit seiner Jugend für Wissenschaften aller Art und erwog auch, Geistlicher zu werden und in den Jesuitenorden einzutreten, entschloss sich letztlich dann doch nach Zureden bzw. Druck von Seiten seines Vaters 1732 dazu, als Kornett in das Husaren-Regiment Stephan Dessewffy einzutreten. Hadiks Vater hatte angeblich zuvor infolge schwerer Verwundungen seinen Dienst als Husaren-Rittmeister aufgeben müssen und wollte seinen Sohn als Nachfolger aufbauen. Der junge Hadik war von dieser Entwicklung vorerst wenig begeistert, fügte sich aber rasch in sein Schicksal und bewährte sich von nun an in habsburgischen Diensten.

Im Jahre 1735 tat sich Hadik als Führer eines Streifkorps beim Kampf um Philippsburg hervor. Später sollten Streifzüge aller Art seine militärische Spezialität werden. Ab 1738 kämpfte Hadik in den Türkenkriegen und anschließend im Österreichischen Erbfolgekrieg. Beim Kampf gegen die Osmanen zeichnete er sich besonders bei der Schlacht von Grocka durch große Tapferkeit und viel Umsicht aus. In der Folge bewährte sich Hadik in allen ihm übertragenen militärischen Aufgaben und sammelte Auszeichnungen und Belobigungen. Seine Einsätze waren fast immer mit Erfolg verbunden. Hadik war auch an den Siegen der russischen Armee in Bessarabien und an der Einnahme von Otschakow und Bender beteiligt.

Bereits als Rittmeister begann Hadik damit, ein Tagebuch zu führen, das er bis an sein Ende fortsetzte. In dieser wichtigen Quelle findet sich nicht nur die Geschichte seiner Zeit, sondern unter anderem vieles über die Lehren und Grundsätze der Kriegskunst. Sie zeigt den tollkühnen Reiterführer aber auch als nachdenklichen und durchaus sensiblen Menschen, der von tiefer Religiosität geprägt war.

Hadik stand 1742 im Rang eines Oberstleutnants und war einige Zeit in Odrau in Schlesien stationiert, wo er im Schloss des Fürsten Lichnowski wohnte. Dieser Besitz wurde von preußischen Truppen bedroht. Dabei kam es vor den Augen seines Quartiergebers zu einem Gefecht, bei dem Hadik mit seiner Truppe die Oberhand behielt. Damit wurden das Schloss und die Güter des Fürsten vor Plünderung und Brandschatzung gerettet. Zum Dank gab ihm Fürst Lichnowski seine Tochter zur Frau, obwohl Hadik nur von einfachem Adel war und über keine finanziellen Mittel verfügte.

1744 wurde Hadik zum Oberst der Beleznay-Husaren befördert und zeichnete sich mit seinem Regiment bei Worms aus. Bereits am 19. Juli 1745 erfocht er bei Erbstadt seinen nächsten militärischen Erfolg. Wie üblich führte er seine Reiter ins Gefecht und eroberte die französischen Verschanzungen.

Am 15. März 1748 zersprengte Hadik einen großen französischen Konvoi, der nach Bergen op Zoom unterwegs war, und wurde zum Generalmajor ernannt.

1753 wurde er Inhaber eines eigenen Husarenregiments, das er umsichtig führte. 1756, also am Beginn des Siebenjährigen Krieges, wurde Hadik zum Feldmarschall-Leutnant befördert. Am 7. September 1757 nahm er an der Schlacht bei Görlitz teil, in der die Österreicher unter Nádasdy die Preußen unter General von Winterfeld besiegten. Hadik machte eine gute Figur und hatte einen nicht unwesentlichen Anteil am Sieg der kaiserlichen Armee.

Das historisch bekannteste Ereignis in Hadiks langer militärischer Karriere ist sein Zug nach Berlin im Oktober 1757. Diese Aktion, die wohl eine der spektakulärsten Unternehmungen des Siebenjährigen Krieges war, wurde auch als „Berliner Husarenstreich" bekannt. Hadik lagerte mit seiner Truppe bei Radeburg, während die preußischen Armeen in der Nähe von Leipzig und Magdeburg lagen. Bei Breslau standen sich die Österreicher und die Preußen gegenüber, während die verbündeten Schweden nördlich von Berlin standen. Somit waren sowohl die Gegner als auch die eigenen Truppen weit weg von Hadiks Standort. Dieser erfasste sehr rasch die Situation und schrieb in sein Tagebuch: „Der Weg nach Berlin steht jetzt frei!" Kurz entschlossen befahl er seinen Männern den Marsch auf die preußische Hauptstadt, um diese im Handstreich zu nehmen. Dabei dachte er wegen der zahlenmäßig geringen Stärke seiner Truppe von Anfang an nicht an eine dauerhafte Besetzung Berlins, sondern an das Fordern von Kontributionen und einen anschließend raschen Rückzug.

Hadik ging sehr vorsichtig vor und legte großen Wert auf gründliche Aufklärung, um sich vor unliebsamen Überraschungen zu schützen. Deshalb machte er auch keine langfristige Marschplanung, sondern gab seine knappen Befehle immer nur kurz vor der Ausführung. Am 10. Oktober sammelte Hadik sein kleines Korps in Elsterwerda. Er hatte 900 Mann Infanterie, 2100 Mann Szuliner und Gradiskaner Grenztruppen, 1000 Kürassiere und 1100 Husaren sowie nur sechs Geschütze zur Verfügung. Als Rückendeckung ließ er General von Kleefeld mit 1000 Grenzern, 300 Husaren, 240 Kürassieren und zwei Kanonen zurück. Dann brach er am 11. Oktober mit seiner Kolonne auf, wobei 300 Husaren für die Flankensicherung sorgten und 100 weitere mit den besten Pferden die Kommunikation aufrechterhalten sollten.

Am 12. Oktober erreichte Hadik die Stadt Luckau und sandte von hier aus die Husaren von Oberst Ujházy aus, um in der Umgebung möglichst viele Kontributionen einzutreiben. Hadiks Kolonne marschierte über Lübben zur Spree und erreichte am 15. Oktober Königs Wusterhausen, wo sich das Lieblingsschloss König Friedrich Wilhelms I., des Vaters Friedrichs des Großen, befand. Hier befahl Hadik der Husarenabteilung unter Ujházy, entlang der Potsdamer Straße auf Berlin vorzurücken. Er selbst brach mit der Hauptmacht in der folgenden Nacht auf, um durch den königlichen Wald auf das Schlesische Tor von Berlin vorzurücken. Hadik war bewusst, dass er eine weitaus größere Armee vortäuschen musste, um die Berliner einzuschüchtern. Deshalb ließ er vor der Stadt eine Vielzahl von Lagerfeuern in großem Umkreis entzünden. Dann schickte er einen Trompeter in die Stadt, der 300.000 Taler Brandsteuer forderte. Der Magistrat von Berlin ließ ihm allerdings antworten, dass man nicht verhandeln könnte, weil die Stadt einem Militär-Gouverneur unterstand.

Hadik ließ das Schlesische Tor und die Brücke über die Spree stürmen. Rasch drang er mit 1400 Reitern in die Stadt ein und attackierte zwei preußische Bataillone, die ihn in der Luisen-Vorstadt aufhalten wollten. In einem kurzen heftigen Kampf wurden die Preußen aufgerieben. Dabei wurde Hadiks Stellvertreter General Babocsay tödlich verwundet. Eine weitere etwa 400 Mann starke preußische Einheit hatte beim Kottbusser Tor Aufstellung genommen, wurde in die Flucht geschlagen und größtenteils von den Husaren entweder niedergehauen oder gefangen genommen. Die Königin von Preußen flüchtete mit dem Berliner Kommandanten von Rochow in die Festung Spandau, wo sich auch der Staatsschatz befand.

Die Berliner Stadtväter waren jetzt bereit, an Stelle der geforderten Summe 200.000 Taler Kontribution und zusätzlich 25.000 Taler an Hadiks Soldaten zu zahlen. Dieser nahm das Angebot an und sorgte umgehend für eine gerechte Verteilung des Geldes. Er sandte sogleich eine Nachricht an den österreichischen Oberkommandierenden Prinz Karl von Lothringen, der er den Titel gab: „Aus den Mauern von Berlin." Die Besetzung Berlins sollte allerdings nur 24 Stunden dauern, da der preußische König nach dem Erhalt der für ihn unfassbaren Nachricht sofort den Fürsten Moritz von Dessau mit überlegenen Truppen losschickte, um seine Hauptstadt zu befreien. Hadik war über diese Entwicklung informiert und gab den Befehl, die Stadt in der Nacht zum 17. Oktober wieder zu verlassen. Als die Preußen nur noch zwei Stunden von Berlin entfernt waren, marschierte Hadiks Kolonne ab.

Die Verluste der Österreicher waren erstaunlich gering. Hadik hatte nur 10 Tote, 28 Verwundete und vier verlorene Pferde zu vermelden. Er zog mit seiner Truppe über Storkow nach Lieberose. Einige hundert Husaren wurden nach Frankfurt an der Oder geschickt. Die eingetriebenen Kontributionen brachten zusätzlich 30.000 Taler. Am 20. Oktober erreichte Hadik die Stadt Spremberg, wo er einen Rasttag befahl, da seine Männer durch die dauernden heftigen Märsche ermüdet waren. Er wusste, dass seine Verfolger sein Tempo nicht mithalten konnten. Die zur Sicherung des Marsches eingesetzten Husaren unter Oberst Ujházy wurden einige

Male mit den Husaren des General Seydlitz in kleinere Kämpfe verwickelt, wobei etwa 20 Österreicher fielen oder in Gefangenschaft gerieten. Als Hadik schließlich bei Hoyerswerda ankam, hatte er sich endlich dem Zugriff seiner Verfolger entzogen.

Zu Hadiks Coup in Berlin gibt es eine Anekdote: Der General wollte als ritterliche Geste gegenüber seiner Herrscherin Erinnerungsstücke aus der preußischen Hauptstadt mitbringen. Deshalb verlangte er von einer Manufaktur in der Stadt ein Dutzend Paar wertvoller Damen-Handschuhe, in die das Berliner Wappen gestempelt war. Er bekam das Geforderte und sandte es in einer Holzkiste nach Wien. Doch die Berliner hatten sich gerächt und nur linke Handschuhe eingepackt.

Maria Theresia war sehr entzückt, als sie von dem Husarenstück Hadiks erfuhr; sie schrieb an den wagemutigen General, sie empfände „gnädigste Zufriedenheit" und „Vergnügen" und versichere ihm ihrer „Huld und Gnade". Hadik erhielt das Großkreuz des Maria-Theresien-Ordens, das insgesamt nur 20 Mal verliehen wurde. Zudem bekam er als persönliches Geschenk der Kaiserin 3000 Dukaten. Er war mit einem Schlag eine auch international bekannte Persönlichkeit geworden. König Friedrich II. war über das Husarenstück Hadiks erbost und verzieh ihm diese Demütigung niemals. Später vermied er bei Treffen mit seinen ehemaligen österreichischen Gegenspielern jeden Kontakt mit Hadik.

Am 3. März 1758 wurde Hadik zum General der Kavallerie befördert und machte den Feldzug der Reichsarmee im folgenden Jahr mit. Später übernahm er nach der Niederlage dieser Armee bei Guben und der Abberufung ihres glücklosen Führers das Kommando der Reichsarmee und bewährte sich auch in dieser Funktion. So schlug er sich erfolgreich mit dem Bruder Friedrichs des Großen, Prinz Heinrich, bei Freiberg am 15. Oktober 1762.

Hadik wurde nach dem Friedensschluss 1763 zum Grafen erhoben und zum Gouverneur der Festung Ofen ernannt. Im Anschluss an die Ernennung zum geheimen Rat übernahm Hadik 1764 das Amt eines Militär- und Zivilgouverneurs von Siebenbürgen, danach hatte er ab 1769 das Präsidium des Karlowitzer Kongresses inne. Da er sich auch in diesen Funktionen bewähren konnte, erhielt er die Herrschaften Futak und Czernowitz sowie das Prädikat „von Futak". Weiters nahm Hadik nach der ersten polnischen Teilung 1772 Galizien für Österreich in Besitz.

Im Mai 1774 erfolgte Hadiks Ernennung zum Feldmarschall und Nachfolger Lacys als Präsident des Hofkriegsrates. Ab 1776 war er Obergespann des Bacser Komitates. 1777 wurde der erfolgreiche Feldherr von Joseph II. in den Reichsgrafenstand erhoben und erhielt Sitz und Stimme auf der schwäbischen Grafenbank.

Der Bayerische Erbfolgekrieg brachte für Hadik als Adlatus des Feldmarschalls Albrecht von Sachsen-Teschen, der ein Armeekorps kommandierte, eine neue Herausforderung. In der Schlussphase des Bayerischen Erbfolgekrieges übernahm der altgediente Soldat auch das Kommando über die Hauptarmee, nachdem Joseph II. sie verlassen hatte.

Da es nach dem Friedensschluss große Meinungsverschiedenheiten wegen der mangelhaften Kriegführung während dieses wegen des Festhaltens an Stellungen und des Verzichts auf größere Gefechte oder Schlachten sehr unüblichen Waffenganges gab, trat Hadik von seiner Funktion als Hofkriegsrats-Präsident zurück. Dabei traf ihn persönlich, im Gegensatz zum Kaiser und zu Feldmarschall Lacy, kaum Schuld an diesem „Krieg der versäumten Gelegenheiten".

Hadiks letzter Einsatz im Felde erfolgte 1789 im Kampf gegen die Osmanen. Wieder übernahm er nach dem Weggang des Kaisers die Hauptarmee, erkrankte aber bald schwer und musste noch vor der Einnahme Belgrads nach Wien zurückkehren. Als nach dem Fall von Belgrad Feldmarschall Laudon die Nachricht durch Feldmarschall-Leutnant Klebek nach Wien schickte, trat dieser im versammelten Hofkriegsrat vor Hadik und überbrachte ihm Laudons Dank für den von ihm entworfenen großartigen Plan, der zur schnellen Eroberung der Festung geführt hatte. Kaiser Joseph II. war wie Hadik schwer krank und fühlte sein Ende kommen. Er ließ deshalb den alten Feldmarschall zu sich rufen und nahm von ihm als Vertreter der kaiserlichen Armee in einer rührenden Szene Abschied. Am 20. Februar starb der Kaiser, doch Hadik überlebte seinen Herrscher nur um wenige Tage und starb am 12. März 1790. Man setzte seine sterblichen Überreste in seiner Herrschaft Futak bei.

Insgesamt hatte Hadik an 21 Feldzügen teilgenommen und sich dabei viele Verdienste erworben. Seine Truppen vertrauten und verehrten ihn als militärischen Führer. Hadik war sicher einer der beliebtesten Heerführer, den die österreichische Armee in ihrer Geschichte hatte. Man verglich ihn oft mit dem preußischen General Zieten, mit dem er einiges gemeinsam hatte. Das österreichische Husarenregiment Nr. 3 erhielt 1888 seinen Namen. Einer von Hadiks drei Söhnen, der 1756 in Leutschau geborene Karl Joseph, setzte dessen militärische Tradition fort und brachte es bis zum Feldmarschall-Leutnant. Er diente lange Zeit im Husarenregiment seines Vaters, erhielt für große Verdienste dass Kommandeur-Kreuz des Maria-Theresien-Ordens und verstarb am 24. Juli 1800.

LITERATUR

BARTSCH, Karl: Hadik von Futak, Andreas Graf. In: Allgemeine Deutsche Biographie. Bd. 10, Leipzig 1879

DUFFY, Christopher: Sieben Jahre Krieg 1756–1763. Die Armee Maria Theresias. Wien 2005

HIRTENFELD, J.: Der Militär-Maria-Theresien-Orden und seine Mitglieder. 3 Bände, Wien 1857–1890

LANGENDORF, Jean-Jacques: Ahnengalerie der kaiserlichen Armee 1618–1918. Biographische Schattenrisse. Wien 1995

PRERADOVICH, Nikolaus: Hadik von Futak, Andreas Graf. In: Neue Deutsche Biographie, Berlin 1966

REGELE, Oskar: Der österreichische Hofkriegsrat 1556–1848. Wien 1949

RITTERSBERG, Johann Ritter von: Biographien der ausgezeichneten Feldherren der k. k. österreichischen Armee. Prag 1829

SAUER, Egon v. Nordendorf: Österreichs Kavallerie. Von den Anfängen bis zur Gegenwart. Wien 1987

SCHREIBER, Georg: Des Kaisers Reiterei. Österreichs Kavallerie in vier Jahrhunderten. Wien 1967

SCHREIBER, Georg: Husaren vor Berlin. Wien 1974

SCHWEIGERD, Carl Adam: Österreichs Helden – und Heerführer von Maximilian I. bis auf die neuesten in Biographien und Charakterskizzen. Wien 1852

WURZBACH, Constant von: Biographisches Lexikon des Kaiserthums Österreich. Bd. 7, Wien 1861

GIDEON ERNST VON LAUDON
ÖSTERREICHS „MARSCHALL VORWÄRTS"

„Lange hatte ihn die Fürstin betrachtet, aber ihr Scharfblick erkannte bald, daß in diesem Manne eine Heldenseele wohnte. Sie nahm ihn als Offizier in die österreichische Armee auf und folgte so dem großen Beispiele ihres Vorfahren Kaiser Leopold I., der den kleinen unscheinbaren Prinzen Eugen von Savoyen vor ungefähr sechzig Jahren trotz dessen unscheinbaren Aussehens dennoch in die österreichische Armee aufgenommen hatte." (Walter Zitzenbacher)

Gideon Ernst von Laudon (auch Loudon) wurde am 2. Februar 1717 auf Gut Tootzen bei Laudohn in Livland geboren. Die Laudons waren eine alte Adelsfamilie, schottischer Herkunft, die aber schon seit Jahrhunderten in Livland ansässig war. Der Vater Laudons, Otto Gerhard, hatte lange in der schwedischen Armee gedient und war bis zum Oberleutnant befördert worden. Laudon behauptete später, seine Familie wäre mit den schottischen Earls of Loudoun verwandt, was aber nie bewiesen werden konnte.

Die Kindheit Laudons war überschattet vom Großen Nordischen Krieg, der dazu führte, dass seine Heimat verwüstet wurde und unter die Herrschaft der Russen geriet. Außerdem hatte eine Pestepidemie das Land nahezu entvölkert. Livland wird in der Zeit nach dem Frieden von Nystad im Jahre 1721 in sehr düsteren Farben geschildert. Die gesamte Infrastruktur des Landes war zerstört und es sollte viele Jahre dauern, bis wieder normale Verhältnisse einkehrten. Gideon Ernst und seine Geschwister (ein älterer Bruder und eine jüngere Schwester) wurden, so gut es ging, vom eigenen Vater und von einem Prediger namens Oxfort unterrichtet. Die Erziehung war lutherisch-religiös geprägt, dennoch zeigte Laudon in seinem späteren Leben kein besonderes Interesse an irgendeiner Form von Religion. Als es seiner Karriere dienlich war, trat er später zum Katholizismus über. Durch das Vorbild und wohl auch die Erziehung des Vaters beeinflusst, trat Laudon als knapp 16-Jähriger 1732 als Kadett in ein russisches Regiment ein, das in Pleskau stationiert war.

Die erste Zeit bei der russischen Armee, die damals wie heute für ihre interne Brutalität bekannt war, schien dem jungen Laudon nicht leicht gefallen zu sein, sodass es wohl eine Erleichterung für ihn war, als das Regiment im Herbst 1733 in den Krieg zog. Er marschierte nach Polen, um sich am Polnischen Thronfolgekrieg zu beteiligen. Laudons Regiment war an der Besetzung Warschaus und Westpolens beteiligt. Im März 1734 belagerten die Russen die Stadt Danzig. Der Kadett Laudon erlebte zum ersten Mal das organisierte Massensterben, als die Russen unter dem Kommando von Marschall Münnich versuchten, die Stadt zu erobern, und dabei keine Rücksicht auf eigene Verluste nahmen. Als alle Offiziere seiner Kompanie tot oder verwundet waren, übernahm Laudon zum ersten Mal ein Kommando. Danach lag er einige Monate lang schwer krank danieder, überlebte aber im Gegensatz zu vielen seiner Kameraden die „Kunst" damaliger Militärärzte.

Im Jahre 1735 zog Laudon mit dem russischen Truppenkontingent an den Rhein, wo die Soldaten des Zaren als Exoten galten, da ihr Verhalten, die optische Erscheinung und teilweise auch ihre Ausrüstung nicht den europäischen „Standards" entsprachen. Der militärische Erfolg dieser Unternehmung war äußerst bescheiden.

Während des Russisch-Österreichischen Türkenkrieges kämpfte Laudon 1738 und 1739 am Dnjepr. Mit den Osmanen verlief der Krieg um einiges brutaler als im Erbfolgekrieg und Laudon wurde mit den Verlockungen und Gefahren des „kleinen Krieges" vertrauter. Er wurde Leutnant und bald darauf Oberleutnant.

Aufgebracht über die vielen Missstände in der russischen Armee, reiste Laudon nach dem Frieden von Belgrad nach Sankt Petersburg, um Beschwerde zu führen. Er erreichte mit seinen Beschwerden jedoch nichts, was ihn dazu bewog, die russische Armee zu verlassen. Laudon versuchte, bei einer anderen europäischen Armee eine Offiziersstelle zu erhalten. Der Österreichische Erbfolgekrieg schien dazu genügend Gelegenheiten zu bieten. Als erste Adresse für die Fortsetzung seiner militärischen Karriere erschien dem Livländer die Preußische Armee. Doch lehnte König Friedrich II. das Gesuch Laudons um Aufnahme in seine Streitkräfte ab. Angeblich soll er Laudon aufgrund seiner Physiognomie für nicht besonders intelligent gehalten haben.

Erfolgreicher war der ehemalige russische Offizier aber mit seiner Bewerbung bei den Österreichern. 1742 trat er in die Dienste Maria Theresias. Laudon kam bei dem gefürchteten Pandurenkorps des Abenteurers Franz Freiherr von der Trenck unter, was nicht ganz seinen Wünschen entsprach. Diese exotisch kostümierte Truppe war auf den so genannten „kleinen Krieg" spezialisiert und verbreitete unter den Gegnern des Habsburgerreiches Angst und Schrecken. Laudon bewährte sich durch seine Unerschrockenheit und seinen Hang zur unkonventionellen Kriegführung bei dieser wilden Truppe und erlangte den Rang eines Hauptmanns. Er ging am 30. Juni 1744 mit der Truppe Trencks als Vorhut über den Rhein, wurde dann aber bei einem Gefecht schwer verwundet und gefangen genommen. Ein französischer Chirurg versorgte seine Schusswunde und schon bald wurde er von den vorrückenden Österreichern wieder befreit. Laudon verließ nun wegen der Folgen seiner Verwundung für einige Zeit die Armee und kam erst im Frühjahr 1745 wieder zum Einsatz. Er kämpfte erneut mit den Panduren an der schlesischen Grenze gegen die Preußen. Laudon bewährte sich beim Überfall auf die Stadt Cosel in der Nacht vom 25. auf den 26. Mai 1745. Allerdings retteten diese Tat und andere Trenck'sche Heldentaten nicht den Feldzug der Österreicher. So war zwar die Plünderung des preußischen Lagers durch die Panduren und andere Kavallerieeinheiten während der Schlacht bei Soor ein gewisser Triumph für die Soldaten der Kaiserin, da man Beute machte und den Preußen einigen Schaden zufügte. Die Schlacht hingegen aber ging verloren.

Laudon hatte genug von der Brutalität und den Übergriffen der wilden Panduren und ihres Führers Trenck, der später angeklagt und verurteilt wurde. Auch Laudon prangerte man wegen der Übergriffe der Panduren und wegen Ungehorsams an. Er berief sich auf die erhaltenen Befehle und erhielt daraufhin die Stelle eines Majors im Licciner Grenzregiment, nachdem er einige Monate in ziemlich erbärmlichen Verhältnissen verbracht hatte, da er mehr oder weniger ausgestoßen und ohne finanzielle Mittel dastand.

Laudon hatte während seiner gesamten Laufbahn mit Sprachproblemen zu kämpfen. Als er mit 26 Jahren 1744 nach Wien kam, sprach er zwar gut Deutsch, aber es klang etwas hölzern. Dagegen wiesen seine Französischkenntnisse große Mängel auf, was sich in den „besseren Kreisen" für ihn nicht positiv auswirkte. Dass er gut Russisch konnte, sollte ihm erst im Laufe seiner späteren Karriere zugutekommen. Laudons zurückhaltendes, ernstes und nachdenkliches Wesen war seinem Fortkommen auch nicht gerade förderlich.

Um sich anzupassen, trat der Livländer zum katholischen Glauben über und heiratete. Dieser Versuch der Integration brachte aber letztlich nicht den gewünschten Erfolg; Laudon sollte in den höchsten österreichischen Kreisen trotz aller Erfolge immer ein Außenseiter bleiben.

Laudon war mehrere Jahre in der zum Karlstädter Generalat gehörigen Ortschaft Bunich stationiert, wo er halb militärisch und halb administrativ wirkte. Er versuchte, das schwere Los der Grenzsoldaten zu verbessern und die stets vorhandenen aufrührerischen Umtriebe zu unterdrücken. Dabei stellte er sich nicht ungeschickt an und agierte mit einer Mischung aus Härte und Milde. Um sich zu verewigen, ließ er sogar in der gottverlassenen Gegend eine prunkvolle Kirche errichten, die heute noch an ihn erinnert.

Nach Ausbruch des Siebenjährigen Krieges 1756 versuchte Laudon einige Male, ein militärisches Kommando zu erhalten, wurde aber vom Hofkriegsrat unter dem Präsidium des Grafen Neipperg abgewiesen. Als sich Staatskanzler Kaunitz für ihn einsetzte, hatte Laudon die Möglichkeit, als Oberstleutnant an die Front in Böhmen zu kommen, wo er unter dem Feldmarschall Browne diente. Hier zeigte er seine militärischen Fähigkeiten und führte unter anderem während des Rückzugs der Österreicher vor den Preußen aus Sachsen eine erfolgreiche Unternehmung bei Tetschen durch.

Beim Überfall auf die Stadt Tetschen überraschte Laudon zwei preußische Schwadronen Husaren, die größtenteils niedergemacht wurden. Bei dieser Unternehmung erbeuteten Laudons Männer auch viele feindliche Armeepferde.

Nach dem Überfall bei Hirschfeld im Februar 1757, bei dem er wieder große Kaltblütigkeit und die Fähigkeit zum raschen Zuschlagen unter Beweis stellte, erfolgte seine Beförderung zum Oberst. Laudon stellte 1758 einen leichten Verband nach seinen Vorstellungen, die besonders auf den so genannten „kleinen Krieg" gemünzt waren, auf. Dieser Verband wurde zunächst als „Freiwilligenbataillon Laudon" und später als „Grün-Laudon-Grenadiere" bezeichnet.

Nach der Niederlage Friedrichs des Großen bei Kolin fügte Laudon den auf dem Rückzug befindlichen preußischen Truppen unter General Keith schwere Verluste zu. Hier bewährte sich der sehr hagere Mann mit der hohen Stirn wieder als Meister des „kleinen Krieges". Nachdem er mehrere Monate lang das Kommando an der Elbe innegehabt hatte, wo er seinen Gegnern immer wieder empfindliche Nadelstiche versetzte, erhielt Laudon das Kommando über die leichten österreichischen Einheiten der Reichsarmee. Mit dieser bunt zusammengewürfelten Armee zog er auch in die Schlacht von Roßbach am 5. November 1757. Hier erlebte Laudon das völlige Versagen der verbündeten Franzosen und Reichstruppen gegenüber den Preußen unter

Friedrich dem Großen. Die marode französische Armee unter dem wenig begabten Prinzen von Soubise und die unmotivierte Reichsarmee unter dem Prinzen von Sachsen-Hildburghausen konnte trotz ihrer eigentlich zahlenmäßig erdrückenden Überlegenheit dem massierten Angriff der Truppen Friedrichs in keiner Weise standhalten. Laudon hatte den Aufmarsch des preußischen Heeres durch seine erprobte Kleinkriegstaktik erfolgreich gestört, was ihm das höchste Lob von Sachsen-Hildburghausen eingetragen hatte, der es sehr bedauerte, dass er nur einen einzigen Mann wie ihn habe. Laudon versuchte, mit seinen Einheiten das Schlimmste zu verhindern, konnte jedoch am katastrophalen Ausgang der Schlacht nichts ändern. Er schaffte es aber, seine Truppen erfolgreich aus der völlig demoralisierten Reichsarmee herauszulösen und einen Befehl Karls von Lothringen zu befolgen, gemäß dem er in Nordböhmen die Preußen beobachten und weiter stören sollte.

Nachdem der Lothringer die Schlacht von Leuthen verloren hatte und Daun als Oberbefehlshaber an seine Stelle trat, schöpften viele Offiziere neue Hoffnungen für den weiteren Verlauf des Krieges. Laudon beendete das Jahr 1757 schließlich als frischgebackener Generalmajor.

Im März 1758 erhielt Laudon das Ritterkreuz des Maria-Theresien-Ordens, für den ihn noch Karl von Lothringen vorgeschlagen hatte. Die Situation der Österreicher hatte sich inzwischen nicht verbessert, da Friedrich II. die wichtige Festung Schweidnitz erobert hatte. Laudon führte einen für die Preußen quälenden Kleinkrieg rund um die Festung und erbat von Feldmarschall Daun Unterstützung, was dieser aber brüsk ablehnte. Daun hielt von Laudons Unternehmungen wenig und wollte seine Truppen für die große Auseinandersetzung mit Friedrich zur Verfügung haben. Dabei scheint er Laudon sogar in seinem Antwortschreiben beleidigt zu haben. Im Hintergrund könnte bereits mitgeschwungen haben, dass Daun Laudon immer mehr als Konkurrenten wahrnahm.

Der weitere Kriegsverlauf offenbarte immer mehr die unterschiedlichen Charaktere der beiden Feldherren. Laudon war der schnell entschlossene und energische Anführer, der auch bereit war, kalkulierte Risiken einzugehen, während Daun immer lange abwog und zögerte, bis er sich zu einer Entscheidung durchringen konnte und Risiken eher aus dem Weg ging.

Als Laudon erfuhr, dass sich Ende Juni ein etwa 5000 Wagen umfassender Zug von Neiße aus in Bewegung gesetzt hatte, um die Hauptarmee unter König Friedrich zu versorgen, griff er ihn sofort an. Daun befürwortete die Aktion und unterstellte Laudon mehrere Tausend Mann für den Angriff auf den Wagenzug und dessen Bedeckung von 8000 Preußen. Der Überfall sollte gemeinsam mit den Truppen des General Siskovics stattfinden. Da aber der General zurückblieb, griff Laudon alleine an – und wurde zurückgeschlagen. Daun lobte ihn dieses Mal dennoch für seinen Mut und tadelte Siskovic. Laudon wollte von Osten erneut angreifen, dieses Mal allerdings mit Siskovic von Westen aus. Die preußischen Einheiten unter Hans von Zieten hatten jedoch die Kolonne erreicht und es standen etwa 14.000 Österreicher der gleichen Anzahl Preußen gegenüber. Bei Domstadtl kam es am 28. Juni 1758 zum Kampf, der eigentlich eine regelrechte Schlacht war. Die Preußen bildeten eine riesige Wagenburg, die die österreichische Artillerie beschoss. Viele Pferde wurden getötet und eine große Anzahl Pulverwagen explodierte. Nachdem bei den Preußen völliges Chaos herrschte, stürmten die Österreicher die Wagenburg und Zieten musste sich nach heftigem Kampf mit dem Rest seiner Truppen unter Mitnahme von nur wenigen geretteten Wagen zurückziehen. Das Schlachtfeld war bedeckt von Tausenden zerstörten oder ausgebrannten Wagen, zwischen denen die Körper toter Menschen und Pferde lagen. Friedrich der Große war entsetzt über diese Katastrophe; er musste wenig später die Belagerung von Olmütz abbrechen und sich zurückziehen. Von nun an führten die Preußen nur mehr einen defensiven Krieg.

Die Schlacht bei Hochkirch am 14. Oktober 1758 ist in erster Linie mit der Person Feldmarschall Dauns verknüpft, der hier seinen zweiten Sieg über den preußischen König feierte, doch hatte auch Laudon einen wesentlichen Anteil daran. Denn er hatte den etwas zögerlichen Daun massiv gedrängt, die Unvorsichtigkeit des preußischen Königs auszunutzen, der direkt vor den österreichischen Stellungen sein Lager aufgeschlagen hatte. Daun willigte schließlich ein und gab den Befehl für einen Überraschungsangriff in den frühen Morgenstunden. Dabei kam Laudon eine besondere Rolle zu, denn die Speerspitze des Überfalls bildeten seine Panduren. Sie sollten die ersten sein, die in die feindlichen Stellungen einbrachen und über die schlaftrunkenen Preußen herfielen. Man hatte zuvor österreichische „Deserteure" in das preußische Lager geschickt, die dann als „Fünfte Kolonne" in den Kampf eingriffen. Die für den Überfall umfangreichen Vorbereitungen trieben Laudon und Daun unermüdlich voran.

Um fünf Uhr morgens begann der Angriff und bei den direkt Laudon unterstehenden Truppen funktionierte fast alles reibungslos. Größere Probleme gab es in erster Linie bei den Infanteriekolonnen Dauns, die am Anfang durcheinandergerieten und unter anderem noch von der eigenen Artillerie beschossen wurden. Auch im weiteren Verlauf der Schlacht agierte Laudon souverän und setzte den Preußen arg zu. Besondere Erfolge erwirkte er durch den gezielten Einsatz gut positionierter eigener und eroberter Geschütze. Als Daun die geschlagenen und demoralisierten Preußen abziehen ließ, ohne zu einer Verfolgung anzusetzen, war Laudon darüber nicht erfreut, auch wenn seine eigenen Truppen viele Ausfälle gehabt hatten.

In der offiziellen Relation Dauns wurde Laudon nicht besonders erwähnt, genauso wie die Leistungen seiner 10.000 kroatischen Grenzer wenig gewürdigt wurden, obwohl diese die Spitze des Angriffs gebildet hatten. Das Misstrauen Dauns gegenüber Laudon und sein Bedürfnis, diesem nicht zu viel Bedeutung zukommen zu lassen, war hier wieder entscheidend.

Der Feldzug des Jahres 1759 begann erst im Juli, da die Österreicher die Ankunft der Russen abwarteten. Laudon marschierte mit seinem Korps auf die Russen zu und es kam zu einem Reitergefecht mit den Preußen bei Liebenthal, das die Österreicher für sich entscheiden konnten. Laudon zog weiter Richtung Görlitz und vereinigte sich am 29. Juli mit den Truppen Hadiks bei Pribus. Er schickte eine Nachricht an die anmarschierenden Russen, um einen Treffpunkt zu vereinbaren. Da man erwartete, dass die Preußen die Vereinigung beider Armeen verhindern wollten, marschierten Laudon und Hadik in zwei Kolonnen parallel nebeneinander. Weil man die Marschroute geheim hielt, konnten die preußischen Korps keinen nennenswerten Widerstand leisten.

Laudon konnte seine Truppen schließlich nach der Niederlage eines preußischen Korps bei Kay im August 1759 mit der russischen Armee vereinigen. Die Allianz-Armee bestand aus 71.000 Mann, mit denen man das preußische Kerngebiet bedrohen konnte. Den Oberbefehl führten Laudon und der russische Feldmarschall Pjotr Semjonowitsch Saltykow gemeinsam. Der preußische König hatte die Reste der bei Kay geschlagenen Truppen an sich gezogen und verfügte über 49.000 Mann. Damit wollte er eine Entscheidungsschlacht gegen die Verbündeten schlagen. Diese lagerten am rechten Ufer der Oder bei Kunersdorf in einer befestigten Stellung. Der preußische König setzte wieder auf seine bewährte schiefe Schlachtordnung, die erneut versagte. Das preußische Umgehungsmanöver schlug fehl und Friedrichs Angriff prallte erfolglos gegen die gut aufgestellten Truppen Laudons und Saltykows. Es kam zu heftigen Kämpfen und die Preußen ermatteten bei ihren vergeblichen Bemühungen, in die gegnerischen Reihen einzubrechen. Als Laudon und Saltykow ihre vereinte Kavallerie losschickten, brach die preußische Front zusammen und in den Abendstunden flüchtete Friedrichs Armee vom Schlachtfeld. Der preußische König musste fassungslos mit ansehen, wie seine Armee komplett auseinanderbrach. Er hatte nach erfolgtem Rückzug nur mehr 3000 Männer um sich und somit eine der schlimmsten Niederlagen seiner Laufbahn erlitten.

Laudon konnte auf diesen Sieg, der zum größten Teil sein Verdienst war, stolz sein. Saltykow hatte sich als schlechter Verbündeter erwiesen und Laudons Vorschlägen Widerstand entgegengesetzt. Da die Russen ihre Artillerie gegen Laudons Rat schlecht platziert hatten, erlitten sie unnötige Verluste und konnten einen massiven Einbruch in ihre Linien nur mit knapper Not abwehren. Laudon hatte die ganze Schlacht über souverän agiert und den Anstoß zur Zerschlagung der preußischen Armee gegeben. Er schickte einen verdienten Offizier mit der Siegesbotschaft nach Wien. Man war besonders stolz auf die österreichischen Kavalleristen, die tapfer gekämpft und Großes geleistet hatten.

Nun wäre eigentlich die Gelegenheit gewesen, dem preußischen König den Todesstoß zu versetzen. Friedrich war nach der Niederlage in eine schwere Depression verfallen und gab sein Kommando an seinen Bruder Heinrich und General Fink ab. Er schrieb seinem Staatsminister: „Mein Unglück ist, dass ich noch lebe." Da nun auch Friedrichs größte Armee ausgeschaltet und der Weg nach Berlin offen war, wäre es für die Verbündeten ein Leichtes gewesen, große Teile Brandenburgs unter Kontrolle zu bringen. Sie blieben jedoch untätig, weil sich Saltykow und Laudon nicht einig waren und man dem eigenen Erfolg nicht traute. Daun blieb, wie es seine Art war, zögerlich und untätig. Als Friedrich II. nach vier Tagen merkte, dass seine Feinde nichts unternahmen und er bereits 19.000 versprengte Soldaten seiner Armee bei Reitwein versammeln konnte, übernahm er wieder das Kommando und war zu weiterem Widerstand bereit. Die Verbündeten hatten eine große Gelegenheit zur siegreichen Beendigung dieses Krieges versäumt und Friedrich konnte das „Mirakel des Hauses Brandenburg" preisen. Er hatte wieder 33.000 Mann unter seiner Kontrolle und somit blieb seine größte Niederlage ohne bedeutende Folgen für den weiteren Kriegsverlauf. Laudon ärgerte sich später über diese Entwicklung, aber einen Alleingang ohne Saltykow wollte er doch nicht unternehmen.

Das Jahr 1760 brachte die Ernennung Laudons zum Feldzeugmeister und die Inhaberschaft des früheren Infanterie-Regiments Alt-Wolfenbüttel. Zudem erhielt er das Kommando über eine Armee von 36.000 Mann, die in Schlesien kämpfen sollte. Die Operationen des Kriegsjahres 1760 begannen erst im Juni, als Friedrich II. seine Armee teilte, um die Österreicher aus Schlesien herauszuhalten, die Russen zu

General Laudon in der Schlacht von Kunersdorf

beschäftigen und mit dem größten Teil seiner Streitkräfte gegen Sachsen zu operieren, um die Reisläufer und ein österreichisches Korps zu bekämpfen. Die Preußen versuchten vergeblich, Dresden einzunehmen, während Laudon mit seinen Truppen gegen Schlesien vorging. Hier schlug Laudon am 23. Juni 1760 die Schlacht bei Landeshut gegen eine preußische Armee unter General Fouqué. Die Preußen lagerten auf den der Stadt Landeshut vorgelagerten Hügeln, wo sie auf Verstärkung warteten. Laudon erfuhr auf seinem Marsch zur Festung Glatz von dieser Stellung des Gegners und ließ einen Teil seiner Truppen zur Belagerung der Stadt zurück, während er mit 28.000 Mann gegen Fouqué vorging. Wie bei Hochkirch und Maxen griff er seinen Gegner aus verschiedenen Richtungen an und unter schweren Verlusten wurden die Preußen zurückgedrängt. Diese versuchten einen geordneten Rückzug und stellten sich dabei aber immer wieder dem Kampf, bis ihre gesamte Munition verbraucht war. Als die Situation für sie aussichtslos wurde, flüchteten 1900 preußische Kavalleristen nach Schweidnitz, während die preußische Infanterie von Laudons Kavallerie niedergeritten wurde. Nach acht Stunden heftigen Kampfes war die Schlacht vorbei, die Österreicher erbeuteten viele Geschütze und Fahnen der Gegner und nahmen 8000 Preußen gefangen. Laudon hatte wiederum einen bedeutenden Sieg errungen. Doch nun nahte die erste und einzige Niederlage seiner Laufbahn.

Nachdem er von der Katastrophe von Landeshut gehört hatte, zog Friedrich II. nach Schlesien, wobei er von der Armee Dauns verfolgt wurde, zu der noch ein Korps unter Lacy kam. Friedrich sah sich mit etwa 24.000 Mann von österreichischen Truppen mit 90.000 Mann blockiert. Als Daun die Falle zuschnappen lassen und Friedrich einschließen und aufreiben wollte, zog sich dieser geschickt in der

Nacht zurück. Die Preußen marschierten entlang des Katzbachs nach Nordosten. Dabei stießen sie auf Laudons Truppen, der gerade einen Umgehungsversuch unternahm. Die preußische Kavallerie wurde anfangs zurückgeschlagen, doch tauchte Friedrichs Armee in Schlachtordnung auf. Den Höhepunkt erreichte die Auseinandersetzung im Morgengrauen. Die Schlacht bei Liegnitz am 15. August 1760 brachte eine direkte Auseinandersetzung zwischen Laudon und Friedrich den Großen. Obwohl die Truppen des Livländers in der Überzahl waren, konnten die Preußen seine Linien durchstoßen. Es machte sich große Verwirrung bei den Österreichern breit und Laudon brach nach nur zwei Stunden die Schlacht ab und zog sich zurück. Um sieben Uhr meldete er dem zögerlich aufmarschierenden Daun die Niederlage und das Entkommen Friedrichs, da sich Lacys Truppen in der Nacht verirrt hatten. Der Plan, den preußischen Feind in einer Art von Kesselschlacht zu vernichten, wurde somit vereitelt. Friedrich der Große konnte sich mit der Armee seines Bruders Heinrich vereinigen und der Krieg ging weiter.

An diesem Misserfolg gaben die wenigsten Laudon die Schuld, der dieses Mal durch den Elan Friedrichs überrascht worden war, sondern Daun, der nicht rechtzeitig am Schlachtfeld erschienen war. Das Verhältnis dieser beiden österreichischen Heerführer blieb weiterhin angespannt und Laudons Feindschaft zu dem intriganten Lacy verstärkte sich noch.

Im Frühjahr 1761 kam es zu einigen Kriegskonferenzen in Wien und Laudon ging im März nach Schlesien, wo er unabhängig von Daun eine Armee von 60.000 Mann befehligte. Diese Truppen vereinigte er am 12. August mit den Russen, womit Friedrich der Große unter Druck geriet. Dieser verschanzte sich jedoch im befestigten Lager bei Bunzelwitz. Alle Bemühungen Laudons, die zögerlichen Russen zu einem Vernichtungsangriff gegen König Friedrich zu überreden, blieben erfolglos und der Krieg schleppte sich dahin. Laudon konnte am 1. Oktober 1761 zumindest die Stadt Schweidnitz durch einen Überraschungscoup unter seine Kontrolle bringen. Trotz seiner Erfolge erhielt Laudon 1762 aufgrund von Intrigen kein eigenes Kommando. So wie schon der große Prinz Eugen hatte Laudon immer wieder unter der Feindschaft eines mächtigen Teils der Hofgesellschaft zu leiden.

Durch die wegen der schwierigen finanziellen Lage des Reiches erfolgte Reduzierung der Truppen und den Tod der Zarin wurde Friedrich der Große gerettet und die Österreicher konnten dem Krieg keine positive Wende mehr geben. Laudon wurde zunehmend in den Hintergrund gedrängt, während der Krieg unrühmlich zu Ende ging.

Nun stand Laudons Gegner Daun an der Spitze des Hofkriegsrates und Laudon überlegte sogar, in den Dienst eines anderen Monarchen zu treten. Aber Verhandlungen mit dem Hof in Dresden zerschlugen sich. Im Jahre 1766 erfolgte nach Dauns Tod Laudons Berufung in den Hofkriegsrat; er wurde zum Generalinspektor der Infanterie ernannt. Da dieser Posten aber bald wieder gestrichen wurde, zog sich Laudon auf seine Güter zurück und war nur mehr selten in Wien anzutreffen. Maria Theresia gedachte aber seiner und lud ihn gelegentlich zur Hofgesellschaft ein, während Joseph II. eher distanziert zu ihm stand, da er gänzlich unter dem Einfluss seines Freundes Lacy stand.

Als der Kaiser im August 1769 den preußischen König traf, gab dieser für ihn und seine Begleiter ein Festmahl. Als man zur Tafel schritt, bemerkte Friedrich II. im

Gefolge des Kaisers seinen alten Gegner Laudon. Schnell trat er zu ihm und zog ihn auf den Stuhl neben dem seinen und sagte: „Kommen Sie zu mir, General Laudon! Ich sehe Sie lieber an meiner Seite als mir gegenüber!" Der „Alte Fritz" wusste fähige Gegner zu schätzen.

Im November 1769 wurde Laudon zum kommandierenden General in Mähren ernannt, hatte diese Position drei Jahre inne, bevor er wieder auf sein Gut zurückkehrte und erneut über den Dienst in einer anderen Armee nachdachte. Als auf seinen Besitzungen in Böhmen Bauernunruhen ausbrachen, hielt es Laudon nicht mehr aus und übersiedelte 1776 nach Hadersdorf bei Wien. Kaiser Joseph II. versuchte zu jener Zeit eine Annäherung an Laudon, indem er ihn in militärische Entscheidungsprozesse mit einbezog.

Der Bayerische Erbfolgekrieg um die Ansprüche Kaiser Josephs II. auf Niederbayern und die Oberpfalz war der letzte der so genannten Kabinettskriege und ein Ereignis, bei dem sich kaum einer der militärischen Führer mit Ruhm bekleckerte. Österreichs Ansprüche stießen auf die Ablehnung der meisten deutschen Fürsten und deshalb fiel es König Friedrich II. leicht, neue Kampfhandlungen in die Wege zu leiten. Er erklärte Österreich am 3. Juli 1778 den Krieg und marschierte am 5. Juli in Böhmen ein. Es schien nun, als würde sich der Siebenjährige Krieg wiederholen und niemand hätte aus den damaligen Ereignissen gelernt. Die Preußen konnten trotz aller Anstrengungen Dauns und Lacys sogar mehr Soldaten aufbieten als das vielfach größere Österreich. Kaiser Joseph II. und sein Protégé Lacy standen mit einer Armee in Ostböhmen dem gefürchteten Friedrich II. gegenüber, während Laudon mit der zweiten österreichischen Armee in Nordböhmen dem Bruder des Königs, Prinz Heinrich, und den dieses Mal feindlichen Sachsen gegenüberstand.

Der Kaiser hatte zuvor in einem eigenhändigen Brief Laudon mitgeteilt, er brauche seinen „guten, ehrlichen, einsichtsvollen Rath, der ihn lenke, lerne und führe", und ihn zum Feldmarschall ernannt. Auch wenn diese verspätete Ernennung (denn Lacy hatte den Titel bereits zwölf Jahre früher erhalten) für Laudon eine Genugtuung war, so war sein Kommando gegen den militärisch äußerst begabten Prinz Heinrich, der noch dazu eine größere und besser geschulte Armee zur Verfügung hatte, keine beneidenswerte Aufgabe. Laudon sollte zudem die Landeshauptstadt Prag unter allen Umständen verteidigen. Als Laudon im April 1778 bei seinen Truppen eintraf, befahl er die Befestigung einiger wichtiger Pässe. Er wusste jedoch nicht, wo Prinz Heinrich in Böhmen eindringen wollte.

Der defensiv denkende Lacy setzte auf einen Verteidigungskrieg, was dem Wesen König Friedrichs entgegenkam, der den Angriff bevorzugte. Laudon kannte nur zu gut die Fehler in den militärischen Reformen und nunmehrigen Plänen des „Antigenies" Lacy und schrieb, es fehle an einem „wohlorganisierten Generalstab", an Festungen, an leichten Truppen für den „kleinen Krieg", die Armee sei viel zu unbeweglich und die Versorgung und das Fuhrwesen völlig unzureichend. Es war jedoch zu spät und man konnte nur hoffen, dass auch die Preußen Probleme haben würden. Der Kaiser reagierte auf die Kritik gelassen und war mehr damit beschäftigt, sich gegen seine Mutter aufzulehnen, die hinter seinem Rücken Friedenspläne verfolgte.

Der Krieg wurde schließlich ein Hin- und Herschieben der Truppen und ein Manöver folgte dem anderen. Es kam niemals zu einer entscheidenden Schlacht und die stattfindenden Kämpfe waren im Vergleich zu den zur Verfügung stehenden Truppen marginal. Versorgungsprobleme waren auf beiden Seiten massiv vorhanden, was dazu führte, dass die Preußen den Krieg „Kartoffelkrieg" und die Österreicher ihn „Zwetschkenrummel" nannten. Was die Situation vor allem für den Kaiser und seinen Freund Lacy rettete, war der Umstand, dass Friedrich der Große nicht mehr der Alte war und – ähnlich wie Prinz Eugen am Ende seiner Laufbahn – befürchtete, seinen Nimbus zu verlieren und die Armee aufs Spiel zu setzen. Prinz Heinrich und Laudon wiederum hatten großen Respekt voreinander und waren deshalb vorsichtig. Als Heinrich vorrückte, gab Laudon Gelände preis, um sich in eine möglichst gute Verteidigungsstellung zu begeben. Er hielt die Linie entlang der Iser und forderte vom Kaiser Verstärkung. Joseph II. kritisierte Laudon massiv und berichtete seiner Mutter, dieser habe zu niemandem Vertrauen und verstehe sich nicht mit seinen Generälen. Laudon habe vollkommen den Kopf verloren. Doch er wolle ihn nicht abberufen, sondern ihn für eine Gelegenheit behalten, wo er „uns daher äußerst nützlich" sein würde. Damit meinte er wohl eine wirkliche Schlacht, die aber in diesem Krieg nie stattfinden sollte.

Wie man das Verhalten Laudons auch beurteilen mag, er konnte die von ihm eingenommene Linie halten und die Preußen mussten vor seinen Stellungen genauso den Rückzug antreten wie vor jenen des Kaisers und Lacys, da sie beide nicht durchbrechen konnten und nicht imstande waren, ihre beiden Armeen zu vereinigen. Damit war dem an sich wenig sinnvollen Defensivkonzept Lacys entsprochen. Nach dem Rückzug Friedrichs und Heinrichs aus Böhmen nach Schlesien und Sachsen gab es über den Winter nur einen Kleinkrieg, der nichts Wesentliches an der Lage änderte. Obwohl es zu keinen großen Kampfhandlungen kam, forderte diese Auseinandersetzung viele Opfer, da die Sterblichkeit unter den Soldaten durch Krankheiten und mangelnde Ernährung hoch war.

Die Situation wurde schließlich von den Diplomaten durch Verhandlungen bereinigt; andere Mächte griffen ein, um einen Frieden herbeizuführen. Am Ende gab es am 13. Mai 1779 den Frieden von Teschen und Österreich erhielt statt des erhofften großen Gebietsgewinnes das kleine Innviertel. Die österreichische Generalität konnte sich damit trösten, dass die preußischen Verluste in diesem „Nicht-Krieg" weitaus höher als die österreichischen waren. Laudon kehrte nach Hadersdorf bei Wien zurück, wo ihm der Kaiser seinen Dank aussprach. Wie nach dem Siebenjährigen Krieg hatte Österreich seine angestrebten Ziele wiederum nicht erreicht. Laudon hatte versucht, sein Bestes zu geben. Der Zustand der Armee und die Defensive lagen ihm nicht, sodass er dieses Mal nicht als großer Schlachtenführer reüssieren konnte.

Laudon verbrachte die folgenden Jahre eher zurückgezogen auf seinen Besitzungen in Hadersdorf. Er dachte wohl kaum, dass ihm sein vielleicht größter militärischer Triumph eigentlich erst bevorstehen sollte. Doch Kaiser Joseph II. ließ sich durch ein völlig überflüssiges Bündnis mit Russland 1788 in einen Krieg gegen die Türken hineinziehen, der eigentlich überflüssig war, da sich bereits ganz andere politische Szenarien am Horizont abzeichneten.

Der 8. Österreichische Türkenkrieg begann dank der Unfähigkeit des Feldmarschalls Lacy und seines kaiserlichen Gönners alles andere als vielversprechend. Wegen des unerfreulichen Verlaufs des Krieges stand immer mehr die Frage im Raum, warum man Laudon nicht mit einem Kommando betraute. Der Kaiser ernannte Laudon schließlich zum Befehlshaber des in Kroatien befindlichen Armeekorps, dessen

Die Belagerung der Festung Schabatz, 1789

Führer krankheitsbedingt ausgefallen war. Laudon folgte dem Ruf, übernahm das Kommando, schlug am 18. August 1788 die Osmanen bei Dubitza und eroberte am 3. Oktober Novi.

Während des Feldzuges des Jahres 1789 gelang ihm mit dem kroatisch-slawonischen Heer die Einnahme von Türkisch-Gradisca. Joseph II. hatte inzwischen nach einigen von ihm verschuldeten militärischen Katastrophen die Armee verlassen und Feldmarschall Hadik zum Oberbefehlshaber ernannt, was natürlich ein Affront gegen Laudon war. Dieser kämpfte dennoch treu und erfolgreich weiter. Nachdem Feldmarschall Hadik wegen Krankheit ausgefallen war, „erbte" Laudon dann doch das Oberkommando.

Er vollbrachte ein weiteres Meisterstück seiner militärischen Karriere und nahm am 8. Oktober 1789 Belgrad. Die Stadt war bereits zweimal von österreichischen Truppen eingenommen worden und zwischen 1719 und 1739 nach der Eroberung durch Prinz Eugen 20 Jahre unter habsburgischer Besatzung gestanden, bevor sie durch den ungeschickt geführten Türkenkrieg Karls VI. wieder an die Osmanen fiel. Wegen der häufigen Kämpfe um die Stadt nannten die Moslems sie „Dar Ul Jihad" (Haus des Krieges).

Laudon hatte lange gezögert, das Wagnis einzugehen und in die Fußstapfen Prinz Eugens zu treten. Am 30. August 1789 marschierte er schließlich die Save aufwärts, täuschte die Türken durch ein kluges Manöver und befand sich ein paar Tage später im Süden Belgrads. Sofort wurden Gräben gezogen und die Batterien postiert. Das klug angelegte Stellungssystem schob sich immer näher an die befestigte Stadt heran. Durch gut befestigte Brücken und Verbindungslinien wurde der Nachschub gesichert. Auf der Donau setzten sie eine Vielzahl von kleinen wendigen Ruderbooten ein, um die Türken in Schach zu halten. Um das Leben seiner Soldaten möglichst zu schonen, wollte Laudon eine Materialschlacht. Die Stadt wurde erbittert und ohne Rücksicht auf Munitionsvergeudung von drei Seiten beschossen. Die türkische Artillerie konnte dem wenig Paroli bieten.

Laudon hatte sein Hauptquartier an genau jener Stelle aufgeschlagen, an der Prinz Eugen 72 Jahre zuvor logiert hatte. Im Gegensatz zu seinem Vorgänger wurde er allerdings nicht von einem türkischen Entsatzheer angegriffen, da die Osmanen sich auch noch der Russen erwehren mussten. Ende September erfolgte nach heftigem Bombardement der Sturm auf die Vorstädte, die erobert und größtenteils niedergebrannt wurden. Den demoralisierten Türken erschien der Kampf schließlich zu aussichtslos und am 8. Oktober kapitulierte der Gouverneur von Belgrad gegen freien Abzug der Besatzung und ihrer Angehörigen. Laudon ließ auch Christen mitziehen, die zu Moslems geworden waren, da ihm an „solchem schlechten Gepacke" nichts gelegen war. In der Stadt wartete große Beute an Kriegsmaterial und Vorräten, die Türken hätten also noch viel länger standhalten können. Doch sie wären durch den Namen Laudon „mit Schrecken" erfüllt gewesen, meinte der türkische Kommandeur. In Wien wurden nach Eintreffen der Nachricht von der Eroberung Belgrads tagelange Siegesfeiern veranstaltet. Laudon erhielt den großen, mit Brillanten geschmückten Stern des Maria-Theresien-Ordens, der nur für den Großmeister bestimmt war. Das führte besonders bei seinem alten Gegner Lacy zu großem Ärger.

Doch der Krieg war noch nicht beendet und Laudon bereitete die Eroberung der Festung Orsova vor, die sich als schwieriger Fall erweisen sollte. Da wegen des Untergrunds keine Gräben vorangetrieben werden konnten, musste man sich ganz auf die Blockade und die Artillerie verlassen. Die Festung fiel letztlich am 17. April 1789, während Laudons Truppen inzwischen ganz Serbien unter ihre Kontrolle gebracht hatten und Feldmarschall Prinz Koburg die Walachei besetzt hatte. Die Türken waren geschlagen und baten am 17. November 1789 um die Einstellung der Kampfhandlungen. Laudon reiste Mitte Dezember nach Wien, nachdem er sein Kommando an Feldmarschall-Leutnant Wallis übergeben hatte. Der Türkenbezwinger wurde in allen Orten, die er durchfuhr, stürmisch gefeiert. Um sich den großen Jubel zu ersparen, den er schon im Übermaß genossen hatte, erreichte er Wien am Weihnachtsabend erst zu sehr später Stunde. Am nächsten Tag traf er den bereits schwer kranken Kaiser Joseph II. Laudon wurde schließlich doch noch groß gefeiert und hofiert.

Schon am 4. Januar schrieb der Kaiser an seinen Feldmarschall, dass er für das kommende Frühjahr einen Angriff Preußens erwarte und er wolle, dass Laudon das Kommando über die Armee übernehmen werde. Doch der alte Haudegen fühlte sich krank und schwach und bat um seine Enthebung vom Kommando. Trotzdem begann er damit, den Aufmarsch gegen die Preußen zu planen. Es wäre dies sein dritter Krieg gegen Österreichs gefährlichsten Feind gewesen. Kaiser Joseph II. fühlte seinen Tod nahen und nahm am 18. Februar Abschied von Laudon. Er starb zwei Tage später, wenig betrauert von seinen Völkern. Schon am 12. März folgte ihm Feldmarschall Hadik ins Totenreich nach, was einen erneuten schmerzlichen Verlust für das Habsburgerreich bedeutete.

Der neue Herrscher Leopold II. sah sich angesichts des andauernden Krieges mit den Türken und dem scheinbar bevorstehenden mit Preußen vor das Problem gestellt, einen neuen Oberbefehlshaber zu finden. Vom erklärten Liebling seines Bruders und erbitterten Gegner Laudons, Feldmarschall Lacy, hielt der neue Kaiser angeblich fast

gar nichts. Lacy, der lange Zeit unheilvoll, weil ohne wirkliche militärische Begabung, auf das österreichische Militärwesen eingewirkt hatte, sei „falsch, ohne Charakter", er verstelle sich, sei ein „Lügner, der nur sich selbst, seinen Vorteil und seine
Eitelkeit liebt". Somit war Laudon der Mann der Stunde und erhielt von Leopold ein
Handbillett: „Ich übertrage an Sie die Obsorge meiner ganzen Armee …" Der alte
Feldmarschall war damit Generalissimus! Viele seiner Anhänger waren darüber sehr
erfreut und beklagten nur den Zeitpunkt der Ernennung. Denn, so meinten sie, wäre
Laudon bereits während des Siebenjährigen Krieges in diese Position gekommen,
dann wäre die gesamte Geschichte Österreichs in den folgenden Jahrzehnten anders
verlaufen.

Das Schicksal wollte es, dass der greise Held dieses höchste militärische Amt nur
vier Monate lang bekleiden konnte. Der Kaiser forderte ihn auf, alles Nötige für
den Feldzug der Armee im Norden vorzubereiten, aber bis auf Weiteres in Wien zu
bleiben. Zu dieser Zeit gab es intensive Verhandlungen mit Preußen, das einen österreichischen Machtzuwachs am Balkan nicht dulden wollte. Auch Laudon nahm an
diesen wichtigen Besprechungen teil. Es wurde beratschlagt, ob man wegen der Preußen möglicherweise auf die Eroberungen Laudons und Koburgs verzichten müsse,
was den alten Feldmarschall erboste. Er reiste schließlich in der zweiten Junihälfte
nach Mähren, wo er die Truppen an der Grenze inspizierte und den Einmarsch in
Schlesien vorbereiten wollte. Laudon war mit seinen Soldaten zufrieden und vielleicht hätte die Geschichte eine ganz andere Wendung genommen, wenn er nicht
Ende Juni schwer erkrankt wäre. Es schien vorerst so, als würde er sich erholen,
doch am 8. Juli fühlte Laudon sich schwach und legte sich ins Bett. Der Zustand des
alten Helden verschlechterte sich zusehends und er machte sein Testament. Sein letzter Brief ging an den Kaiser, um sich vom Dienst abzumelden. Bald danach starb er
am 14. Juli 1790 in Neutitschein, genau an dem Tag, an dem in Paris das einjährige
Jubiläum des Sturms auf die Bastille gefeiert wurde.

Der von Laudon erwartete Krieg mit den Preußen fand dann doch nicht statt.
Stattdessen war die kaiserliche Armee für die folgenden 25 Jahre mit den Kämpfen
gegen die französischen Revolutionstruppen und dann gegen Napoleons Armee beschäftigt.

Im Gegensatz zu vielen anderen bedeutenden Feldherren der österreichischen Geschichte geriet Laudon niemals in Vergessenheit. Der Feldherr wurde auch durch
einen Fluch verewigt, der eine Art von österreichischer Besonderheit darstellt. „Fix
Laudon!", soll Maria Theresia einmal gesagt haben, als man ihr vom Angriff des
preußischen Königs berichtete. Dabei sollen die Worte Kruzifix und Laudon ver-
schmolzen sein. Seine Entsprechung ist am ehesten der Begriff „Verdammt!". Auch
wenn dieser Begriff aus dem Wortschatz junger Menschen weitgehend verschwunden ist, unterstreicht er die Popularität, die Gideon Ernst von Laudon einmal hatte.

LITERATUR

ALLMAYER-BECK, Johann Christoph u. Erich Lessing: Das Heer unter dem Doppeladler. Habs-
    burgs Armeen 1718–1848. München 1982
ANGER, Gilbert: Illustrierte Geschichte der k. und k. Armee. Wien 1900
COCHENHAUSEN, Friedrich von (Hg.): Schicksalsschlachten der Völker. Berlin 1937

DIETER, Heinrich u. Georg Lorenz (Hg.): Unsere Helden. Geschichtliche Lehrbilder. 7 Bände, Wien 1895–1915

DUFFY, Christopher: Sieben Jahre Krieg 1756–1763. Die Armee Maria Theresias. Wien 2005.

FLICK, Moritz: Helden unserer Armee. Wien 1910

FRAUNGRUBER, Hans: Hoch Habsburg! Bilder aus Österreichs alten und jungen Tagen. Wien 1909

GUNDOLF, Hubert: Um Österreich! Schlachten unter Habsburgs Krone. Graz 1995

HELFERT, Alexander Freiherr von: An Ehren und an Siegen reich. Bilder aus Österreichs Geschichte. Wien 1907

HIRTENFELD, J.: Der Militär-Maria-Theresien-Orden und seine Mitglieder. 3 Bände, Wien 1857–1890

KANDLER, Franz: Ehrenspiegel der k. k. österreichischen Armee. Wien 1831

PESENDORFER, Franz: Feldmarschall Loudon. Der Sieg und sein Preis. Wien 1989

REGELE, Oskar: Der österreichische Hofkriegsrat 1556–1848. Wien 1949

RITTERSBERG, Johann Ritter von: Biographien der ausgezeichneten Feldherren der k. k. österreichischen Armee. Prag 1829

SCHMITT, Richard u. Peter Strasser: Rot-weiß-rote Schicksalstage. St. Pölten 2004

SCHREIBER, Georg: Des Kaisers Reiterei. Österreichs Kavallerie in vier Jahrhunderten. Wien 1967

SCHWARZKOPF, J.: Schlachtenbilder aus Österreichs sieg- und ruhmgekrönten Heere. Wien 1854

STRASSER, Johann: Feldmarschall Laudons Heldentaten. Wien 1894

WURZBACH, Constant von: Biographisches Lexikon des Kaiserthums Österreich. Bd. 16, Wien 1867

ERZHERZOG CARL
EIN MANN GEGEN NAPOLEON

„Aus den Schatten der verklungenen Donaumon-
archie steigt die Gestalt des Erzherzogs Carl,
gleich groß als Mensch wie als Feldherr, leuch-
tend empor. Mit Recht prangt sein von der Meis-
terhand Fernkorns geschaffenes Denkmal neben
dem des Prinzen Eugen auf dem Heldenplatz in
Wien." (Viktor Bibl)

Großherzog Leopold von Toskana hatte mit seiner aus Spanien gebürtigen Frau
Maria Ludovica insgesamt 16 Kinder. Der dritte Sohn wurde am 5. September
1771 in Florenz geboren und erhielt den Namen Carl Ludwig Johann Joseph Lauren-
tius. „Ich wurde mit einem empfindlichen Herzen geboren", schrieb der Erzherzog in
einer kurzen Autobiografie im Jahre 1814. In der Tat galt Carl als sehr empfindlich,
ja fast mimosenhaft, konnte zudem zeit seines Lebens eine gewisse Schüchternheit
nie ablegen und hatte wenig Selbstvertrauen. Kombiniert mit häufiger Unentschlos-
senheit und Unsicherheit besaß der junge Epileptiker eigentlich kaum eine der Eigenschaften, die man normalerweise von einem großen Feldherrn erwartete. Dass er
dennoch einer wurde, liegt neben seiner für ihn wohl oft quälenden Selbstdisziplin
in seiner großen militärischen Begabung begründet. Er war einer der wenigen Angehörigen des Hauses Habsburg, dem man militärisches Genie nicht absprechen kann.

Zunächst sah es bei Carl nicht nach einer kriegerischen Laufbahn aus. Für den
schwächlichen und sensiblen Drittgeborenen, der überdies seit seinem achten Le-
bensjahr an epileptischen Anfällen litt, schien eine geistliche Laufbahn das einzig
Vernünftige. Dem stand entgegen, dass sich Carl schon als Kind sehr für alles Militärische interessierte. Als 16-Jähriger schrieb er, er hätte für das Militär immer
schon „eine außerordentliche Leidenschaft" gehabt. Man hat dies später auch auf
den gebürtigen Sachsen Oberst Karl von Lindenau zurückgeführt, der den Prinzen
als militärischer Erzieher betreute und großen Einfluss auf ihn hatte. In der kleinen
und recht friedfertigen Toskana, die kaum Truppen zur Verfügung hatte, waren für
den heranwachsenden Carl aber kaum Möglichkeiten zur Umsetzung seiner kriegerischen Träume vorhanden.

Als er aber mit 19 Jahren gemeinsam mit seinem Vater, der nach dem Tod Kaiser
Josephs II. 1790 die Kaiserwürde übernahm, nach Wien kam, befand sich der junge
Prinz mit einem Male im Zentrum der großen Politik und am Beginn einer Reihe
militärischer Auseinandersetzungen, die Europa für 25 Jahre prägen sollten. Bei der

Krönung seines Vaters in Frankfurt am Main im Oktober 1790 war Carl anwesend und traf dort mit seiner Tante Erzherzogin Marie Christine zusammen, die mit Herzog Albert von Sachsen-Teschen verheiratet war. Da diese Ehe kinderlos geblieben war und die beiden Carl sehr mochten, ersuchten sie den Kaiser, ihn als Pflegesohn annehmen zu dürfen. Leopold II. stimmte zu und Carl traf am 1. Oktober 1791 bei seinen Pflegeeltern in Brüssel ein, mit denen er sofort ein harmonisch-familiäres Verhältnis hatte.

Am 1. März 1792 starb überraschend Kaiser Leopold II. und sein Sohn Franz II. wurde sein Nachfolger. Bald stellte sich heraus, dass die Herrschaft des Hauses Österreich in Belgien in großer Gefahr war, denn die Truppen der französischen Revolution standen schon zur Eroberung der Provinz bereit. Für Carl bot nun die Kriegserklärung von 1792 die unerwartet rasche Gelegenheit, seine soldatische Begeisterung in die Tat umzusetzen. Am 11. Juni dieses Jahres erlebte er seine Feuertaufe bei Grisnelle im Gefolge seines Onkels. Und schon am 6. November 1792 konnte der zum Generalmajor ernannte Carl Soldaten unter seinem Kommando bei Jemappes in die Schlacht führen. Rasch wurde seine militärische Begabung erkannt und bereits im folgenden Jahr agierte Carl als Führer größerer Einheiten. Dabei zeichnete er sich selbst in schwierigen Situationen durch seine Umsicht und Unerschrockenheit aus, was ihn sowohl bei der Generalität als auch bei den einfachen Soldaten sehr beliebt machte.

Ab Januar 1793 kämpfte Carl in der k. k. Hauptarmee unter dem Feldmarschall von Sachsen-Coburg. Er wünschte sich das Kommando der Vorhut, die aus fünf Bataillonen und zehn Eskadronen bestand, mit denen er Großes vorhatte. Der junge Erzherzog konnte den Feldmarschall davon überzeugen, gegen den übermächtigen französischen Feind in die Offensive zu gehen. Am 1. Mai 1793 hatte Carl als Kommandeur der Avantgarde einen wesentlichen Anteil beim Sieg von Aldenhoven. Er verfolgte den Feind gnadenlos und erbittert und versetzte die französischen Revolutionstruppen in Angst und Schrecken. Während des Gefechts verloren die Franzosen etwa 1500 Mann, während die Österreicher nur zehn Gefallene und 40 Verwundete an Verlusten vorzuweisen hatten – ein Zahlenverhältnis, das an Eugens Türkenkriege erinnert. Sein Vorgesetzter gestand Carl den Hauptanteil an dem Sieg zu. Auch bei der siegreichen Schlacht bei Neerwinden am 18. März 1793 war es wieder Carl, der wesentlich zum Erfolg beitrug, indem er den linken Flügel der Franzosen aufrollte.

Auf Initiative Feldmarschalls Josias von Sachsen-Coburg wurde dem Prinzen von seinem inzwischen zum Kaiser avancierten Bruder Franz das Großkreuz des Militär-Maria-Theresien-Ordens verliehen, das ihm am 12. April 1793 an der Front überreicht wurde. Somit hatte Carl bereits mit 22 Jahren die höchste militärische Auszeichnung des Kaiserhauses erhalten und alle erwarteten von ihm nun eine glänzende Karriere als Heerführer. Ein wallonischer Dragoner soll gesagt haben: „Dieser Kleine wird seinen Weg machen, denn er ist für einen Prinzen tapfer!"

Bei der Wiedergewinnung Belgiens zog der Erzherzog mit dem Feldmarschall von Sachsen-Coburg am 25. März 1793 bejubelt in Brüssel ein. Franz II. hatte vorerst aber andere als militärische Pläne für seinen Bruder und ernannte ihn als Nachfolger seiner Adoptiveltern zum Generalgouverneur von Belgien. Carl befolgte diesen Befehl, auch wenn er vielleicht lieber weiter rein militärisch agiert hätte. Sein kaiserlicher Bruder war jedoch mit der Führung dieses Amtes nie wirklich einverstan-

Erzherzog Carl (Gemälde von Joh. Baptist Seele, 1800)

den. Carl betätigte sich indes auch wieder militärisch und nahm mit beträchtlichem Erfolg an den Schlachten von Famars am 23. Mai 1793 und Wattignies am 15. und 16. Oktober 1793 teil. Am 22. April 1794 wurde der Erzherzog zum Feldzeugmeister ernannt.

Die allgemeine militärische und politische Entwicklung führte jedoch rasch zum endgültigen Verlust der Österreichischen Niederlande, ohne dass man Carl die Schuld daran hätte geben können. Die Ablösung von seinem Posten 1794 bewirkte, dass er sich wieder seinen militärischen Neigungen widmen konnte. Nunmehr im Range eines Feldzeugmeisters, kommandierte er ein Reservekorps in den Kämpfen gegen die französische Revolutionsarmee. In der Schlacht von Le Cateau Cambresis, die ein österreichischer Erfolg wurde, erwies sich Carl der Lage gewachsen und zeigte sein militärisches Können. Er konnte jedoch die Niederlagen von Tourcoing und Fleurus nicht verhindern, auch wenn er in der Schlacht von Fleurus, die dann eher ein von den Österreichern verschenkter Sieg war, durch die Eroberung des Dorfes Fleurus am 26. Juni 1794 wieder viel Geschick zeigte.

Carl war mit der Kriegführung seiner Vorgesetzten und der Zersplitterung der Operationen sehr unzufrieden und deshalb nicht unglücklich, als er am 23. September 1794 zur Rheinarmee abkommandiert wurde. Hier führte sein Onkel Albert von Sachsen-Teschen das Kommando und Carl fühlte sich bei ihm besser aufgehoben. Allerdings begann bereits damals durch eine Gruppe unter Führung des Ministers Thugut gegen ihn ein heftiges Intrigenspiel. Diese Gehässigkeiten sollten ihn von nun an während seiner ganzen Karriere begleiten. Bitter für Carl wurde, dass diese Riege stets das Ohr seines kaiserlichen Bruders fand und diesen immer wieder gegen ihn beeinflusste.

Seine Nervenkrankheit verschlechterte sich zunehmend und er erlitt laufend epileptische Anfälle. Der Erzherzog hielt es schließlich für angemessen, nach Wien zu reisen und durch schriftstellerische Arbeit Ablenkung von der für ihn unerfreulichen Entwicklung zu suchen. In Wien besserte sich sein gesundheitlicher Zustand bald wieder.

Im Jahre 1796 wurde er militärisch reaktiviert, da das mit Österreich verbündete England sich für Carl stark machte, in dem inzwischen neu ausbrechenden Krieg eine wichtige Kommandofunktion zu übernehmen. Beflügelt von dieser Unterstützung gelang es sogar gegen viele Widerstände, den erst 25-Jährigen zum Reichsgeneralfeldmarschall zu ernennen. Carl erwies sich des in ihm gesetzten Vertrauens würdig und versetzte den auf Reichsgebiet vorgedrungenen französischen Revolutionsarmeen einen Schlag nach dem anderen. Er siegte am 15. Juni 1796 bei Wetzlar, am 19. Juni bei Uckerath, am 24. August bei Amberg und vom 1. bis 3. September bei Würzburg und trieb die Franzosen vor sich her und über den Rhein zurück.

Als er schließlich auch noch die Rhein-Mosel-Armee Moreaus bei Emmendingen am 19. Oktober und Schliengen am 24. Oktober 1796 besiegte und sie letztlich zwang, bei Hüningen am 26. Oktober 1796 über den Rhein zurückzugehen, waren die Revolutionstruppen gänzlich vom Reichsgebiet vertrieben. Die Belagerung des französischen Brückenkopfes Kehl bis zur Kapitulation am 10. Januar 1797 war ein weiterer Glanzpunkt der Karriere des kriegerischen Erzherzogs.

Carl sah sich nach seinen Erfolgen auf dem vorläufigen Höhepunkt großer Popularität. Er wurde in Flugblättern, Liedern, Bildern und Dichtungen gepriesen und erhielt den Titel „Retter Germaniens". Carl war zeitlebens ein bescheidener und zurückhaltender Mensch. So dankte er mit Blick auf seine Ehrungen besonders seinen militärischen Erziehern: „Wenn ich aus allem, was ich sehe, einigen Nutzen gezogen habe, so habe ich es Ihnen allein zu danken. Sie legten die Grundlage dazu, belehrten mich in den Regeln der Kriegskunst, lehrten mich ihre Anwendung und dieser Ihrer Mühe und Verwendung habe ich es zu danken, wenn ich je etwas Gutes wirken konnte und zum Soldaten gebildet wurde."

Auch wusste Carl nur zu gut, dass durch seine Siege am deutschen Kriegsschauplatz die Gefahr für das habsburgische Reich und für Europa, die durch die erfolgreichen und schlagkräftigen Armeen der französischen Republik ausging, nur vorläufig gebannt war. Das Auftauchen Napoleon Bonapartes gab der militärischen Entwicklung eine ganz andere Note.

Carl versuchte, der österreichischen Armee in Italien Halt zu geben, und übernahm am 7. Februar 1797 deren Kommando. Er konnte hier jedoch nichts ausrichten, da die Truppen von Napoleon geschlagen und demoralisiert worden waren und nur mehr 20.000 Mann umfassten. Carl flehte in Wien um Verstärkung und Nachschub, was aber weitgehend erfolglos blieb. Nach dem schmerzlichen Rückzug in die Steiermark, bei dem es ihm gelang, jedem Vernichtungsschlag Napoleons rechtzeitig auszuweichen, kam es zum Frieden von Leoben. Carl lieferte sich Auseinandersetzungen mit seinem kaiserlichen Bruder Franz, der zu einem großen Teil für die Niederlage verantwortlich war. Der Erzherzog erhielt am 23. September 1797 das Amt eines Gouverneurs von Böhmen, das er vorbildlich erfüllte. Gleichzeitig bemühte er sich um die Reorganisation der Armee, was wegen des Geldmangels nur unzureichend gelang.

Die Kriegspause war kurz und am 2. November 1798 erhielt der Erzherzog das Kommando über die Hauptarmee in Süddeutschland übertragen. Wieder führte er die kaiserliche Armee auf diesem Kriegsschauplatz erfolgreich und konnte zwei Siege erringen. Ostrach am 21. März 1799 und Stockach am 25. März festigten seinen

Wiener Aufgebot, 1797 (zeitgenössische allegorische Darstellung)

Ruf als bedeutender Heerführer. Der französische General Jourdans musste sich zurückziehen und gab sein Kommando auf.

Nun hatte Carl bereits zum dritten Mal eine französische Armee aus Deutschland vertrieben. Doch plötzlich schlug wieder seine Krankheit zu und er musste das Kommando an Feldzeugmeister von Wallis übergeben. Als Carl wieder einigermaßen gesund war, sah er sich gezwungen, zunächst in Wien gegen Intrigen und Hindernisse zu kämpfen, ehe er am 21. Mai 1799 wieder in das Kriegsgeschehen eingreifen konnte.

Doch der Feldzug fand nun in der Schweiz statt und kam nicht recht vom Fleck, da die Versorgung der Truppen und die Kommunikation mit dem Wiener Hofkriegsrat nicht wirklich funktionierte und auch die Kommandostrukturen durch eine seltsame Dreiteilung des Oberkommandos unklar waren. Es kam wieder zu heftigen Auseinandersetzungen mit seinen Kritikern in Wien und dem Kaiser. Carl konnte zumindest den französischen General Masséna bei Zürich zurückdrängen, ihn am 4. Juni 1799 besiegen und am 6. Juni Zürich besetzen.

Als dann die russischen Verbündeten und ein österreichisches Korps in den Bergen der Schweiz einige schmerzhafte Niederlagen einstecken und den Kriegsschauplatz räumen mussten, sah sich Carl zwei französischen Armeen alleine gegenüber. Es gelang ihm nur, die Front am Rhein einigermaßen stabil zu halten und die Festung Philippsburg zu entsetzen; dann beendete der Winter diesen wenig erfolgreichen Feldzug. Man versuchte Carl nun alle Freiheiten bei der Kommandoführung zu nehmen; überdies machte ihm sein Leiden wieder zu schaffen. Er reichte drei Rücktrittsgesuche ein und wurde schließlich seines Kommandos enthoben. Carl zog sich nach Böhmen zurück und wartete das Kriegsende und die Niederlage seines Bruders Johann ab, der sich trotz seiner Jugend dilettantisch als Heerführer versuchte.

In Böhmen kümmerte sich Carl um die Verbesserung der militärischen Ausbildung und konnte relativ schnell eine „Böhmische Legion" von 25.000 Mann aufstellen. Inzwischen erlitten kaiserliche Truppen schwere Niederlagen in Schwaben, Italien und am Rhein. Besonders schmerzlich waren diejenigen bei Marengo am 14. Juni 1800 und bei Hohenlinden am 3. Dezember 1800, die Carls militärisch viel weniger begabter Bruder Johann erlitten hatte.

Der Erzherzog wurde als Helfer in der Not wieder aktiviert und übernahm am 17. Dezember 1800 eine Hauptarmee, die nur noch 30.000 erschöpfte und demoralisierte Männer umfasste. Gegen den weit überlegenen Gegner, der siegessicher war, konnte Carl keine große Schlacht mehr wagen und zog sich über die Traun in Richtung Steyr zurück. Es kam zu einem heftigen Gefecht bei Melk, bei dem gerade noch eine Katastrophe verhindert werden konnte. Auf Anraten Carls schloss man am 25. Dezember 1800 in Steyr einen Waffenstillstand, dem der Frieden von Lunéville folgte.

Aufgrund dieser negativen Entwicklung setzte man jetzt bei Hof wieder auf die Person Carls und machte ihn am 9. Januar 1801 zum Feldmarschall und zum Präsidenten des Hofkriegsrates. Nebenbei erhielt er den Posten eines Kriegs- und Marineministers, da die Habsburger Venedig mit seiner Flotte erhalten hatten. Carl machte sich mit großem Eifer an die Reform des Militärwesens auf allen Ebenen. So wurde der lebenslängliche Kriegsdienst aufgehoben und eine militärische Pension eingeführt. Als besonders wichtiges Zeichen der Reform wurde die Abschaffung des Zopfes, der lange Zeit eines der wichtigsten Symbole des Soldatenstandes war, angesehen. 1801 und 1802 erlitt Carl wieder zwei schwere gesundheitliche Rückschläge und bedurfte in dieser Zeit der Hilfe seines Bruders Johann.

Doch mitten in seinem Reformwerk brach 1805 der Konflikt mit Napoleon erneut aus und Carl hatte schlechte Karten am intriganten Wiener Hof, bei dem eine obskure Figur wie der verschlagene General Mack plötzlich größten militärischen Einfluss hatte. Statt ihn zum Generalissimus zu ernennen, wurde Carl nach dem Bündnis mit Russland und England seiner Funktionen enthoben und erhielt das Kommando der Armee in Italien, das bei diesem Konflikt nur ein Nebenkriegsschauplatz war. Er errang hier den Sieg von Caldiero zwischen dem 29. und 31. Oktober 1805. Die Nachricht von der Katastrophe bei Ulm veranlasste Carl jedoch, aus Italien abzuziehen.

Napoleons Sieg über den unfähigen General Mack, die Besetzung Wiens und die Schlacht bei Austerlitz am 2. Dezember 1805 beendeten den Krieg rasch und schmerzlich für die Österreicher. Carl hatte bei Austerlitz nicht eingreifen können, da er sich mit seiner Armee noch in Westungarn befand. Der große Sieger Napoleon hatte den Wunsch, seinen fähigsten Gegner persönlich kennenzulernen, und es kam am 27. Dezember 1805 zu einem Treffen in Stammersdorf bei Wien. Carl versuchte dabei, bessere Friedensbedingungen für Österreich auszuhandeln, scheiterte aber damit. Ansonsten hatten sich die beiden unterschiedlichen Feldherren kaum etwas zu sagen.

Der Friede von Pressburg brachte erneut große Gebietsverluste und Napoleon trug in Geheimgesprächen Erzherzog Carl sogar die österreichische Kaiserkrone an. Dieser lehnte fast selbstverständlich ab, wenngleich er damit dem Reich sicher keinen Dienst erwiesen hat. Im Februar 1806 übernahm Erzherzog Carl wieder die Präsidentschaft des Hofkriegsrates. Er führte nun auch den Titel eines Generalissimus und eines Kriegsministers. Carl machte sich sofort an die Arbeit und erstellte ein neues Exerzier-Reglement für die Infanterie. Ein besonderes Anliegen des Erzherzogs war die Bildung einer Landwehr, um eine höhere Truppenstärke zu erreichen. Die Versorgung der Truppen wurde dem französischen Vorbild angepasst, wodurch die Armee flexibler wurde. Überhaupt übernahm Carl viele Innovationen der Franzosen, wie optische Telegrafen, Feindbeobachtung durch Ballone und eine Modernisierung von Fuhrwesen und Remontierung. Die einzelnen Unterführer sollten mehr Verantwortung übernehmen und die Artillerie musste verstärkt werden. Um ein schnelleres Vorankommen zu erreichen, bombardierte der Erzherzog seinen kaiserlichen Bruder mit einer Vielzahl von Eingaben und Memoranden. Dieser war mäßig interessiert und mehr über den Gesundheitszustand seines Bruders besorgt.

Carl wurde immer wieder durch Anfälle seiner Krankheit behindert. Die epileptischen Attacken traten mehr oder weniger oft auf und schienen keine erkennbare Ursache zu haben. Zu jeder Tages- und Nachtzeit konnte „das Übel" den Erzherzog überfallen. Nur in Momenten äußerster Anspannung und Konzentration traten keine Anfälle auf. Das Wissen und die Fähigkeiten der damaligen Ärzte kamen mit dem Phänomen in keiner Weise zurecht und man suchte obskure Gründe für das Leiden des Erzherzogs. Man mutmaßte unter anderem mehrere Wurmkrankheiten, frühen Haarausfall oder häufige Onanie als Grund für das Übel. Obwohl er mit solchen Gutachten konfrontiert wurde, beließ Kaiser Franz den Bruder in seinem Amt. Und es gelang Carl, trotz aller Hemmnisse und Widerstände Erfolge bei der Modernisierung der Armee zu erzielen. Diese wurde nach französischem Vorbild in Korps eingeteilt und umfasste nun 350.000 Mann, zu denen 250.000 Mann Landwehr kamen.

Der Erzherzog beobachtete unterdessen Napoleons weiteres Vorgehen und versuchte dessen Schwächen zu erkennen. Die großen Probleme des Korsen in Spanien blieben Carl nicht verborgen und er beschäftigte sich auch mit der spanischen Guerillataktik und der zunehmenden Brutalisierung der Kampfhandlungen auf der Iberischen Halbinsel.

Die „Kriegspartei" am Wiener Hof träumte unterdessen von einer Rache für Austerlitz, aber der Erzherzog war vorsichtig. Als Napoleon 1808 forderte, die Österreicher sollten ihre Armee und die Waffenproduktion einschränken, dachten diese natürlich nicht daran. Die Zeit für einen erneuten Waffengang mit dem verhassten Korsen schien nah. Der Generalissimus Carl war gegen einen neuen großen Krieg zu diesem Zeitpunkt, konnte sich aber wieder nicht gegen die Kriegspartei bei Hof durchsetzen. Also gehorchte er als Soldat und übernahm das Kommando über die insgesamt 171.200 Mann starke Armee, die für den deutschen Kriegsschauplatz vorgesehen war.

Am 10. April 1809 überschritt Carl mit seiner Hauptmacht den Inn und marschierte in Richtung Landshut. Das Wetter war schlecht und die österreichische Armee kam nur langsam voran. Obwohl der Vormarsch Carls zusätzlich durch Verpflegungsprobleme und ein organisatorisches Chaos behindert wurde, waren die Franzosen zunächst überrascht, da sie keinen so frühen Angriff erwartet hatten. Doch Napoleon reagierte wie üblich sehr rasch und ordnete Gegenmaßnahmen an. Er begab sich zu seiner Armee in Deutschland. Carl hatte am 16. April den Übergang über die Isar gegen den bayerischen Widerstand erkämpft und München besetzt. Südlich von Regensburg entwickelten sich nun am 19. April die ersten größeren Gefechte mit schwächeren französischen Einheiten. Dabei agierten die Truppen des Erzherzogs trotz ihrer Übermacht nicht sehr glücklich. Napoleon konnte auf sehr gute und erfahrene militärische Führer und viele kriegserprobte Veteranen zurückgreifen, die sich ihren österreichischen Gegnern zumeist als überlegen erwiesen. Als sich nach und nach eine größere Schlacht entwickelte, glänzte der Erzherzog durch Abwesenheit bei der Truppe. Später warf man Carl vor, er hätte sich bei Regensburg bzw. Eggmühl noch lethargischer verhalten als der unselige General Mack 1805 bei Ulm. Der österreichische Generalissimus dürfte zu dieser Zeit das Opfer massiver epileptischer Anfälle gewesen sein, wie ein Ordonnanzoffizier berichtete: „Das Unglück wollte, daß unser guter Erzherzog Carl während dieser Schlacht erkrankte und

Napoleon empfängt den Schlüssel von Wien, 13. November 1805

nach Regensburg, von dort aber nach dem Bergschlosse Retz am linken Donauufer gebracht werden mußte."

Nach dieser Niederlage, die seine Armee empfindlich geschwächt hatte, zog sich Carl über die Donau nach Böhmen zurück. Auch das besetzte München musste aufgegeben werden. Als ein Kurier Kaiser Franz I. von der Niederlage und dem Rückzug berichtete, fügte er verzweifelt hinzu: „Alles ist verloren!" Der Kaiser meinte aber: „Oho, so weit sind wir noch lange nicht, nur ruhig, nur ruhig!" Er sollte damit Recht behalten.

Carl beorderte den von ihm abgesprengten General Hiller mit dessen Korps nach Linz, um sich mit ihm an der Donau zu vereinigen. Er schrieb einen schmeichelhaften und friedfertigen Brief an Napoleon, was für viel Ärger bei der österreichischen Kriegspartei sorgte. Man warf Carl vor, er sei durch das Genie Napoleon paralysiert worden. Niemand schien sich aber Gedanken darüber zu machen, dass der Krieg eventuell zu früh begonnen worden war und man der erst im Umbau begriffenen Armee zu schnell zu viel zugemutet hatte.

Carl konnte wegen des zu langsamen Weitermarsches seiner Armee der Anweisung seines Bruders, er solle gemeinsam mit General Hiller und seinem Bruder Erzherzog Johann die Armee Napoleons bei Linz aufhalten, keine Folge leisten. Er erwartete nicht, dass Napoleon, ohne auf die noch intakte österreichische Armee in der Flanke Rücksicht zu nehmen, direkt nach Wien marschieren würde. Aber genau das geschah, was zu weiterer Kritik an Carl führte. Die französische Armee rückte rasch auf Wien vor und bewältigte die Strecke von 350 Kilometern in 16 Tagen. Am 10. Mai erreichten die Vorhuten der Truppen Napoleons die Wiener Vorstädte und wurden von den Wällen der Stadt unter Abwehrfeuer genommen. In der Folge entspann sich ein Artilleriekampf, bei dem es viele Opfer in der Zivilbevölkerung gab. Letztlich flohen die kaiserlichen Truppen aus der Stadt und Wien wurde von den Franzosen besetzt. Napoleon residierte wie schon 1805 im Schloss Schönbrunn und erfreute sich des Jubels eines großen Teiles der Bevölkerung.

Erzherzog Carl wollte Wien nach einem Donauübergang vom Kahlenberg aus entsetzen, wie es 1683 gegen die Türken schon einmal gelang. Allerdings musste er mit Schrecken feststellen, dass Napoleon die Stadt bereits in seiner Hand hatte. Also blieb Carl am linken Donauufer, nahm im Schloss Wolkersdorf Quartier und musterte seine Truppen, die nach der Vereinigung mit dem Korps von Hiller 115.000 Infanteristen, 11.800 Kavalleristen und 394 Geschütze umfassten. Nach erregten Debatten entschied man sich, die Armee im Marchfeld aufzustellen und auf die Initiative Napoleons zu warten.

Carl versuchte nachdrücklich, über die Donau zu setzen. Nachdem der Versuch eines Übergangs bei Nussdorf gescheitert war, gelang es den Franzosen, eine Brücke gegenüber der Lobau-Insel zu errichten. Als die Brücke am Abend des 19. Mai 1809 fertig war, verlegte Napoleon seine Truppen sofort in die Aulandschaft am anderen Ufer. Am nächsten Tag wurde in einer raschen Aktion eine weitere Brücke über den Stadlauer Arm geschlagen und französische Truppen drangen in Richtung Aspern und Essling vor. Napoleon war der Meinung, dass Carl mit seiner Armee nach Mähren gezogen war und erwartete wenig Widerstand.

Am Pfingstsonntag, dem 21. Mai, lag am Morgen dichter Nebel im Donautal, der die Sicht stark behinderte. Carl ließ seine Truppen aufmarschieren und bildete

Die Schlacht von Aspern

einen Halbkreis um die Dörfer Aspern und Essling. Als sich der Nebel um zehn Uhr
vormittags lichtete, standen sich die beiden Armeen dicht gegenüber. Napoleon war
überrascht und überlegte, ob er die Schlacht annehmen solle, vor allem, da er wusste,
dass seine Donaubrücke durch österreichische Sabotageaktionen und den erhöhten
Wasserstand beschädigt war. Doch die Schlacht entwickelte sich nach ersten Plänke-
leien unaufhaltsam. Der Kampf drehte sich in den folgenden Stunden um den Besitz
von Aspern. Die Kaiserlichen kämpften tapfer und griffen immer wieder an, auch
wenn sich bei der Führung ein Chaos bemerkbar machte. Letztlich wechselte das
Dorf mehrfach seinen Besitzer und die neue massierte Infanterietaktik Erzherzog
Carls machte den Franzosen sehr zu schaffen. Als die Nacht hereinbrach, war Aspern
in der Hand der Österreicher. Allerdings konnten sich die Franzosen in Essling halten,
wo der massive Schüttkasten und eine lange Steinmauer wie eine Festung wirkten.
Nachdem die Kämpfe abgeflaut waren, versuchten die Franzosen weitere Truppen
über die Donau zu bringen, was von den Österreichern durch Angriffe mit brennen-
den Booten und Flößen gegen die Brücke erschwert wurde.

Napoleon plante für den nächsten Tag den Ausbruch und einen Zangenangriff
gegen die Österreicher. Es gelang den Franzosen, um sieben Uhr früh Aspern in Besitz
zu nehmen, doch konnten sie nicht durchbrechen, um Napoleons Plan zu verwirklichen. Der Ausbruch der Franzosen aus Essling war ebenfalls nicht erfolgreich, sodass
Napoleon einen Angriff auf die österreichische Mitte befahl. Der Erzherzog erkannte
die Gefahr und begab sich in das Zentrum, um seinen Truppen Mut zu machen.
Nachdem die französische Infanterie im Feuer der Österreicher liegengeblieben war,
unternahm Marschall Lannes, den Napoleon mit dem Angriff betraut hatte, einen
Kavallerieangriff, dem die österreichischen Reiter nicht standhalten konnten. Die
französische Artillerie hatte sich inzwischen auf das kaiserliche Regiment Zach ein-
geschossen und dieses an den Rand der Auflösung gebracht. Erzherzog Carl sah die

Sturm der Österreicher auf die Kirche von Essling, die an einem Tag nicht weniger als sieben-mal den Besitzer wechselte

Gefahr und zeigte großen Mut. Er beorderte den Fahnenträger des Regiments in die vorderste Linie und ritt an seiner Seite mit gezogenem Säbel in Richtung französische Linien. Das stabilisierte die Lage und das Regiment hielt dem Angriff stand. Napoleons Versuch, die österreichischen Reihen zu durchstoßen, war damit zum Scheitern verurteilt.

Unterdessen hatte Aspern einige Male den Besitzer gewechselt und um 14 Uhr besetzten die Österreicher unter Hiller zum sechsten Mal das Dorf. Carl wurde später kritisiert, dass er nicht seinerseits zum Angriff überging, aber er wollte zunächst Essling in seinen Besitz bekommen. Das französische Zentrum begann ab 15 Uhr Auflösungserscheinungen zu zeigen. Auch wenn Napoleon unter Missachtung aller Gefahr seine Truppen an der Front anfeuerte, war der beginnende Rückzug nicht mehr aufzuhalten.

Währenddessen war Marschall Lannes, der Essling verteidigte, so schwer durch eine Kanonenkugel verwundet worden, dass er wenige Tage später starb. Die Österreicher griffen mit voller Wucht Essling an und Napoleon gab den Befehl zum allgemeinen Rückzug der Reste seiner Armee. Carl verzichtete auf ein Nachstoßen seiner Truppen bis zur Donau, da er Angst hatte, seinen Sieg im letzten Moment zu gefährden. Die Österreicher hatten zum ersten Mal in der Geschichte das Schlachtfeld gegen Napoleon behauptet.

Die Verluste der Schlacht bei Aspern waren auf beiden Seiten sehr hoch und die Zahlen widersprechen sich in den verschiedenen Quellen. Es dürfte jedoch so sein, dass die Österreicher etwa 24.000 und die Franzosen 30.000 Mann verloren hatten.

Attacke der Liechtenstein-Husaren auf eine französische Batterie vor Aspern

Napoleon tat propagandistisch alles, um Aspern als Sieg darzustellen, aber die Wahrheit sprach sich rasch herum und der Korse galt von nun an nicht mehr als unbezwingbar. Man hatte Erzherzog Carl immer wieder angelastet, dass er den Sieg nicht ausgenutzt und die demoralisierten Franzosen am anderen Donauufer angegriffen hatte. Doch Carl war nicht der Mann für solche abenteuerlichen Wagnisse und hatte viel zu viel Respekt vor Napoleon. Der Erzherzog hatte auch nicht das Wesen eines Prinz Eugens, der wahrscheinlich über die Donau gegangen wäre, um Napoleon den Todesstoß zu versetzen.

Carl war nach seinem unerwarteten Sieg recht kritisch zu sich selbst und zu seinen Truppen. Er sagte: „Wir haben wie gegen die Türken gefochten." Diese Kritik bezog sich darauf, dass seine Reformen in der Armee noch nicht richtig gegriffen hatten und organisatorische sowie Ausbildungsmängel zutage getreten waren. Es sollte ihm keine Zeit bleiben, um diesbezüglich zu verbessern, denn der nächste Waffengang ließ nicht lange auf sich warten.

Während Napoleon sich für eine Revanche rüstete und einen erneuten Übergang über die Donau vorbereitete, verhielten sich die Österreicher überraschend passiv. Man bereitete sich auf eine zweite Marchfeldschlacht vor, die allerdings nun unter etwas anderen Bedingungen stattfinden sollte.

Die zweitägige Schlacht bei Wagram am 5. und 6. Juli 1809 wurde mit etwa 345.000 beteiligten Soldaten die bis dahin größte der Napoleonischen Kriege. Napoleon war zahlenmäßig überlegen und führte etwa 40.000 Mann mehr ins Feld als Carl. Das Ringen bei Wagram dauerte zwei Tage und der Generalissimus Carl bewies sein Talent, auch wenn er gegen das Genie Napoleons und dessen Überlegenheit an

Erzherzog Carl in der Schlacht von Aspern, 22. Mai 1809

Soldaten und Artillerie letztlich das Feld nicht behaupten konnte. Am ersten Tag der Schlacht hatte Napoleon von seiner taktisch klugen Aufmarschstellung in der Lobau aus die kaum verteidigten Orte Aspern und Essling in die Hand bekommen und unter heftigem Beschuss durch Carls Artillerie, die von den Rußbachhöhen feuerte, versucht, eine rasche Entscheidung herbeizuführen. Das scheiterte aber an den von Carl gut positionierten österreichischen Truppen, die wieder mit großer Tapferkeit kämpften. Napoleon wollte bis zuletzt den Sieg erzwingen und befahl sogar bei Einbruch der Dunkelheit noch einen Angriff, der aber erfolglos blieb. Die Franzosen konnten zwar vordringen, wurden aber von den Österreichern erfolgreich zurückgedrängt. Erzherzog Carl griff mit mutigem persönlichen Einsatz an neuralgischen Punkten immer wieder in das Geschehen ein und motivierte dadurch seine Soldaten. Die letzten Kämpfe des Tages endeten erst gegen 23 Uhr.

Das vorläufig erfolgreiche Standhalten und die Erwartung des Eingreifens der kleinen Armee Erzherzog Johanns ließ Carl und seiner Armee trotz der großen Verluste, die bereits der erste Schlachttag gefordert hatte, auf einen positiven Fortgang der Schlacht hoffen. Der Erzherzog wollte aggressiver vorgehen und befahl am 6. Juli im Morgengrauen einen Angriff in die rechte französische Flanke. Damit sollten die französischen Reserven auf diese Seite gezogen werden, um den Hauptangriff auf die linke Flanke der Franzosen bei Aderklaa zu erleichtern. Hier schafften es die zwei beteiligten österreichischen Korps, die Truppen des französischen Marschalls Bernadotte zu vertreiben. In der Folge wechselte die kleine Ortschaft mehrmals den Besitzer. Napoleon zog nun insgesamt 112 Kanonen in einer einzigen großen Batteriestellung zusammen und beorderte massive Unterstützung an seine gefährdete linke

Seite. Unterdessen verlagerte sich das Hauptkampfgeschehen auf die österreichische linke Flanke und zur dort befindlichen Ortschaft Markgrafneusiedl, um die heftig gefochten wurde. Die Österreicher unter Orsini-Rosenberg kämpften tapfer und leisteten den überlegenen Franzosen lange Zeit erfolgreich Widerstand. Der Erzherzog versuchte, durch den Einsatz der Reserven alle Frontabschnitte zu halten, und wartete weiter auf die Ankunft seines Bruders Johann. Doch dieser war als militärischer Kommandeur wenig geeignet und schaffte es nicht, seine Truppen voranzutreiben. Somit wirkte sich die Überlegenheit der Franzosen an Mensch und Material nach und nach aus, auch wenn den Österreichern überraschende Teilerfolge gelangen. Napoleon war mit dem bisherigen Verlauf der Schlacht unzufrieden und wusste, dass er sich eine zweite Niederlage gegen Carl nicht mehr leisten konnte. Deshalb setzte er alles auf eine Karte und befahl den entscheidenden Angriff auf das österreichische Zentrum. Nach heftiger Kanonade seiner massierten Batterie trat das Korps MacDonald zum Frontalangriff an, der ihm jedoch verheerende Verluste brachte. Als Carl feststellte, dass sein linker Flügel bei Markgrafneusiedl in schwere Bedrängnis geraten und das Zentrum massiv gefährdet war, brach er die Schlacht ab und zog sich zurück. Der Rückzug vollzog sich trotz des großen Drucks der Franzosen sehr geordnet und es kam zu keinen panikartigen Reaktionen. Alle Kavallerieattacken der Franzosen wurden zurückgeschlagen. Die Österreicher zogen in Richtung mährische Grenze ab. Napoleon hatte mit großen Anstrengungen und viel Glück das Schlachtfeld behauptet, doch war dies keiner seiner großen Siege.

Die Österreicher unter Carl hatten bei Wagram tapfer gekämpft und einen zahlenmäßig weit überlegenen Gegner, der immerhin vom großen Napoleon befehligt wurde, mehrmals in kritische Situationen gebracht. Letztlich hatte sich die überlegene Armee durchgesetzt, ohne der unterlegenen einen tödlichen Stoß versetzen zu können. Als sich die Österreicher zurückzogen, führten sie immerhin zwölf eroberte französische Feldzeichen, elf feindliche Kanonen und 7000 Gefangene mit sich. Carl selbst hatte sich mit Blick auf seine Kampfführung bei Wagram wenig vorzuwerfen. Seinen militärisch wenig begabten Bruder Johann traf eine weitaus größere Schuld an der Niederlage.

Die Verluste Napoleons waren in dieser Schlacht etwa genauso hoch wie jene der Österreicher. Seine Armee sollte durch die schweren Einbußen von Aspern und Wagram einen wesentlichen Qualitätsverlust an Erfahrung und Kompetenz erleiden, da besonders die länger gedienten und erfahrenen Soldaten massiv dezimiert wurden. Außerdem hatte er über dreißig Generäle verloren.

Carl erreichte mit seiner Armee nach einem Marsch durch das Weinviertel, bei dem es immer wieder zu kleineren Gefechten kam, die Stadt Znaim und stellte sich erneut den nachdrängenden Franzosen. Die österreichische Armee lieferte den zahlenmäßig weit überlegenen Truppen Napoleons einen tapferen Kampf, der mehrere Stunden ohne eindeutige Entscheidung tobte. Carl wusste, dass französische Verstärkung zu erwarten war und seine Truppen gleichzeitig immer schwächer wurden. Deshalb bot er Napoleon am Abend des 11. Juli einen Waffenstillstand an, den dieser akzeptierte, da auch seine Truppen massiv gelitten hatten und ihre Munition verbraucht war.

Kaiser Franz I. war über diese eigenmächtige Entscheidung seines Bruders erbost und wollte den Waffenstillstand vorerst nicht anerkennen. Da er den Unmut seines Bruders massiv zu spüren bekam und auch vielfacher Kritik ausgesetzt war, entschloss sich der Erzherzog, mit dem 31. Juli 1809 sein Kommando zurückzulegen. Der Oberbefehl ging an Feldmarschall Fürst Liechtenstein, dessen Generalquartiermeister Feldmarschall-Leutnant Radetzky wurde. Es kam aber zu keiner Wiederaufnahme der Kampfhandlungen. Napoleon hatte seinen letzten großen Sieg über die Österreicher errungen. Der Friede von Schönbrunn am 14. Oktober 1809 besiegelte

das Schicksal dieses vergeblichen Kampfes der Österreicher gegen Napoleon und auch das Schicksal Carls, der von nun an kein größeres militärisches Kommando mehr führen durfte.

Der Erzherzog verschwand daraufhin fast völlig aus dem öffentlichen Geschehen und trat nur noch einmal ins Rampenlicht der Geschichte, als er sich ohne jede Begeisterung dem Wunsch Napoleons fügte und Kaiser Franz bei der Vermählung Napoleons mit seiner Nichte Marie-Luise, der Tochter des Kaisers, in Wien vertrat. Der Korse verlieh ihm dafür das Großkreuz der französischen Ehrenlegion.

Besonders tragisch war für Carl, dass er sich nicht an der Niederringung Napoleons nach dessen gescheitertem Russlandfeldzug beteiligen durfte. Der Kaiser hatte kein Interesse, seinen misstrauisch beäugten, viel zu liberalen und zu populären Bruder mit einem Kommando zu betrauen. So musste Carl die Befreiungskriege und den Sturz Napoleons als Zuschauer erleben. Auch beim Wiener

General Johann Fürst Liechtenstein (Darstellung als Feldmarschall; Zeichnung von Peter Krafft, 1813)

Kongress ging Carl leer aus, obwohl er als Kandidat für eine habsburgische Sekundogenitur im Elsass und als zukünftiger König Belgiens im Gespräch war. Franz I. und Metternich dachten aber nicht daran, dem bei ihnen nicht sehr beliebten Kaiserbruder eine derartige Position zukommen zu lassen. Als sich Carl nach der Rückkehr Napoleons von Elba erneut um ein Kommando bewarb, bekam er als eine Art Trostpreis den Gouverneursposten in Mainz.

Carl liebte diese Stadt und lernte dort die protestantische Prinzessin Henriette von Nassau-Weilburg kennen, die er 1815 heiratete. Sie gebar ihm vier Söhne und zwei Töchter. Nachdem sein Adoptivvater Albert von Sachsen-Teschen im Jahre 1822 gestorben war, erbte Carl dessen Güter Teschen, Altenburg, Belye und das Albertina-Palais in Wien, dessen einzigartige Kunstsammlung sich damals schon großer Berühmtheit erfreute.

Carls von ihm sehr geliebte Frau Henriette starb am 29. Dezember 1829 mit nur 32 Jahren an Scharlach, nachdem sie sich bei der Pflege ihrer erkrankten Kinder angesteckt hatte. Sie wurde mit der Genehmigung des Kaisers als einzige Protestantin in

Zeitgenössisches Gedenkblatt zum Sieg von Aspern, 1809

der Kapuzinergruft in Wien beigesetzt. Carl bewohnte alleine mit seinen Kindern das von ihm errichtete prunkvolle Schloss Weilburg bei Baden. Er widmete sich vermehrt seiner Tätigkeit als Militärschriftsteller und verfasste eine Vielzahl von Schriften, die ihn fast auf eine Stufe mit Clausewitz stellen. Da ihn sein kaiserlicher Bruder und Metternich von politischen Funktionen fernhielten, engagierte sich Carl sozial und setzte sich für politische Gefangene ein. Nikolaus Lenau schrieb über den älteren Erzherzog: „Der Schreck der Heere stehet nun vor uns, ein Held an frommer Milde, für jeden, den er schlug auf rauer Bahn, lebt einer, dem er freundlich wohlgetan."

Erzherzog Carl hatte in acht Feldzügen 34 Schlachten geschlagen, wobei er seinen Soldaten ein großes Vorbild durch größten Mut, Hingabe und Aufopferung gewesen war. Er hatte 17 Mal die bedeutendsten französischen Generäle Jourdan, Moreau und Masséna besiegt und Napoleon zuletzt die erste Niederlage zugefügt. Der Privatmann widmete sich nun der Erziehung seiner Söhne, von denen drei Feldmarschälle wurden, während einer den Rang eines Generals der Artillerie erreichte. Sie sollten sich später in militärischen Belangen ihres Vaters würdig erweisen. Albrecht, der die Ehre der österreichischen Armee im Schreckensjahr 1866 rettete, und Friedrich, der als zu früh verstorbener Seekriegsheld in die Geschichte einging.

Carl verstarb am 30. April 1847 nach kurzer Krankheit in Wien, wobei er noch bei seinem letzten Atemzug an die Armee dachte, die ihm immer so am Herzen gelegen war: „Seht, da geht wieder ein Soldat zur großen Armee!"

LITERATUR

ANGELI, Moriz Edler von: Erzherzog Carl von Österreich als Feldherr und Heeresorganisator. 5 Bände, Wien 1896/97

ANGER, Gilbert: Illustrierte Geschichte der k. und k. Armee. Wien 1900

COCHENHAUSEN, Friedrich von (Hg.): Schicksalsschlachten der Völker. Berlin 1937

CRISTE, Oscar: Erzherzog Karl und die Armee. Wien 1906

CRISTE, Oscar: Erzherzog Carl von Österreich. Ein Lebensbild. Wien 1912

DIETER, Heinrich u. Georg Lorenz (Hg.): Unsere Helden. Geschichtliche Lehrbilder. 7 Bände, Wien 1895–1915

FLICK, Moritz: Helden unserer Armee. Wien 1910

FRAUNGRUBER, Hans: Hoch Habsburg! Bilder aus Österreichs alten und jungen Tagen. Wien 1909

GUNDOLF, Hubert: Um Österreich! Schlachten unter Habsburgs Krone. Graz 1995

HANTSCH, Hugo (Hg.): Gestalter der Geschicke Österreichs. Innsbruck 1962

HORSETZKY, Adolf v.: Kriegsgeschichtliche Übersicht der Feldzüge seit 1792. Wien 1914

KANKOFFER, Ignaz: Österreichs Helden und Feldherren. Erzherzog Karl von Österreich. Wien 1859

LANGENDORF, Jean-Jacques: Ahnengalerie der kaiserlichen Armee 1618–1918. Biographische Schattenrisse. Wien 1995

PLISCHNACK, Alfred: Gott erhalte! Wendepunkt 1809 – Österreichs Sieg über Napoleon. Wien 2009

PREIL, Arndt: Österreichs Schlachtfelder. 4 Bände, Graz 1993

RITTERSBERG, Johann Ritter von: Biographien der ausgezeichneten Feldherren der k. k. österreichischen Armee. Prag 1829

SACHSLEHNER, Johannes: Schicksalsorte Österreichs. Wien 2009

SCHMITT, Richard u. Peter Strasser: Rot-weiß-rote Schicksalstage. St. Pölten 2004

SCHNEIDAWIND, Franz Joseph Adolph: Das Buch vom Erzherzog Carl. Leipzig 1848
ZITZENBACHER, Walter: Österreichs historische Legenden. Innsbruck o. J.

ANDREAS HOFER
VOM GASTWIRT ZUM HELDEN DER NATION

„Mander – 's isch Zeit!"
(angeblicher Ausspruch
Hofers)

Andreas Hofer

Andreas Hofer wurde am 22. November 1767 im Gasthaus „Am Sand" bei St. Leonhard im Passeiertal geboren. Hier hatten seine Vorfahren bereits seit dem Beginn des 17. Jahrhunderts als „Sandwirte" gewohnt. Der junge Hofer übernahm im Alter von 22 Jahren das ziemlich herunterge-kommene Gut und heiratete 1789 ein Mädchen aus Algund bei Meran, mit dem er sieben Kinder haben sollte. Da sein Gasthof zu wenig abwarf, versuchte er, mit dem Pferde-, Wein- und Branntweinhandel zusätzlich Profit zu machen. Durch diese Tätigkeit kam er viel im Land herum und lernte viele Menschen kennen, darunter auch jene, die in den Tiroler Dörfern das Sagen hatten. Das sollte später für ihn sehr von Nutzen sein. Hofer entwickelte schon früh politische Interessen und beteiligte sich 1790 als Abgeordneter des Passeier Tales am „stürmischen Landtag" in Innsbruck, der ganz im Zeichen des Umbruchs stand. Im Krieg von 1796 trat er kurz als Kommandeur einer Schützenkompanie in Erscheinung.

Der Sandwirt traf im Juli 1804 das erste Mal mit Erzherzog Johann zusammen und beide Männer schätzten einander sehr. So war Hofer auch der wichtigste Ansprechpartner des von den Tirolern begeisterten Erzherzogs, als es um Erhebungspläne gegen die bayerische Besatzung ging. Weitere Treffen der beiden Männer fanden im November 1805 und im Januar 1809 statt.

Der Friede von Pressburg vom 26. Dezember 1805 brachte für die Tiroler massive Umwälzungen mit sich, denn von nun an standen sie unter bayerischer Herrschaft. Die neuen Herren aus Bayern begannen rasch, in dem ihrer Meinung nach rückständigen Tirol eine große Anzahl von Reformen durchzuführen, die von der Bevölkerung massiv abgelehnt wurden. So wurde die alte Tiroler Wehrverfassung von 1511 außer Kraft gesetzt, die Josephinische Kirchenreform wieder eingeführt und erhebliche Einschränkungen des religiösen Lebens verfügt. Das Verbot der Christmette, von Prozessionen und Wallfahrten sowie des Rosenkranzes führten zu massivem Unmut im „heiligen Land" Tirol. Es formierte sich jetzt bereits eine mehr oder weniger geheime Widerstandsbewegung. Hofer reiste 1808 mit einigen Mitverschworenen nach Wien, wo er den vom Freiherrn von Hormayr ausgearbeiteten Plan zum Aufstand in Tirol kennenlernte. Die österreichische Regierung sagte den Tirolern auch Truppen- und Geldhilfe zu. Dieser Plan wurde in der Folge in ganz Tirol mündlich verbreitet. Die Zwangsaushebung von Rekruten für die bayerische Armee brachte schließlich das Fass zum Überlaufen und am 9. April 1809 brach in Innsbruck der langersehnte Aufstand aus, der große Teile des Landes ergriff. Andreas Hofer rief an diesem Tag gemeinsam mit Martin Teimer in einer „Offenen Order" alle Milizhauptleute von Tirol zum bewaffneten Widerstand auf. Der Tiroler Landsturm erhob sich, um die Fremden aus dem Land zu vertreiben. Der Aufstand war von Anfang an gut organisiert, was nur in einem Land wie Tirol mit seiner alten Tradition des Volksaufgebotes und der Volksbewaffnung möglich war. Andreas Hofer stellte sich rasch an die Spitze der Aufstandsbewegung, wobei er durch das große Vertrauen, das er im Volk genoss, und seine guten Kontakte der beste Mann dafür war. Als Manko mochte seine mangelnde Bildung gelten, was er teilweise durch einen gesunden Hausverstand kompensieren konnte. Er scharte eine Gruppe von führenden Mitverschworenen um sich, aus denen besonders Joseph Speckbacher und Pater Joachim Haspinger hervorragten.

Hofer war als Kommandant der Passeier Schützenkompanie Kommandant einer Art „Elitetruppe" unter den Tiroler Schützen. Mit dieser Formation hatte er auch militärisch gute Karten. Schon am 11. April 1809 konnte er bei Sterzing gegen die Bayern einen Sieg erringen. In der ersten Bergiselschlacht am 12. April wurde die Landeshauptstadt Innsbruck durch die Tiroler unter Führung des Schützenhauptmanns Martin Theimer eingenommen. Die bayerischen Truppen unter General Kinkel mussten sich nach heftigen Kämpfen ergeben. Durch eine List gelang es Theimer, auch 8000 Bayern und Franzosen unter General Bisson, die vom Brenner aus Innsbruck zu Hilfe kommen wollten, am 13. April zur Kapitulation zu überreden. Dies brachte Theimer später den Maria-Theresien-Orden ein und die Erhebung in den Freiherrnstand.

Nach den Ereignissen vom 13. April war ganz Tirol bis auf Kufstein von den Franzosen und Bayern befreit. Ende April und Anfang Mai bewies Hofer einiges militärisches Geschick bei Gefechten im Trentino. Die von den Habsburgern nach Tirol geschickten regulären österreichischen Truppen standen unter dem Befehl von Johann Gabriel von Chasteler, über den es zwiespältige Berichte gibt. Dieser gebürtige Belgier war ein altgedienter Soldat, der in jungen Jahren mit großer Kühnheit gefochten und 1789 den Maria-Theresien-Orden erhalten hatte. Chasteler war in seiner Laufbahn insgesamt 14 Mal verwundet worden und hatte die Inhaberwürde des 1. Tiroler Jägerregiments.

1805 hingegen versagte er als Divisions-Kommandant in Tirol. Im Jahre 1809 hatte er große Probleme mit der Koordinierung seiner Truppen mit den aufständischen Schützen und beide Seiten konnten wenig voneinander profitieren. Seine Niederlage gegen den französischen General Lefèbvre am 13. Mai 1809 und ein von Napoleon erlassenes Todesurteil gegen ihn veranlassten Chasteler zum überhasteten Rückzug nach Kärnten. Damit war seine Unterstützung für den Tiroler Aufstand mehr oder weniger beendet, auch wenn er Hofer noch einige kleinere Einheiten zur Verfügung stellte.

Der österreichische Hof-
rat Freiherr von Hormayr
war von Wien nach Tirol
geschickt worden, um die
Verbundenheit des Herr-
scherhauses mit den Auf-
ständischen zu beweisen.
Als der Franzose Lefèbv-
re mit seinen vor allem
bayerischen Truppen den
Norden Tirols zurücker-
obern wollte, stieg Hofer
endgültig zum alleinigen
militärischen Befehlsha-
ber aller Aufständischen
auf und bildete in Sterzing
sein Hauptquartier. Die
regulären österreichischen
Truppen waren bis auf eine
schwache Brigade unter
dem Generalmajor Ignaz
von Boul abgezogen. Ho-

*Andreas Hofer und Joachim Haspinger am Bergisel
(idealisierte Darstellung des 19. Jahrhunderts)*

fer nahm einen Teil dieser Brigade mit, als er mit etwa 14.000 Schützen und Land-
sturmmännern in Richtung Innsbruck aufbrach. Teile dieses Aufgebots erreichten die
Höhen südlich von Innsbruck und es kam zu einer neuen Bergiselschlacht.

Dieses zweite Zusammentreffen bestand eigentlich aus zwei Kämpfen, die am
25. und 29. Mai 1809 stattfanden. Andreas Hofer und seine Unterführer hatten wie
so oft keinen exakten Schlachtplan, was erwartungsgemäß zu einer chaotischen Entwicklung führte. Eine etwa 5000 Mann starke Truppe von Tiroler Schützen erreichte
am Morgen des 25. Mai die Ortschaft Matrei und die Männer begannen damit, die
südlich von Innsbruck gelegenen Berghänge zu besetzen. Zusätzlich marschierte Josef Speckbacher vom Unterinntal her mit weiteren 1000 Schützen heran, wozu auch
noch 1200 Mann regulärer österreichischer Infanterie stießen, die immerhin über
fünf Geschütze verfügten. Den zusammengewürfelten Truppen Hofers stellten sich
auf der Gegenseite etwa 5000 bayerische Soldaten entgegen, die von General Deroy
kommandiert wurden. In der Folge kam es zu einer Reihe von Kämpfen auf breiter
Front, die vorerst zu keiner Entscheidung führten, denn die Bayern waren besser ausgerüstet als ihre zahlenmäßig stärkeren Gegner. Da es dunkel wurde und außerdem
noch ein Gewitter losbrach, wurden die Kämpfe eingestellt, ohne dass es zu einem
eindeutigen Ergebnis gekommen wäre.

In den darauffolgenden Tagen blieb die Lage stabil und man belauerte einander.
Die Bayern kontrollierten weiterhin die Tallagen und die Tiroler und Kaiserlichen
die Berghänge. Die Tiroler Schützen wurden zunehmend unruhig, da sie auf einen
schnellen Sieg und eine baldige Heimkehr gehofft hatten. Hofer, Speckbacher und
Haspinger unternahmen große Anstrengungen, ihre Leute am Abzug zu hindern,
wagten aber auch zunächst keinen weiteren Waffengang. Doch dann änderte sich

die Stimmung grundlegend, als die Nachricht eintraf, dass der kaiserliche Generalissimus Erzherzog Carl Napoleon bei Aspern besiegt habe. Am Morgen des 29. Mai traten Hofers Männer siegesgewiss und voll Elan zum Angriff gegen ihre bayerischen Gegner an. Deroys Soldaten hatten dem unerwarteten Sturm nicht viel entgegenzusetzen und wurden einfach überrannt, wobei sie ziemlich dezimiert wurden. Der bayerische Kommandant zog sich schließlich mit dem kümmerlichen Rest seiner Truppen so schnell wie möglich ins Unterinntal zurück. Am 30. Mai konnte Andreas Hofer daraufhin mit seinen Tiroler Schützen wieder in Innsbruck einziehen.

Das Wolkersdorfer Handbillet von Kaiser Franz I. am 29. Mai, erlassen nach dem Sieg von Aspern, wurde nun in Tirol bekannt. In diesem versprach der Kaiser, nur in einen Frieden einzuwilligen, wenn Tirol wieder mit der Monarchie verbunden würde. Hofer war zuversichtlich und fühlte sich bestätigt. Viele seiner späteren Entscheidungen wurzelten in diesem Glauben. Doch schon bald sollten sich die Verhältnisse durch die Niederlage Erzherzog Carls bei Wagram und den Waffenstillstand von Znaim am 12. Juli gänzlich ändern. Hofer hielt die Nachricht vom Waffenstillstand anfänglich für eine Kriegslist des Feindes. Er war der Meinung, dass der Feind aufgrund des Waffenstillstandes kein Recht hätte, das Land zu besetzen. Deshalb war er für die dritte Erhebung Tirols und dachte nicht an eine Aufgabe.

Napoleon war über die allgemeine Entwicklung aufgebracht und beschloss, den aufständischen Tirolern endgültig den Todesstoß zu versetzen. Es wurden jetzt größere Truppenmengen als zuvor aufgeboten und in der zweiten Julihälfte drangen insgesamt 25.000 Soldaten von verschiedenen Richtungen aus in Tirol ein. Doch die Tiroler Schützen verteidigten erbittert eine größere Anzahl von strategisch wichtigen Positionen, wie die Lienzer Klause, die Ehrenberger Klause bei Reutte, die Eisackschlucht zwischen Sterzing und Brixen und die Pontlatzer Brücke zwischen Landeck und Prutz. Dabei konnten den Invasoren unter geschickter Ausnutzung der topografischen Gegebenheiten sehr hohe Verluste zugefügt werden. Dessen ungeachtet konnten die Tiroler Schützen eine Konzentration einer großen Streitmacht, die aus bayrischen, französischen und sächsischen Truppen bestand, im Raum von Innsbruck nicht verhindern. Das Kommando dieser insgesamt 15.000 Soldaten hatte der französische Marschall Lefèbvre inne. Diesen stand ein etwa zahlenmäßig gleich starkes Schützenaufgebot unter Hofers Führung gegenüber. Am 13. August 1809 kam es zur dritten und größten Bergiselschlacht. Wie bei den vorangegangenen Kämpfen am Bergisel nutzten die Tiroler die Deckungsmöglichkeiten, die ihnen das Gelände und der Wald boten, besser aus. Das Feuer der meist geübten Schützen wirkte vernichtend auf die tapfer vorangetragenen Sturmangriffe vom Tal aus. Die Kavallerie und Artillerie nützten Lefèbvre wenig, da er sie am Berg nicht voll einsetzen konnte. Wieder konnten die Aufständischen einen Sieg erringen und die Soldaten Napoleons mussten am 15. August den Rückzug durch das Unterinntal antreten. Andreas Hofer zog in Innsbruck ein und regierte das Land als „Oberkommandant" in der Hofburg. Der Sandwirt war nun der „Regent" von Tirol. Es soll in der Innsbrucker Hofburg wie in einer bäuerlichen Wirtsstube oder in der Gemeindekanzlei eines Gebirgsdorfes ausgesehen haben. Viele Tiroler waren inzwischen indes kriegsmüde und Hofers Herrschaft überdrüssig. Der Herr Tirols reiste Anfang September in den Süden Tirols und in sein Haus im Passeiertal. Dort erhielt er am 29. September durch Boten vom Kaiser eine kostbare goldene Ehrenkette mit einer Schaumünze, die das Bild von

Kampf gegen die Tiroler Zivilbevölkerung, 1809 (zeitgenössische Gouache)

Franz I. trug. Außerdem bekam er 3000 Dukaten für die Landesverteidigung. Das war das Abschiedsgeschenk des Habsburgers.

Nachdem der Friede von Schönbrunn am 14. Oktober 1809 unterzeichnet worden war, gab Napoleon erneut den Befehl, Tirol endlich unter Kontrolle zu bringen. Allerdings sollten alle, die den Kampf einstellten, Amnestie erhalten. Mitte Oktober drangen bayerische Truppen erneut in Tirol ein und erreichten am 24. Oktober Innsbruck.

Hofer hatte bereits zuvor die Landeshauptstadt verlassen, zögerte aber vorerst weitere Kampfhandlungen hinaus. Er erhielt den vollen Wortlaut des Friedensvertrages erst am 29. Oktober durch einen Boten Erzherzog Johanns. Hofer wusste, dass sich die Situation für ihn grundlegend verändert hatte. Er hatte die Übersicht verloren und seine Befehle begannen einander zu widersprechen. Doch die meisten seiner Schützen vertrauten ihm weiterhin, auch wenn sie viele seiner Anordnungen nicht mehr verstanden. Es kam zu weiteren Kämpfen, die Erfolge brachten, besonders dann, wenn der Sandwirt selbst das Kommando innehatte. Schließlich kam es zu einer weiteren Schlacht südlich von Innsbruck.

Diese vierte Bergiselschlacht verlief anders als die vorherigen. Nach einigen leichten Gefechten traten die Bayern am 1. November am frühen Morgen zum Sturm auf die am Bergisel verschanzten Tiroler an. Der Kampf dauerte etwa zwei Stunden, dann mussten sich die Schützen zurückziehen. Die letzte Bergiselschlacht war für die

177

Tiroler verloren. Von nun an engte sich der Aktionsraum der aufständischen Schützen immer weiter ein.

Hofers neuerlicher Aufruf zum Widerstand am 11. November blieb ohne große Wirkung. Dennoch gab es noch einige Kämpfe. Hofer selbst errang seinen letzten Sieg am 22. November, floh aber einen Tag später auf die Kellerlahn im Passeier, am 26. November auf den Pfandlerhof in Oberprantach und am 11. Dezember zur Mähderhütte auf der Pfandleralm. Er lehnte alle Angebote ab, Tirol zu verlassen oder sich der Gnade seiner Feinde auszuliefern. Dabei glaubte er, auf die Verehrung und die Solidarität seiner Tiroler vertrauen zu können. Doch ein gewisser Franz Raffl

Gefangennahme von Andreas Hofer (Gemälde von Carl von Blaas, 1890)

verriet den Franzosen Hofers Versteck. Nach seiner Verhaftung am 28. Januar 1810 brachte man den Sandwirt nach Mantua, um ihn abzuurteilen. Napoleon hatte allerdings sein Urteil bereits gefällt und so geriet der kurze Prozess gegen Hofer trotz der Bemühungen seines Rechtsanwalts aus Mantua eigentlich zu einer Farce. Hofer wurde zum Tode verurteilt und am 20. Februar in der Festung der Stadt erschossen.

Der Sandwirt war einer, den man in Tirol als „gestandenes Mannsbild" bezeichnet hätte. Er war untersetzt, hatte eine breite Brust, volle rote Wangen und trug einen schwarzen, breit und dicht hinabfallenden Bart. Sein Wesen wird beschrieben als „nicht unbegabt, aber unklar, leicht vertrauend und leicht argwöhnisch, mutig, aber nicht löwenkühn". Er war dem Kaiserhaus, das ihn später so sehr enttäuschen sollte, immer treu und ergeben, auch wenn er die Winkelzüge der Politik von Franz I. und seinen Beratern oft nicht verstand.

Andreas Hofer und die anderen Führer der Aufstandsbewegung waren alles andere als moderne Revolutionäre. Ihr Kampf galt nicht nur der Fremdherrschaft durch Bayern und Frankreich, sondern auch deren Verständnis von Aufklärung und Modernisierung. So wurde die von den Bayern eingeführte Pockenimpfung genauso wie

Zu Mantua in Banden: Andreas Hofers letzter Gang (nach einem Gemälde von Franz Defregger)

die Emanzipation der Juden bekämpft. Hofer verbot sofort Feste und Bälle und ordnete an, dass „Frauenzimmer" nicht mehr zu wenig bedeckt herumlaufen durften. Er war der Kirche immer „schwärmerisch zugetan" und folgte gern dem Rat der Geistlichen, die damit großen Einfluss auf ihn hatten.

Heute sieht man das Bild des Sandwirts nach einer langen Phase der Verklärung viel kritischer. Aber auch schon Zeitgenossen wollten trotz gewisser Sympathien nicht über seine Fehler hinwegsehen. So schrieb der Priester Josef Daney: „Er fiel – warum? Weil er zu wenig Kopf und Selbständigkeit hatte." Als militärischer Stratege sei er immer überfordert gewesen und habe sich von allerlei Ratgebern beeinflussen lassen, wird kolportiert.

Und doch ist der historisch bedeutende Tiroler Volksaufstand ohne die Integrations- und Führerfigur Andreas Hofers nicht denkbar. Seine Person verkörperte alles, was das Denken und Fühlen der bäuerlichen Bevölkerung Tirols ausmachte und durch seine Tugenden, wie Standhaftigkeit, Aufrichtigkeit und Mut, wurde er zum Vorbild seiner und späterer Generationen.

Es gibt mehrere Versionen der letzten Worte Hofers. Einerseits soll er gesagt haben: „Franzl, Franzl, das verdank ich dir!" Was natürlich gegen den für ihn wortbrüchigen Kaiser Franz gerichtet war. Andererseits wurde auch berichtet, er soll nach der ersten Exekutionssalve, die ihn nur leicht verletzte, gesagt haben: „Ach, wie schießt ihr schlecht!" Diese Worte gingen letztlich in die Tiroler Landeshymne über.

Die Gebeine Hofers wurden auf Initiative österreichischer Offiziere im Januar 1823 von Mantua nach Innsbruck gebracht, wo sie heute in der Hofkirche ruhen.

LITERATUR

DIETER, Heinrich u. Georg Lorenz (Hg.): Unsere Helden. Geschichtliche Lehrbilder. 7 Bände, Wien 1895–1915

FRAUNGRUBER, Hans: Hoch Habsburg! Bilder aus Österreichs alten und jungen Tagen. Wien 1909

GUNDOLF, Hubert: Um Österreich! Schlachten unter Habsburgs Krone. Graz 1995

HANTSCH, Hugo (Hg.): Gestalter der Geschicke Österreichs. Innsbruck 1962

HEIGEL, Karl Theodor: Andreas Hofer. München 1875

HELFERT, Alexander Freiherr von: An Ehren und an Siegen reich. Bilder aus Österreichs Geschichte. Wien 1907

KANKOFFER, Ignaz: Bilder aus der vaterländischen Geschichte. Wien 1862

PLISCHNACK, Alfred: Gott erhalte! Wendepunkt 1809 – Österreichs Sieg über Napoleon. Wien 2009

SACHSLEHNER, Johannes: Schicksalsorte Österreichs. Wien 2009

SCHEMFIL, Viktor: Der Tiroler Freiheitskrieg 1809. Innsbruck 2007

SCHMITT, Richard u. Peter Strasser: Rot-weiß-rote Schicksalstage. St. Pölten 2004

SCHWEIGERD, Carl Adam: Österreichs Helden – und Heerführer von Maximilian I. bis auf die neuesten in Biographien und Charakterskizzen. Wien 1852

UFFINDELL, Andrew: Great Generals of the Napoleonic Wars and their Battles. Staplehurst/Kent 2003

KARL PHILIPP ZU SCHWARZENBERG
DER SIEGER VON LEIPZIG

Karl Philipp Fürst Schwarzenberg als Feldmarschall (A. Bayer, Elfenbein, um 1813)

Viele Tausend Wiener und Besucher der Stadt passieren täglich einen etwas in die Länge gezogenen Platz, auf dem ein monumentales Reiterstandbild steht. Kaum einer der Passanten blickt hoch zu dem Mann, der gleichzeitig stolz und von Taubenkot verunreinigt auf seinem Pferd sitzt. Nur die Wenigsten wissen, wer dieser Mann war und welche Rolle er in der österreichischen Geschichte spielte.

Die Adelsfamilie der Schwarzenbergs ist ein weit verzweigtes Geschlecht. Fürst Karl Philipp zu Schwarzenberg entstammte der in Südböhmen ansässigen Linie, deren prachtvolle Schlösser uns heute noch beeindrucken. Er wurde am 15. April 1771 in Wien geboren, wo die Familie ein Stadtpalais unterhielt. Sein Vater Johann I. Nepomuk galt als modern denkender Fürst, der sich in erster Linie mit wirtschaftlichen und technischen Verbesserungen beschäftigte. Die Mutter Marie Eleonore von Oettingen-Wallerstein entstammte einem alten fränkisch-schwäbischen Adelsgeschlecht.

Es war von frühester Kindheit an vorgesehen, dass Schwarzenberg Soldat werden sollte. Er wurde auf dieses Ziel hin erzogen und einer „Abhärtung des Körpers" ausgesetzt. Jedenfalls ließ man ihm eine ausreichende Bildung angedeihen, wobei das Militärische immer im Zentrum stand. Männer wie Laudon und Lacy kümmerten sich um die Fortschritte in der kriegerischen Ausbildung des jungen Schwarzenbergs.

Die ersten praktischen Kriegserfahrungen machte der 17-jährige Schwarzenberg in einem Konflikt, der eigentlich einer bereits vergangenen Epoche anzugehören schien, nämlich dem letzten großen Türkenkrieg der Österreicher. Der junge Fürst diente als Leutnant im Regiment Wolfenbüttel, mit dem er nach Slawonien zog. Hier bewies er Entschlossenheit und Risikobereitschaft. Als der Feldmarschall Lacy den Wunsch äußerte, man solle Gefangene machen, galoppierte der junge Schwarzenberg mit Fürst Poniatowsky sofort auf eine Gruppe türkischer Sipahis los. Es gelang ihm auch, einen der Gegner persönlich zu entwaffnen und als Gefangenen dem Feldmarschall vorzuführen. Diese Tat brachte ihm seine erste ehrenvolle Belobigung ein.

Als er einige Zeit später wieder in Gesellschaft Poniatowskys einen Erkundungsritt durchführte, gerieten sie in einen Hinterhalt. Im nun folgenden Gefecht erschossen Schwarzenberg und der Fürst je einen der Gegner und konnten die anderen so lange auf Distanz halten, bis Unterstützung herbeigeeilt war. Schwarzenberg konnte wieder zwei Gefangene ins österreichische Lager bringen.

Im weiteren Verlauf des Feldzuges konnte sich Schwarzenberg erneut auszeichnen, als er besonderen Mut bei der Erstürmung der Festung Sabacz bewies. Er brachte im feindlichen Feuer einen Teil der Palisaden zum Einsturz. Schwarzenberg wurde zum Hauptmann ernannt und erhielt seine eigene Kompanie. Auch Kaiser Joseph II. war durch diese Tat auf den jungen Helden aufmerksam geworden und bedachte ihn mit seiner Huld.

Schwarzenberg fühlte sich aber besonders vom alten Feldmarschall Laudon angezogen, dessen militärisches Genie er bewunderte. Er setzte alle Hebel in Bewegung, um in dessen Hauptquartier aufgenommen zu werden. Laudon war binnen Kurzem von dem Eifer, dem Beobachtungsgeist und dem Mut des jungen Mannes angetan und prophezeite ihm eine große Zukunft. Doch Schwarzenberg erkrankte schwer und man musste ihn kurz vor der Eroberung Belgrads nach Böhmen heimschicken.

Noch in der Heimat traf ihn der nächste schwere Schlag, als sein Vater starb. Tief erschüttert reiste er nach Braunschweig, wo ein Heer gegen die plötzlich bedrohlich werdenden Preußen aufgestellt wurde. Da folgte die nächste persönliche Tragödie, nämlich der Tod seines geliebten Lehrers Franz Joseph von Haßlinger.

1790 wurde der erst 19-Jährige zum Major befördert und fungierte bei der Kaiserkrönung Leopolds II. in Frankfurt als erster Wachtmeister der Arcieren-Leibgarde; eine Auszeichnung, die wohl in erster Linie auf seine fürstliche Abstammung zurückzuführen war. Nach Wien zurückgekehrt, hatte er einige Zeit, um sich seiner Bildung zu widmen. Er liebte die Schriftsteller des Altertums, da er den antiken Helden nacheifern wollte. Nebenbei widmete er sich dem Schieß-, Reit- und Fechttraining. Angeblich war er auf allen diesen Gebieten sehr gut und zudem noch sportlich, was etwas verwundert, wenn man die vorhandenen Bilder betrachtet, auf denen er eher behäbig wirkt.

Als nach der Pillnitzer Deklaration (1791) der Krieg gegen das revolutionäre Frankreich ausbrach, wurde Schwarzenberg dem als tapfer geltenden Wallonenregiment der Latour-Dragoner zugeteilt. Diese standen dem jungen hohen Herrn anfangs reserviert gegenüber, zeigten sich aber bald durch seine Fähigkeiten und seinen Mut beeindruckt. Eine von Schwarzenbergs spektakulären Unternehmungen war die Eroberung des Außenwerks der Festung Philippeville. Außerdem war er bei den Schlachten von Jemappes und Nerwinden dabei und zeichnete sich ganz besonders in einem Gefecht bei Estreuf aus.

Er wurde in der Folge zum Oberstleutnant befördert und befehligte ein in Galizien geworbenes Ulanen-Freikorps, das besonders für den so genannten „kleinen Krieg" eingesetzt wurde. Dort lernte er die preußische Legende Blücher kennen, da dieser damals als Kommandant der leichten Truppen der preußischen Vorhut fungierte. Damals wusste noch keiner von beiden, dass sie eines Tages gemeinsam die bis dahin größte Schlacht der europäischen Geschichte schlagen sollten. Doch zuvor verletzte sich Schwarzenberg bei einem Erkundungsritt mit seinem Pferd so schwer, dass er sich niemals mehr ganz davon erholen sollte. Man vermutet, dass sein früher Tod mit den Folgen dieses Unfalls zusammenhing.

1794 wurde Schwarzenberg vom Kaiser zum Obersten des Kürassier-Regiments Wallis ernannt, das in Wien stationiert war. Dieser wollte jedoch lieber auf die Beförderung verzichten, als sich vom Kriegsgeschehen zu entfernen. Deshalb betraute ihn Kaiser Franz mit dem Kommando über das Regiment Zeschwitz, das im Kampfeinsatz stand. Schwarzenberg zeigte sich dieser Gnade bald würdig. In der Schlacht bei Cateau an der Sambre am 26. April 1794 griffen die Verbündeten frontal an und wurden von einem Korps am linken Flügel umgangen. Schwarzenberg attackierte an der Spitze seiner Kürassiere gemeinsam mit englischer Reiterei den vordringenden Gegner. Die Franzosen wurden nicht nur aufgehalten, sondern in der Folge auch zurückgetrieben und schließlich aufgerieben. Nach dem Sieg bedeckten 3000 gefallene Gegner das Schlachtfeld, ein General war gefangen und 32 Kanonen erbeutet worden. Schwarzenberg war der Held des Tages und wurde dafür vom Kaiser mit dem Militär-Maria-Theresien-Orden ausgezeichnet.

Den Winter 1795 verbrachte er bei seiner Familie. Dabei lernte er seine zukünftige Frau, die verwitwete Gräfin von Esterházy, kennen. Aber schon im Frühling 1796 war Schwarzenberg wieder im Feld und zeichnete sich bei der Schlacht von Amberg aus. Er wurde daraufhin zum Generalmajor befördert. Nach dem Frieden von Campo Formio hatte Schwarzenberg Zeit für sein Privatleben und gönnte sich etwas häusliche Geborgenheit, die schmerzhaft durch den Tod seiner Mutter am 25. Dezember 1797 beendet wurde. Das Jahr 1798 stand für Schwarzenberg im Zeichen persönlicher Trauer, bis er am 27. Januar 1799 die Gräfin Esterházy heiratete.

Der Krieg gegen Frankreich flammte erneut auf und der Fürst war wieder bereit, an der Front sein Bestes zu geben. Seine Truppen waren es dann auch, die die ersten französischen Gefangenen machten. Doch verlief der Krieg trotz seiner großen Tapferkeit alles andere als erfolgreich für die kaiserliche Armee. Schwarzenberg wurde im September 1800 Feldmarschall-Leutnant, doch betrübte ihn, dass die Österreicher nicht mit dem Genie Napoleons und dem Furor der französischen Truppen fertig wurden. In der für die kaiserliche Armee unglücklich verlaufenden Schlacht von Hohenlinden hatte Schwarzenberg, der den rechten Flügel kommandierte, sich am besten behauptet und Erfolge errungen. Doch wurde er nach der Auflösung der restlichen Armee mit seinen Truppen isoliert und die Franzosen forderten ihn zur Übergabe auf. Aber Schwarzenberg gelang kämpfend mit nur geringen Verlusten und unter Mitnahme der gesamten Artillerie der Rückzug.

Am 18. Oktober 1800 übernahm Erzherzog Carl den Oberbefehl über die schwer angeschlagene Armee und übergab Schwarzenberg das Kommando über die Nachhut. Dieser bewährte sich auch in dieser Aufgabe. Er konnte die versprengten Truppen sammeln und dem immer heftiger nachdrängenden Gegner geordnete Rückzugsgefechte liefern, die nie seiner Kontrolle entglitten. Nach Unterzeichnung des Waffenstillstandes ersuchte der Erzherzog darum, Schwarzenberg das zweite Ulanenregiment als Inhaber zu übergeben. Dieses Regiment war aus dem Freikorps entstanden, das der Fürst bereits als Oberstleutnant kommandiert hatte.

Für den von der Niederlage enttäuschten Schwarzenberg kam nun eine Phase der Ruhe, in der er sich seiner Familie widmen konnte. Kaiser Franz sandte ihn nach St. Petersburg, um der Thronbesteigung Alexanders I. beizuwohnen. Hier erwies sich ein weiteres Talent Schwarzenbergs, denn er wirkte als geschickter Diplomat und konnte die Beziehungen zu Russland verbessern. Trotz eines weiteren Unglücks nach seiner Rückkehr, als sein Schloss an der Moldau im Sommer 1802 abbrannte, genoss Schwarzenberg das Landleben und las viel über Kriegsgeschichte, Kriegskunst und Staatsrecht. Nach der Praxis beschäftigte er sich also mit der Theorie. Diese Phase in seinem Leben sollte bis zum erneuten Kriegsausbruch im Jahre 1805 dauern.

In diesem für Österreich so folgenreichen Jahr erfolgte zunächst Schwarzenbergs Ernennung zum Vizepräsidenten des Hofkriegsrates bzw. zum Geheimen Rat. Der Fürst übernahm das Kommando über Teile jener Armee, die unter Mack gegen die Franzosen ins Feld zog. Es folgte dann einer der Tiefpunkte österreichischer Militärgeschichte. Den einzigen Erfolg, der sich während dieser einmaligen militärischen Katastrophe ereignete, konnte sich Schwarzenberg an seine Fahnen heften. Er führte am 11. Oktober 1805 ein erfolgreiches Gefecht gegen die Franzosen bei Jungingen. Er beschwor den verblendeten Mack, die Stadt Ulm, die zur Falle geworden war, zu verlassen, allerdings war der Fürst nicht erfolgreich. Um der Gefangenschaft zu entkommen, entschlossen sich Erzherzog Ferdinand und Schwarzenberg, mit einer kleinen Truppe von 1800 Reitern die feindlichen Linien zu durchbrechen. Der Fürst kommandierte mit dem Säbel in der Hand und führte seine Männer von Gefecht zu Gefecht. Schwarzenbergs Reitertruppe agierte so erfolgreich, dass die Franzosen davon ausgingen, er hätte sechs- bis achttausend Mann. Nach acht Tagen waren sie schließlich der Gefahrenzone entronnen.

Schwarzenberg hatte trotzdem große Sorgen um die Zukunft der Monarchie. Kaiser Franz ließ den Fürsten zu sich rufen, um sich mit ihm zu beraten. Dieser war entschieden dagegen, sich Napoleon bei Austerlitz einer Schlacht zu stellen, konnte sich aber nicht durchsetzen. Nach der Niederlage traf sich Schwarzenberg in Begleitung seines Kaisers zum ersten Mal mit Napoleon, der ihm eine Hochachtung entgegenbrachte. Wenig später erhielt der Fürst das Kommandeurkreuz des Theresien-Ordens.

Wegen gesundheitlicher Probleme und seiner Unzufriedenheit über die Entwicklung schlug Schwarzenberg die Stellung eines Präsidenten des Hofkriegsrates aus und zog sich im Sommer 1806 auf seine böhmischen Güter zurück. Vorerst verzichtete er auf die Fortsetzung seiner militärischen Laufbahn, da er der Meinung war, dass man Napoleon, der scheinbar spielend das militärisch so gefürchtete Preußen besiegt hatte, mit den zu dieser Zeit vorhandenen Möglichkeiten nicht beikommen konnte. Auf den Wunsch Zar Alexanders, der ihn schätzte, ging Schwarzenberg als Botschafter nach St. Petersburg. Seine wichtigste Funktion war, Österreich bei einem erneuten Kampf mit Frankreich vor einem Angriff Russlands zu schützen. Kaiser Franz war mit seiner Tätigkeit zufrieden und sandte Schwarzenberg den Orden des Goldenen Vlies in die russische Hauptstadt. Dem Fürsten gelang es, die Russen davon zu überzeugen, im Jahre 1809 nicht gleichzeitig mit Napoleon gegen Österreich loszuschlagen. Doch nach der österreichischen Niederlage bei Regensburg musste Schwarzenberg St. Petersburg verlassen; er erreichte auf Umwegen das kaiserliche Heer, um an der Schlacht bei Wagram teilzunehmen. Danach machte er den Rückzug nach Mähren mit und kämpfte in der Schlacht bei Znaim.

Trotz des unglücklichen Ausgangs des Krieges hatte Schwarzenberg wieder Tatkraft und Mut bewiesen und wurde zum General der Kavallerie ernannt. Schon kurze Zeit später erhielt er eine als schwierig geltende Aufgabe. Man entsandte ihn als

Botschafter an den Hof Napoleons. Er vertrat das erneut besiegte Österreich mit Geschick und Würde, was ihm große Anerkennung brachte. Schwarzenberg versuchte möglichst viele Informationen über Napoleon zu sammeln, organisierte Feste für den Kaiser und war am Zustandekommen der Vermählung des Korsen mit der Erzherzogin Marie Luise beteiligt.

Am 1. Juli 1810 kam es anlässlich eines Festes, das Schwarzenberg für Marie Luise gab, zu einem weiteren Unglück in seinem Leben. In einem eigens für das Fest gebauten Gartensaal, in dem sich hunderte Gäste aufhielten, fingen die Stoffe der Wandverkleidung Feuer, das rasch auf das ganze Gebäude übergriff. Unter den Opfern war die Gattin von Schwarzenbergs Bruder, die am nächsten Tag nur mehr anhand ihres Schmuckes identifiziert werden konnte. Der Fürst war schockiert und fiel in eine tiefe Depression, an der er bis an sein Lebensende leiden sollte, obwohl er versuchte, sich nach außen hin nichts anmerken zu lassen.

Napoleon wollte ihn als Führer des österreichischen Hilfskorps beim Feldzug gegen Russland. Der Fürst trat diese Stellung mit gemischten Gefühlen an, tat aber alles, um die von ihm kommandierten 30.000 Soldaten strategisch klug zu führen. Am 12. August 1812 schlug er bei Podubnie den russischen General Tormasow und manövrierte mit seinen Truppen danach so klug, dass er damit die fast dreimal so starke Armee des Generals Tschitschagow in Schach halten konnte. Durch verschiedene Aktionen konnte er dieser russischen Armee schmerzhafte Verluste zufügen. Nach dem Rückzug der französischen Hauptstreitmacht von Moskau und der Katastrophe an der Beresina kehrte Schwarzenberg mit seinem Korps auf Befehl Napoleons um, da er die verfolgenden Generäle Osten-Sacken und Langeron aufhalten sollte. Er sicherte den Rückzug verschiedener französischer Einheiten und kehrte anschließend mit seiner intakten Truppe nach Galizien zurück.

Dieses von Schwarzenberg kommandierte Korps sollte in der Folge der Kern der großen Armee vor Leipzig werden. Napoleon war mit den Leistungen Schwarzenbergs in diesem für ihn so katastrophalen Feldzug zufrieden. Auf dessen Anregung ernannte Kaiser Franz den Fürsten zum Feldmarschall. Schwarzenberg erfüllte danach weiterhin die Rolle eines Botschafters bei Napoleon, mit dem er geschickt umzugehen verstand. Er vermied es, sich von den Franzosen vereinnahmen zu lassen, und verhinderte einen vorzeitigen Bruch mit dem in Schwierigkeit geratenen ehemaligen Feind und nunmehrigen Bundesgenossen.

Schwarzenberg wartete die weitere Entwicklung vorerst ab. Das letzte Mal kam Schwarzenberg in friedlicher Absicht am 17. April 1813 zu Napoleon. Alle Versuche einer Einigung mit dem Korsen waren vergeblich und ein weiterer Krieg bahnte sich an. Nach seiner letzten ergebnislosen Friedensmission wurde der Fürst dann von den gegen Napoleon verbündeten Staaten zum Oberbefehlshaber der vereinten Heere berufen. Schwarzenberg hatte damit eine Streitmacht zur Verfügung, die um ein Drittel stärker war als die Kräfte Napoleons; er war sich aber bewusst, dass er auch gegen den Mythos des Korsen ankämpfen musste. Außerdem musste er nun vier verschiedene Heere koordinieren, die sich in der Vergangenheit einander nur zu oft bekämpft hatten. Ihre Führer beugten sich ungern einem Oberkommando unter dem Österreicher Schwarzenberg. Das ist möglicherweise einer der Gründe, warum die gemeinsamen Aktionen der Verbündeten oft langsam und schwerfällig wirkten, während Napoleon frei schalten und walten konnte. Schwarzenberg sah dennoch seine Chance, den Korsen dieses Mal endgültig auszuschalten. Er meinte: „Wir werden vier gegen einen sein, rechne ich zwei weg, eben weil wir so viele sind, so bleiben immer noch zwei gegen einen."

Der Fürst bestand mit Strenge auf die Einhaltung des beschlossenen Kriegsplanes, der die Handschrift des genialen Generalstabschefs Radetzky trug. Schwarzenberg konnte den anderen Heerführern vermitteln, dass es ihm weniger um persönlichen Ruhm als um das gemeinsame Ziel ging. Der Plan sah stark vereinfacht vor, dass man Napoleons Verbindungslinien bedrohen und ihn zum Rückzug zur Elbe zwingen wollte, während man allen Schlägen, die er den einzelnen Armeen zu versetzen versuchte, möglichst auswich. Bei günstiger Gelegenheit wollte Schwarzenberg alle Teilarmeen zusammenfassen und Napoleon mit geballter Macht schlagen. Die Armeen der Verbündeten wurden in drei Teile aufgeteilt, die von Böhmen, Schlesien und Sachsen aus operierten. Sollte Napoleon eine Streitmacht angreifen, würde ihm diese ausweichen und die anderen beiden seine Flanke und seinen Rücken attackieren. Bereits die ersten größeren Kriegshandlungen wiesen Schwächen dieses Systems auf, da die Zusammenarbeit der Verbündeten noch nicht funktionierte. Als sich Napoleon zuerst gegen die Armee Blüchers wandte, griff die böhmische Hauptarmee unter Schwarzenberg Dresden an, das von 30.000 Franzosen verteidigt wurde. Am 24. August war Dresden eingeschlossen, doch wegen der Probleme mit der Koordination erfolgte der Angriff erst einen Tag später. Die Vororte der Stadt waren rasch genommen, aber der Gegner leistete weiterhin Widerstand, weshalb am 26. und 27. August weitergekämpft wurde. Napoleon hatte inzwischen von Blücher abgelassen und übernahm in Dresden das Kommando. Obwohl die Verbündeten weit vorgedrungen waren, ging er sofort zum Gegenangriff über und vertrieb zuerst die Preußen, bevor er sich den Österreichern zuwandte. Bei Einbruch der Dunkelheit musste Schwarzenberg den Rückzug auf die Höhen vor der Stadt anordnen. Am nächsten Tag griff Napoleon zunächst vergeblich die Österreicher im Zentrum an, dann wandte er sich gegen die Russen und Preußen am rechten Flügel, wo er erfolgreicher war. Der linke Flügel, an dem österreichische Truppen unter Gyulay standen, wurde schließlich durch geschickte Manöver Marschall Murats isoliert und aufgerieben. Schwarzenberg trat in der Nacht vom 27. auf den 28. August den Rückzug an, da er erfahren hatte, dass ein französisches Korps unter General Vandamme seine Verbindung mit Böhmen bedrohte. Napoleon versuchte nun, die Verbündeten einzukesseln.

In der Schlacht bei Kulm am 29. und 30. August konnte Schwarzenberg, der sich trotz des schlechten Wetters über das Gebirge zurückgezogen hatte, genügend Truppen gegen Vandamme mobilisieren, was schließlich zum Sieg führte. Diesen Erfolg konnte sich der preußische General Friedrich von Kleist an seine Fahnen heften. Napoleons Plan zur Umfassung der Verbündeten war gescheitert.

Die Niederlagen französischer Truppen bei Großbeeren, Dennewitz und an der Katzbach führten zu einer laufenden Schwächung von Napoleons Streitmacht. Obwohl Napoleon so beweglich wie möglich manövrierte, konnte er keine der feindlichen Hauptarmeen zu einer entscheidenden Schlacht bewegen und wurde schließlich an beiden Flügeln umgangen und aus seiner Stellung bei Dresden verdrängt. Er musste sich in die Ebene bei Leipzig zurückziehen, wo Schwarzenberg ihn stellen wollte. Nun war er bereit, Napoleon die entscheidende Schlacht anzubieten. Nachdem am 14. Oktober vor Liebertwolkwitz eines der größten Kavalleriegefechte der Kriegsge-

Zusammenkunft der Verbündeten nach der Schlacht bei Leipzig, 18. Oktober 1813: Fürst Karl von Schwarzenberg, Hauptkommandierender der vereinigten Armee, meldet den drei Monarchen, Kaiser Franz I. von Österreich, Zar Alexander I. von Russland und König Friedrich Wilhelm III. von Preußen, den über Napoleon errungenen Sieg.

schichte stattgefunden hatte, formierten sich am 15. Oktober die Franzosen und ihre Gegner zur großen Schlacht.

Schwarzenberg verfasste am Vorabend einen Aufruf an seine Truppen: „Die wichtigste Episode des heiligen Kampfes ist erschienen, die entscheidende Stunde schlägt; bereitet Euch zum Streite! Das Band, das mächtige Nationen zu einem Zwecke vereint, wird auf dem Schlachtfelde fester und enger geknüpft. Russen, Preußen und Österreicher! Ihr kämpft für eine Sache, kämpft für die Freiheit Europas, für die Unabhängigkeit Eurer Sache, für die Unsterblichkeit Eurer Namen. Alle für Einen! Jeder für Alle! Mit diesem erhabenen, mit diesem männlichen Rufe eröffnet den heiligen Kampf! Bleibt ihm treu in der entscheidenden Stunde, und der Sieg ist Euer!"

Die Stellung von Napoleons Armee rund um Leipzig schien für eine Defensivschlacht günstig, der Korse hatte seine besten Generäle zur Verfügung und vertraute zudem auf sein militärisches Genie. Schwarzenberg konnte auf die zahlenmäßige Überlegenheit der verbündeten Armeen und auf die Planungen seines Generalstabschefs Radetzky setzen, dessen große strategische Begabung immer deutlicher wurde. Schwarzenberg hatte zudem den Vorteil, dass Napoleon über seine Absichten trotz aller Aufklärungsversuche im Dunkeln blieb.

Am Morgen des 16. Oktobers entwickelte sich auf breiter Front eine Vielzahl von Gefechten, die die Völkerschlacht einleiteten. Auch wenn mehrere Orte mehrfach den Besitzer wechselten und die Verluste auf beiden Seiten sehr hoch waren, zeigte sich zunehmend die Überlegenheit von Schwarzenbergs Truppen. Napoleon konnte die

Linien der Verbündeten nirgendwo durchbrechen und das Zusammenspiel der unterschiedlichen Armeen gelang durch das Geschick Schwarzenbergs und Radetzkys besser als erwartet. Die Anzahl der Soldaten des österreichischen Feldherrn erhöhte sich im Laufe des Tages durch das Eintreffen weiterer Einheiten, während Napoleon keine Reserven mehr aufbieten konnte.

Der 17. Oktober war ein Sonntag, an dem weniger gekämpft wurde als am Vortag, aber die 910 Kanonen der Verbündeten setzten den Truppen des Korsen weiter zu. Schwarzenberg ließ ein Ersuchen um Waffenstillstand, das Napoleon an ihn richtete, in Übereinstimmung mit dem Zaren und dem preußischen König unbeantwortet. Der französische Kaiser beschloss deshalb für den nächsten Tag den Rückzug und wollte ein Korps nach dem anderen abziehen, während der Rest seiner Truppen hinhaltenden Widerstand leisten sollte. Doch diese Pläne blieben den Verbündeten nicht verborgen.

Am 18. Oktober begannen die Kämpfe um sieben Uhr früh und die Franzosen und ihre Verbündeten wurden an die Mauern der Stadt Leipzig zurückgedrängt. Napoleon wandte sein gesamtes Geschick an und war oft in den vordersten Reihen anzutreffen, doch er konnte Schwarzenbergs Sieg nicht mehr verhindern. Als von den sächsischen und württembergischen Kontingenten des Korsen immer mehr Soldaten zu den Verbündeten überliefen, war die Schlacht endgültig entschieden. Napoleon, der seine Niederlage bereits eingestanden hatte, ließ den Tross mit vielen Verwundeten nach Westen abrücken. Am Morgen des 19. Oktober bildete Schwarzenberg fünf Sturmkolonnen, die konzentrisch auf Leipzig vorstießen. Als um neun Uhr an den Stadttoren bereits heftig gekämpft wurde, suchte Napoleon das Weite und überließ die Reste seiner Armee ihrem Schicksal.

Einzug der Verbündeten in Leipzig nach der Völkerschlacht 1813

Vier Stunden später war nach einem chaotischen Gemetzel der Sieg endgültig errungen. Schwarzenberg ritt gemeinsam mit dem russischen Zaren und dem preußischen König auf den Marktplatz der Stadt. Man meldete ihnen 30.000 Gefangenen, unter ihnen 36 Generäle. Die Beute an militärischem Gerät war unübersehbar. Die Stadt und ihre Umgebung waren von vielen Tausend Leichen, Verwundeten und Sterbenden übersät. Schwarzenberg erhielt unmittelbar nach der Schlacht das Großkreuz des Militär-Maria-Theresien-Ordens.

Auch wenn Napoleon mit etwa 50.000 Mann entkommen war, so war man doch allgemein der Ansicht, dass seine Tage als Beherrscher Europas vorbei waren. Der Krieg ging aber weiter und Schwarzenbergs militärische Führung war weiter gefragt. Die geschlagenen Franzosen zogen sich zurück, lieferten aber den Bayern und österreichischen Truppen unter Feldmarschall Wrede bei Hanau eine Schlacht, in der Napoleon seinen letzten, allerdings verlustreichen Sieg auf deutschem Boden erringen konnte. Daraufhin zog sich der Korse nach Frankreich zurück. Radetzky konnte sein Vorhaben, möglichst rasch nach Frankreich vorzustoßen, gegen den massiven Widerstand von Seiten großer Teile der eigenen Generalität und gegen das Zögern der verbündeten Monarchen durchsetzen. Der französische Kaiser hatte den Plan, in Turin, Bordeaux, Metz und Utrecht insgesamt vier neue Armeen aufzustellen, was Schwarzenberg durch die Besetzung des östlichen Frankreichs verhindern konnte. Der Übergang über den Rhein gelang ohne große Widerstände, da Napoleon überrascht werden konnte. Am 29. Januar 1814 kam es zur Schlacht bei Brienne, bei der Napoleon den Preußen Blücher besiegte. Doch dieser Erfolg und einige weitere Teilerfolge konnten die Pläne Schwarzenbergs und Radetzkys nicht vereiteln. Die Schlinge für Napoleon zog sich immer enger zusammen. Schwarzenberg musste die ganze Zeit über taktieren und sein ganzes diplomatisches Geschick aufbieten, da sich die Verbündeten misstrauisch gegenüberstanden und die Preußen und Österreicher eine Übermacht Russlands fürchteten.

Napoleon hatte in seinem „Sechs-Tage-Feldzug" vom 10. bis 14. Februar Blücher mit zahlenmäßig weit unterlegenen Kräften vier Niederlagen in Folge zugefügt, weshalb sich die Preußen nach Laon zurückzogen, während Schwarzenberg unbeirrt seinen Feldzugsplan weiter verfolgte. Nachdem Blücher sich am 9. und 10. März gegen Napoleon behaupten konnte, wandte sich dieser der Hauptarmee unter Schwarzenberg zu. Er wollte die Österreicher genauso aus dem Feld schlagen, wie ihm das bei den Preußen gelungen war. Schwarzenberg und Radetzky waren allerdings bereits über das Herannahen Napoleons informiert und bezogen südlich der kleinen Stadt Arcis-sur-Aube Stellung. Schwarzenberg stellte seine Truppen so auf, dass sie in ihrer Gesamtheit nicht gleich erkannt werden konnten. Napoleon verzichtete auf genauere Aufklärung und ließ Arcis-sur-Aube besetzen, wobei er Berichte über die Stärke der feindlichen Truppen ignorierte.

Am 20. März 1814 um 14 Uhr begann die Schlacht mit Kavallerieangriffen von Schwarzenbergs Truppen, die bei den Franzosen bald Panik verursachten. Napoleon griff persönlich ein und schuf wieder Ordnung. Dann gelang es ihm durch den Einsatz der Artillerie und verstärkte Infanterie, den Reiterangriff abzuwehren. Doch Schwarzenberg griff erneut im Osten der Stadt an und vertrieb französische Truppen unter Marschall Ney. Aber wieder konnte Napoleon unter persönlichem Einsatz ein Fiasko verhindern. Es entspann sich ein zäher und blutiger Kampf um das Dorf

Fürst von Schwarzenberg in der Schlacht zwischen Bondy und Paris, 30. März 1814

Grand-Torcy, der bis in die Nacht tobte. Der erste Tag dieser Schlacht endete schließlich mit Kavalleriekämpfen, die keine Entscheidung brachten.

Am 21. März gab Schwarzenberg seinen Tagesbefehl erst um elf Uhr heraus. Es ging ihm vor allem darum, die Angriffe Napoleons zu parieren. Der französische Kaiser erkannte jetzt die zahlenmäßige Überlegenheit der Truppen Schwarzenbergs und entschied sich für den Rückzug seiner Armee. Schwarzenbergs Truppen stießen daraufhin zögerlich den zurückweichenden Franzosen nach, was bei diesen dennoch zu großen Verlusten führte. Dass die Artillerie der Österreicher und ihrer Verbündeten auf die deckungslosen Fliehenden feuerte, bezeichnete man später sogar als „menschenmordende Schlächterei". Französische Einheiten, die versuchten Arcissur-Aube zu verteidigen, wurden von mehreren Seiten massiv attackiert; nach heftigen Kämpfen wurde das Städtchen erobert.

Damit war die Schlacht entschieden; Schwarzenberg trieb seine Soldaten aber zu intensiver Verfolgung der Truppen Napoleons an, die herbe Verluste erlitten. Bei Vitry wurden große Teile der französischen Nachhut eingeschlossen und aufgerieben. Die Truppen Napoleons wurden in die Enge getrieben und zeigten zunehmend Auflösungserscheinungen.

Schwarzenberg bestand, auf den Rat von Radetzky hin, nachdrücklich darauf, möglichst rasch nach Paris vorzurücken. Es gelang ihm letztlich, auch weil er die persönliche Verantwortung übernahm, die Monarchen von diesem kühnen Plan zu überzeugen. Die Schlacht am Montmartre am 30. März besiegelte die Niederlage der Franzosen und Schwarzenbergs Werk war damit vollendet.

Einzug der Verbündeten Monarchen in Paris, 1814

Übergang Kaiser Franz I. über die Vogesen beim Wiedereindringen in Frankreich, 1815

Am 31. März erfolgte der Einzug der Verbündeten in Paris und Napoleon musste abdanken. Schwarzenberg erhielt von allen Verbündeten die höchsten Orden und Kaiser Franz I. ernannte ihn zum Präsidenten des Hofkriegsrates. Der Fürst war damit am Höhepunkt seiner militärischen Karriere. Er legte am 5. Mai 1814 sein Kommando nieder und erhielt weitere Auszeichnungen seines Kaisers, darunter das Großkreuz des Militär-Maria-Theresien-Ordens als bedeutendste. Zudem bekam er die Herrschaft Blumenthal im Banat und die Bewilligung zur Aufnahme des österreichischen Wappens in sein Herzschild.

Durch den Tod seiner Schwester Karoline, die ihm sehr viel bedeutet hatte, fiel Schwarzenberg wieder in Depressionen und sein Geisteszustand verschlechterte sich. Als Napoleon unerwartet aus Elba zurückkehrte, wurde der Fürst erneut mit dem Oberbefehl betraut.

Die österreichische Armee und ihre Verbündeten sammelten sich bei Heilbronn und brachen erneut nach Frankreich auf. Napoleon wandte sich zunächst den Engländern und Preußen im Norden zu und erlitt eine vernichtende Niederlage bei Waterloo, womit sein Schicksal endgültig besiegelt war. Schwarzenberg zog mit der Armee am 17. Juli 1815 zum zweiten Mal in Paris ein.

Der Feldherr kehrte nach einigen Monaten wieder nach Böhmen zurück. Auf Gut Orlik wurde Schwarzenberg persönlich von Zar Alexander besucht, was als große Auszeichnung betrachtet wurde. Am 13. Januar 1817 erlitt er einen Schlaganfall, von dem er sich nie mehr ganz erholen sollte.

Schwarzenberg sagte einmal, der Feldherr müsse „Rechenschaft geben für jedes aufgeopferte Leben". Durch jedes würden „zarte Bande zerrissen, für jedes Tränen geweint". Er war kein Heerführer, der bedenkenlos und zynisch seine Soldaten in den Tod schickte. Seine militärischen Unternehmungen waren gründlich durchdacht und umfassend geplant. Dass er sich bei seinen wesentlichsten Unternehmungen auf das Genie eines Generalstabschefs Radetzky verlassen konnte, war ein besonderer Glücksfall. Schwarzenberg war als Mensch vielleicht etwas zu sensibel für seine Aufgabe und litt unter persönlichen Schicksalsschlägen. Ein Zeitgenosse schrieb, er sei edel, mild und sanft gewesen und habe den Anstand und die feine Haltung des Hofmanns mit der Einfachheit des Kriegers vereinigt sowie Wissenschaft und Kunst geschätzt.

Schwarzenberg reiste im Frühjahr 1820 nach Leipzig, der Stätte des größten Triumphes seines Lebens. Am 1. Oktober 1820 erlitt er einen weiteren Schlaganfall und verstarb am 15. Oktober 1820 in Leipzig. Die in Troppau versammelten Monarchen der Koalition gegen Napoleon waren über die Nachricht bestürzt und Zar Alexander rief aus: „Europa hat einen Helden, ich einen Freund verloren, den ich beklagen werde, solange ich lebe." Der Verstorbene wurde von den königlich-sächsischen Truppen bis zur Staatsgrenze eskortiert, wo er von der österreichischen Armee übernommen und zur Grablege der Schwarzenbergs in Wittingau gebracht wurde. Kaiser Franz I. ordnete im Kaiserreich eine dreitägige Staatstrauer an. Der Degen des Feldmarschalls sollte für alle Zeiten im Wiener Zeughaus aufbewahrt werden. Im Jahre 1838 wurde Schwarzenberg in Leipzig mit einem Denkmal geehrt. Die wohl bedeutendste Ehrung des verstorbenen Helden war die Benennung eines zentralen Wiener Platzes nach ihm, nämlich des Schwarzenbergplatzes, wo auch ein Reiterdenkmal an ihn erinnert. In Salzburg wurde 1967 die größte Kaserne des Österreichischen Bundesheeres nach dem Sieger von Leipzig benannt.

LITERATUR

ASTER, Heinrich: Die Gefechte und Schlachten bei Leipzig im Oktober 1813. 2 Bände, Dresden 1852/53

BERNDT, Otto: Die Zahl im Kriege. Wien 1897

BETTELHEIM-GABILLON, Helene: Friedrich Fürst von Schwarzenberg. Leipzig o. J.

BLEIBTREU, Carl: Die Schlacht bei Leipzig vom 18. Oktober 1913. Frauenfeld 1913

COCHENHAUSEN, Friedrich von (Hg.): Schicksalsschlachten der Völker. Berlin 1937

CRISTE, Oscar: Erzherzog Karl und die Armee. Wien 1906

DANZER, Alfons: Unter den Fahnen. Die Völker Österreich-Ungarns in Waffen. Prag 1889

FENNER von Fenneberg: Österreich und seine Armee. Leipzig 1846

FÖRSTER, Stig u. a. (Hg.): Schlachten der Weltgeschichte. München 2004

GUNDOLF, Hubert: Um Österreich! Schlachten unter Habsburgs Krone. Graz 1995

HERRE, Franz: Radetzky. Eine Biographie. Köln 1981

HIRTENFELD, J.: Der Militär-Maria-Theresien-Orden und seine Mitglieder. 3 Bände, Wien 1857–1890

HORSETZKY, Adolf v.: Kriegsgeschichtliche Übersicht der Feldzüge seit 1792. Wien 1914

KANKOFFER, Ignaz: Ruhmeshalle der k. k. österreichischen Armee. Wien 1864

KERCHNAWE, Hugo und Alois Veltzé: Feldmarschall Karl Fürst zu Schwarzenberg. Wien 1915

LANGENDORF, Jean-Jacques: Ahnengalerie der kaiserlichen Armee 1618–1918. Biographische Schattenrisse. Wien 1995

PREIL, Arndt: Österreichs Schlachtfelder. 4 Bände, Graz 1993

REGELE, Oskar: Der österreichische Hofkriegsrat 1556–1848. Wien 1949

RITTERSBERG, Johann Ritter von: Biographien der ausgezeichneten Feldherren der k. k. österreichischen Armee. Prag 1829

SACHSLEHNER, Johannes: Schicksalsorte Österreichs. Wien 2009

UFFINDELL, Andrew: Great Generals of the Napoleonic Wars and their Battles. Staplehurst/Kent 2003

WREDE, Alphons Freiherr v.: Geschichte der k. und k. Wehrmacht. 5 Bände, Wien 1898–1905

WURZBACH, Constant von: Biographisches Lexikon des Kaiserthums Österreich. Bd. 33, Wien 1877

JOSEF WENZEL RADETZKY
DER RETTER DES HABSBURGERREICHES

„Glück auf, mein Feldherr, führe den Streich!
Nicht bloß um des Ruhmes Schimmer,
In deinem Lager ist Österreich,
Wir andern sind einzelne Trümmer."
(Franz Grillparzer)

Feldmarschall Johann Joseph Wenzel Graf Radetzky von Radetz (Gemälde von G. Decker)

Der Stammsitz des Geschlechts der Familie Radetzky von Radetz war eine Burg bei Chomutice in Nordböhmen. Sie lag in einem Gebiet, das später dem Königgrätzer Kreis zugehörte, nicht weit vom österreichischen Schicksalsschlachtfeld von 1866. Die Radetzkys, deren Stammburg in den Hussitenkriegen zerstört worden war, stellten viele Beamte und Offiziere für die habsburgische Armee. 1684 wechselten sie vom Ritterstand in den Freiherrenstand; 1764 unter Maria Theresia erhielt der Kreishauptmann Wenzel Leopold Radetzky die Grafenkrone. Sie kämpften erfolgreich an vielen Fronten, sei es gegen die Türken, die Bourbonen oder die Preußen. Als am 2. November 1766 Johann Josef Wenzel Anton Franz Karl im Schloss Trzebnitz geboren wurde, konnte er einen Urgroßvater, Großvater und Vater vorweisen, die alle kaiserliche Offiziere gewesen waren.

Sein Vater Peter Eusebius hatte sich als Hauptmann auf sein Gut Trzebnitz zurückgezogen, das sich etwa 60 Kilometer südlich von Prag befand. Bei der Geburt des kleinen Grafen starb seine Mutter Maria Venantia. Über die frühe Kindheit Radetzkys ist wenig bekannt. Mit zehn Jahren musste der Junge den Tod seines Vaters hinnehmen. Sein Großvater Wenzel Leopold holte ihn nach Prag, wo er die Volksschule bei den Piaristen und dann das Gymnasium besuchte. Der Großvater wollte seinen Enkel in der Theresianischen Militärakademie unterbringen, doch ein Arzt kam zu dem Ergebnis, dass dieser „viel zu schwach" für den Militärdienst wäre. 1781 starb Radetzkys Großvater. Sein neuer Vormund und Onkel Wenzel war Soldat und verschaffte ihm einen Platz in einem Internat für junge Adelige.

Der junge Radetzky begann sich für Militärgeschichte zu interessieren und träumte von kriegerischen Abenteuern. Als er mit 16 Jahren ans Wiener Theresianum kam, wurde er unter anderem Edelknabe am Wiener Hof und erregte die Aufmerksamkeit Kaiser Josephs II., als er über die Schleppe einer Herzogin stolperte. 1783 bewarb sich Radetzky erneut für den Militärdienst und wurde wiederum abgelehnt. Inzwischen wurde er zu einem guten Reiter und sein Onkel wollte ihn zu den Kürassieren schicken.

Am 1. August 1784 schaffte es der inzwischen Achtzehnjährige doch noch, Soldat zu werden, und trat in das Kürassierregiment Caramelli ein. Er schrieb viel später: „Ich wählte den Stand des Soldaten und habe es nimmer bereut. In ihm fand ich meine Heimat."

Die Kavallerie sagte ihm zu und sollte für den Rest seines Lebens seine bevorzugte Waffengattung bleiben. Als Kadett versuchte er nachzuholen, was er wegen der Ablehnung der Aufnahme in die Militärakademie nicht erlernen konnte. 1786 wurde Radetzky Unterleutnant und ein Jahr später Oberleutnant. Den ersten Kriegseinsatz des jungen Offiziers brachte der 1788 beginnende Türkenkrieg. Radetzky erkannte rasch die Probleme in der verlotterten Armee Josephs II., die er für erstarrt und veraltet hielt. Er war auch kein Freund der Kordon-Aufstellung des Feldmarschalls Lacy, die sich als kontraproduktiv erwies. Während der ersten chaotischen und unglücklichen Phase der österreichischen Kriegführung in diesem Konflikt lernte Radetzky für seine weitere Karriere, wie man es nicht machen sollte. Die Katastrophe von Karansebesch bot ihm die erste Gelegenheit, sich auszuzeichnen, als er bei einem Rückzugsgefecht mutig und beherzt agierte.

Nachdem der schwer kranke Kaiser die Armee verlassen hatte, erschien für den Feldzug von 1789 der bereits 72 Jahre alte Laudon. Die Kriegführung wurde flexibler und offensiver. Radetzky war nun ständiger Ordonnanzoffizier bei Laudon, der seine Fähigkeiten erkannt hatte. Die Krönung von Laudons Wirken wurde die Eroberung von Belgrad. Nach Ende dieses Krieges indes erschien bald ein weit gefährlicherer Feind im Westen.

Radetzky schrieb später, dass die Österreicher und Preußen „die Wurzel des Übels" verkannt hätten, als sie mit der völlig neuen Kriegführung des revolutionären Frankreich konfrontiert wurden. „Die ewige Defensive" hatte die beiden Mächte gelähmt. Er war vom Juli 1793 an in den Niederlanden an den Kämpfen beteiligt. Radetzky versuchte, mit offensiver Ausrichtung einen defensiven Krieg zu führen, und schaltete geschickt französische Streifkorps aus. Sein Vorgesetzter Feldmarschall-Leutnant Beaulieu wurde auf ihn aufmerksam und ernannte ihn zu seinem Ordonnanzoffizier. In der Schlacht bei Fleurus am 16. Juni 1794 bewährte sich Radetzky durch ein geschicktes Manöver, wurde zweimal leicht verwundet und zum Rittmeister befördert. Als Meldegänger durchschwamm er sogar die Sambre, um eine wichtige Nachricht zu überbringen.

Dennoch gingen die Niederlande verloren und Radetzky lernte aus den Fehlern seiner Vorgesetzten. Bei den Kämpfen am Rhein wurde er am 29. Oktober 1795 bei dem Sturm auf Mainz verwundet. Er kam mit Beaulieu nach Italien, das letztlich sein Schicksal werden sollte. Hier kämpften die Österreicher gemeinsam mit den Piemontesen gegen Napoleon. Radetzky hatte von Anfang an kein Vertrauen zu seinen Vorgesetzten und sollte wieder Recht behalten. Bei Voltri am 10. April 1796 umging Radetzky mit großer Kühnheit den Feind und schlug ihn zurück. Doch diese einzelne Heldentat konnte die Niederlage der Österreicher in den folgenden Auseinandersetzungen nicht verhindern. Als die Reste des österreichischen Heeres die Franzosen noch am Mincio aufhalten wollten, konnte Radetzky diese durch einen kühnen Angriff mit seinen Reitern so lange abwehren, bis sich der kranke General Beaulieu in Sicherheit gebracht hatte. Nun erschien ein neuer österreichischer Befehlshaber, Feldmarschall Dagobert Wurmser, den Radetzky als „abgelebten Greis, gehörlos, alt und ohne Willen" charakterisierte. Er selbst war inzwischen zum Major avanciert und interessierte sich für das neu errichtete Pionierkorps, das ihm zukunftsträchtig erschien. Radetzky hatte zeit seines Lebens großes Interesse an technischen Neuerungen, was er später auch bei der Eisenbahn und beim Kriegsballon unter Beweis stellte. Immerhin war er der erste Feldherr, der einen Luftangriff auf eine Stadt anordnen sollte (Venedig 1849); auch erkannte er sehr früh die Eisenbahnen als neues Mittel des Aufmarsches.

Wurmser ging in Mantua in die Falle und wurde belagert. Radetzky versuchte mit seinen Pionieren, die Verteidigung zu verbessern, doch die Situation wurde immer schlechter und die Männer starben hauptsächlich an Hunger und Seuchen. Wurmser kapitulierte schließlich gegen freien Abzug. Er hatte die Hälfte seiner Armee verloren. Nachdem Napoleon noch andere österreichische Armeen besiegt hatte und auf dem Weg nach Wien war, kam es zum für die Habsburger bitteren Frieden von Leoben.

Im Friedensjahr 1798 konnte Radetzky seine militärischen Studien weiter betreiben. Er vergrößerte sein Pionierkorps, mit dem er in Venezien den Straßenbau vorantrieb und Befestigungsanlagen errichtete. Das für ihn wohl wichtigste Ereignis des Jahres war aber sicherlich seine Hochzeit am 22. April mit der siebzehnjährigen Franziska Romana von Strassoldo-Graffenberg. Im folgenden Jahr wurde dem Ehepaar das erste Kind, Josef Franz, geboren, dem noch sieben Geschwister folgen sollten.

1799 begann der zweite Koalitionskrieg gegen Frankreich, während sich Napoleon in Ägypten befand. Es wurde in Italien, der Schweiz, Süddeutschland und den Niederlanden gekämpft. Radetzky diente unter General Michael von Melas, der unter den Anmaßungen des russischen Generals Suworow und der Wildheit der russischen Truppen litt. Melas setzte die Beförderung Radetzkys zum Oberstleutnant und die Ernennung zu seinem Generaladjutanten durch, die am 11. Juni 1799 erfolgten. Vorerst erschien es so, als würden die Österreicher, beflügelt durch ihre russischen Verbündeten in Italien, von Sieg zu Sieg eilen. Radetzky zeichnete sich mit seinen Pionieren beim reibungslosen Übergang über die Adda aus und gelangte mit den Österreichern vor den Russen nach Mailand. Als die Koalitionspartner Turin erreichten, konnte Radetzky die Franzosen zur Einstellung des Feuers bewegen. Auch in der Schlacht an der Trebbia bewies er sein Geschick, als er eine Kolonne in den Rücken des Feindes führte, was den Verbündeten den Sieg ermöglichte. General Melas war zufrieden mit seinem Generaladjutanten und beantragte für ihn den Maria-Theresien-Orden.

In der Schlacht bei Novi am 15. August 1799 zeichnete sich Radetzky wieder aus. Listenreich schlug er ein Umgehungsmanöver vor, das er selbst anführte. Er brachte zwei Brigaden in die rechte Flanke der Franzosen und zwang sie zum Rückzug. Dafür erhielt er das Ritterkreuz des Maria-Theresien-Ordens, das ihm am 18. August 1801 verliehen wurde. Am 5. November 1799 wurde Radetzky zum Oberst befördert. Er war nun 33 Jahre alt.

Nachdem Oberitalien wieder in der Hand der Österreicher war und die Russen in der Schweiz operierten, kam es zu einer heftigen Auseinandersetzung zwischen Radetzky und dem Generalquartiermeister um die weitere Vorgangsweise. Ersterer setzte sich durch. So wurde der Feldzug an der Riviera auf seinen Rat hin erst im April 1800 fortgesetzt. Man schloss Genua ein und kam nach Nizza. Ein Einmarsch der Österreicher in die Provence stand kurz bevor. Napoleon war jedoch inzwischen aus Ägypten zurückgekommen und hatte das Direktorium gestürzt. Ganz wie es seine Art war, handelte er rasch. Er überquerte im Mai die Alpen, stieß in die Poebene vor und nahm am 2. Juni Mailand. Mit dem Feind im Rücken musste die österreichische Armee kehrtmachen und sich ihrem Angstgegner stellen.

Am 14. Juni 1800 stießen bei Marengo die Truppen Napoleons und Melas' aufeinander. Radetzky hatte maßgeblichen Einfluss auf die österreichische Taktik und verfasste den Armeebefehl. Er plante ein Umgehungsmanöver und unternahm einen Flankenangriff entlang eines Grabens, den der Feind nicht einsehen konnte. Später ritt Radetzky an der Seite von General Melas einen Kavallerieangriff, der die Entscheidung bringen sollte. Dabei wurde ihm das Pferd unter dem Leib weggeschossen und fünf Kugeln verfingen sich in seinem Rock. Der Sieg schien errungen und Napoleons erste Niederlage besiegelt. Melas hielt so wie die meisten seiner Untergebenen die Schlacht für gewonnen und begab sich in sein Quartier. Napoleon erhielt jedoch für die Österreicher völlig unerwartet Verstärkung durch unverbrauchte französische Truppen und griff erneut und überraschend die siegestrunkenen Kaiserlichen an. Dies kostete die Österreicher 238 Offiziere und 9000 Mann. Zudem musste man am 15. Juni 1800 einem Waffenstillstand zustimmen, der zum Verlust von Ligurien, dem Piemont und der Lombardei führte. Melas verlor sein Kommando und Radetzky wurde nach Deutschland versetzt. Er hatte eine Lektion erhalten und nahm sich vor, das Genie Napoleon niemals mehr zu unterschätzen.

Radetzky war als Oberst Kommandeur des Kürassierregiments Herzog Alberts von Sachsen-Teschen, das in Steyr stationiert war. Bei der Niederlage, die der unerfahrene junge Erzherzog Johann am 3. Dezember 1800 gegen die Franzosen erlitt, konnte Radetzky auch durch seine mit Bravour durchgeführten Kavallerieattacken das Blatt nicht mehr wenden. Er musste den demoralisierenden Rückzug nach Österreich bis zum Waffenstillstand von Steyr mitmachen. Die Reformen Erzherzog Carls brachten auch für Radetzky und seine Reiter den Verlust ihres Zopfes. Er kam in eine Kommission, die Reformen durchführen sollte, wobei ihm Carls Maßnahmen nicht ausreichend erschienen, um den Franzosen Paroli zu bieten.

Als der Feldzug von 1805 begann, wurde Radetzky als Generalmajor nach Italien versetzt. Er führte eine leichte Brigade und das 3. Kürassierregiment und agierte so erfolgreich, dass er wieder eine hohe Auszeichnung erhielt. Radetzky übernahm mit seinen Truppen die Vorhut und führte wieder einige tollkühne Reiterangriffe an. Er war 39 Jahre alt, agierte aber noch jugendlich und durchschwamm mit einigen seiner Männer einen Fluss, um feindliche Posten zu überfallen und Gefangene zu machen. Doch die österreichische Armee in Italien, die erfolgreich unter Erzherzog Carl agierte, wurde schon bald wieder heimgeholt, da sich inzwischen die Katastrophe bei Ulm dank General Mack, bei dem sich Unfähigkeit mit Pech paarte, ereignet hatte und Napoleon nach Wien marschierte. Erzherzog Carl besiegte französische Truppen bei Caldiereo und machte sich dann auf den Rückmarsch, wobei er Radetzky mit einem Ulanenregiment vorausschickte.

Dieser legte mit dieser Truppe 321 Kilometer in vier Tagen zurück, wobei er trotz des unwegsamen Gebietes und der schlechten Witterung jeden Tag 80 Kilometer ritt. Nachdem er Marburg an der Drau erreicht hatte, trieb er seine Leute nach Graz weiter, wo er die zahlenmäßig weit überlegene französische Vorhut zurückwarf. Die Truppen Erzherzog Carls und Erzherzog Johanns vereinten sich und marschierten in Richtung Westungarn, um der Hauptarmee zu Hilfe zu kommen. Doch dann kam die Nachricht, dass diese bei Austerlitz eine schwere Niederlage erlitten hatte. Der dann folgende Frieden von Pressburg war eine Katastrophe für Österreich und brachte empfindliche Gebietsverluste.

Der bei Hofe unbeliebte Erzherzog Carl sollte die Armee komplett reformieren und konnte dabei auf Radetzky zählen. Er wirkte in Kommissionen mit, befasste sich mit einer Verbesserung der Reiterausbildung sowie des Fuhrwesens und verfasste viele Denkschriften. Die Reform schritt voran, doch Radetzky war genauso wie Erzherzog Carl kein Freund eines verfrühten neuen Waffenganges mit Napoleon. Beide waren sehr unglücklich, als sich die Kriegspartei 1809 durchsetzte und es wieder zu einem großen Schlagabtausch kam.

Im Feldzug des Jahres 1809 kämpfte Radetzky tapfer als Befehlshaber der Vorhut des V. Armeekorps bei Braunau. Doch bald musste er mit seiner Truppe den Rückzug decken, da Napoleon die Oberhand gewonnen hatte. Am 2. Mai zeichnete sich Radetzky wieder aus, als er bei Wels weit überlegenen feindlichen Kräften erfolgreich widerstand und eine Division rettete, obwohl man von ihm einen raschen Rückzug erwartet hatte. Dafür erhielt er am 8. April 1809 das Kommandeurkreuz des Maria-Theresien-Ordens. Danach wurde er bei Ebelsberg in schwere Kämpfe verwickelt, bei denen er fast in Gefangenschaft geraten wäre.

Radetzky konnte nicht an der Schlacht bei Aspern am 21. Mai 1809 teilnehmen, weil er mit seiner Brigade das Donauufer bei Stockerau sicherte. Er war mit der mangelnden Ausnutzung des Sieges unzufrieden und meinte, dass vier Wochen in Untätigkeit verlaufen wären. In dieser Zeit konnte Napoleon seine Revanche vorbereiten. Nach der Schlacht von Aspern erfolgte am 27. Mai Radetzkys Beförderung zum Feldmarschall-Leutnant. In der Schlacht bei Wagram kommandierte Radetzky eine Division des IV. Korps. Zum Leidwesen des frisch gebackenen Divisionskommandeurs war dieses Korps die Achillesferse der österreichischen Armee und hauptverantwortlich für die Niederlage. Der Korpskommandant Orsini-Rosenberg, einer von Österreichs weniger genialen Generälen, war übertrieben ängstlich. Radetzkys Einsatz konnte trotz aller Anstrengungen diesen Nachteil nicht wettmachen. Erzherzog Carl war ihm dennoch dankbar und ernannte ihn noch auf dem Schlachtfeld zum zweiten Inhaber des 4. Kürassierregiments. Radetzky deckte wieder erfolgreich den Rückzug der geschlagenen Armee. Auf den Waffenstillstand bei Znaim folgte ein Friedensvertrag, der Österreich erneut stark beschnitt.

Auch wenn der Ausgang des Krieges das endgültige Ende Erzherzog Carls als Schlachtenlenker mit sich brachte, bedeutete er für Radetzky die Berufung zum Chef des General-Quartiermeisterstabes. Er wollte anfangs diese Aufgabe nicht übernehmen, ließ sich aber dann doch überreden. Als neu ernannter Generalstabschef hatte Radetzky große Pläne für Reformen und eine Neuorganisierung der kaiserlichen Armee, doch französische Vorgaben verhinderten genauso wie die schlechte Finanzlage die meisten seiner Vorhaben. Radetzky wusste auch, dass man wirklich gründliche Reformen nach preußischem Muster im gesamten Staatswesen hätte vornehmen müssen, um die Grundlage für die Armee zu verbessern. Doch dies scheiterte alles an der Struktur des österreichischen Systems. Radetzky tat sein Bestes und die späteren Erfolge sollten ihm letztlich Recht geben. Er organisierte die von Napoleon erlaubte 150.000-Mann-Armee so gut wie möglich, spekulierte aber bereits mit einer allgemeinen Wehrpflicht. In vielen Denkschriften zeigte er großen Weitblick und dachte über ein Europa nach einem Ende der Herrschaft Napoleons nach.

1812 stellte Radetzky ein 30.000 Mann starkes Hilfskorps für Napoleons Russlandfeldzug zusammen. Dieser Feldzug wurde für den Korsen zur großen Katastrophe. Das österreichische Korps war dank seines Führers Schwarzenberg der Vernichtung in Russland entgangen und stand für einen Frontwechsel bereit. Radetzky setzte alles daran, die gesamte Armee kriegsbereit zu machen und zu vergrößern, stieß aber auf viele Widerstände. Als sich der Kaiser und Metternich noch nicht zur Teilnahme am Bündnis gegen Napoleon entschlossen hatten, wurde Schwarzenberg Oberbefehlshaber der „Beobachtungsarmee", wobei ihm Radetzky als Generalstabschef beigegeben wurde. Am 12. August 1813 erfolgte die Kriegserklärung und die Armee war zum großen Schlagabtausch bereit.

Radetzkys Entwurf eines „allgemeinen Operationsplanes für die alliierten Armeen" musste auf die Befindlichkeiten der anderen Heere, ihrer Führer und Monarchen Rücksicht nehmen und von möglichen Manövern Napoleons ausgehen. Man operierte auf der „äußeren Linie" mit drei voneinander getrennten Armeehaufen, sodass derjenige Teil, der angegriffen wurde, zurückweichen konnte, während die anderen weiter vorgingen. Napoleon sollte zermürbt und ausmanövriert werden, bevor man ihm gemeinsam den Todesstoß versetzte. Trotz Rückschläge ging dieses Vorhaben auf und Napoleon befand sich bei Leipzig in der Falle. Nun war wieder ein guter Plan für die Entscheidungsschlacht gefragt. Der damals 46-jährige Radetzky entwarf für Schwarzenberg einen Schlachtplan, der die perfekte Koordination aller aus verschiedenen Himmelsrichtungen auf Napoleons Heer eindringenden alliierten Armeen ermöglichte.

Radetzkys Verhältnis zu Schwarzenberg war nicht sonderlich gut, aber er verstand es, seine Pläne bei ihm durchzusetzen. Er mochte das Benehmen und die nähere Umgebung des Fürsten nicht besonders und hielt ihn keineswegs für einen großen Feldherrn. Radetzky hatte überdies Probleme mit dem russischen Zaren Alexander und dem alten ungestümen Haudegen Blücher, während er sich mit dessen Generalstabschef Gneisenau glänzend verstand.

Am 16. Oktober 1813 begann die Völkerschlacht. Radetzky ritt als Kürassier mit, wurde leicht verwundet und verlor zwei Pferde unter dem Leib. Am 18. September war durch die „vollständig zustande gebrachte Vereinigung der alliierten Armeen" der Sieg erreicht. Radetzky begleitete Schwarzenberg zur berühmten Siegesmeldung auf den „Monarchenhügel" und erhielt später das Großkreuz des Leopold-Ordens, während sich die verbündeten Monarchen als die eigentlichen Sieger sahen.

Der Krieg war aber noch nicht beendet und eine rasche Verfolgung Napoleons war notwendig. Nach einigen Verzögerungen setzte sich die vereinte Riesenarmee der Alliierten in Bewegung, wobei Radetzkys kluge Pläne zu wenig befolgt wurden. Napoleon hatte dadurch einige Chancen, Widerstand zu leisten. Er wollte eine möglichst nachhaltige Verfolgung des Korsen, um ihm keine Ruhepause zu lassen, doch die Monarchen und ihre Ratgeber entschieden zunächst anders. Schließlich konnte Radetzky durch persönliche Intervention bei Kaiser Franz seinen Plan durchsetzen und die Alliierten marschierten in drei Stoßkeilen in Frankreich ein. Der leidgeprüfte Generalstabschef musste danach mühsam seine Umfassungsstrategie durchsetzen, da besonders die Preußen unorganisiert attackieren wollten. Als die Verbündeten am 1. Februar 1814 bei La Tothière siegten, verlieh der Zar Radetzky spontan den Alexander-Newski-Orden.

Die Hochachtung des Zaren Alexander vor Radetzky zeigte sich auch in folgender Geschichte: Kurz vor dem Überschreiten der französischen Grenze erkrankte der durch die vielen Strapazen erschöpfte Radetzky schwer und sein Leibarzt verordnete ihm ein Glas Rotwein pro Tag. Der Zar erfuhr von dieser „Therapie" und daraufhin folgte im Frühjahr 1814 während des Frankreich-Feldzugs der Verbündeten jeden Tag ein interessantes Ritual. Immer zur gleichen Zeit erschien ein großer Kosake aus dem Gefolge des Zaren mit einer silbernen Karaffe, in der sich Wein aus Bordeaux befand. „Der gute Zar Alexander", so dieser Kosake, „schickt Ihrer Exzellenz einen Schoppen." Radetzky hatte, dies sei hier noch einmal angemerkt, gemeinsam mit dem russischen Zaren gegen den Willen des defensiv denkenden Kaiser Franz das militärische Eindringen in Frankreich durchgesetzt, was schließlich den Sieg bringen sollte.

Blücher, der sich nicht an Radetzkys Anweisungen gehalten hatte, erlitt viele Niederlagen, was die Richtigkeit des Feldzugsplanes nur bestätigte. Nun traten immer öfter Dissonanzen zwischen Schwarzenberg und Radetzky zutage, da der Generalissimus auf „Einflüsterer" hörte und ein Zauderer war. Der Sieg Schwarzenbergs bei Bar-sur-Aube am 27. Februar war wieder ein Erfolg seines Generalstabschefs. Es ging weiter vorwärts. Am 20. und 21. März siegte Schwarzenberg bei Arcis-sur-Aube und Radetzky verlegte seine Truppen in Eilmärschen nach Paris. Der letzte Widerstand wurde unterwegs gebrochen und die Stadt in der Nacht vom 30. zum 31. Mai in Besitz genommen.

Napoleon schickte seinen Außenminister Caulaincourt zu Radetzkys Quartier in Belleville. Dieser schlief auf einem Billardtisch, als er geweckt wurde, und sah unvermittelt Caulaincourt vor sich. Der Minister überbrachte ihm ein Angebot Napoleons; dieser wollte Italien, Holland, die Niederlande, alle Rheinprovinzen mit Elsass-Lothringen sowie die Franche-Comté abtreten, wenn er Kaiser von Frankreich bleiben könne. Doch dazu war es bereits zu spät. Erwähnenswert ist, dass Napoleons Außenminister sich mit seinem Angebot zuerst an Radetzky gewandt hatte. Napoleon würdigte später Radetzky als denjenigen Mann, der ihn wirklich besiegt hätte.

Die letzte Arbeit als Generalstabschef für die Alliierten, die Radetzky durchführte, war ein Plan für die Besetzung Italiens. Er erhielt von den Preußen den Roten-Adler-Orden 1. Klasse, während er von Kaiser Franz keine nennenswerte Auszeichnung bekam. Obwohl er sich krank fühlte, musste Radetzky das Hauptquartier auflösen und die österreichische Armee in die Heimat zurückverlegen. Beim Wiener Kongress war man an seiner Person kaum mehr interessiert; er selbst war von den Ergebnissen der Beratungen nicht überzeugt.

Radetzky erhielt am 11. Juni 1814 das Amt eines Truppeninspektors in Ungarn und leitete im Herbst 1814 eine große Truppenschau für die gekrönten Häupter auf der Simmeringer Heide.

Die Rückkehr Napoleons aus Elba brachte Radetzky als Generalstabschef in Erinnerung, der Ordnung in die „schreckliche Konfusion" bringen musste und sich

mit großem Eifer ans Planen machte. Das Prinzip sollte wieder getrenntes Marschieren und gemeinsames Schlagen lauten. Die Vorbereitungen für den Feldzug gingen
zügig voran, und als Radetzky in Mannheim erfuhr, dass Napoleon nach Belgien
marschierte, schickte er seinen Adjutanten zu Wellington und Blücher, um diese zu
warnen. Die beiden besiegten Napoleon bei Waterloo und waren schon in Paris, als
die Hauptarmee erst bei Nancy war. Napoleon war endgültig geschlagen. Als es zu
Meinungsverschiedenheiten mit den Preußen über die Aufteilung der Beute kam,
ließ Kaiser Franz am 1. Oktober bei Dijon die österreichischen Armee demonstrativ
aufmarschieren. Radetzky bekam hohe Orden seitens Ludwigs XVIII., Englands und
Russlands. Von Kaiser Franz bekam er nur die Würde eines Geheimrates, wurde
aber nicht befördert. Da er sich eine Versetzung zur Truppe erbat, kam Radetzky als
Kavallerie-Divisionär nach Ödenburg. Als er ging, verabschiedete sich Schwarzenberg nicht einmal von ihm.

Radetzky war das Opfer von Intrigen geworden und kaltgestellt. Er schrieb weiter Denkschriften, in denen er Reformen in der Armee forderte, wobei er vor allem
das Ausbildungswesen verbessern wollte, was unberücksichtigt blieb. Radetzky hatte
nun viel Zeit, sich mit Militärwissenschaft zu befassen, er las und schrieb sehr viel
und legte sich eine große Bibliothek zu. Er war sicher einer der höchstgebildeten
Militärs seiner Zeit. Er sah die Russen als die gefährlichste Macht Europas an und
warnte vor deren zunehmender Kraft und Expansion, womit er großen Weitblick
bewies. Radetzky ahnte auch die amerikanische Großmacht voraus und kündigte an,
diese würde eines Tages Europa beherrschen.

Der als alt und verbraucht geltende Radetzky wurde mit 62 Jahren zum General der Kavallerie befördert und 1829 zum Festungskommandanten von Olmütz
ernannt. Als sich 1830 in vielen Teilen Europas neue Zonen der Unruhe bildeten,
dachte man in Wien wieder an Radetzky, um ihn eventuell gegen ein revolutionäres

Feldmarschall Radetzky und sein Stab

Abmarsch der österreichischen Truppen von Mailand zum sardinischen Kriegsschauplatz

Frankreich einzusetzen. Er wurde am 26. Februar 1831 nach einigem Tauziehen zum Stellvertreter General Frimonts ernannt, der das Kommando über die Armee in Italien führte. Schon einige Monate später wurde Frimont Hofkriegsratspräsident und Radetzky wurde am 23. Dezember 1831 Kommandierender General in Mailand.

Nun konnte der altgediente General eine Armee nicht nur führen, sondern auch nach seinen Vorstellungen reformieren – und machte sich sogleich an die Arbeit. Der Widerstand der Italiener gegen die habsburgische Herrschaft nahm jedoch laufend zu und es war abzusehen, dass es eines Tages zu größeren Kampfhandlungen kommen würde. Der Vizekönig von Lombardo-Venetien, Erzherzog Rainer, war für Radetzky, der sich auch mit den politischen und sozialen Problemen des Landes beschäftigte, kein kongenialer Partner und zu keinen großen Reformen bereit.

Am 17. September 1836 erreichte Radetzky den Rang eines Feldmarschalls, er war zu diesem Zeitpunkt bereits 70 Jahre alt. Der neue Kaiser Ferdinand ließ ihn mit dem Orden der Eisernen Krone 1. Klasse auszeichnen. Die Armee Radetzkys entwickelte sich zu einer Musterarmee und ihre Manöver galten als vorbildlich. Viele ausländische Militärs kamen zu Besuch und wollten von dem alten Feldmarschall lernen. Auch Erzherzog Carl schickte seinen Sohn Albrecht zu Radetzky. Während er seine Truppen immer besser ausbildete, nahm man ihm aber aus Gründen der Einsparung immer mehr Soldaten weg, sodass sich seine Truppen bis 1846 halbierten. Daraufhin setzte Radetzky auf Qualität statt Quantität, doch die geringe Zahl seiner Soldaten sollte ihm noch große Probleme bereiten.

Anfang 1847 witterte Radetzky bereits den kommenden Konflikt, da die politischen Unruhen in Italien zunahmen. Er erkannte die Kriegsbereitschaft Piemonts und die Abschottung der italienischen Oberschicht gegen die Österreicher. Die zuständigen Männer in Wien reagierten auf seine Warnungen zurückweisend oder mit Desinteresse. Zu Beginn des Jahres 1848 verschärften sich die Verhältnisse und die Armee musste immer öfter eingreifen.

Nach dem Aufstand auf Sizilien und der Pariser Februarrevolution floh der Vizekönig nach Verona und ließ Radetzky allein in Mailand zurück. Er hatte in der Hauptstadt nur einige Tausend Mann zur Verfügung und ließ das Mailänder Kastell zur Verteidigung befestigen. Am 18. März 1848 gingen die Mailänder auf die Straße und riefen „Tod den Deutschen". Dann begannen erste Kampfhandlungen durch bewaffnete Aufständische. Radetzky hatte seine Männer gut positioniert, musste aber nach einigen Tagen der Straßen- und Häuserkämpfe seine Truppen in das Kastell zurückziehen, da die Aufständischen zu zahlreich waren. Es desertierten die meisten seiner italienischen Soldaten. Am 22. März entschloss sich Radetzky zur Aufgabe der Stadt. Er verließ in der darauffolgenden Nacht unter dem Schutz seiner Kanonen die Stadt mit den Worten: „Wir werden wiederkehren!"

Radetzky erreichte mit seiner kleinen Armee am 1. April Verona und musste feststellen, dass er nicht mit Hilfe aus dem inzwischen revolutionären Wien rechnen konnte. Er hatte nur noch 50.000 Mann, mit denen er gegen die inzwischen einmarschierte piemontesische

Kampf auf dem Friedhof von Santa Lucia am 6. Mai 1848

Armee und die italienischen Aufständischen bestehen sollte. Die Armee Piemonts hatte schwache Kräfte der Österreicher bei Goito und Pastrengo zurückgeworfen und griff daraufhin das österreichische Festungsviereck an. Am 6. Mai 1848 kam es zur Schlacht bei Santa Lucia in der Nähe Veronas und Radetzky schlug mit 20.000 Mann 40.000 Piemontesen unter schweren Verlusten zurück. Da er zu wenige Männer hatte, konnte er den Gegner nicht verfolgen und musste auf Verstärkung warten.

Der junge Erzherzog Franz, der spätere Kaiser Franz Joseph, kam in Radetzkys Lager. Während ein Vorstoß zum Entsatz der Festung Peschiera scheiterte, konnte Radetzky wieder fast ganz Venezien unterwerfen und Venedig einschließen. Als er

Kampfszenen aus den oberitalienischen Feldzügen, 1849

205

vom Kaiser die Anordnung bekam, einen Waffenstillstand zu schließen, leistete er Widerstand und konnte dank Fürst Felix Schwarzenberg dieses Vorhaben verhindern.

Schließlich führte Radetzky am 25. Juli eine Entscheidungsschlacht bei Custozza herbei. Der Feldmarschall begann seine Offensive gegen die Piemontesen, nahm Sona und Sommacampagna ein und durchbrach das feindliche Zentrum. Nun gefährdeten starke Truppen unter dem piemontesischen König Karl Albert seine Flanke und versuchten, ihm in den Rücken zu fallen. Radetzky schwenkte und machte Front gegen seinen Gegner und es kam zur Schlacht. Der Kampf wogte hin und her und Radetzky musste erneut die Stellungen bei Sona und Sommacampagna nehmen, die von den Piemontesen wieder zurückerobert worden waren. Der Feldmarschall erhielt eine weitere Brigade zur Verstärkung und die Piemontesen wurden vom Schlachtfeld vertrieben. Radetzky machte sich am nächsten Tag an die Verfolgung und am 26. Juli kam es zu einem neuen Gefecht bei Volta, das bis zum Einbruch der Dunkelheit geführt wurde und am nächsten Morgen weiterging. Karl Albert bot den Österreichern einen Waffenstillstand an. Der siegessichere Radetzky ging darauf aber nicht ein. Er wollte wieder die ganze Lombardei in seinen Besitz bringen und trieb seinen Gegner vor sich her. Karl Albert versuchte noch vor Mailand, die Österreicher aufzuhalten, doch ohne Erfolg. Auch die Mailänder erhoben sich nun gegen den unbeliebten savoyischen König und zwangen ihn zur Flucht. Es kam zum Waffenstillstand, die Piemontesen zogen sich zurück und die Mailänder forderten Radetzky auf, möglichst rasch in die Stadt einzumarschieren! So hatten sich die Zeiten geändert. Er zog am Vormittag des 6. August 1848 wieder in die Stadt ein, die er 19 Wochen vorher verlassen hatte. Radetzky schickte die Schlüssel der Stadt an den Kaiser, der ihm dafür das Großkreuz des Militär-Maria-Theresien-Ordens schickte. Der alte Feldherr stand mit 81 Jahren, agil und jugendlich wirkend, am vorläufigen Höhepunkt seiner Karriere. In den folgenden Monaten wurde die Revolution im ganzen Reich nach und nach niedergeschlagen, nur in Ungarn wurde weitergekämpft und Venedig hatte sich noch nicht ergeben. Radetzky missfiel, was die Sieger machten, wie zum Beispiel die Exekution des Abgeordneten Robert Blum. Er vermisste bei der Reaktion das richtige Augenmaß. Der Feldmarschall bemühte sich, in seinem Machtbereich Exzesse zu verhindern. Als Österreich am 2. Dezember 1848 einen neuen Kaiser bekam, zeigte er sich zufrieden, da er in den jungen Habsburger große Hoffnungen für die Erneuerung der Monarchie setzte. Erzherzogin Sophie schickte dem Feldherrn ein handgeschriebenes, „kitschiges" Gedicht, denn sie und ihr Sohn wussten, was sie dem alten Radetzky zu verdanken hatten.

So richtig berühmt war der alte Krieger erst im „zarten" Alter von 82 Jahren. Neben dem eingangs zitierten Gedicht von Franz Grillparzer wurde er durch den von Johann Strauss d. Ä. 1848 komponierten Radetzkymarsch, der als unvergleichlicher Ohrwurm bis heute das Publikum begeistert, in den Olymp erhoben. Selbst bei den Italienern ist inzwischen der Radetzkymarsch populär und darf bei keinem Wiener Touristenkonzert fehlen.

Radetzky wusste ebenso wie seine Gegner, dass der im August 1848 geschlossene Waffenstillstand nicht von langer Dauer sein würde. Der junge Kaiser nannte Radetzky nun „Vater", genauso wie seine Soldaten. Franz Joseph bemühte sich, auf alle Wünsche des greisen Feldherrn einzugehen und dessen Armee auf über

120.000 Mann zu verstärken, obwohl auch in anderen Krisengebieten Soldaten gebraucht wurden. Radetzky musste von seinen Soldaten aber immerhin 50.000 Mann zur Sicherung der wichtigsten Städte und befestigten Plätze abkommandieren, womit er der sardischen Feldarmee weiterhin zahlenmäßig weit unterlegen war.

Wie bereits erwartet, kündigte König Karl Albert am 12. März 1849 den Waffenstillstand auf. Radetzky meldete daraufhin seinen Männern: „Soldaten! Eure heißesten Wünsche sind erfüllt! Der Feind hat den Waffenstillstand aufgekündigt … Der Kampf wird kurz sein; es ist derselbe Feind, den ihr bei Santa Lucia, bei Sommacampagna, bei Custozza, bei Volta und vor den Toren Mailands besiegt habt … Noch einmal folgt Eurem greisen Führer zu Kampf und Sieg … Vorwärts also, Soldaten! Nach Turin! lautet die Losung. Dort finden wir den Frieden. Es lebe der Kaiser! Es lebe das Vaterland!"

Es wurde ein kurzer Krieg, der nur fünf Tage dauerte. Radetzky griff gleich zu Beginn zu einem Trick, denn er ließ seine Armee durch die Mailänder „Porta Romana" ausrücken; so, als würde er sich absetzen. Das wurde von den vielen Spionen sofort den Sarden gemeldet. Aber Radetzky ließ schon nach wenigen Kilometern seine Truppen nach Südwesten schwenken und bewegte sich Richtung Pavia. Er fiel damit den Truppen Karl Alberts in die Flanke und brachte den sardischen Aufmarsch durcheinander.

Am 20. März überschritt die österreichische Armee mit Ablauf des Waffenstillstandes den Tessin bei Pavia. Die Sarden wurden durch diese Operation und ihre mangelnde eigene Aufklärung völlig überrascht, da sie ursprünglich selbst in die Offensive gehen wollten. Sie mussten sich überhastet zurückziehen, wobei es am 21. März zwischen Tessin und Agogna zu schweren Kämpfen kam. Hier zeichneten sich die späteren Heerführer Erzherzog Albrecht und Ludwig von Benedek aus, wo-

Schlacht bei Novara

bei Letzterer in die Stadt Mortara eindrang und viele Gefangene machte. Der später als Oberbefehlshaber einer großen Armee nicht erfolgreiche Benedek zeigte, dass er als Kommandeur überschaubarer Einheiten seine Fähigkeiten entfalten konnte. Die demoralisierte Armee des Königs von Sardinien versammelte sich bei Novara und erwartete Radetzkys Truppen in einer für sie günstigen Stellung.

Die denkwürdige Schlacht begann am 23. März 1849 um elf Uhr, als das II. österreichische Korps fünf Kilometer südlich von Novara auf den Feind stieß. Die Österreicher vermuteten hier die Vorhut ihrer Gegner, bekamen es aber mit der Hauptarmee zu tun. Der Angriff kam deshalb ins Stocken und konnte erst nach dem Nachrücken weiterer Truppen erfolgreich weitergeführt werden. Das befestigte La Bicocca wurde erobert und die Schlacht schien entschieden, als die Italiener ihre Reserven einsetzten und die Österreicher zurückdrängten. Aber dann kam der Gegenangriff der Sarden zum Stehen, da die Tiroler Kaiserjäger hier ihre Stellungen behaupten konnten. Das nun in Aktion tretende III. österreichische Korps trieb die Truppen Karl Alberts vor sich her und die Italiener mussten ein Gehöft und ein Dorf nach dem anderen räumen und zogen sich zurück. Als um 17 Uhr auch noch das IV. Korps der Österreicher in den Kampf eingriff, war die Schlacht entschieden. In wilder Flucht strömten die geschlagenen Sarden hinter die mittelalterlichen Mauern der Stadt Novara. Ihre Verluste lagen drei Mal so hoch wie die der Österreicher.

Der König erbat angesichts seiner in Auflösung begriffenen Armee einen Waffenstillstand und dankte zugunsten seines Sohnes Viktor Emanuel ab. Der Waffenstillstand trat drei Tage später in Kraft. Radetzky hatte durch sein rasches und konsequentes Vorgehen dafür gesorgt, dass die Lombarden und Venezianer keine Zeit mehr fanden, sich erneut gegen die Österreicher zu erheben. Er konnte überall rasch die Ordnung wiederherstellen und die „Pax Austriaca" zur Geltung bringen. Doch diese sollte trotz seiner Bemühungen nicht von langer Dauer sein.

Der große Feldherr hatte acht eheliche Söhne und Töchter, wobei alle seine Söhne Offiziere wurden, aber in keiner Weise an ihren Vater heranreichen konnten. Nur sein Sohn Theodor Konstantin (1813–1878) machte Karriere und wurde Kämmerer und Generalmajor. Er lebte auch am längsten, da alle anderen Söhne Radetzkys und zwei seiner Töchter in relativ jungen Jahren starben. Die Ehe mit seiner Frau war nicht harmonisch, denn beide konnten mit Geld nicht umgehen. Sie wurden ständig von Gläubigern verfolgt und erlebten diesbezüglich so manche Demütigung, wozu noch der Ärger über den unsoliden Lebenswandel der missratenen Söhne kam, die mit Geld ebenfalls nicht umgehen konnten. Das waren also die Schattenseiten des militärischen Genies Radetzky.

Der Feldherr behandelte seine Soldaten grundsätzlich besser, als es zu seiner Zeit üblich war. Die Prügelstrafe lehnte er ab und er war immer höflich zu seinen Untergebenen. Radetzky arbeitete stets an der Verbesserung der Bildung seiner Soldaten und ging mit gutem Beispiel voran. Wichtig war ihm auch die Versorgung seiner Leute, und zwar sowohl im Hinblick auf eine angemessene Ernährung als auch im Hinblick auf eine bestmögliche Ausrüstung. Seine Soldaten sollten auch individuell in Plänklergefechten und bei Kommandounternehmungen, also nicht nur in der Masse, agieren können. Die Männer dankten es ihm und nannten ihn „Vater Radetzky". Viele Besucher, die den alten Feldmarschall kennenlernten, waren verwundert über seine Agilität, seine Freundlichkeit und sein gewinnendes und humorvolles Wesen. Da Ra-

Radetzkys Begegnung mit Viktor Emanuel nach der Schlacht bei Novara am 14. März 1849 (nach einer Lithographie von Franz Adam)

detzky in seinen späteren Jahren von seiner Frau getrennt lebte, hatte er in Mailand trotz seines Alters eine Geliebte, deren vier Kinder von ihm stammten.

Radetzky diente unter fünf Kaisern und nahm an nicht weniger als 17 Feldzügen teil. Er erhielt insgesamt 146 in- und ausländische Orden, darunter das Ritterkreuz und das Großkreuz des Militär-Maria-Theresien-Ordens sowie den Orden vom Goldenen Vlies. Der große Feldherr wurde am 28. Februar 1857 im Alter von 90 Jahren in den Ruhestand versetzt. Er war 72 Jahre Soldat und damit derjenige, er am längsten in der kaiserlichen Armee diente.

Der greise Held konnte sich seines Ruhestandes nicht lange erfreuen, denn er starb am 5. Januar 1858 nach einem Unfall in Mailand. Er wurde feierlich nach Wien überführt und am 19. Januar am Heldenberg bei Klein-Wetzdorf in Niederösterreich beigesetzt. Kaiser Franz Joseph hätte es gerne gesehen, wenn der Retter des Erzhauses in der Wiener Kapuzinergruft geruht hätte, doch musste er den Willen des Feldherrn akzeptieren, der seine irdischen Überreste dem Armeelieferanten Gottfried Pargfrieder vermacht hatte. Dieser hatte immerhin über Jahrzehnte die Schulden Radetzkys beglichen.

Das von Pargfrieder errichtete monumentale, mit Kriegerstatuen übersäte Freilicht-Pantheon österreichischer Kriegshelden, in dem der große Feldmarschall unter einem großen Obelisken begraben liegt, ist eines der merkwürdigsten Relikte der Kriegerehrung, die existieren. Im Wiener Heeresgeschichtlichen Museum nimmt das Andenken an Radetzky einen wichtigen Platz ein. Es finden sich hier viele Erinnerungsstücke an ihn und zahlreiche Ölgemälde, die Szenen seiner Feldzüge darstellen.

Der alte Feldmarschall ist einer der populärsten Helden der österreichischen Geschichte, wie eine Vielzahl von Publikationen beweist. Heute beeindruckt viele Wien-Besucher das imposante Denkmal des Feldmarschalls am Stubenring vor dem ehemaligen Kriegsministerium. Dieses 1892 von Kaspar von Zumbusch und George Niemann geschaffene Monument befand sich ursprünglich auf dem Platz Am Hof vor dem ehemaligen Hofkriegsratsgebäude und wurde 1912 zu seinem jetzigen Standort gebracht. Auf ihm werden in großen Reliefs Radetzky im Kreise seiner Offiziere und umjubelt von seinen Soldaten gezeigt. An der Vorderseite sind Grillparzers Worte „In deinem Lager ist Österreich" zu lesen.

LITERATUR

ASTER, Heinrich: Die Gefechte und Schlachten bei Leipzig im Oktober 1813. 2 Bände, Dresden 1852/53

BETTELHEIM-GABILLON, Helene: Friedrich Fürst von Schwarzenberg. Leipzig o. J.

BLACH, Jeremy (Hg.): 70 große Schlachten der Weltgeschichte. Leipzig 2005

BLEIBTREU, Carl: Die Schlacht bei Leipzig vom 18. Oktober 1913. Frauenfeld 1913

FLICK, Moritz: Helden unserer Armee. Wien 1910

FRAUNGRUBER, Hans: Hoch Habsburg! Bilder aus Österreichs alten und jungen Tagen. Wien 1909

GASTGEB, Marianne: Heimatbuch Wetzdorf. Heldenberg – Schloss Wetzdorf. Großwetzdorf 1993

GLÜCKSELIG, Legis: Blätter aus dem Heldenbuch der österreichischen Armee. Leitmeritz 1858

GUNDOLF, Hubert: Um Österreich! Schlachten unter Habsburgs Krone. Graz 1995

HELFERT, Alexander Freiherr von: An Ehren und an Siegen reich. Bilder aus Österreichs Geschichte. Wien 1907

HERRE, Franz: Radetzky. Eine Biographie. Köln 1981

HIRTENFELD, J.: Der Militär-Maria-Theresien-Orden und seine Mitglieder. 3 Bände, Wien 1857–1890

HORSETZKY, Adolf v.: Kriegsgeschichtliche Übersicht der Feldzüge seit 1792. Wien 1914

KANKOFFER, Ignaz: Ruhmeshalle der k. k. österreichischen Armee. Wien 1864

KERCHNAWE, Hugo und Alois Veltzé: Feldmarschall Karl Fürst zu Schwarzenberg. Wien 1915

LANGENDORF, Jean-Jacques: Ahnengalerie der kaiserlichen Armee 1618–1918. Biographische Schattenrisse. Wien 1995

MADER, Hubert Michael: Die Helden vom Heldenberg. Wien 2004

MOLDEN, Ernst: Radetzky. Sein Leben und sein Wirken. Leipzig 1915

MÜLLER-FUNK, Wolfgang u. Georg Kugler (Hg.): Zeitreise Heldenberg. Lauter Helden. Katalog zur Niederösterreichischen Landesausstellung. Wien 2005

RADETZKY von Radetz, Graf: Denkschriften militärisch-politischen Inhalts aus dem handschriftlichen Nachlaß. Stuttgart 1858

REGELE, Oskar: Feldmarschall Radetzky. Leben, Leistung, Erbe. Wien 1957

RICHTER, G. W.: Radetzky, Josef, Graf. In: Allgemeine Deutsche Biographie. 27. Bd., Leipzig 1888.

SCHÖNHALS, Karl von: Der k. k. österreichische Feldmarschall Graf Radetzky. Stuttgart 1858

SCHREIBER, Georg: Des Kaisers Reiterei. Österreichs Kavallerie in vier Jahrhunderten. Wien 1967

STERN-BRAUNBERG, Anni: In deinem Lager ist Österreich. Graz 2000

UFFINDELL, Andrew: Great Generals of the Napoleonic Wars and their Battles. Staplehurst/Kent 2003

WOLF-SCHNEIDER von Arno, Oskar: Feldmarschall Radetzky. Wien 1934.

WREDE, Alphons Freiherr v.: Geschichte der k. und k. Wehrmacht. 5 Bände, Wien 1898–1905

LUDWIG VON GABLENZ
SIEGER ÜBER DÄNEN UND PREUSSEN

Ludwig von Gablenz

Bei der kleinen Gemeinde Oeversee in Schleswig-Holstein kann man eine für viele überraschende Entdeckung machen. Hier findet sich ein Denkmal für im Kampf gefallene Österreicher. Dieses Relikt erinnert an die Schlacht bei Oeversee während des Krieges gegen Dänemark im Jahre 1864. Es erinnert uns auch an den Führer der österreichischen Truppen, den erfolgreichen und letztlich tragischen Freiherrn von Gablenz.

Ludwig Karl Wilhelm Freiherr von Gablenz wurde am 19. Juli 1814 in Jena als Sohn des königlich-sächsischen Generalleutnants Heinrich Adolf von Gablenz geboren. Ganz standesgemäß absolvierte der junge Gablenz seine Ausbildung an der Ritterakademie in Dresden und trat 1831 mit 17 Jahren als Leutnant in das sächsische Garde-Reiter-Regiment ein. Dort blieb er nicht sehr lange und trat am 6. April 1833 in die österreichische Armee über.

Seine Karriere in der k. k. Armee führte Gablenz durch verschiedene Waffengattungen wie die Infanterie und die Kavallerie, bevor er beim Generalstab landete. Gablenz wurde am 1. März 1835 zum Oberleutnant befördert und trat am 16. August 1839 als Seconde-Rittmeister in das 6. Kürassier-Regiment ein. Seine Beförderung zum Premier-Rittmeister erfolgte am 30. Mai 1845.

Im Jahre 1848 wurde er zum Adjutanten von General Ludwig von Wallmoden in Italien ernannt. In dieser Funktion machte Gablenz die Schlacht bei Santa Lucia und die Kämpfe am Curtatone und bei Montanara, das Gefecht von Goito und den Sturm auf Monte della Madonna bei Vicenza mit. Dabei verrichtete er im Hauptquartier Radetzkys Generalstabsdienste und wurde als Parlamentär in das sardische Hauptquartier geschickt. Am 1. Juli 1848 wurde Gablenz in den General-Quartiermeisterstab aufgenommen; er beteiligte sich in der Folge an den Gefechten bei Sommacampagna, Salionze und Ponti. Am 25. Juli 1848 zeichnete er sich in der Schlacht bei Custozza aus, bei Streifzügen und Kavalleriegefechten bei Quaderni und Le sei Vie und beim Gefecht. Gablenz wurde danach Kolonnenführer und Generalstabsoffizier des „fliegenden Korps" unter Oberst Wyss und kämpfte bei Brescia am 29. Juli und bei Lodi am 1. August 1848 mit. Als man Freiwillige für die Zerstörung der

Feldmarschall Graf Radetzky vor Vicenza am 10. Juni 1848

Eisenbahn zwischen Mailand und Reviglio suchte, meldete sich Gablenz und führte das Unternehmen mit 60 Reitern erfolgreich durch. Dann wechselte er zum Generalstab des Fürsten Schwarzenberg und nahm an dem Gefecht bei Marazzone am 26. August 1848 gegen Garibaldi teil.

Gablenz wurde am 19. September 1848 zum Major befördert und auf den ungarischen Kriegsschauplatz abkommandiert, wo er den Posten des Generalstabschefs im Schlick'schen Korps bekleidete. In der Folge nahm er an nicht weniger als 46 Schlachten, Gefechten und Scharmützeln an der Seite General Schlicks teil. Nach dem Gefecht bei Szikszó am 28. Dezember 1848 schlug er beim Zusammentreffen bei Kaschau am 4. Januar 1849 mit der rechten Flügelkolonne des Korps den mehr als doppelt so starken, feindlichen linken Flügel in die Flucht, wobei man ihm großen persönlichen Mut und hervorragende Umsicht bescheinigte. Diese Tat trug wesentlich zum Sieg bei Kaschau bei.

Für diesen Einsatz erhielt Gablenz am 4. Januar 1849 das Ritterkreuz des Maria-Theresien-Ordens. Er nahm am 22. Januar beim Sturm auf Tarczal, am 31. Januar beim Gefecht bei Tokay und in den folgenden Monaten an einer Vielzahl weiterer Schlachten und Gefechte teil. So war er am 28. Juni 1849 an der Einnahme von Raab beteiligt.

Im Sommer 1849 erfolgte die Beförderung zum Oberstleutnant und er erhielt das Kommando über das Dragoner-Regiment „Prinz Eugen". Er kämpfte in der Schlacht bei Komorn am 11. Juli 1849 mit. Man schickte den erfolgreichen Offizier als Begleiter des Fürsten Schwarzenberg in das kaiserlich russische Hoflager und das Hauptquartier des russischen Generalleutnants von Grabbe. Wenig später rückte Gablenz mit den russischen Truppen in Komorn ein.

Am 13. Dezember 1849 wurde er zum Oberst befördert und nahm an einer militärisch-diplomatischen Mission Schwarzenbergs in Dresden teil. Sein nächstes Betätigungsfeld fand er als Mitglied des Generalstabs der Armee in Böhmen, die sich 1850 auf einen Krieg mit Preußen vorbereitete. Gablenz verblieb nicht lange in dieser Funktion. Er wurde der sächsischen Armee zugeteilt und mit Missionen nach Kassel, Hamburg und Berlin betraut. Immerhin war er ja gebürtiger Sachse. Auch hier erledigte er alle seine Aufgaben zur vollsten Zufriedenheit seiner Vorgesetzten.

Ab 10. Februar 1851 war Gablenz wieder beim Generalquartiermeisterstab und wurde Generalstabschef des vom Grafen Schlick befehligten Armeekorps in Mähren. Er begleitete den Feldmarschall Hess zu den großen Manövern der russischen Armee nach Warschau. Gablenz heiratete 1853 in Wien Helene von Eskeles, die katholische Tochter eines jüdischen Bankiers. Die Ehe war nicht unproblematisch und von ständigen Auseinandersetzungen und mangelnder gesellschaftlicher Anerkennung überschattet. Letztlich sollte ihn seine Frau um mehr als 25 Jahre überleben.

Am 13. März 1854 wurde Gablenz zum Generalmajor befördert und kommandierte die leichte Brigade des I. Kavallerie-Korps, mit dem er auch an der Besetzung der Donaufürstentümer teilnahm. In diesem missglückten österreichischen Versuch, vom Krimkrieg zu profitieren, gab es keine großen Lorbeeren zu verdienen, aber Gablenz handelte wie üblich mit Geschick und Umsicht. Er war von April bis Oktober 1856 Truppenkommandeur an der Moldau. 1857 erhielt er das Kommando einer Brigade des VII. Korps.

Der Krieg gegen Frankreich und Sardinien im Jahre 1859 sah Gablenz als Kommandanten seines Korps, mit dem er an dem Gefecht bei Vercelli und den Schlachten von Magenta und Solferino teilnahm. Gablenz übernahm bei Magenta die Führung der Division des schwer verwundeten Feldmarschall-Leutnants von Reischach. Für die-

Feldzeugmeister Hess

se Tat wurde er mit dem Orden der Eisernen Krone 2. Klasse ausgezeichnet. Gablenz gab sein Bestes und konnte Erfolge erzielen, doch dieser Krieg wurde durch die völlige Unfähigkeit auf höchster Ebene zuungunsten Österreichs entschieden. Nach dem Friedensschluss wurde Gablenz dem Kommandeur von Venetien als Adlatus zugeteilt. 1862 erfolgte die Beförderung des verdienten Offiziers zum Feldmarschall-Leutnant. Er leitete die größeren Manöver bei Rivoli. Gablenz erhielt als besondere Auszeichnung die Ernennung zum zweiten Inhaber des 6. Ulanen-Regiments, das den Namen des Kaisers führte. Seine große Stunde als selbständiger Truppenführer sollte aber erst kommen.

Als man einen Kommandanten für das österreichische Armeekorps für den Krieg gegen Dänemark suchte, entschied man sich für Gablenz. Der Kaiser betraute ihn am

Kaiser Franz Joseph im Jahr 1858

12. Dezember 1863 mit dem Kommando des VI. Korps, das unter dem Oberbefehl des preußischen Feldmarschalls Wrangel stand. Der Aufmarsch ging zügig vonstatten und am 3. Februar 1864 wurden die Dänen bei Oberselk und Jagel besiegt. Am 4. und 5. Februar kam es zur Kanonade vor Schleswig, die zur Räumung der Stadt durch die Dänen führte. Gablenz erstattete Wrangel Bericht, griff aber selbständig an und verfolgte die fliehenden Dänen. Wrangel ordnete an, Richtung Flensburg vorzurücken. Gablenz war bereits unterwegs, da er keine Zeit verlieren wollte. Bei Hesse-Moor in der Höhe von Idstedt und bei Helligbeck kam es zu ersten Kampfhandlungen, die für die Österreicher siegreich ausfielen. Die dänischen Truppen wichen vor der forsch agierenden österreichischen Avantgarde trotz ihrer zahlenmäßigen Über-

Sprengung der Ponte vecchio di Magenta

legenheit zurück. Gablenz ließ einige Geschütze mit der Spitze vorrücken und nahm damit den Feind unter Beschuss, wenn sich dieser an einem Ort festsetzen wollte. Die Kavallerie attackierte und trieb die Dänen so vor sich her.

Man erreichte Oeversee und der Angriff erfolgte trotz heftigen Schneesturms und Glatteis, was mit großen Mühen verbunden war. Die Dänen waren zu heftigem Widerstand entschlossen, da sie den Weg nach Flensburg verteidigen wollten. Eine von Gablenz angeordnete Kavallerieattacke scheiterte am heftigen Feuer des verschanzten Gegners. Die Artillerie deckte den Rückzug der Husaren und hielt die Dänen von einem Gegenangriff ab. Jetzt kam die österreichische Infanterie ins Spiel und Gablenz handelte gegen den Befehl von Wrangel, nicht wieder vorzurücken, da er die Gelegenheit zum Sieg sah. Um den Dänen keine Gelegenheit zur weiteren Erholung zu geben, griff er mit der Infanterie frontal an. Er ließ die Artillerie möglichst nahe an den Gegner heranbringen und setzte dessen Kanonen nach und nach außer Gefecht. Der erste Angriff der Jäger in Divisionsstärke war sehr verlustreich und blieb nach Geländegewinnen schließlich liegen. Doch der Sturm weiterer Einheiten, formiert in Kompanieeinheiten, erwies sich als erfolgreicher und drängte die Dänen zurück. Es kam zu einem Kampf im Wald, der sich wieder sehr verlustreich gestaltete, aber die Dänen weiter zurücktrieb. Ein Gegenstoß zweier dänischer Bataillone bedrängte überraschend den linken Flügel der Österreicher, der jedoch durch den Einsatz eines Bataillons der so genannten Belgien-Infanterie stabilisiert werden konnte. Bajonettkämpfe folgten und beim dritten österreichischen Angriff hatten Gablenz Truppen die Oberhand. Die österreichische Infanterie trat aus dem Wald und die Dänen wichen trotz der Verstärkung, die sie inzwischen erhalten hatten, und einiger versuchter

215

Gegenangriffe zurück. Gablenz ließ seine Artillerie rasch mit vorrücken und den Gegner ständig beschießen. Die Schlacht war damit entschieden und auch ein letzter Gegenangriff der Dänen auf das von den Österreichern inzwischen eroberte Bilschau konnte daran nichts mehr ändern.

Die Nacht war hereingebrochen, der Feind konnte nicht weiter verfolgt werden und Gablenz schickte ein Regiment auf Vorposten gegen Flensburg. Der dänische Oberbefehlshaber ordnete den Rückzug seiner gesamten Armee an und wollte nur mehr die starken Stellungen bei Düppel verteidigen. Damit war das Herzogtum Schleswig in der Hand der Österreicher und Preußen und Gablenz hatte das erreicht, was Wrangel erst in Angriff nehmen wollte. Dieser würdigte den Eifer und Mut des Österreichers in einem Schreiben und lobte seine Umsicht und sein „leuchtendes Beispiel". Er schlug Gablenz für die Auszeichnung mit dem Kommandeurkreuz des Maria-Theresien-Ordens vor. Der Kaiser ließ dem erfolgreichen Heerführer diese Auszeichnung am 15. März 1864 zukommen.

Gablenz war bei seinen Truppen sehr populär, und wenn es Kritik an ihm gab, dann kam diese eher von außerhalb; man warf ihm vor, dass die Österreicher durch sein schnelles und kompromissloses Angreifen unverhältnismäßig hohe Verluste erlitten hatten. Doch Gablenz war ein Mann der Offensive und der Erfolg gab ihm Recht. Der weitere Verlauf des Krieges wurde durch den preußischen Erfolg bei Düppel, den erfolgreichen Einsatz des österreichischen Admirals Tegetthoff und die Besetzung großer Teile dänischen Territoriums entschieden. Gablenz bewies bei allen weiteren Unternehmungen seine große Kompetenz. Er lieferte sich mit den Dänen am 8. März 1864 das siegreiche Treffen bei Veile und nahm am Angriff auf die Festung Friderica teil, die am Ende vom Gegner geräumt werden musste. Anschließend unternahm Gablenz Operationen in Nordjütland bis an den Limfjord, gegen die Insel Fünen sowie gegen den kleinen Belt. Die Dänen gaben sich geschlagen und der Krieg fand ein Ende.

Nachdem sein Korps bis auf eine Brigade in die Heimat zurückgekehrt war, erhielt Gablenz am 20. November 1864 die Würde eines Geheimen Rates und wurde am 24. November zum Kommandanten des V. Korps ernannt. Außerdem verlieh man ihm den Orden der Eisernen Krone 1. Klasse.

Im Sommer 1865 wurde Gablenz zum Statthalter Holsteins ernannt. Der liberal denkende General bemühte sich um eine gemäßigte Besatzungspolitik und bediente sich so weit wie möglich schleswig-holsteinischer Mitarbeiter. Da er zudem noch einige sinnvolle Reformen in die Wege leitete, erfreute er sich rasch einer allgemeinen Beliebtheit bei der Bevölkerung, wobei natürlich besonders sein Wunsch nach einem selbständigen Schleswig-Holstein, den er auch mit der österreichischen Regierung teilte, viel dazu beitrug.

Als sich der Konflikt mit Preußen abzeichnete, schlug Gablenz vor, die österreichischen Truppen in Holstein mit der Armee des Königreichs Hannover zu vereinigen, was dieser mehr Schlagkraft gegeben hätte. In Wien entschied man aber anders und so musste sich Gablenz mit seinen Soldaten nach Süden zurückziehen, was er mit großer Umsicht erledigte. Er erhielt nach seiner Rückkehr das Kommando über das X. Armeekorps und wurde damit rasch in Kampfhandlungen verwickelt.

Am 27. Juni 1866 kam es bei Trautenau zur Schlacht zwischen dem X. Korps von Gablenz und dem I. Preußischen Armeekorps unter Bonin, das als Avantgarde der

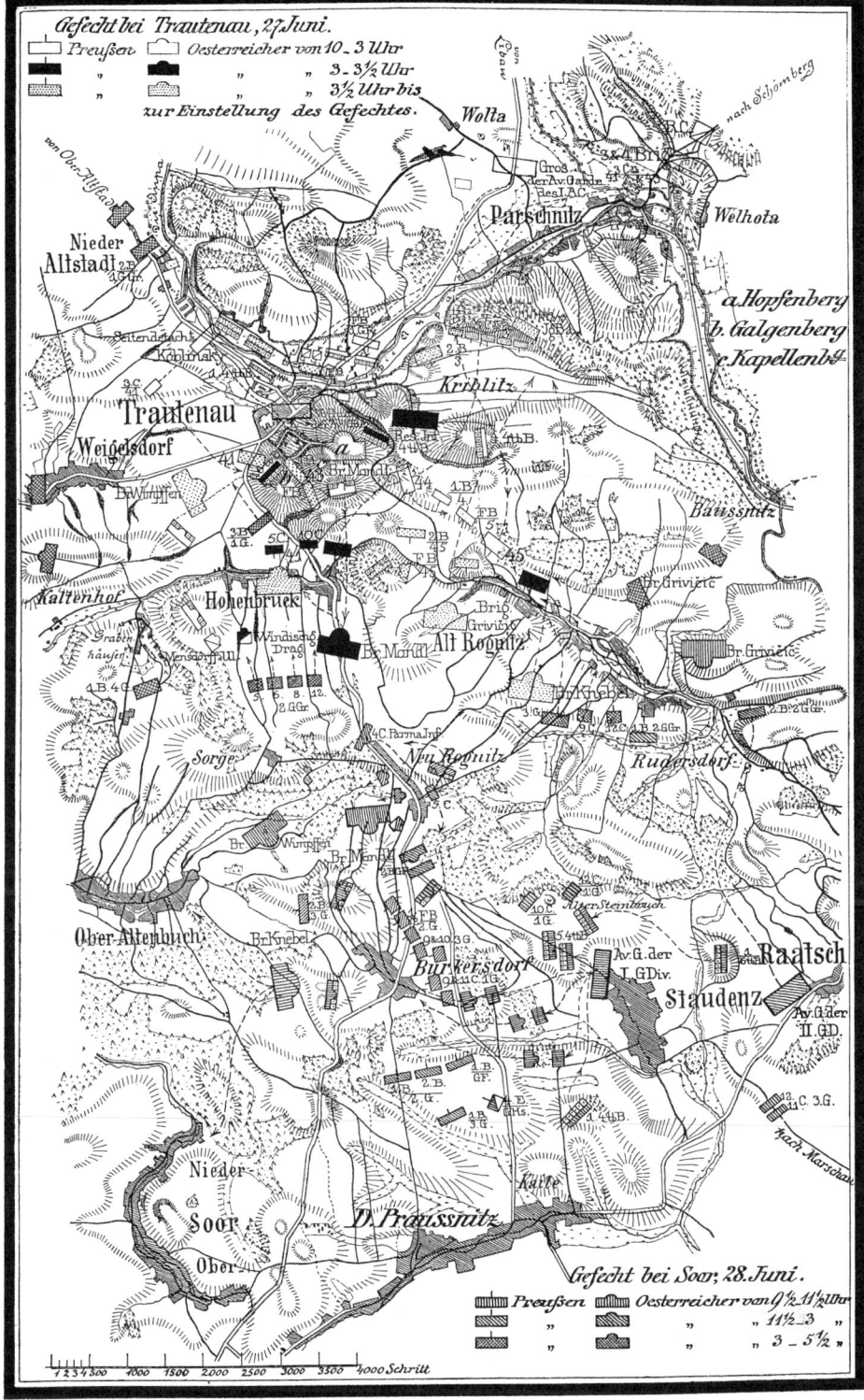

Armee des Kronprinzen durch den Pass von Trautenau in Böhmen eindrang. Der Waffengang dauerte zehn Stunden und wurde mit großer Heftigkeit geführt. Die Preußen waren nach dem Gefecht bei Nachod bei Trautenau vorbeimarschiert und wurden hier von Gablenz angegriffen. Es gelang dem preußischen General Adolf von Bonin zunächst, die Österreicher zurückzudrängen. Gablenz gab sich jedoch nicht geschlagen. Er band die Preußen von Süden mit drei Infanteriebrigaden und umging den Gegner mit einer weiteren Brigade, um einen Angriff in die Flanke durchzuführen. Obwohl die österreichischen Verluste durch das Zündnadelgewehr der Preußen überall höher waren als jene des Gegners, war die Taktik von Gablenz erfolgreich. Die preußische Gefechtsordnung zerfiel und die Niederlage führte zu ungeordneter Flucht. Damit hatte das preußische Korps seine Rolle als Führungsformation eingebüßt, zog sich über die Landesgrenze zurück und wurde durch das preußische Gardekorps abgelöst. Gablenz führte sein Korps nach Soor, um weitere preußische Durchbruchsversuche abzuwehren. Er hatte mit diesem Sieg die österreichische Waffenehre im Krieg der Nordarmee gerettet.

Gablenz wollte jetzt die preußische Garde schlagen und bat Benedek um Verstärkung für seine angeschlagenen Truppen. Er hatte die Absicht, die Preußen beim Vormarsch durch heftiges Artillerie- und Gewehrfeuer aus Norden und Osten in die von ihm gewünschte Richtung lenken. Dann sollte das IV. Korps unter Festetics den Gegner in der Flanke angreifen. Damit wollte er den Sieg von Trautenau wiederholen. Benedek war aber nicht der richtige Ansprechpartner für solch kühne Pläne. Er zog seine bereits gegebene Zustimmung zurück und befahl Festetics den Rückzug, ohne Gablenz davon zu unterrichten. Deshalb entwickelte sich am 28. Juni 1866 die Situation anders als geplant. Das preußische Zündnadelgewehr leistete wieder ganze Arbeit und Gablenz musste sich unter hohen Verlusten und dem Totalverlust einer Brigade nach Süden zurückziehen. Auch in den folgenden Kämpfen gelang es ihm aufgrund fehlender Unterstützung durch andere Verbände nicht, die Preußen aufhalten. In der Schlacht bei Königgrätz am 3. Juli konnte Gablenz aufgrund dieser Situation nicht mehr an seine alten Erfolge anknüpfen, was allerdings nicht seine Schuld war, sondern in erster Linie dem zum Führer der Nordarmee wenig geeigneten Benedek anzulasten ist.

Als der preußische König Wilhelm am 4. Juli auf der Höhe von Chlum an der Leichenfeier für zwei preußische Offiziere teilnahm, traf er unterwegs Ludwig von Gablenz, der verwundet worden war, aber dennoch als Unterhändler von Benedek zum Gegner geschickt wurde, um einen ordentlichen Waffenstillstand auszuhandeln. Gablenz traf im preußischen Hauptquartier den Prinzen Friedrich Karl, der ihn erstaunt fragte: „Braucht Ihre Armee denn wirklich einen Waffenstillstand?" Die Preußen hatten noch immer nicht das wirklich Ausmaß ihres Sieges realisiert. Gablenz gab daraufhin die später berühmt gewordene Antwort: „Mein Kaiser hat keine Armee mehr, sie ist so gut wie vernichtet." Er hatte sehr emotional reagiert, denn von einer Vernichtung der österreichischen Nordarmee konnte man nicht sprechen.

Gablenz zog sich mit seinem Korps in der Folge in Richtung Wien zurück und besetzte mit seinen Truppen die Festungswerke nördlich der Stadt. Man könnte darüber spekulieren, welche Entwicklung der Kampf der Nordarmee genommen hätte, wenn Gablenz anstelle von Benedek das Oberkommando gehabt hätte. Ob er angesichts der Verhältnisse siegreich gewesen wäre, mag dahingestellt bleiben, aber unter seiner Führung wäre wohl zumindest manche militärische Katastrophe verhindert worden. Gablenz war über die Entwicklung sehr unglücklich und trat am 9. September 1866 für einige Zeit aus dem aktiven Dienst aus.

Ab dem 1. April 1867 war Gablenz lebenslanges Mitglied des Herrenhauses im Reichsrat. Er erwies sich als Liberaler und gab sich fortschrittsfreundlich. Seit dem 27. Juni 1867 war Gablenz Kommandierender General von Kroatien und Slawonien und ab 1869 bekleidete er diese Funktion in Ungarn. 1870 erfolgte die Beförderung von Gablenz zum General der Kavallerie.

Der verdiente Soldat nahm als Bevollmächtigter des Kaisers 1871 mit gemischten Gefühlen beim Einzug der im Krieg gegen Frankreich siegreichen deutschen Truppen in Berlin und der Enthüllung eines Denkmals für Friedrich Wilhelm III. teil. Bald darauf, am 28. November 1871, verließ Gablenz die Armee, wofür wohl eher persönliche Gründe ausschlaggebend waren.

Gablenz erschoss sich am 28. Januar 1874 in Zürich. Als Grund wurden seine „zerrütteten Vermögensverhältnisse" angegeben. Diese Tat löste große Betroffenheit aus. So erfuhr man später, dass Gablenz Opfer des Börsenkrachs von 1873 geworden war und er große familiäre Probleme gehabt haben soll. Tragisch mutet auch an, dass er nach den Erfahrungen des Feldzuges von 1864 die Neubewaffnung der österreichischen Truppen mit Hinterladern nicht durchsetzen konnte, obwohl er die große Überlegenheit der preußischen Zündnadelgewehre erkannt hatte.

LITERATUR

ANGER, Gilbert: Illustrierte Geschichte der k. und k. Armee. Wien 1900

AUFFENBERG-KOMAROW, Moritz Freiherr von: Aus Österreichs Höhe und Niedergang. München 1921

DIETER, Heinrich u. Georg Lorenz (Hg.): Unsere Helden. Geschichtliche Lehrbilder. 7 Bände, Wien 1895–1915

EBERSTEIN, Alfred v.: Erlebtes aus den Kriegen 1864, 1866, 1870/71. Leipzig 1899

FLICK, Moritz: Helden unserer Armee. Wien 1910

GUNDOLF, Hubert: Um Österreich! Schlachten unter Habsburgs Krone. Graz 1995

HIRTENFELD, J.: Der Militär-Maria-Theresien-Orden und seine Mitglieder. 3 Bände, Wien 1857–1890

HORSETZKY, Adolf v.: Kriegsgeschichtliche Übersicht der Feldzüge seit 1792. Wien 1914

JANKO, Wilhelm von: Gablenz-Eskeles, Ludwig Freiherr von. In: Allgemeine Deutsche Biographie. Bd. 8, Leipzig 1878

LANGENDORF, Jean-Jacques: Ahnengalerie der kaiserlichen Armee 1618–1918. Biographische Schattenrisse. Wien 1995

MARKOV, Walter u. Heinz Helmert: Schlachten der Weltgeschichte. Gütersloh 1983

MEISTER, Oskar: Aus bewegter Zeit. Erinnerungen eines österr. Soldaten an den Feldzug im Jahre 1866. Olmütz 1878

ÖSTERREICHISCHES Biographisches Lexikon 1815–1950. Bd. 1, Wien 1957

PREIL, Arndt: Österreichs Schlachtfelder. 4 Bände, Graz 1993

SACHSLEHNER, Johannes: Schicksalsorte Österreichs. Wien 2009

SCHMITT, Richard u. Peter Strasser: Rot-weiß-rote Schicksalstage. Entscheidungsschlachten um Österreich. St. Pölten 2004

WURZBACH, Constant von: Biographisches Lexikon des Kaiserthums Österreich. Bd. 5, Wien 1859

ZIMMER, Frank: Bismarcks Kampf gegen Kaiser Franz Joseph. Graz 1996

ERZHERZOG ALBRECHT
STRAHLENDER SIEGER UND ÜBERZEUGTER REAKTIONÄR

Hinter der Wiener Staatsoper steht auf der Rampe der Albertina das Reiterstandbild eines österreichischen Feldherrn, der heute weitgehend vergessen ist, weshalb man ihn auch als den „stummen Reiter" bezeichnet hat. Er war der Sohn eines großen Mannes und hat selbst mit großer Pflichtbesessenheit vieles vollbracht, ohne allerdings die Genialität seines Vaters zu erreichen.

Albrecht wurde am 3. August 1817 in Wien geboren und war der älteste Sohn des legendären, aber militärisch und politisch kaltgestellten Erzherzog Carls. Seine Mutter war Henriette von Nassau-Weilburg, die für habsburgische Verhältnisse ganz unüblich an ihrem protestantischen Glauben festhielt. Das Paar ließ dem Erstgeborenen viel Liebe und Aufmerksamkeit zukommen und Albrechts Kindheit dürfte zumindest bis zum Tod seiner Mutter glücklich verlaufen sein.

Es ist nicht immer leicht, der Sohn eines ruhmreichen Vaters zu sein, noch dazu, wenn man ihm in dessen Passion nacheifern will. Albrecht schrieb in seinen Aufzeichnungen, dass er von frühester Kindheit an eigentlich nur Soldat werden wollte. Sein Vater tat ihm den Gefallen und erzog ihn zum Soldaten „mit Leib und Seele". Albrecht sollte eines Tages den militärischen Oberbefehl über die bewaffnete Macht übernehmen und das zu Ende bringen, was seinem Vater nicht beschieden war.

Albrecht wurde bereits mit 13 Jahren Oberst-Inhaber des Infanterie-Regiments Nr. 44 und trat nach der praktischen und theoretischen Ausbildung durch den eigenen Vater 1837 seinen militärischen Dienst an und wurde zum 2. Oberst im Infanterie-Regiment Baron Wimpffen Nr. 13 bestimmt. Im Jahre 1839 wechselte er zum Kürassier-Regiment Baron Mengen Nr. 4. Großen Eindruck machte auf den jungen Albrecht, als er 1839 mit dem späteren russischen Zaren Alexander zusammentraf und mit ihm über das Schlachtfeld von Aspern ritt. Man verstand einander und Albrecht erkannte in dem Zarensohn einen Verbündeten im Kampf gegen alles Liberale und Revolutionäre. Ein Besuch Albrechts in Russland bestätigte diese Freundschaft. Das rückständige und in überkommenen Strukturen feststeckende Russland entsprach am ehesten dem Weltbild des noch jungen Erzherzogs.

1840 erfolgte Albrechts Ernennung zum Generalmajor und Brigadekommandanten in Graz. Anlässlich eines Manövers der Südarmee kam er in das Hauptquartier von Feldmarschall Radetzky, dessen Atmosphäre ihm sehr zusagte. Albrecht sah im Feldlager des Feldmarschalls den einzigen Hort für die drohenden Probleme der Zukunft. Der Umgang Radetzkys mit seiner Armee, die Organisation und Abhaltung der berühmten Manöver beeindruckten den jungen Erzherzog. Ähnlich wie zuvor sein Vater wurde jetzt Radetzky sein großes Vorbild. Albrecht fand jedoch schon bald Verwendung bei anderen Aufgaben und reiste unter anderem in diplomatischer Funktion an den Berliner Hof, wobei er sich als Diplomat offensichtlich nie so wohl fühlte wie bei militärischen Aufgaben.

Im Dezember 1840 verlobte sich Albrecht mit Prinzessin Hildegarde von Bayern, die er später heiratete. 1843 nahm der Erzherzog an den Übungen der deutschen Bundestruppen in Lüneburg teil und wurde ein Jahr später zum Feldmarschall-Leutnant und Adlatus des kommandierenden Generals in Mähren und Schlesien ernannt. Albrecht bemerkte Schwächen in der Ausbildung der Truppen und versuchte diese abzustellen. Er beriet sich diesbezüglich immer mit seinem Vater. Erzherzog Carl war nicht sehr begeistert, als sein Sohn drei Jahre vor Ausbruch der Revolution als Kommandierender General nach Wien geschickt wurde. Da sich für den aufmerksamen Beobachter bereits zukünftige Probleme abzeichneten, schien es politisch nicht besonders geschickt, einen kaiserlichen Prinzen gerade in der Hauptstadt in dieser Funktion zu haben. Doch Metternich setzte seinen Willen durch und der schwache Kaiser hatte die Bestellung Albrechts unterschrieben.

Albrecht befehligte in Wien eine Garnison von 13.000 Mann. Im Jahre 1847 kam es zu zwei für den Erzherzog tragischen Ereignissen, da am 30. April sein abgöttisch verehrter Vater und am 5. Oktober sein von ihm geliebter jüngerer Bruder Friedrich, der Held von Saida, verstarben.

Albrecht wurde genauso wie fast alle in der habsburgischen Führungsschicht vom Ausbruch der Revolution im März 1848 überrascht. Man wies ihn am 13. März an, die Straße vor dem niederösterreichischen Landtag zu räumen. Da dies angesichts der aufgebrachten Menge nicht gelang, versuchte er kraft seiner persönlichen Autorität die Demonstranten zum Abzug zu bewegen. Doch dann eröffneten nachrückende Einheiten ohne Vorwarnung das Feuer auf die Menschenmenge, in der sich auch der Erzherzog befand. Von da an war die Entwicklung nicht mehr aufzuhalten und Albrecht musste seine Aufgabe als gescheitert betrachten. Man gab ihm als Kommandanten der Garnison die Schuld an dem Massaker und den unkontrollierbaren Folgeereignissen. Albrecht zog die Konsequenzen und erklärte am 15. März seinen Rücktritt von seiner Funktion.

Nach den für ihn unerfreulichen Vorfällen zog sich der Erzherzog komplett aus dem aktiven Dienst zurück und beschloss, die weitere Entwicklung auf seinem Gut im mährischen Seelowitz abzuwarten. Nachdem er jedoch von Radetzkys ersten Siegen über die italienischen Revolutionäre erfuhr, meldete sich Albrecht am 25. April im Hauptquartier von Verona. Radetzky gab ihm Gelegenheit, an seiner Seite den erfolgreichen Sommerfeldzug und den Einzug in das wiedereroberte Mailand zu erleben. Albrecht zeichnete sich bei den Kämpfen durch Mut, Tatkraft und Umsicht aus und erfreute sich deshalb des Wohlwollens des alten Feldmarschalls.

Als er 1849 durch die Gunst des jungen Kaisers eine Division der Südarmee führen durfte, ging für Albrecht ein Herzenswunsch in Erfüllung. Er führte seine Division sowohl bei Mortara als auch bei Novara mit Bravour. Feldmarschall Radetzky schrieb danach selbst die Eingabe zur Verleihung des Kommandeurkreuzes des Maria-Theresien-Ordens. Besondere Befriedigung bedeutete für Albrecht auch der

Zusammenkunft von Kaiser Franz Joseph I. und Napoleon III. in Villafranca

Umstand, dass er mit seinen Truppen Florenz, die Geburtsstadt seines Vaters, einnehmen hatte können. Er hat während dieser Feldzüge den Geist der Armee unter dem alles überragenden Radetzky erlebt und in sich aufgesogen, der einfach lautete: „In Deinem Lager ist Österreich." Er hatte auch intensiven Kontakt mit Benedek, dessen Regiment seiner Division angehörte, was dazu führte, dass Albrecht zu denen gehörte, die den späteren Verlierer und Sündenbock von Königgrätz fairer behandelten als viele seiner Zeitgenossen.

Der Erzherzog wurde Kommandant des III. Armeekorps in Böhmen und wenig später schon Gouverneur der Bundesfestung Mainz, wobei er diese Stellung aber nur nominell bekleidete. 1850 erhielt er provisorisch das Militärkommando in Böhmen und wurde General der Kavallerie. 1851 folgte seine definitive Bestellung zum Landes-Militärkommandanten in Böhmen.

Albrecht wurde schon im September 1851 Kommandant der 3. Armee und zum Zivil- und Militärgouverneur in Ungarn ernannt. Er war von dieser Aufgabe nicht sehr angetan, setzte aber die Befehle aus Wien mit der nötigen Konsequenz um. Er versuchte, mit dem rebellischen ungarischen Adel eine Gesprächsbasis zu finden und keine Germanisierungspolitik zu betreiben.

Während der Krise in Montenegro im Jahre 1853 wurde der Erzherzog Oberkommandierender der österreichischen Observationsarmee, blieb aber während des Krimkrieges auf seinem Posten in Ungarn. 1859 reiste er in diplomatischer Mission nach Berlin, um zu versuchen, die Preußen im Krieg gegen Frankreich und Piemont auf die Seite Österreichs zu bringen. Die Preußen zeigten jedoch kein großes Interesse an einer Hilfe für Österreich, was bei Albrecht antipreußische Ressentiments zur Folge hatte. Die Teilnahme an der primär durch die Personalpolitik des jungen

Kaiser Franz Joseph und sein Stab (1859)

Kaisers verschuldeten Katastrophe in Italien während des Krieges von 1859 blieb Albrecht erspart, da er als Kommandant der „Rheinarmee" diente, die eine zweite Front gegen die Franzosen unter Napoleon III. eröffnen sollte. Diese Pläne wurden nach den unglücklichen Ereignissen von Magenta und Solferino nicht weiter verfolgt, da die Preußen nicht zur Verfügung standen.

Nach dem Krieg suchte Albrecht um die Abberufung von seiner Position in Ungarn an und verbrachte anschließend einige ruhige Jahre in Italien, wo er das Kommando über das VIII. Korps innehatte. Er übernahm 1864 den Vorsitz einer Kommission, die über Änderungen in der militärischen Organisation beraten sollte. Es wurden aber keine großen Ergebnisse erzielt.

Dann kam das Kriegsjahr 1866 und Österreich sah sich infolge des diplomatischen Versagens seiner Führer einem Zweifrontenkrieg gegenüber. Am 5. Mai 1866 wurde Albrecht das Kommando über die „Süd-Armee", die aus dem V., VII. und IX. Korps bestand, übertragen. Er sah sich einem zahlenmäßig weit überlegenen Gegner gegenüber, dachte aber dennoch nicht an eine defensive Kriegführung. Der Krieg, der im Norden gegen die Preußen erschreckend negativ verlief, sollte im Süden gegen Italien durch Erzherzog Albrecht und Tegetthoff eine völlig andere Entwicklung nehmen.

Die Schlacht bei Custozza

Nach Überbringung der Kriegserklärung am 23. Juni dauerten die Feindseligkeiten drei Tage lang. Albrecht traf gemeinsam mit seinem Generalstabschef John überlegt seine Dispositionen. Weil die Italiener zwei Armeen aufboten, wobei die schwächere den Österreichern in die Flanke fallen sollte, entschloss sich der Erzherzog, zunächst die Hauptarmee unter dem Oberbefehl König Victor Emanuels anzugreifen, die gegen die Etsch vordringen wollte. Albrecht täuschte die Italiener, indem er einen Angriff hinter der Etsch erwarten ließ. Die Armee des Königs überschritt am 23. Juni den Mincio und befand sich kurz darauf bei den Hügeln nördlich von Villafranca. Kühn entschlossen wie seinerzeit Prinz Eugen, gab der Erzherzog die Polinie und seine Rückzugslinie preis und entschloss sich zu einem Überraschungsangriff in die Flanke der Italiener. Nach einem heftigen Gewitter in der Nacht bot sich am 24. Juni ein herrlicher Frühsommertag, dessen frühen Morgen die Österreicher zu ihrem Aufmarsch nutzten. Um acht Uhr waren alle Einheiten in Stellung und die Kavallerie begann, die gänzlich unvorbereiteten Italiener zu attackieren. Deren rechter Flügel blieb stundenlang wie gelähmt und rein defensiv. Aber auch der linke italienische Flügel wurde angegriffen und die Österreicher konnten sich in heftigen Kämpfen des strategisch wichtigen Monte Cricol bemächtigen. Einige italienische Einheiten lösten sich fast völlig auf und fluteten zurück. Im Zentrum konnten die Österreicher in blutigen und verlustreichen Kämpfen den Monte Croce und den Monte Belvedere sowie einen Teil des Ortes Custozza in ihren Besitz bringen. Den Italienern gelang es allerdings durch den Einsatz von Reserven, die Österreicher wieder zurückzudrängen. Um elf Uhr vormittags wurde an der ganzen Frontbreite gekämpft und Hunderte Geschütze feuerten unerbittlich in das Getümmel.

Am günstigsten war die Situation für die Österreicher am rechten Flügel, während der linke Flügel etwas in Bedrängnis geriet, da die Italiener hier ihre Hauptmacht einsetzten. Albrecht wollte die Entscheidung an seinem rechten Flügel erzwingen und ritt mit seinem Stab zu diesem Frontabschnitt. Er wollte hier Terrain erobern und die Rückzugslinien der Italiener abschneiden, um sie aus Custozza zu vertreiben. Deshalb wurde der von den Italienern gehaltene Monte Bento beschossen, bevor Albrecht den Sturm durch die Infanterie befahl.

Der Angriff gelang und schon bald war der Hügel in der Hand der Österreicher, die nun auch im Zentrum Erfolge erzielen konnten. Seine Truppen waren im Vorteil und Albrecht ordnete einen Hauptschlag mit allen verfügbaren Einheiten gegen Custozza an. Die Italiener wurden von umliegenden Hügeln in erbittertem Nahkampf vertrieben und wichen auf Custozza zurück. Die Österreicher beherrschten nun die Höhen des Belvedere und konnten von hier aus die Stadt mit ihrer Artillerie beschießen. Danach drangen sie in mehreren Sturmkolonnen in den Ort ein und zwangen die Verteidiger zu einem ungeordneten Rückzug. Auch an anderen Frontabschnitten wurden die Italiener vertrieben und waren auf der Flucht. Die österreichische Kavallerie setzte nach und es konnten 1000 Gefangene gemacht werden. Um 18 Uhr war die Schlacht entschieden.

Der Sieg Albrechts machte großen Eindruck und sogar ein preußischer General meinte später: „Es war ein wahrer Musterfeldzug seiner Art, und zwar aus dem schwersten Theile der großen Kunst, wo es gilt, sich einer großen Überlegenheit zu erwehren." Der Erzherzog hatte seine Truppen gut geführt und sie zu Höchstleistungen motiviert; zum Beispiel bei der Erstürmung mehrerer gut verteidigter Hügel. Da er zahlenmäßig unterlegen war, musste Albrecht alle seine Einheiten in den Kampf werfen und hatte somit am Schluss keine Reserven mehr, um die Armee des italienischen Königs komplett zu vernichten.

Der siegreiche Feldherr besuchte seine Soldaten in ihren Lagern und wurde stürmisch bejubelt. Die Italiener zogen sich über den Mincio zurück und warteten auf Verstärkung. Albrecht vereinte seine Truppen bei Peschiera, von wo er die linke Flanke der Italiener angreifen wollte. Da sein Gegner aber vorerst inaktiv blieb, ließ der Erzherzog das umliegende Hügelland befestigen. Jetzt trafen allerdings die ersten Nachrichten von der Katastrophe der Nordarmee ein. Es war rasch klar, dass die Armee Albrechts nach Norden marschieren musste, um Wien zu verteidigen. Der Erzherzog dachte an einen Entscheidungskampf an der Donau und wollte den Preußen ein zweites Aspern bereiten. Am 10. Juli erhielt Albrecht seine Ernennung zum Befehlshaber der gesamten Armee und die Aufforderung, seine Truppen nach Wien zu verlegen. Nachdem er das Kommando im Süden an den Feldmarschall-Leutnant Maroicic übergeben hatte, stellte der Erzherzog ein Reservekorps am Isonzo auf, das den Vormarsch der Italiener mit allen Mitteln verhindern sollte. Der Großteil der Südarmee wurde in den Wiener Raum verlegt, wobei vor allem die Bahn eingesetzt wurde.

Alle Planungen für die Fortführung des Kampfes vor den Toren Wiens wurden aber durch den Kaiser vereitelt, der einem Waffenstillstand mit den Preußen zustimmte. Damit war der Krieg mit Italien noch nicht beendet und die Österreicher waren entschlossen, diesen Konflikt weiterzuführen. Albrecht begann sofort damit, eine neue Südarmee aufzustellen und hatte am 10. August 80.000 Mann bei Görz versammelt. Italien war nach seiner schweren Niederlage zur See kriegsmüde und suchte um einen Waffenstillstand an, der nach einigen Verhandlungen am 13. August zustande kam. Albrecht war über diese Entwicklung nicht erfreut, da sein militärischer Ehrgeiz dadurch nicht ausreichend befriedigt wurde.

Nach dem Krieg wurde der Sieger von Custozza in den für ihn neu geschaffenen Posten eines Armee-Oberkommandanten eingesetzt, während John Kriegsminister und Chef des Generalstabs wurde. Der Erzherzog machte sich daran, Reformen in seinem Sinne voranzutreiben. Bereits am 15. Januar 1868 wurde das AOK auf Betreiben Johns wieder aufgelöst und Albrecht wurde zum Armee-Kommandanten. Diese Position war eindeutig ein Machtverlust, da er eigentlich ein Armee-Inspektor war und die meisten Kompetenzen verloren hatte. Dennoch war Albrecht weiterhin eifrig bemüht, seinen Standpunkt klarzulegen und durchzusetzen.

Er blieb viele Jahre in dieser Position und sah bis zu seinem Tod eine Menge Kriegsminister, Chefs des Generalstabs und hohe Offiziere kommen und gehen, wie John, Kuhn und Schönfeld. Auch die wechselnden Allianzen der Monarchie in den folgenden Jahrzehnten fanden nicht gleichermaßen seine Zustimmung. Sein Angstgegner blieb bei allen seinen Überlegungen auf jeden Fall Russland und er warnte vor einer Situation, wie sie sich im August 1914 ereignen sollte.

Als sich der Erzherzog anlässlich des Russisch-Osmanischen Krieges 1877–1878 gegen eine österreichische Intervention oder Kriegserklärung aussprach, so geschah das aufgrund der Einsicht, dass ein offensiver Krieg gegen Russland nicht zu gewinnen wäre. Dieses Mal konnte er seinen Standpunkt durchsetzen und der Monarchie ein vorzeitiges Fiasko ersparen.

Albrecht war nie ein Freund des Deutschen Reiches unter Preußens Oberhoheit. Er galt zu Zeiten des Zwei- und Dreibundes als Kopf der antideutschen Partei und versuchte immer wieder, andere von seinem Standpunkt zu überzeugen. Der Erzherzog war auch als Militärschriftsteller tätig und verfasste mehrere Werke. Besonders zu erwähnen sind „Über die Verantwortlichkeit im Kriege", „Gedanken über den militärischen Geist" und „Das Jahr 1870 und die Wehrkraft der Monarchie". Sein literarisches Schaffen reichte aber bei Weitem nicht an jenes seines Vaters heran.

Albrechts riesige Besitzungen zeichneten sich durch die Vielfalt ihrer Produkte aus und umfassten die Kammer Teschen und die Herrschaft Saybusch, in den Kleinen Karpathen und Beskiden im Teschener Kreis von Schlesien und dem daran grenzenden Westgalizien gelegen, die Herrschaft Ungarisch-Altenburg zwischen dem Neusiedler See und der Kleinen Schütt, die Herrschaft Bellye im Winkel zwischen Drau und Donau und die Herrschaft Seelowitz in Mähren. Diese Besitzungen umfassten ein Areal von 2070 km². Damit war er einer der bedeutendsten Großgrundbesitzer der Monarchie, der trotz seiner konservativen Gesinnung nicht vor wirtschaftlichen und industriellen Neuerungen zurückschreckte.

Der Sieger von Custozza war seit 1844 mit Hildegard, einer Tochter König Ludwigs I. von Bayern, verheiratet, die als bescheiden, prunklos und sozial engagiert beschrieben wird. Sie starb am 2. April 1864 an einer Rippenfellentzündung und Albrecht verbrachte den Rest seiner Tage als Witwer. Da sein einziger Sohn bereits als Kind starb, adoptierte Albrecht später die Söhne seines früh verstorbenen Bruders Karl Ferdinand und machte aus ihnen hohe Militärs. Er hatte zwei Töchter, von denen die ältere, Marie Therese, Herzog Philipp von Württemberg heiratete. Die jüngere Tochter, Mathilde Marie Adelgunde, erlitt ein grauenvolles Schicksal, als sie mit 18 Jahren am 6. Juni 1867 lebendig verbrannte, da ihr Kleid durch eine darunter versteckte Zigarette Feuer gefangen hatte. Sie hatte angeblich die Zigarette vor ihrem Vater verstecken wollen, als dieser überraschend auftauchte. Albrecht, dem man wegen seiner Strenge gegenüber seinen Töchtern die Schuld an dem Ereignis gab, wurde durch diesen Unglücksfall schwer getroffen.

Der Erzherzog war wegen seiner schroffen und unduldsamen Art bei seiner Familie nicht sehr beliebt und gilt als einer der konservativsten habsburgischen Persönlichkeiten seiner Zeit. Man sah in ihm das Symbol von bereits überkommenen monarchistischen Ansichten, die den gesellschaftlichen Modernisierungsströmungen in der zweiten Hälfte des 19. Jahrhunderts entgegenliefen. So hatte er auch mit dem als liberal geltenden Thronfolger Rudolf massive Konflikte, da er dessen Einstellung völlig ablehnte. Es gab sogar das Gerücht, dass Albrecht den Thronfolger hätte ermorden lassen. Gegen Ende seines Lebens betrachteten ihn die meisten als Faktotum einer vergangenen Epoche. Man nannte ihn auch „die graue Eminenz des Hauses Habsburg".

Da der Erzherzog am Ende seines Lebens fast blind war, konnte er sich bei seinen Inspektionen nur mehr auf das verlassen, was ihm gesagt wurde. Ein Rücktritt von seiner Position kam für ihn aber dennoch nicht in Frage. Der Besitz der Kunstsammlungen der „Albertina", die er geerbt hatte, interessierte ihn wenig, da Kunst für ihn von keiner großen Bedeutung war. Er bemühte sich aber um die Erhaltung und gute Verwaltung der Kunstschätze, genauso wie er seine Güter verwaltete.

Albrecht verbrachte gerne den Winter in Arco nördlich des Gardasees, wo er eine stattliche Villa besaß. Hier stellte man Anfang Februar 1895 bei ihm eine Lungenentzündung fest. Sein Zustand verschlechterte sich zunehmend und er starb am 18. Februar 1895 im Alter von 78 Jahren. Der Sieger von Custozza war nicht allzu weit von jenem Ort gestorben, an dem er seinen großen Triumph gefeiert hatte. Er hatte sich aber längst überlebt und mit ihm starb auch eine Epoche. Im Gegensatz zu anderen bedeutenden Heerführern der Monarchie geriet er bald in Vergessenheit und ist heute nur mehr als Reiterstandbild vor der Albertina präsent.

LITERATUR

ALLMAYER-BECK, Johann Christoph: Der stumme Reiter. Erzherzog Albrecht – der Feldherr „Gesamtösterreichs". Graz 1997

CRISTE, Oscar: Erzherzog Carl von Österreich. Ein Lebensbild. Wien 1912

DANZER, Alfons: Unter den Fahnen. Die Völker Österreich-Ungarns in Waffen. Prag 1889

FLICK, Moritz: Helden unserer Armee. Wien 1910

FRAUNGRUBER, Hans: Hoch Habsburg! Bilder aus Österreichs alten und jungen Tagen. Wien 1909

GUNDOLF, Hubert: Um Österreich! Schlachten unter Habsburgs Krone. Graz 1995

HELFERT, Alexander Freiherr von: An Ehren und an Siegen reich. Bilder aus Österreichs Geschichte. Wien 1907

HORSETZKY, Adolf v.: Kriegsgeschichtliche Übersicht der Feldzüge seit 1792. Wien 1914

LANGENDORF, Jean-Jacques: Ahnengalerie der kaiserlichen Armee 1618–1918. Biographische Schattenrisse. Wien 1995

SCHMITT, Richard u. Peter Strasser: Rot-weiß-rote Schicksalstage. St. Pölten 2004

WREDE, Alphons Freiherr v.: Geschichte der k. und k. Wehrmacht. 5 Bände, Wien 1898–1905

ZIMMER, Frank: Bismarcks Kampf gegen Kaiser Franz Joseph. Graz 1996

JOHANN CARL KHEVENHÜLLER
VERGEBLICHES HELDENTUM IN MEXIKO

Im 19. Jahrhundert gab es eine größere Anzahl österreichischer Soldaten, die in fremden Armeen in Übersee Dienst machten. Besonders aus dem amerikanischen Bürgerkrieg sind viele Kriegsteilnehmer österreichischer Herkunft bekannt. Aber der größte „Übersee-Einsatz" von Soldaten aus Österreich erfolgte im Rahmen des kurzlebigen mexikanischen Kaiserreiches des unglücklichen Habsburgers Ferdinand Max, der sich in Mexiko Maximilian nannte.

Die Geschichte des österreichischen Freiwilligenkorps in Mexiko brachte viele größere und kleinere „Helden" hervor, die unter schwierigen Verhältnissen in einem fremden Land und meistens gegen eine erdrückende Übermacht mutig und tatkräftig agierten. Einer davon war Johann Carl Khevenhüller. Er soll hier stellvertretend für die vielen anderen mutigen Teilnehmer dieses letzten Endes erfolglosen militärischen Unternehmens dargestellt werden.

Khevenhüller entstammte einem sehr alten österreichischen Adelsgeschlecht, das im Laufe seiner Geschichte viele hervorragende Persönlichkeiten hervorgebracht hatte. Er wurde am 19. Dezember 1839 in Ladendorf in Niederösterreich geboren. Johann Carl, allgemein nur Carl genannt, wuchs gut behütet in den großen Wiener Palais der Familie oder in deren Besitzungen im niederösterreichischen Ladendorf auf. Man versuchte, ihm mittels teurer Privatlehrer eine anständige Erziehung angedeihen zu lassen. Khevenhüller war aber am Lernen nicht sehr interessiert und trieb sich lieber mit unstandesgemäßen Gassenjungen herum. Was ihn wirklich interessierte, war Sport und er war stolz auf seine große Kraft und Ausdauer. Später wurde er einer der besten Reiter und Fechter der kaiserlichen Armee. Schon früh äußerte sich seine Veranlagung zum Draufgängertum, zu unbeherrschten Verhaltensformen, zu Auseinandersetzungen und Duellen. Außerdem brachten ihn Amouren und Liebschaften oft in große Schwierigkeiten. Nachdem er in die Armee eingetreten war, kam er nach Galizien, wo er sich langweilte. Auch am nächsten Ort seiner Stationierung, nämlich am ungarischen Plattensee, fand er für seine Begriffe zu wenig Zerstreuung. Er träumte von Abenteuern in fernen Ländern und der Teilnahme an Expeditionen. Da kam das Angebot, als Offizier nach Mexiko zu gehen, zur rechten Zeit. Es gab auch noch andere Gründe für den jungen Khevenhüller, sich vom heimischen Schauplatz zu entfernen. So missbilligte sein Vater die Frau, die er heiraten wollte. Er hatte in relativ kurzer Zeit einen ansehnlichen Berg an Schulden angesammelt. Es war unmöglich, dass er die 150.000 Gulden jemals mit seiner Gage von monatlich 62 Gulden, die er als Rittmeister erhielt, zurückzahlen konnte. Sein Vater versuchte, ihm zu helfen, konnte aber eine Gerichtsverhandlung, die seine Gläubiger angestrengt hatten, nicht verhindern. Auch Khevenhüllers Mutter war von der Idee begeistert, den missratenen Sohn nach Mexiko zu schicken, wo ihn seine Gläubiger nicht belangen konnten. Durch persönliche Intervention beim Kommandeur des österreichischen Korps, Graf Franz Thun, gelang es, dass Khevenhüller in die Truppe aufgenommen wurde. So reiste er im Alter von 24 Jahren seinem großen Abenteuer entgegen. Währenddessen zahlten sein Vater und sein Onkel dann doch noch seine Schulden zurück.

Es wird Kaiser Franz Joseph nicht leicht gefallen sein, als er seinem Bruder die Erlaubnis zur Anwerbung eines österreichischen Freiwilligenkorps gab. Sonst war er kaum zu Zugeständnissen für eine Sache bereit, die ihm widerstrebte. Diese Elitetruppe Kaiser Maximilians sollte mithelfen, eine künftige kaiserlich-mexikanische Armee zu bilden, da auf die bereits bestehenden Streitkräfte kein Verlass war. Auch König Leopold I. von Belgien entsandte ein Freikorps nach Mexiko, das allerdings bedeutend kleiner als das österreichische war. Maximilian fuhr ohne diese Truppen nach Mexiko, da er erst als Kaiser die dafür nötigen Verträge unterzeichnen konnte.

Die beiden Legionen folgten einige Monate später. Das österreichische Korps bestand Ende 1865 aus 6545 Mann. Außer den Offizieren mussten alle Soldaten ihre reguläre Dienstzeit in der österreichischen Armee absolviert haben. Auswahlkriterien waren unter anderem ein Alter unter 40 Jahren und eine gute körperliche Verfassung. Unverheiratete wurden bevorzugt. Sie sollten sechs Jahre in Mexiko Dienst tun und danach im Land bleiben, wofür man ihnen Vergünstigungen in Aussicht stellte. Da sich viele Bewerber meldeten, konnte man die besten auswählen. Bei den Offizieren waren die Aristokraten besonders stark vertreten. Die meisten hatten triftige persönliche Gründe, an Maximilians mexikanischem Abenteuer teilzunehmen. Es wimmelte von „schwarzen Schafen" diverser Adelsfamilien, viele waren hochverschuldet, hatten Liebeskummer oder andere Probleme, aufgrund derer sie den Dienst in der Ferne anstrebten.

Die Freiwilligen für das Korps kamen aus allen Kronländern, darunter viele Polen, die als Soldaten des Aufstandes von 1863 vor den Russen flüchten mussten. Aus diesem Grund wurde von Seiten Maximilians und seiner Berater sogar an die Aufstellung einer eigenen polnischen Legion gedacht, wozu es allerdings nie kam. Das Korps versammelte sich in Laibach, von wo es nicht weit nach Triest war, da von dort die Transporte nach Mexiko abgehen sollten. Die Überfahrt des Großteils der Truppe erfolgte von Triest aus in fünf gecharterten Transportschiffen. Khevenhüller schiffte sich allerdings erst am 19. November im französischen Hafen St. Nazaire ein, wo die Schiffe Station machten. Er wird wie die meisten seiner Kameraden nicht sehr begeistert über den Platzmangel an Bord der für den Truppentransport notdürftig eingerichteten Schiffe privater Reedereien gewesen sein. Nach der Atlantiküberquerung kam es noch zu einem Zwischenaufenthalt in Martinique, bevor die Schiffe nach Veracruz weiterfuhren, wo sie am 7. Dezember 1864 einliefen. Von dieser Stadt aus sollten die Truppen zu den Garnisonsplätzen marschieren, die hauptsächlich in der Provinz Puebla lagen.

Das Korps bestand aus drei Bataillonen leichter Infanterie, je einem Husaren- und Ulanenregiment, einigen Abteilungen Artillerie, einer Genie-Kompanie, Pionieren und Sanitätern. Da die Truppe aus allen österreichischen Nationalitäten zusammengewürfelt war, trat eines der Hauptprobleme habsburgischer Armeen besonders dramatisch in Erscheinung, nämlich das Sprachenproblem. Khevenhüller hatte einen Vorteil, da das Husarenregiment fast rein ungarisch war, genauso wie im Ulanenregiment die Polen das Übergewicht hatten. Die mangelnden Sprachkenntnisse der Mannschaften und die unterschiedlichen Mentalitäten führten immer wieder zu Verständigungsproblemen und Streitereien, sodass es am einheitlichen Korpsgeist mangelte, was auch Khevenhüller immer wieder Probleme bereitete. Die einzige Gemeinsamkeit war, dass man auf die belgischen Kameraden, die man militärisch als minderwertig betrachtete, herabsah. Da die meisten Österreicher kaum Spanisch konnten, war der Kontakt mit den mexikanischen Truppen und der Bevölkerung mehr als schwierig. Auch mit den französischen Verbündeten konnte man schwer kommunizieren. Die Soldaten des österreichischen Korps waren relativ isoliert und bei der Zusammenarbeit traten oft haarsträubende Probleme auf. Dass dennoch immer wieder militärische Erfolge errungen wurden und man sich lange Zeit recht gut behauptete, war nicht zuletzt ein Verdienst von ambitionierten Offizieren wie Khevenhüller.

Auf dem ersten Schiff mit österreichischen und belgischen Freiwilligen, das am 19. November 1864 St. Nazaire verließ, waren auch der Korpskommandant Franz Graf Thun und Carl Graf Khevenhüller. Es folgten weitere fünf geordnete Transporte mit Schiffen. Einige Hundert Mann erreichten Mexiko auf anderen Wegen. Man war guter Dinge und zuversichtlich, da die Nachrichten aus Mexiko vorerst positiv waren und man den Krieg für gewonnen betrachtete. Schon innerhalb weniger Wochen erkannten die Offiziere jedoch, dass die Situation ganz anders war. Khevenhüller führte von Anfang an Tagebuch über seine Erlebnisse und die Ereignisse in Mexiko und ist somit eine unschätzbare Quelle, zumal er in einem nüchternen Stil schrieb und seine eigene Rolle in der Regel nicht überbewertete.

Die Österreicher hatten es mit einer völlig unübersichtlichen Situation und einer Vielzahl von Gefahren zu tun. Ständige Guerilla-Angriffe waren an der Tagesordnung, auf die mexikanischen Truppen war kein Verlass und Tropenkrankheiten wüteten unter den Europäern. Das Verhältnis zu den tonangebenden Franzosen gestaltete sich von Anfang an nicht leicht, genauso wie zwischen Marschall Bazaine und dem Grafen Thun. Da der Franzose den Oberbefehl führte, fühlten sich die Österreicher zu Hilfstruppen herabgewürdigt, die auch immer wieder bedenkenlos verheizt wurden.

Das Österreichische Korps musste gemeinsam mit den Belgiern ein gewaltiges Gebiet kontrollieren, was seine Kräfte bei Weitem überstieg. Durch ständige Streifen und die Aufstellung „fliegender Kolonnen" wurden die Männer gefordert und hatten wenige Ruhepausen. Insgesamt sollten es letztlich etwa hundert größere und kleinere Gefechte sein, die sie zu bestehen hatten. Die erste größere Unternehmung war die Einnahme der Stadt Tesuitlan im Februar 1865, weiters mussten sie für den Schutz der für Maximilians Reich wichtigen Straße von Veracruz über Orizaba und Puebla nach Mexiko-Stadt sorgen. Der Gebirgskrieg in der Sierra de Puebla, das Halten der Stellungen in der Tierra Caliente bis Papantla und die Sicherung des im Süden gelegenen Gebietes bis Oaxaca waren die vorherrschenden Aufgaben. Daneben gab es einige vereinzelte Einsätze in Yucatan und am Rio Grande del Norte. Yucatan schien Maximilian besonders wichtig wegen seiner Pläne, ganz Zentralamerikas an sein Reich anzuschließen, weshalb er die Halbinsel unbedingt unter seine Kontrolle bringen wollte. Am Rio Grande wollte man die Stärke gegenüber den Vereinigten Staaten demonstrieren, was sich aber später als wenig förderlich für die weitere Entwicklung erweisen sollte.

Die Amerikaner protestierten gegen den Zuzug weiterer Freiwilliger für die Legion und drohten mit diplomatischen Konsequenzen, wobei auch ein direktes militärisches Eingreifen im Raum stand, was zum Abbruch weiterer Anwerbungen führte. Die katastrophale finanzielle Situation Maximilians und seines schrumpfenden Reiches führte bei der Legion zu schlechter Versorgung und mangelndem Nachschub.

Khevenhüller war überall tapfer im Einsatz und hatte dennoch Zeit gefunden, gewissen Vergnügungen nachzugehen und wieder Schulden zu machen. Der Sekretär des Kaisers Maximilian schrieb über ihn, er sei ein „gutaussehender junger Mann" gewesen, der jeden „durch seine Eleganz und Vornehmheit" beeindruckt habe. Und: „Er wurde schnell der Held unzähliger Liebesaffären, einiger Duelle und anderer feuriger Abenteuer." Er habe Geld „mit der Verachtung europäischer Aristokraten des 18. Jahrhunderts" verschwendet. Trotzdem mochte Kaiser Maximilian den jungen Mann, weil er ein guter und furchtloser Soldat war. Als Khevenhüller im Juni 1866 nach zwei Jahren einen Urlaub antreten wollte, ersuchte ihn Maximilian, er möge bleiben, da die Situation bereits sehr kritisch war. Er ließ sich überreden, am Konzept einer „neuen" mexikanischen Nationalarmee mitzuarbeiten. Doch Khevenhüller machte sich auch keine Illusionen darüber, welche Art von Soldaten sich für die neue Armee melden würde. „Bis jetzt meldeten sich", so notierte Khevenmüller, „wie ich es voraus sah, äußerst wenige. Meistens sind es solche, die ihre Rückkehr nach Europa verwirkten, also Desperados." Er selbst schwankte lange Zeit bezüglich einer endgültigen Entscheidung. Als sich dann ab Oktober 1866 der allgemeine Zusammenbruch abzeichnete, konnte es Khevenhüller nicht mehr mit seiner Ehre vereinbaren, „seinen" Kaiser im Stich zu lassen. Er war einer derjenigen, die Maximilian beschworen, weiter durchzuhalten. Angeblich soll Khevenhüllers Entschluss zu bleiben in großem Maße von seiner Liebesbeziehung zu einer Mexikanerin beeinflusst gewesen sein. Die verheiratete Dame gebar auch einen Sohn, dessen Vater mit größter Wahrscheinlichkeit der österreichische Abenteurer war.

Der bis dahin kommandierende General Franz Graf Thun bat im September 1866 um seine Rückkehr in die k. k. österreichische Armee. Wenig später wurde das Freiwilligenkorps fast vollständig in die französischen Truppen integriert. Doch auch die Franzosen bereiteten ihren Abzug vor, während der Aufbau einer kaiserlich-mexikanischen Armee ziemlich schlecht voranging. Der Druck der Vereinigten Staaten, die enormen Ausgaben und die Verluste der Franzosen führten dazu, dass Bazaine mit seiner Armee auf Befehl Napoleons III. Mexiko verließ.

Maximilian löste mit einem kaiserlichen Handschreiben am 6. Dezember 1866 das österreichische Korps auf, hatte aber die Hoffnung, dass dessen vorläufiger Kommandant, Oberst Alphons von Kodolitsch, gemeinsam mit vielen Offizieren einen großen Teil der Soldaten zu einem Übertritt in seine Armee überreden würde. Doch die meisten der demoralisierten Männer entschlossen sich zur Heimreise, was auch der österreichische Geschäftsträger Eduard von Lago befürwortete. So blieben viel weniger Männer zurück, als sich Maximilian erhofft hatte. Einer dieser etwa tausend Männer war Khevenhüller, der sich weiterhin wacker für eine verlorene Sache schlug.

Khevenhüller bildete aus den Resten des österreichischen Korps ein Reiterregiment – die „roten Husaren". Die Farbe der Uniformen ergab sich dadurch, dass kein anderer Stoff mehr zur Verfügung stand. Sogar für den Sold musste Khevenhüller teilweise aus „eigener" Tasche aufkommen, da Maximilian nicht mehr kreditwürdig war. Khevenhüller war ebenfalls in einer permanenten Finanzkrise und dürfte sich das nötige Geld selbst geborgt haben. Die „roten Husaren" wurden rasch zum Mythos und es wurde immer wieder berichtet, mit welchem Mut und welcher Todesverachtung sich Khevenhüllers Truppe auf den Feind geworfen habe. Das Husarenregiment hinterließ bei seinen Einsätzen oft „eine Unzahl wörtlich in Stücke gehauener Feinde" und zog eine Blutspur durch die Kämpfe des untergehenden Imperiums. Khevenhüller ritt immer an der Spitze und feuerte seine Männer an.

Da die Österreicher nicht an Maximilians selbstmörderischem Zug nach Queretaro teilnehmen durften, da der Kaiser nur mit „seinen" Mexikanern in den Krieg ziehen wollte, was Khevenhüller bis an sein Lebensende beklagte, verblieben sie in der Garnison der Hauptstadt. Khevenhüller betrachtete es als schweren Fehler Maximilians, sich nur auf den „Schutz" der Mexikaner verlassen und auf eine eigene kampfkräftige und zuverlässige Truppe verzichtet zu haben.

Die Einschließung von Mexiko-Stadt durch die Truppen von Präsident Juarez führte zu völliger Unkenntnis über die Vorgänge im Rest des Landes. Am 15. Mai 1867 wurden Papierstreifen in die Straßen der Stadt geschossen, auf denen die Gefangennahme Kaiser Maximilians in Queretaro verkündet wurde. Diplomatische Erkundigungen bestätigten die anfänglichen Zweifel. Ein von Kaiser Maximilian verfasster Brief an Khevenhüller, in dem er ihm die Tatsachen mitteilte, wurde vom kaiserlichen Statthalter General Márquez unterschlagen, da der Kaiser darin die Österreicher aufforderte, keine weiteren Leben mehr „unnütz zu opfern". Doch der vom österreichischen Geschäftsträger verbreitete Inhalt des Briefes entband Khevenhüller und die anderen Österreicher ihres Eides gegenüber dem Kaiser, worauf die meisten nur mehr an einer Heimkehr interessiert waren. Sie verhandelten mit dem republikanischen General Diaz über die Zusage eines freien Abzugs zur Küste. Als am 21. Juni bekannt wurde, dass Maximilian erschossen wurde, ergab sich die ausgehungerte Hauptstadt.

Khevenhüller verhandelte persönlich mit Porfirio Diaz wegen des Abzugs der Österreicher. Aus diesem Kontakt entwickelte sich eine Freundschaft zwischen dem schneidigen Husarenführer und dem republikanischen General, die große Hochachtung voreinander hatten. Die Österreicher marschierten drei Wochen lang nach Veracruz, was sich als Reise mit Hindernissen erwies, da die Situation chaotisch war und ständig akute Lebensgefahr bestand. Dann traten sie ihre Heimreise an, was für die meisten auch eine Fahrt in eine ungewisse und ungesicherte Zukunft bedeutete.

Khevenhüller reiste über New Orleans nach Europa, wo er im September 1867 eintraf. Er blieb seinem unsteten Wesen treu und unternahm in den nächsten Jahren viele abenteuerliche Reisen. So beteiligte er sich zum Beispiel 1868/69 an einer

Afrika-Expedition. Im Jahre 1871 heiratete er Gräfin Eduardine von Clam-Gallas und zog mit ihr in das Schloss Riegersburg, das an der Grenze zwischen dem niederösterreichischen Wein- und Waldviertel liegt. Er betätigte sich politisch und wurde für die Liberalen in den österreichischen Reichsrat gewählt. 1877 trat er die Nachfolge seines Vaters im Herrenhaus an. Er war nach dessen Tod der Universalerbe und trug den Fürstentitel. Vorbei waren die Zeiten jugendlichen Leichtsinns und permanenten Geldmangels.

Der Kriegsheld hielt die Erinnerung an seine Zeit in Mexiko weiterhin aufrecht und richtete auf seiner Burg Hardegg ein Mexiko-Museum ein, das heute noch besichtigt werden kann. Viele der ehemaligen Angehörigen des österreichischen Korps hatten nach ihrer Rückkehr keinen Weg in ein normales Leben gefunden und vegetierten am Rande der Gesellschaft. Sie wandten sich an Khevenhüller, der ihnen durch seinen neuen Reichtum helfen konnte. Das Mexiko-Abenteuer wurde mit der Zeit zu einer Legende, die auch zunehmend mit fantastischen Geschichten ausgeschmückt wurde. Immer wieder erzählte Khevenhüller, dass er Maximilian auf Knien angefleht hatte, er solle ihn und seine Husaren mitnehmen. Er hätte dann in Queretaro den Kaiser in die Mitte nehmen und sich mit ihm durch die Massen der Feinde durchschlagen können.

Als Präsident Porfirio Diaz 30 Jahre später den diplomatischen Kontakt mit Österreich, der nach dem Tod Maximilians lange Zeit unterbrochen war, wieder aufnehmen wollte, kam es zum Bau einer Erinnerungskapelle in Queretaro für den unglücklichen Kaiser. Die Initiative ging zu einem großen Teil von Khevenhüller aus, der seine Freundschaft mit Diaz über viele Jahre aufrechterhalten hatte. Bei der Einweihung dieses Bauwerks am 10. April 1901 war Khevenhüller in offizieller Mission dabei. Nun gab es wieder diplomatische Beziehungen zwischen den beiden Ländern.

Johann Carl Khevenhüller starb am 11. September 1905 nach langer Krankheit auf Schloss Riegersburg und wurde in der Gruft der Burg Hardegg beigesetzt. Er wollte nur einen einzigen Kranz auf seinem Sarg liegen haben, jenen von General Porfirio Diaz, dem Präsidenten von Mexiko. In einem Nachruf auf Khevenhüller war zu lesen: „Scharf und selbständig in seinem Urteil, blieb er sich stets treu, ein Original, fast ein Sonderling. Niemand imponierte ihm; er hatte selbst die ganze Welt gesehen."

LITERATUR

ANDERS, Ferdinand: Von Schönbrunn und Miramar nach Mexiko. Graz 2009

BASCH, Samuel Ritter von: Erinnerungen aus Mexico. Geschichte der letzten zehn Monate des Kaiserreichs. Leipzig 1868

HAMANN, Brigitte: Mit Kaiser Max in Mexiko. Aus dem Tagebuch des Fürsten Carl Khevenhüller. München 2001

KLINGER, Walter: Für Kaiser Max nach Mexiko. Das österreichische Freiwilligenkorps in Mexiko 1864–67. München 2007

PICHLER, Robert: Das Mexiko-Abenteuer Erzherzog Maximilians. Dissertation, Wien 1994

RATZ, Konrad: Das zweite mexikanische Kaiserreich und die Republik. Graz 1998

SCHMITT Ritter von Tavera, Ernst: Geschichte der Regierung des Kaisers Maximilian I. und die französische Intervention. Wien 1903

ULICZNY, Julius: Geschichte des österreichisch-belgischen Freikorps in Mexiko. Wien 1868

FELDZEUGMEISTER PHILIPPOVICH
DER „OKKUPANT"

Feldzeugmeister Joseph Philippovich von Philippsberg Kommandant der k. k. Okkupationsarmee 1878

Als am 28. Juni 1914 ein junger serbischer Fanatiker den österreichischen Erzherzog Franz Ferdinand und dessen Frau in Sarajewo erschoss und damit eine Weltkatastrophe auslöste, dachte wohl kaum jemand mehr daran, dass man die Okkupation der Provinzen Bosnien und Herzegowina einem treuen und fähigen General alter Schule verdankte, der damit als letzter „Mehrer" des Habsburgerreiches gelten kann.

Joseph Philippovich von Philippsberg wurde am 28. April 1819 in Gospić im damaligen Komitats Lika-Krbava geboren. Sein Vater war Offizier und entstammte einem altbosnischen christlichen Adelsgeschlecht, das im 15. Jahrhundert vor den Türken auf kroatisches Gebiet geflohen war. Wie viele österreichische Offiziere südslawischer Volkszugehörigkeit war Philippovich ein Abkömmling der kroatisch-slawonischen Militärgrenze. Diese Männer waren meist treue und gehorsame Untertanen der Habsburger und bereit, ihr Leben und ihren Besitz für den Kaiser einzusetzen. Viele von ihnen erreichten deshalb hohe Positionen in der kaiserlichen Armee. Oft waren diese Männer aber auch von einer tiefen Liebe zu ihrer Heimat geprägt, was manchmal im Widerspruch zu Entscheidungen der Regierung in Wien und ganz besonders zu jener in Budapest stehen konnte. Deshalb wurden sie manchmal rebellisch, wenn sie das Recht ihrer Volksgruppe für Selbstverwaltung, Sprache, Schule und Glaube in Gefahr sahen. Joseph Philippovich sollte einer der bedeutendsten Vertreter dieser fähigen und eigenwilligen Krieger werden.

Seine militärische Laufbahn begann im Alter von sechzehn Jahren, als er in das Grenzregiment Nr. 1 eintrat. Am 1. Februar 1836 wurde Philippovich als Regimentskadett zum Pionierkorps transferiert und besuchte die Tullner Pionierkorpsschule, die als ausgezeichnete militärische Bildungsstätte galt. Drei Jahre später verließ der junge Philippovich diese Einrichtung als Unterleutnant. Er hatte in den folgenden Jahren eine sehr gute Dienstbeschreibung, deshalb wurde er Ende September 1843 zum Oberleutnant befördert und dem Generalquartiermeisterstab zugeteilt. Schon am 20. September 1847 bekleidete er den Rang eines Hauptmanns und nahm an den

Die Schlacht bei Solferino am 24. Juni 1859

vom kroatischen Banus Joseph Jellachich 1848 und 1849 durchgeführten Feldzügen gegen die aufständischen Ungarn teil. Im Oktober 1848 war Philippovich an den Kämpfen gegen die Revolutionäre in Wien beteiligt. Dabei wurde er beim heftigen Gefecht um die Sophienbrücke am 28. Oktober verwundet. Bald darauf erfolgte am 13. November 1848 seine Beförderung zum Major beim Warasdin-Kreuzer Grenzregiment Nr. 5. Mit dieser Truppe machte er die Schlacht bei Kápolna am 26. und 27. Februar und die Schlacht bei Isaszeg am 6. April 1849 mit, auf die im Sommer schwere Kämpfe in Südungarn folgten. Dabei zeichnete sich Philippovich am 14. Juli bei Hegyes besonders aus. Er hatte 1848 schon das Militärverdienstkreuz erhalten, nun wurde ihm der Leopoldorden verliehen.

Während der folgenden zehn Friedensjahre war Philippovich im Range eines Oberstleutnants als Generaladjutant von Banus Jellachich aktiv, bevor er zum Oberst und Kommandanten des 5. Grenzregiments ernannt wurde. Bereits im April 1859 wurde er „außer der Tour" Generalmajor und befehligte im schlecht geführten Krieg Österreichs gegen Frankreich und Sardinien im VIII. Armeekorps unter Feldzeugmeister Benedek eine Brigade. Mit dieser Einheit zeichnete Philippovich sich in der Schlacht bei Solferino aus. In Anerkennung seines Mutes und seines Erfolges erhielt er den Orden der Eisernen Krone 2. Klasse, was seine Erhebung in den Freiherrenstand bedeutete.

Ab 1861 zeigte Philippovich, dass er nicht nur als Soldat begabt war, denn er erhielt vom Kaiser die Aufgabe, als kaiserlicher Kommissär bei dem am Sitz des griechisch-orthodoxen Patriarchen in Karlovitz abgehaltenen serbischen Kirchenkongress teilzunehmen. Bis 1865 war er in dieser Funktion tätig und bewies, dass er auch für eine so heikle politische Mission die nötige Begabung hatte. Neben dem großen Vertrauen des Kaisers war die Zugehörigkeit von Philippovich zur griechisch-katholischen Kirche ein Grund für die Betrauung mit dieser Mission gewesen. Kaiser Franz Joseph war zufrieden mit seiner Leistung und verlieh Philippovich das Kleinkreuz des St. Stephans-Ordens.

1866 nahm Philippovich als Adlatus von Feldmarschall-Leutnant Graf Thun, der das II. Armeekorps befehligte, an der Schlacht bei Königgrätz teil. Nach der schweren Niederlage war Philippovich, der inzwischen zum Feldmarschall-Leutnant befördert worden war, tatkräftig daran beteiligt, die völlige Vernichtung der Armee zu verhindern. Beim Rückzug durch das Waagtal bewies er immer wieder Umsicht und organisatorisches Geschick. Danach konnte er trotz des Gefechts bei Blumenau den wichtigen Donauübergang bei Pressburg mit dem II. Korps sichern. Somit war diese strategisch wichtige Position bei Eintritt des Waffenstillstandes in österreichischer Hand. Der Kaiser gab sich erfreut und sprach Philippovich die „Allerhöchste belobende Anerkennung" aus. Somit hatte sich der fähige General in zwei unglücklich verlaufenden Kriegen dennoch persönlich ausgezeichnet.

Er kam am 6. September 1866 als Feldmarschall-Leutnant und Divisionskommandant nach Wien. Am 5. Dezember 1867 wurde ihm das Infanterieregiment Nr. 35 übergeben. Philippovich wurde im Januar 1870 zum Landeskommandanten von Tirol und Vorarlberg ernannt und residierte in Innsbruck. Im Jahre 1872 wurde er als kommandierender General nach Brünn versetzt. Es erfolgte die Ernennung zum Feldzeugmeister und er erhielt die Würde eines geheimen Rates. Am 14. Juni 1874 kam er als Kommandierender General nach Prag, wo er längere Zeit blieb.

Der Berliner Kongress (13. Juni 1878 – 13. Juli 1878), der auf den Krieg zwischen Russland und der Türkei folgte, gab Österreich-Ungarn trotz Einspruchs des Sultans das Mandat zur Okkupation von Bosnien und der Herzegowina. Zur Durchführung dieses Unternehmens wurde das XIII. Armeekorps aufgestellt, das aus drei Infanteriedivisionen mit insgesamt 55.633 Mann, 10.043 Pferden und 88 Geschützen bestand. Das Kommando erhielt Feldzeugmeister Philippovich. Zur Besetzung der Herzegowina wurde die 18. Infanterietruppendivision mit 17.080 Mann, 3270 Pferden und 24 Geschützen unter Feldmarschall-Leutnant Jovanowich bestimmt.

Philippovich teilte seine Truppe in drei Kolonnen auf, wobei die Hauptkolonne, die direkt nach Sarajewo marschieren sollte, Feldmarschall-Leutnant Karl von Tegetthoff übertragen wurde, einem Bruder des Siegers von Lissa. Der rechte Flügel wurde von Herzog Wilhelm von Württemberg und der linke Flügel von Graf Ladislaus Szápáry kommandiert. Man erwartete bei diesem Okkupationsfeldzug nicht, auf allzu großen Widerstand zu treffen.

Am 29. Juli 1878 setzten alle drei Kolonnen über die Save und drangen vorerst ohne Kampfhandlungen in Bosnien ein. Während der nächsten Tage erwiesen sich der katastrophale Zustand der Verkehrswege und der heftige Regen als großes Hindernis, weshalb der Vormarsch nur langsam vorankam. Ein türkischer Offizier hatte beim Überschreiten der Save ein Protestschreiben gegen den Einmarsch an Philippovich übergeben wollen. Dieser hatte die Annahme des Schriftstücks verweigert und auf den Beschluss des Berliner Kongresses hingewiesen. Neben den Hindernissen, die die Unwegsamkeit des Geländes und das Wetter dem Vormarsch bereiteten, war auch mit heftigem bewaffneten Widerstand zu rechnen.

Es kam zu mehr oder weniger heftigen Gefechten mit moslemischen und serbischen Bosniern, die einen hinterhältigen und grausamen Charakter annahmen. Als am 7. August die Stadt Žepče erreicht wurde, ließ Philippovich zwei Rasttage einlegen. Der Regen hörte nicht auf und zudem hatte es zuvor schwerste Gefechte gegeben. Währenddessen hatte die 18. Division unter Feldmarschall-Leutnant Jovanović kampflos Mostar in Besitz genommen. In Wien hatte man inzwischen den Beschluss gefasst, weitere Truppen in das Okkupationsgebiet zu entsenden, die nach und nach eintrafen. Den Verantwortlichen war nun bewusst, dass das Unternehmen Kriegscharakter angenommen hatte und in keiner Weise dem militärischen Spaziergang entsprach, den man erwartet hatte.

Da die für die Besetzung des Nordostens von Bosnien bestimmte 20. Division von zahlreichen Widerständlern zurückgeschlagen worden war, schienen die Nachschublinien gefährdet. Philippovich entschied, von Zenica aus weiter nach Sarajewo vorzurücken, da er dort den Kern der „Insurrektion" vermutete, den er ausschalten wollte. Als Hafiz Pascha, der Vali von Sarajewo, mit einigen hochrangigen Geistlichen bei ihm eintraf und ihn aufforderte, den Rückzug anzutreten, blieb der Feldzeugmeister bei seinem Entschluss. Der Pascha behandelte Philippovich spöttisch und meinte, dass man sich bald in Sarajewo wiedersehen würde. Der Vormarsch in die Stadt wurde von täglichen Kämpfen begleitet, die teilweise erbittert geführt wurden. Als die Österreicher am 17. August nur mehr einen Tagesmarsch von der Stadt entfernt waren, entschloss sich Philippovich, trotz der Möglichkeit einer propagandistisch verwertbaren Eroberung am 18. August, dem Geburtstag des Kaisers, seinen Truppen eine Ruhepause zu gönnen. Es war ihm klar, dass das Brechen des Widerstandes der etwa 6000 „Insurgenten", die auch über Artillerie verfügten, nicht einfach sein würde. Als Hafiz Pascha erneut auftauchte, um die Österreicher umzustimmen, ließ ihn der Feldzeugmeister gefangen nehmen.

Der 19. August war der Tag des Angriffs auf Sarajewo. Die 6. und 7. Division eroberte die Stadt nach heftig geführten Straßenkämpfen. Philppovich konnte um 16 Uhr als Sieger seinen offiziellen Einzug in die Stadt abhalten. Sofort wurde eine Nachricht nach Wien geschickt. Der Feldzugmeister führte Hafiz Pascha als Gefangenen in seinem Gefolge mit. Die Einnahme von Sarajewo bedeutete aber nicht, dass Bosnien und die Herzegowina schon zur Gänze erobert waren. Große Teile des Territoriums waren noch in der Hand der Aufständischen. Es folgten weitere erbitterte Kämpfe, die viele Opfer forderten. Philippovich erhielt inzwischen zusätzliche Verstärkungen. Aus den neuen Verbänden wurde die 2. Armee gebildet, deren Kommando der Feldzeugmeister am 20. August übernahm. Er erhielt das Großkreuz des Leopold-Ordens mit der Kriegsdekoration zuerkannt.

Philippovich hatte genügend Truppen für die endgültige Beseitigung des Widerstandes im Okkupationsgebiet und setzte diese auch entsprechend ein. Es sollte aber bis zum 4. Oktober 1878 dauern, bis er nach Wien melden konnte, dass die beiden Provinzen fest in der Hand seiner Truppen waren. Hatte das Unternehmen ursprünglich mit 82.000 Mann begonnen, so standen am Schluss insgesamt 269.000 Soldaten im Einsatz. Die Verluste entsprachen denen einer kriegerischen Auseinandersetzung, denn sie betrugen 175 Offiziere und 5022 Soldaten. Während die Einheiten im Okkupationsgebiet auf sechseinhalb Divisionen reduziert wurden, begann Philippovich mit dem Aufbau einer Verwaltung und der Schaffung von politischen Institutionen in den beiden Provinzen. So sollte der Friede zwischen den verschiedenen Religionen sichergestellt werden. Man zog neben Offizieren viele Einheimische zur Bildung von Gemeinde-, Bezirks- und Kreisbehörden heran; auch eigene Polizeiabteilungen wurden ins Leben gerufen. Auch eine Zeitung in der Landessprache wurde gedruckt.

Philippovich war nicht neutral und bevorzugte das kroatische Element in der Provinzbevölkerung, was wohl mit seiner eigenen Herkunft zu tun hatte. Das rief aber in ungarischen Regierungskreisen Ärger hervor. Hier war man bestrebt, die Provinzen mit dem Hinweis, sie hätten im Mittelalter zu Ungarn gehört, unter Kontrolle zu bringen. Philippovich war über die Entwicklung und die an seinen Maßnahmen geäußerte Kritik erbittert und bat den Kaiser um seine Enthebung. Franz Joseph entsprach dem in einem Handschreiben vom 18. November 1878 und hob gleichzeitig das Kommando der 2. Armee auf. Der Feldzeugmeister erhielt das Kommandeurkreuz des Maria-Theresien-Ordens und durfte auf den Posten eines Kommandierenden Generals nach Prag zurückkehren.

Philippovich hatte dem Kaiser zwei Provinzen erobert, was außer ihm keinem österreichischen General des 19. Jahrhunderts gelungen war. Er war ein „Mehrer des Reiches", auch wenn sich Bosnien und die Herzegowina als späterer „Sargnagel" der Monarchie entpuppen sollten. Vor allem konnten die wesentlichen Gebietsverluste unter der Regierung Kaiser Franz Josephs – Lombardei und Venezien – nicht durch die rückständigen Balkanprovinzen ersetzt werden.

Der verdiente General feierte im Oktober 1879 sein 50-jähriges Militärdienstjubiläum und wurde vom Kaiser „huldreich" mit einem Handschreiben gewürdigt. Philippovich blieb bis zum April 1881 in Prag, dann musste er seinen neuen Dienstposten in Wien antreten. Hier fühlte er sich nicht wohl und erreichte, dass er ein Jahr später wieder nach Prag zurückkehren durfte. Er erhielt das Kommando des VIII. Korps. Sein Leben verlief in ruhigen Bahnen und er starb als noch aktiver General nach der Vollendung seines 70. Lebensjahres am 6. August 1889 an einem Schlaganfall. Er wurde als „strammer, schneidiger Krieger, dem das Glück mit seltener Ausdauer bis zum Ende seiner glänzenden Soldatenlaufbahn zur Seite stand", gewürdigt.

Gustav Durst, ein begnadeter Dichter, wurde durch den „Heldenkampf" bei der Besetzung Bosniens zu folgendem „Heereslied" motiviert. Hier ein Auszug:

> „Frisch auf, Ihr Krieger, stürmt voran,
> Frisch auf, in's Feld der Ehre!
> In dichten Reihen, Mann für Mann,
> Lasst knattern die Gewehre.
> Hurrah! Ihr Brüder, in den Kampf!
> Die Fahne winkt im Pulverdampf!
> Mit Eurem Blut voll Heldenmuth
> Schirmt Österreichs Ehrengut!
>
> ...
>
> Soldaten Österreichs seid Ihr ja,
> Die halten fest zusammen;

Wie eine Mauer steht Ihr da
In unseres Kaisers Namen.

...

D'rum thut Ihr auch voll Kampfbegier
Den alten Kriegsruhm retten;
Was Feind nur heisst, vernichtet Ihr
Mit Euren Bajonetten.
Hurrah! Ihr Brüder, in den Kampf!"

Bald schon sollten statt dichter Reihen von Soldaten und Bajonetten nur mehr Maschinengewehre das Schlachtfeld beherrschen. Doch vor dem Aufkommen des mechanisierten Krieges sollte noch ein Österreicher ein blutig-skurriles Kolonialabenteuer bestehen.

LITERATUR

ANGER, Gilbert: Illustrierte Geschichte der k. und k. Armee. Wien 1900

BERANEK, Julius: Die Helden unserer Armee im Jahre 1878. Wien 1908

DANZER, Alfons: Unter den Fahnen. Die Völker Österreich-Ungarns in Waffen. Prag 1889

DURST, Gustav: Österreichs Heeres-Lied. Wien 1878

FLICK, Moritz: Helden unserer Armee. Wien 1910

HIRTENFELD, J.: Der Militär-Maria-Theresien-Orden und seine Mitglieder. 3 Bände, Wien 1857–1890

HORSETZKY, Adolf v.: Kriegsgeschichtliche Übersicht der Feldzüge seit 1792. Wien 1914

KLEINDEL, Walter: Österreich. Daten zur Geschichte und Kultur. Wien 1978

LANGENDORF, Jean-Jacques: Ahnengalerie der kaiserlichen Armee 1618–1918. Biographische Schattenrisse. Wien 1995

SMOLLE, Leo: Auf Feldern der Ehre. Wien 1890

WREDE, Alphons Freiherr v.: Geschichte der k. und k. Wehrmacht. 5 Bände, Wien 1898–1905

WURZBACH, Constant von: Biographisches Lexikon des Kaiserthums Österreich. Bd. 22, Wien 1870

RUDOLF VON SLATIN (SLATIN PASCHA)
ÖSTERREICHS HELD IM SUDAN

Rudolf von Slatin

„Ein schmutziger kleiner Araber mit bloßen Füßen und einer schmierigen Kappe auf dem Kopf" sei ihm begegnet, notierte ein britischer Offizier 1895 in sein Tagebuch. Es dauerte einige Zeit, bis dem Kommandanten der Garnison im ägyptischen Assuan klar war, wen er vor sich hatte. Es handelte sich um den „Österreicher", der einst Gouverneur der Provinz Darfur gewesen war und nun nach zwölf Jahren Gefangenschaft und einer gefährlichen Flucht seine Freiheit wiedererlangt hatte.

Rudolf Carl Slatin wurde am 7. Juni 1857 in Ober-St.-Veit bei Wien geboren. Seine Eltern waren Seidenfärber und die Familie lebte in gutbürgerlichen Verhältnissen. Um den Söhnen eine bessere Ausbildung zu ermöglichen, übersiedelten die Slatins nach Wien, wo Rudolf die Realschule in Schottenfeld besuchte. Dann wechselte er auf die Handelsschule und von dort auf die Handelsakademie. Der junge Slatin beendete seine schulische Laufbahn nicht, sondern reiste ins ferne Kairo, um einem Angebot zu folgen, in dem ein Buchhandlungsgehilfe mit Fremdsprachenkenntnissen gesucht wurde. Der Hauptgrund für diesen seltsamen Wechsel an einen für österreichische Handelsschüler mehr als ungewöhnlichen Arbeitsort dürfte das schon früh stark ausgeprägte Fernweh und die Abenteuerlust Slatins gewesen sein. Der junge Mann blieb aber auch in Kairo nicht lange, sondern reiste bald durch Ägypten und den Sudan. Dabei lernte er in Khartum den Arzt Dr. Schnitzer kennen, der ihn zu dem legendären General Gordon im Süden des Sudan mitnehmen wollte.

Die Einberufung zur österreichischen Armee verhinderte dies jedoch. Er diente von 1876 bis 1878 in der kaiserlichen Armee und erreichte den Dienstgrad eines Leutnants. Slatin war am österreichischen Okkupationsfeldzug in Bosnien beteiligt, ohne allerdings in Kampfhandlungen verwickelt zu werden. Sein Freund Dr. Schnitzer, der ebenfalls wie Slatin jüdischer Herkunft war und später als Emin Pascha in den Krieg mit den Mahdisten verwickelt werden sollte, hatte inzwischen bei General Gordon Pascha, einer charismatischen Persönlichkeit, die der eigentliche starke Mann im Sudan war, für Slatin interveniert. Der junge Leutnant wurde 1879 von dem Briten als ägyptischer Offizier in den Sudan berufen. Gordon vertraute auf europäische Beamte und Offiziere bei der Bekämpfung des Sklavenhandels und dem Aufbau einer modernen Verwaltung.

General Gordon fand großen Gefallen an dem jungen Österreicher und begann ihn zu fördern. Gordon hatte schon in früheren Jahren mit österreichischen Militärs zu tun gehabt und einige davon schätzen gelernt. Slatin erhielt zunächst das Amt eines Finanzinspektors. Dabei bewies er großen Mut und taktisches Geschick und reiste viel, sodass er das Land gut kennenlernte. Slatin tat nun alles, um die Korruption und Misswirtschaft zu bekämpfen, wobei ihn Gordon unterstützte. Der junge Finanzinspektor wurde in weiten Gebieten des Sudans rasch eine bekannte Persönlichkeit.

Slatin war bei Weitem nicht der erste Österreicher, der im fernen Sudan sein Glück versuchte. 1850 wurde in Khartum das erste österreichische Konsulat gegründet und man dachte daran, eine Sträflingskolonie des Kaiserstaates am Blauen Nil einzurichten. Die vom Vatikan gegründete „Zentralafrikanische Mission" wurde vom Österreicher Ignaz Knoblecher geleitet und sorgte im islamischen Sudan für einigen Ärger. Der österreichische Konsul Martin Ludwig Hansal hatte großen politischen Einfluss in Khartum mit und einen guten Draht zu General Gordon.

Nach einiger Zeit wollte der ehrgeizige und tatenlustige Slatin nicht mehr ständig mit den gleichen Problemen konfrontiert werden. Er ersuchte Gordon um Enthebung von seinem Posten. Dieser schätze Slatin nun noch mehr als zuvor und versprach ihm eine interessantere und bedeutendere Aufgabe. Gordon hielt Wort und Slatin erhielt im Frühjahr 1881 die Position eines Generalgouverneurs der Provinz Darfur und den Rang eines Bey. Während Slatin auf Gordons Pferd, das dieser seinem jungen Freund geschenkt hatte, ungewissen Abenteuern entgegenritt, wusste er nicht, welch große Katastrophe ihn und seinen Freund Gordon erwarten würde. Er sollte den britischen General nicht mehr lebend wiedersehen.

Seine vorerst wichtigste Aufgabe war es, den rebellischen Sultan Harun zu bekämpfen, der das Land seiner Väter zurückerobern wollte. Slatin verfolgte Harun auf langen und beschwerlichen Feldzügen, die ihm und seiner zusammengewürfelten Truppe das Äußerste abverlangten. Als es schließlich zum Gefecht kam, konnte er Harun schlagen und die meisten seiner Gefolgsleute töten, doch der rebellische Sultan entwischte ihm. Harun sammelte schnell neue Anhänger um sich und fiel in die Provinz Dar-Gimmer ein. Es gelang Slatin in einem tollkühnen Überfall, bei dem Harun fiel, das Problem zu beseitigen. Dabei kam ihm der Aberglaube von Haruns Anhängern zu Hilfe, die es als schlechtes Omen werteten, dass ihrem Führer beim Besteigen des Pferdes der Steigbügelriemen riss, und deshalb geschlossen die Flucht ergriffen. Nach altem sudanesischen Brauch wurde der Kopf des getöteten Rebellen abgeschnitten und an den Generalgouverneur geschickt.

Slatin versuchte nun, sich mehr zivilen Aufgaben zu widmen und trachtete, die Verhältnisse in seiner Provinz grundlegend zu verbessern. Doch am Horizont erschien eine weit größere Gefahr, als es Harun gewesen war. Die Mahdisten hatten sich rasch den ganzen nördlichen Sudan unterworfen und der Mahdi, der „Beherrscher der Gläubigen", dachte daran, sich den Rest des Landes Untertan zu machen. Große Teile der Bevölkerung gingen zu dem als Heiligen verehrten Mahdi über, der eher ein blutrünstiger Psychopath war, und seine Krieger kämpften mit Leidenschaft und furchteinflößender Selbstaufopferung.

Slatin Pascha

Der stets gut informierte Slatin erkannte die drohende Gefahr und wusste, dass große Teile der Bevölkerung seiner Provinz mit den Mahdisten sympathisierten. Er unternahm deshalb das ihm Mögliche, um sich zu behaupten.

Der Mahdi hatte erkannt, dass Slatin ein gefährlicher Gegner war, der seine Truppen geschickt und erfolgreich führen konnte und großes Ansehen in der Bevölkerung hatte. Nach der Einnahme der Stadt El Obeid durch die Mahdisten war Slatin vom Nil und damit vom Nachschub und möglicher Unterstützung durch Gordon abgeschlossen. Er musste deshalb mit dem auskommen, was er hatte. Slatin bereitete alles so gut wie möglich auf den Krieg vor und schlug im Norden seiner Provinz rasch einen Aufstand nieder. Als er von diesem erfolgreichen Feldzug in seine Hauptstadt Dara zurückkehrte, erhielt er die Nachricht, dass sich im Süden Darfurs mehrere bedeutende Stämme erhoben hatten. Einer der Führer dieser Rebellen war ein Häuptling namens Madibbo, den Slatin als gefährlich einschätzte. Die Reiterhorden der Aufständischen zerstörten zunehmend die dürftige Infrastruktur wie die wenigen Telegrafenleitungen und forderten dazu auf, sich dem Mahdi anzuschließen.

Slatin handelte rasch und entsandte eine Truppe von mehreren Hundert Mann unter Führung eines Offiziers namens Mansur-Effendi. Dieser war jedoch einem Mann wie Madibbo nicht gewachsen und wurde in einen Hinterhalt gelockt. Es kam zu einem schrecklichen Blutbad, bei dem die meisten von Mansur-Effendis Leuten ums Leben kamen und die Rebellen große Mengen an Waffen und Ausrüstung erbeuteten. Slatin kam persönlich den Resten seiner Truppe zu Hilfe und konnte sogar Madibbos Lager in einer schnellen Aktion einnehmen und zerstören, doch sein Gegner entkam im letzten Moment.

Da Slatin nicht an allen nun entstehenden Krisenherden persönlich erscheinen konnte, musste er sich auf seine erfahrenen und erfolgreichen Unterführer verlassen. Doch durch immer mehr Mahdistentrupps wurde die Situation bedrohlich. Slatin rüstete zu einem Feldzug gegen die Risegataraber im Land Schakka, um dieses bereits verlorene Gebiet zurückzuerobern. Er hatte diese Offensive gut geplant und bewegte sich mit seinen Truppen in dem schwierigen Gelände in Karreeform vorwärts. Der Tross wurde in die Mitte genommen und die Kavallerie schwärmte aus. Slatin konnte in einem seiner gefürchteten Überraschungsangriffe das Dorf Madibbos erobern. Doch bereits einige Tage später wurde er schwer krank und lag fiebernd auf einer Tragbahre, als seine Truppen in sumpfigem Gelände von großen Massen von Mahdisten angegriffen wurden. Dem schlecht bewaffneten Fanatiker gelang es unter großen Verlusten, in Slatins Karree einzubrechen, wobei viele Angehörige seiner Hilfstruppen und die Mehrzahl seiner Lasttiere getötet wurden.

Slatin erhob sich unter größter Anstrengung von seiner Bahre und es gelang ihm, die Situation so weit unter Kontrolle zu bringen, dass er seine besten Schützen versammeln und ein rasendes Abwehrfeuer auf die Flanke des Gegners eröffnen konnte. Es wurde stundenlang in immer neue Angriffswellen gefeuert und als der Abend anbrach, lebten von Slatins ursprünglich 8500 Soldaten nur mehr etwa 900. Der Rest lag zusammen mit den Körpern vieler tausender Rebellen in mehreren großen Haufen auf dem Schlachtfeld. Doch im Gegensatz zu Slatin konnten die Mahdisten ihre Verluste immer wieder durch fanatische Freiwillige ergänzen.

Obwohl die Lage aussichtslos erschien und die meisten anderen militärischen Führer einen schnellen Rückzug angetreten hätten, entschloss sich Slatin, auszuharren und sich zu verschanzen. Er ließ die vielen Leichen begraben, um wilde Tiere abzuhalten. Dann erwartete er mit seinen müden Männern den Angriff der Risegataraber. Wie von Slatin erahnt, erfolgte dieser kurz vor Morgenanbruch. Die Mahdisten griffen mit Geschrei an und stürzten sich auf Slatins behelfsmäßige Befestigungsanlagen. Doch dieses Mal war man vorbereitet und ein gut geleitetes Schnellfeuer richtete große Verluste unter den Angreifern an, die sich schließlich schnell zurückzogen. Auch in den nächsten Tagen erfolgten immer wieder Angriffe gegen die eingeschlossene Truppe. Erst als der mutigste Unterführer Madibbos fiel, beruhigte sich die Lage. Aber in Slatins Lager herrschte Hunger und Durst, wozu der Geruch der erneut herumliegenden vielen Toten kam, die im sudanesischen Klima rasch verwesten.

Nachdem alle Tiere im Lager aufgegessen worden waren, entschloss sich Slatin zum Rückzug. Man marschierte wieder im Karree und führte die 150 Verwundeten in der Mitte. Kleinere Angriffe der Mahdisten konnten am Marsch abgewehrt werden und Slatins Leuten fiel unterwegs sogar eine Schafherde in die Hände. Doch als die halb verdursteten Männer einen Teich erblickten, öffnete sich die Karreeform und alle stürzten zum Wasser.

Auf diese Gelegenheit hatten die Verfolger gewartet, griffen an und das Leben aller schien in Gefahr. Doch Slatin konnte die Situation retten, indem er die 50 besten Schützen um sich versammelte und die Angreifer unter großen Verlusten zurückschlug. Danach lagerten seine ausgehungerten und erschöpften Soldaten auf dem mit Leichen bedeckten Schlachtfeld und brieten die Schafe. Slatin war voller Sorge über die weitere Entwicklung und laborierte an mehreren Verwundungen. Er hatte eine Kugel im rechten Oberschenkel, einen Finger verloren und eine Wunde, die durch eine Wurflanze verursacht worden war.

Die Reste von Slatins stolzer Armee erreichten schließlich Dara, wo inzwischen die Stimmung zugunsten der Mahdisten umgeschlagen war. Boten des Mahdis hetzten die Menschen auf und forderten die Bestrafung jener, die für den „ungläubigen Hund" Slatin kämpften. Obwohl dieser viele der Rädelsführer hinrichten ließ, konnte er den allgemeinen Aufstand nicht unterdrücken.

Als Slatin vernahm, dass seine moslemischen Soldaten, die meist Ägypter waren, über das Glaubensproblem diskutierten, begann er über einen Religionswechsel nachzudenken. Weil er sich mehr Vertrauen von seiner Truppen und damit bessere Erfolge im Kampf mit den Mahdisten erhoffte, beschloss Slatin 1883 seinen Übertritt zum Islam. Diesen Schritt machte er groß publik und nahm auch einen islamischen Namen an: Abd al Qadir. Slatin ließ seine gesamten Truppen vor sich antreten und verkündete, dass er nun Moslem sei und jeden Freitag mit ihnen beten würde. Das hatte natürlich nichts mit irgendeiner Form wirklicher religiöser Überzeugung zu tun, sondern sollte seine Erfolgsaussichten verbessern. Dennoch war es ein schwerer Schock für Gordon, als er erfuhr, dass sein geschätzter Freund Slatin aus Opportunität die Religion gewechselt hatte und zum Islam übergetreten war. Für einen religiösen christlichen Fanatiker wie Gordon war Derartiges unverzeihlich. Slatin wurde mit dieser skurrilen Entscheidung letztlich auch nicht glücklich, wenngleich sie ihm vielleicht später das Leben rettete. Denn durch den durchschlagenden Erfolg der fanatischen Mahdisten endete die britisch-ägyptische Herrschaft im Sudan in einer Reihe von Katastrophen. Slatin konnte in seinem Bereich das Desaster nur verzögern, aber nicht aufhalten. Die Macht des Mahdis wuchs ständig und er hatte immer mehr Zulauf. Slatin ließ die Befestigungen von Dara verstärken, Vorräte sammeln und alles für eine Belagerung vorbereiten. Er vertraute Nachrichten, dass Hicks-Pascha mit einer großen Armee auf dem Marsch sei, um die Mahdisten niederzuwerfen.

Doch nun drang ein Großscheich der Beni Halba in sein Gebiet ein und sorgte für große Verwüstungen. Slatin startete mit seiner ihm üblichen Geschwindigkeit einen Gegenangriff und der Scheich fiel im Kampf. Bald konnte Slatin einen weiteren Erfolg gegen die Mahdisten verbuchen, als er Madibbos Truppen erneut besiegte. Doch mit jeder Aktion wurde die Zahl seiner Soldaten kleiner und der Großteil der Munition war verbraucht. Die Mahdisten forderten ihn zur Übergabe auf und Slatin versuchte, durch Verhandlungen Zeit zu gewinnen. Er selbst ließ groß fiktive Siege einer Entsatzarmee verkünden, während er verzweifelt auf eine solche wartete.

Dann trafen weitere schlechte Nachrichten ein, da sich einer von Slatins letzten Stützpunkten ergeben hatte, und so kontrollierte er nur mehr Dara und Fascher. Als jedoch am Abend des 20. Dezember 1883 die Nachricht kam, dass Hicks-Pascha mit fast allen seinen Männern gefallen war, bestand keine Hoffnung mehr. Slatin besprach sich mit seinen Offizieren und man war allgemein für die Übergabe, wenn das Leben der Gefangenen geschont würde.

Am 23. Dezember 1883 kapitulierte Slatin als Gouverneur von Darfur vor den Truppen des Mahdis und begab sich in Gefangenschaft. Er wurde nicht getötet, da er den Mahdi überzeugen konnte, dass er zum Islam übergetreten war. Es folgte eine zwölfjährige Gefangenschaft. Slatin war der Willkür seiner Herren unterworfen und wurde in die gefährlichen Intrigen rund um den Mahdi verwickelt. Durch seine Klugheit konnte er letztlich seine Position bei den Mahdisten verbessern, da er schon bald die Lage am Hofe des Mahdi gut einschätzen und Gefahren und Vorteile meistens rechtzeitig erkennen konnte. Er diente dem Mahdi wegen seiner exzellenten Sprachkenntnisse als Dolmetscher und versuchte auch, die Situation anderer gefangener Europäer erträglicher zu machen.

Slatin erlebte das weitere Schicksal des Sudan in seiner Rolle als Gefangener und erfuhr, dass sich weitere Provinzen ergeben hätten, bis sich im Mai 1884 nur mehr Emin-Pascha im äußersten Süden und Gordon in Khartum hielten. Als der Mahdi im August 1884 mit seiner Armee zur Belagerung Khartums aufbrach, befahl er seinem Gefangenen, an Gordon einen Brief zu schreiben, in dem er diesen zur Kapitulation auffordere. Doch Slatin machte genau das Gegenteil und empfahl in drei Briefen an Gordon und dem österreichischen Honorarkonsul Hansal, auf keinen Fall zu kapitulieren und ihm zur Flucht zu verhelfen. Der Mahdi durchschaute aber Slatins Doppelspiel und ließ ihn in Ketten legen. Die Belagerung der sudanesischen Hauptstadt erwies sich als langwierig und blutig. Nachdem halbherzige britische Entsatzversuche abgebrochen wurden, konnten die Eingeschlossenen auf keine Hilfe von außen rechnen. Am 26. Januar 1885 gelang es den Mahdisten, die Stadt im Handstreich zu nehmen und bei dem folgenden Massaker wurden fast alle verbliebenen Europäer, darunter Gordon und Hansal, abgeschlachtet. Slatin erlitt einen schweren Schock, als man ihm das abgeschlagene Haupt von General Gordon präsentierte. Er wurde einige Tage später nach dem Auffinden der von ihm an Gordon gesandten Briefe in einen Kerker geworfen. Zu seinem Glück setzte sich aber der Oberkommandierende der Mahdi-Truppen Khalifa Abd Allahi für ihn ein. Slatin wurde nach dem Schwur eines Treueeides wieder „freigelassen" und konnte sich im Lager frei bewegen.

Der Mahdi starb im Juni 1885 an Typhus und der grausame und rücksichtslose Khalifa Abd Allahi wurde sein Nachfolger. Slatin war gezwungen, die nächsten zehn Jahre bei seinem neuen Herrn in Omdurman zu bleiben, da dieser die Stadt kaum verließ. Der Gefangene wurde zwar nicht mehr so streng behandelt wie zuvor, stand aber unter ständiger Beobachtung. Gefährlich waren für Slatin auch die immer wieder stattfindenden Verschwörungen gegen den Khalifa, da dieser jeden Versuch einer Auflehnung sofort mit einem grausamen Blutbad ahnden ließ. Nachdem die Verwandten des verstorbenen Mahdis einen Aufstand vom Zaun gebrochen hatten, bei dem ein ebenfalls gefangener Österreicher fliehen konnte, wurde Slatin wieder streng bewacht.

Als der Khalifa Slatin mit einem seiner Generäle in den Süden des Landes schickte, um Aufständische zu bekämpfen, bekam jener einen Brief seiner Verwandten zugespielt, die sich in Ägypten für einen Fluchtplan einsetzten.

Es gab immer wieder Aufstände und Unruhen im Mahdisten-Reich, da sich die meisten Stämme unterdrückt fühlten. Außerdem führte der Khalifa einen blutigen Krieg mit Äthiopien. Als Slatin die Nachricht vom Tod seiner Mutter erhielt, hatte sein Gebieter nur Spott für ihn übrig. Währenddessen ging es im Mahdisten-Reich wirtschaftlich immer weiter bergab, da die ständigen Kämpfe, Massaker, der Hunger und die Seuchen das Land zunehmend entvölkerten.

Schließlich erreichten Slatin Nachrichten, dass an einer Fluchtmöglichkeit für ihn gearbeitet werde. Ein erster Versuch scheiterte, doch im Juni 1894 war alles für einen weiteren Fluchtversuch vorbereitet. Doch missglückte auch dieser Plan. Slatin war verzweifelt, erhielt aber zu Beginn des Jahres 1895 eine Botschaft, die ihm wieder Hoffnung gab. Das Unternehmen war mit der Hilfe von Sir Reginald Wingate vom britischen Geheimdienst und einem Scheich des Ababda-Stammes geplant worden. Die mühsame und gefährliche Flucht sollte Slatin innerhalb von drei Wochen durch 1000 Wüstenkilometer führen. Ihm war bewusst, dass es seinen sicheren Tod bedeutet hätte, wenn man ihn gefasst hätte. Slatin täuschte Unwohlsein vor, um sein Fehlen beim Morgengebet zu entschuldigen. Am 20. Februar 1895 floh er mit einem Helfer aus der Hauptstadt der Gotteskrieger und setzte über den Nil. Er erhielt jeden Tag einen anderen Führer, der ihn durch sein Heimatgebiet begleitete. Trotz einiger Schwierigkeiten und Gefahren erreichte Slatin völlig erschöpft am 27. Tag am 16. März unerkannt die Stadt Assuan.

Nachdem Slatin entkommen war, wurde ihm in Kairo ein begeisterter Empfang bereitet; der Khedive von Ägypten ernannte ihn am 21. März 1895 zum Pascha und beförderte ihn zum Oberst. Slatin erreichte damit den höchsten Rang, den ein Nichtbrite in der anglo-ägyptischen Armee innehaben konnte.

Inzwischen hatte sich die Nachricht von der abenteuerlichen Flucht Slatins in Europa und der halben Welt verbreitet. Slatin wurde dadurch eine international bekannte Persönlichkeit. Alle großen Zeitungen Europas berichteten in großer Aufmachung über seine lange Gefangenschaft unter den islamischen Fanatikern und die Umstände seines gefährlichen Ausbruchs. Am 7. Juli 1895 kam Slatin in Wien an, wo man ihn begeistert empfing.

Im selben Jahr machte sich Slatin an die Abfassung eines Buches über seine Abenteuer. „Feuer und Schwert im Sudan" kam 1896 sowohl auf Deutsch als auch auf Englisch in den Buchhandel und wurde ein großer Erfolg. Slatin beschrieb darin nicht nur seine persönlichen Erlebnisse und Kämpfe mit den Mahdisten sowie seine Gefangenschaft, sondern berichtete informativ über die Verhältnisse im Sudan unter der Herrschaft der Mahdisten.

1897 erwarb Slatin die Spitzvilla bei Traunkirchen in Oberösterreich. Hier empfing er bedeutende Persönlichkeiten, darunter den englischen König Edward VII. und Kaiser Franz Joseph. Die Villa ist heute in öffentlichem Besitz und dient als Ausstellungs- und Veranstaltungszentrum.

Der lange erwartete Rache- und Eroberungsfeldzug der Briten in das Land der Gotteskrieger nahm nun Form an. Slatin beteiligte sich als Oberst im Nachrichtendienst Wingates am Dongola-Feldzug General Kitcheners gegen die Mahdisten. Dieses Unternehmen war erfolgreich und diente in erster Linie der Vorbereitung des Angriffs auf Khartum und Omdurman. Slatin erhielt für seine militärischen Leistungen eine hohe britische Auszeichnung („Companion of the Order of the Bath"). 1897 begann dann der aufwändige Feldzug gegen die Hauptstadt der Mahdisten.

Am 2. September 1898 erfolgte die Abrechnung der Briten mit den Mahdisten. In der Schlacht bei Omdurman wurde die riesige Armee der Islamisten vernichtend geschlagen. Die überlegen bewaffnete und von General Herbert Kitchener gut geführte britisch-ägyptische Armee veranstaltete ein Massaker unter ihren schlecht ausgerüsteten Gegnern. Der Khalifa konnte vorerst entkommen und hielt sich noch ein Jahr in Kordofan, bis er schließlich mit seinen letzten Anhängern in die Enge getrieben und getötet wurde. Nach dem britischen Sieg setzte sich Slatin dafür ein, dass die Angehörigen des Mahdis verschont blieben. Das trug ihm die Dankbarkeit und Wertschätzung der Nachkommen des Mahdis und vieler Sudanesen ein. Einige Zeit später wurde Slatin zum Brigadegeneral der ägyptischen Armee befördert. Die Engländer begrüßten es, dass Slatin im Sudan blieb, da seine Beliebtheit ihrer restaurierten Herrschaft zugute kam.

Seine erste Reise nach dem Sieg führte Slatin wieder nach Kordofan, wohin er eine Expedition von Geologen als Ratgeber und Führer begleitete. Man hoffte, Gold zu finden, war aber erfolglos. 1900 ernannte ihn der neue Generalgouverneur Wingate zum britischen Generalinspektor des Sudan. Er sollte diese Stellung bis 1914 bekleiden.

1906 erfolgte Slatins Erhebung in den österreichischen Freiherrenstand. Die Briten ernannten 1907 den von Karikaturisten „Salatin" genannten Helden zum Ehren-Generalmajor und machten ihn 1909 zum „Honorary Knight Commander of the Royal Victorian Order". Der beliebte Held des Sudan wurde auch Mitglied der Royal Geographical Society.

Slatin heiratete am 21. Juni 1914 in der Wiener Votivkirche die Baronesse Alice von Ramberg, die 16 Jahre jünger war als er. Zuvor hatte er wieder sein offizielles Glaubensbekenntnis vom Islam zum katholischen Christentum gewechselt, nachdem der Papst ihm die Absolution erteilt hatte. 1916 bekam das Paar eine Tochter, die den Namen Anna Marie erhielt.

Der Ausbruch des Ersten Weltkrieges bedeutete für Slatin, der seinem Vaterland nicht untreu werden wollte, dass er aus dem britisch-ägyptischen Dienst ausscheiden musste. Der Kaiser verlieh ihm den Titel eines Geheimrates mit der Anrede „Exzellenz" und übertrug ihm die Kriegsgefangenenfürsorge im Rahmen des Roten Kreuzes. Hier halfen Slatin seine guten Kontakte zu den nunmehrigen Kriegsgegnern und

Slatin Pascha mit Roosevelt, 1910

er konnte viel Positives für die Gefangenen – besonders in Russland, unter anderem bei der medizinischen Versorgung und der Nachrichtenübermittlung – erreichen. Slatin war auch bereit, den seit 1916 herrschenden Kaiser Karl in seinen Bemühungen um einen Separatfrieden zu unterstützen, und er informierte die Briten im Vorhinein über den Inhalt der berühmten Sixtus-Briefe. Das Scheitern dieser Bemühungen traf ihn hart.

Slatin betrachtete den Ausgang des Weltkrieges und den Zerfall der Monarchie als große Katastrophe, stellte sich aber trotz seines schlechten Gesundheitszustandes in den Dienst der neuen Regierung unter Karl Renner, als diese ihn ersuchte, bei den Siegermächten für die Versorgung der Bevölkerung Wiens zu intervenieren. Da die Tschechen Versorgungszüge für Österreich nicht durchließen, setzte Slatin seine Verbindungen und sein Prestige ein und konnte so von den Siegermächten Unterstützung erhalten. Die Tschechen mussten nachgeben und die Versorgung Wiens verbesserte sich spürbar. Für diese Verdienste wurde Slatin später die Ehrenbürgerwürde Wiens verliehen.

Slatin gehörte danach der deutsch-österreichischen Friedensdelegation in St. Germain an. Er konnte aber an dem bereits feststehenden Diktat der Siegermächte nichts ändern.

Die Gemahlin Slatins starb im Juni 1921 an Krebs und so musste er sich alleine um die Erziehung seiner Tochter kümmern. Finanziell war er sehr gut gestellt, da er neben den Tantiemen für seine Memoiren und einer Pension der ägyptischen Regierung eine beachtliche Erbschaft von seiner Verwandtschaft in den USA erhalten hatte. Im Jahre 1923 bezog er die stattliche Villa Mathilde im Meraner Stadtteil Obermais als Alterssitz. Es sollten ihm noch einige ruhige Jahre vergönnt sein. Er reiste trotz seines meist angeschlagenen Gesundheitszustandes viel und hielt sich oft in England und Wien auf.

Slatins größter Wunsch war, seine Tochter noch am englischen Königshof in die Gesellschaft einführen zu können. Er konnte sich diesen Wunsch als bereits schwer kranker Mann im Juni 1932 erfüllen, als er als Privatgast mit seiner Tochter bei König George V. und Königin Mary eingeladen war. Am 4. Oktober wurde Slatin wegen einer Krebserkrankung im Wiener Cottage Sanatorium operiert, überlebte diesen Eingriff aber nicht. Er wurde am 6. Oktober 1932 auf dem Ober-Sankt-Veiter Friedhof in Wien unter großer Anteilnahme beigesetzt.

Zur Erinnerung an Slatin wurde 1936 in Khartum ein Brunnen errichtet. Nach der Unabhängigkeit des Sudan 1956 wurden jedoch das Bronze-Porträt des Helden und die Inschrift entfernt.

Im Jahre 1967 wurde vom deutschen Fernsehen ein zweiteiliger Fernsehfilm über das Leben Rudolf Slatins produziert. Später folgte ein österreichischer Dokumentarfilm über Slatin Pascha. Auch die österreichischen Pfadfinder ehren seinen Namen und einige Gruppen sind nach ihm benannt.

LITERATUR

BROOK-SHEPHERD, Gordon: Slatin Pascha – Ein abenteuerliches Leben. Wien 1982

FLAUDORFER, E.: Rudolf Slatin, Pascha und Baron. Das abenteuerliche Leben eines Österreichers in zwei Erdteilen. Dissertation, Wien 1971

NACHTIGAL, Reinhard: Russland und seine österreichisch-ungarischen Kriegsgefangenen (1914–1918). Remshalden 2003

NUTTING, Anthony: Gordon von Khartum. Abenteurer und Märtyrer. Wien 1967

PLETICHA, Heinrich (Hg.): Der Mahdiaufstand in Augenzeugenberichten. Düsseldorf 1981

SLATIN, Rudolf: Feuer und Schwert im Sudan. Meine Kämpfe mit den Derwischen, meine Gefangenschaft und Flucht 1879–1895. Leipzig 1896

VOGELSBERGER, Hartwig A.: Slatin Pascha. Zwischen Wüstensand und Königskronen. Graz 1992

WESTPHAL, Wilfried: Sturm über dem Nil. Der Mahdi-Aufstand. Sigmaringen 1998

JOSEF ROTH
„DER LÖWE VON LIMANOWA"

Josef Roth

Der Erste Weltkrieg war die größte und letzte militärische Auseinandersetzung, in die die österreichische Armee jemals verwickelt wurde. Auch wenn dieser Krieg mit dem Zusammenbruch der Monarchie und dem Untergang der habsburgischen Armee endete, gibt es auch hier eine Vielzahl von erfolgreichen Operationen, viel persönliche Tapferkeit und großes Durchhaltevermögen.

Österreich-Ungarn bot im Ersten Weltkrieg insgesamt etwa 7,8 Millionen Soldaten auf, von denen 1,5 Millionen ums Leben kamen. Den wenigsten heutigen Österreichern sind die Führer und Helden jener Zeit noch geläufig. Man erinnert sich in erster Linie an Feldmarschall Conrad von Hötzendorf, aber fast niemand kennt einen General mit dem Namen Josef Roth, der für seine Zeitgenossen einer der besten und erfolgreichsten österreichischen Heerführer war.

Geboren wurde Roth am 21. Oktober 1859 in Triest, dem damaligen Garnisonsort seines Vaters. Als Sohn eines Oberstleutnants war dem jungen Roth die militärische Karriere quasi in die Wiege gelegt. Josef Roth besuchte die Kadettenanstalt in St. Pölten und trat anschließend in die Theresianische Militärakademie ein. Da sein Vater früh verstorben war und seine Mutter als österreichische Offizierswitwe in finanzieller Not lebte, musste Roth das hohe Schulgeld nicht bezahlen. Wegen einer schweren und langwierigen Krankheit musste Roth vieles nachholen. Sein erstes Akademiezeugnis war deshalb nicht besonders gut, er konnte aber aufsteigen. In der Folge steigerte er seine Leistungen und wurde einer der Besten seines Jahrgangs. Er war später stolz auf die Zeit in der Militärakademie und schrieb an seine Mutter: „In der Schule wird der Grundstein für ein kräftiges Heer und einen mächtigen Staat gelegt." Eines Tages sollte er Kommandant dieser Anstalt werden.

Seine Ausmusterung als Leutnant erfolgte am 4. April 1879 und er trat nach einem kurzen Urlaub in das Feldjägerbataillon Nr. 21 ein. Hier brachte er es rasch wegen seiner guten Reitkenntnisse zum Bataillonsadjutanten. Er machte einigermaßen unauffällig Karriere und wurde am 1. Mai 1884 zum Oberleutnant befördert.

Als sein Bataillon nach Bosnien verlegt wurde, kam er nach Banjaluka und Sarajewo, wo die Verhältnisse etwas anders waren, als er bisher gewohnt war. Er erfuhr, dass einige seiner Jahrgangskameraden aus der Akademiezeit sich für die Aufnahme in den Generalstab vorbereiteten. Da sich Roth zu Höherem berufen fühlte und das Wohlwollen seiner Vorgesetzten genoss, besuchte er in den beiden folgenden Jahren, nach Bestehen einer Aufnahmeprüfung, die Kriegsschule und den Generalstabskurs in Wien. Danach erfolgte seine Zuteilung zum Generalstab. In seiner „Classifikationsliste" war zu lesen, er habe noch nicht genügend Selbstvertrauen, wäre freimütig, aber noch etwas verzagt und „mehr Strammheit wäre wünschenswert". Ansonsten habe er gut entsprochen. Roth war jetzt Angehöriger eines „Ordens" innerhalb der Armee, der exklusiv war und sich in vielerlei von den „gewöhnlichen" Offizieren unterschied. Damit war die Chance auf einen Aufstieg in die höchsten Ränge der Armee verbunden. Seine erste Generalstabsreise führte Roth nach Bosnien und er erhielt gleich nach seiner Rückkehr seine erste Belobigung. Bei der Teilnahme an einem Manöver im Jahre 1888 sah er zum ersten Mal den Kaiser und den Kronprinzen aus nächster Nähe. Ende des Jahres starb seine von ihm sehr geliebte Mutter im Alter von 57 Jahren und er litt lange Zeit unter diesem Verlust. Am 1. November 1889 wurde Roth im Alter von 30 Jahren zum Hauptmann im Generalstabskorps befördert und der 12. Infanterie-Truppen-Division in Krakau dienstzugeteilt. Er absolvierte seine Truppendienstleistung und wurde zum Chef des Instruktionsbüros des Generalstabes ernannt.

Der strebsame Offizier heiratete am 30. Januar 1892 in Wien die Gräfin Malwine von Lazansky-Bukowé, mit der er vier Kinder haben sollte (Melanie, Josef, Marga und Alfred). Am 1. November 1895 erfolgte seine Beförderung zum Major im Generalstab. 1897 wurde er in den Stab des V. Korps in Pressburg versetzt, worauf seine Beförderung zum Oberstleutnant erfolgte.

Franz Conrad von Hötzendorf

Der 1. April 1900 brachte Roths Versetzung zum Infanterieregiment Nr. 76 in Graz und er übernahm ein Jahr später die Funktion eines Chefs des neu errichteten „Generalstabsbüros für instruktive Arbeiten und Übungen des Generalstabes". Schon bald erfolgte seine Beförderung zum Oberst und es schien vorgezeichnet, dass er seine militärische Karriere als Schreibtischgeneral abschließen würde. Immerhin war seine Funktion nicht unbedeutend und Roth widmete sich ihr mit viel Energie und Tatkraft.

Als Franz Conrad von Hötzendorf Chef des Generalstabes wurde, war Roth, neben anderen, nicht sehr begeistert, denn er hielt ihn nicht für hinreichend befähigt. Später schrieb er: „An Stelle des sicheren, klaren, wenn auch etwas langsamen Systems, trat ein rasches, überhastetes und sprunghaftes mit einer recht traurigen Protektionswirtschaft. Es kam der Beginn des nun leider eingetretenen Endes. Ich habe auch unter diesem Chef sehr gut gedient, obwohl auch ich infolge des sprunghaften und lärmenden Wesens manchmal gelitten habe." Es war, als wäre Hötzendorf als „Engel der Apokalypse" herabgestiegen, um den Untergang der Habsburgermonarchie zu beschleunigen. Es mutet grotesk an, wenn man später Hötzendorf als größten österreichischen Feldherrn seit Prinz Eugen bezeichnete. Ein Mann, der wie er konsequent Terrain, Wetter, Jahreszeiten und Versorgungsprobleme bei seinen Kriegsplänen ignorierte und von einer militärischen Katastrophe in eine andere taumelte, kann eigentlich nur in einer Reihe mit Lacy, Mack, Gyulay oder Benedek gesehen werden, deren zweifelhafte Führungsfähigkeit oben bereits angesprochen wurde.

Roths nächster größerer Karrieresprung erfolgte im April 1908, als er zum Generalmajor und zum Kommandanten der 94. Infanteriebrigade in Tolmein ernannt wurde. Er befehligte anlässlich des Besuches aller deutschen Fürsten und Monarchen im Mai 1908 unter anderem die ausgerückten Truppen zum Empfang des deutschen Kaisers. Danach erhielt er einen hohen preußischen Orden, das Kommandeurskreuz mit Stern des Preußischen Roten Adlerordens, der sich zu seiner inzwischen stattlichen Ordenssammlung gesellte. Roth erfreute sich einer gewissen Bekanntheit auch im Kaiserhaus und wurde von Kaiser Franz Joseph und dem Thronfolger Franz Ferdinand „des Öfteren ins Gespräch gezogen". Schon im Februar 1909 erfuhr er, dass er im Falle eines Krieges als Generalstabschef der Armee Erzherzog Friedrichs vorgesehen sei und nahm an einem Kriegsspiel bei Krakau teil.

Roth wurde vom Kriegsminister zum Vorsitzenden eines neuen „Berufungsehrenrates für Oberoffiziere" bestellt. Er nahm diese Aufgabe ernst und ging sie mit viel Elan an, galt es doch, das „Duellunwesen" zurückzudrängen und manchem bankrotten Offizier zu helfen. Manche nahmen es Roth übel, dass er sich in dieser Funktion mit zu viel „väterlicher Fürsorge" um die teilweise verkrachten Existenzen kümmerte. Für die Freunde des unbegrenzten Duellierens wurde er natürlich zu einer Feindfigur.

Roth war nicht lange Brigadekommandant, denn bereits Anfang April 1910 wurde er zum Kommandanten der Theresianischen Militärakademie in Wiener Neustadt ernannt. Das schien die Krönung seines Lebenswerks zu sein und er sollte diese Funktion bis zum Ausbruch des Ersten Weltkrieges innehaben. Roth versuchte, die Ausbildung zu modernisieren und den Lehrplan zu reformieren. Er verbesserte die Infrastruktur und stellte sogar eine Fußballmannschaft auf. Außerdem beschäftigte er sich mit der Fliegerausbildung und war allen technischen Verbesserungen gegenüber aufgeschlossen. Er wurde am 1. Mai 1912 zum Feldmarschall-Leutnant befördert.

Mit dem Ausbruch des Krieges erhielt Roth am 5. August 1914 das Kommando über die 3. Infanterie-Truppendivision und am 1. Oktober 1914 jenes über das XIV. „Tiroler" Korps. Die Lage bei Kriegsbeginn wurde durch das organisatorische Chaos und die Unterschätzung der Russen, beides zu einem großen Teil die Schuld Hötzendorfs, rasch kritisch. Roth hatte sein Kommando in der Akademie übergeben und begab sich am 9. August an den Kriegsschauplatz. Nach seiner Ankunft fand er die Truppen „vorzüglich" und „brillant", nur die Ausrüstung teilweise veraltet. Schon bald musste er sich wieder von seiner Division verabschieden und sein Korpskommando übernehmen. Er schrieb seiner Gattin: „Denk Dir, ich bin heute Korpskommandant geworden." Seiner Tochter teilte er schriftlich mit, er habe „das schönste Korps der ganzen Armee, die schönsten und besten Truppen der Welt – freilich liegen die Allerbesten schon unter der Erde".

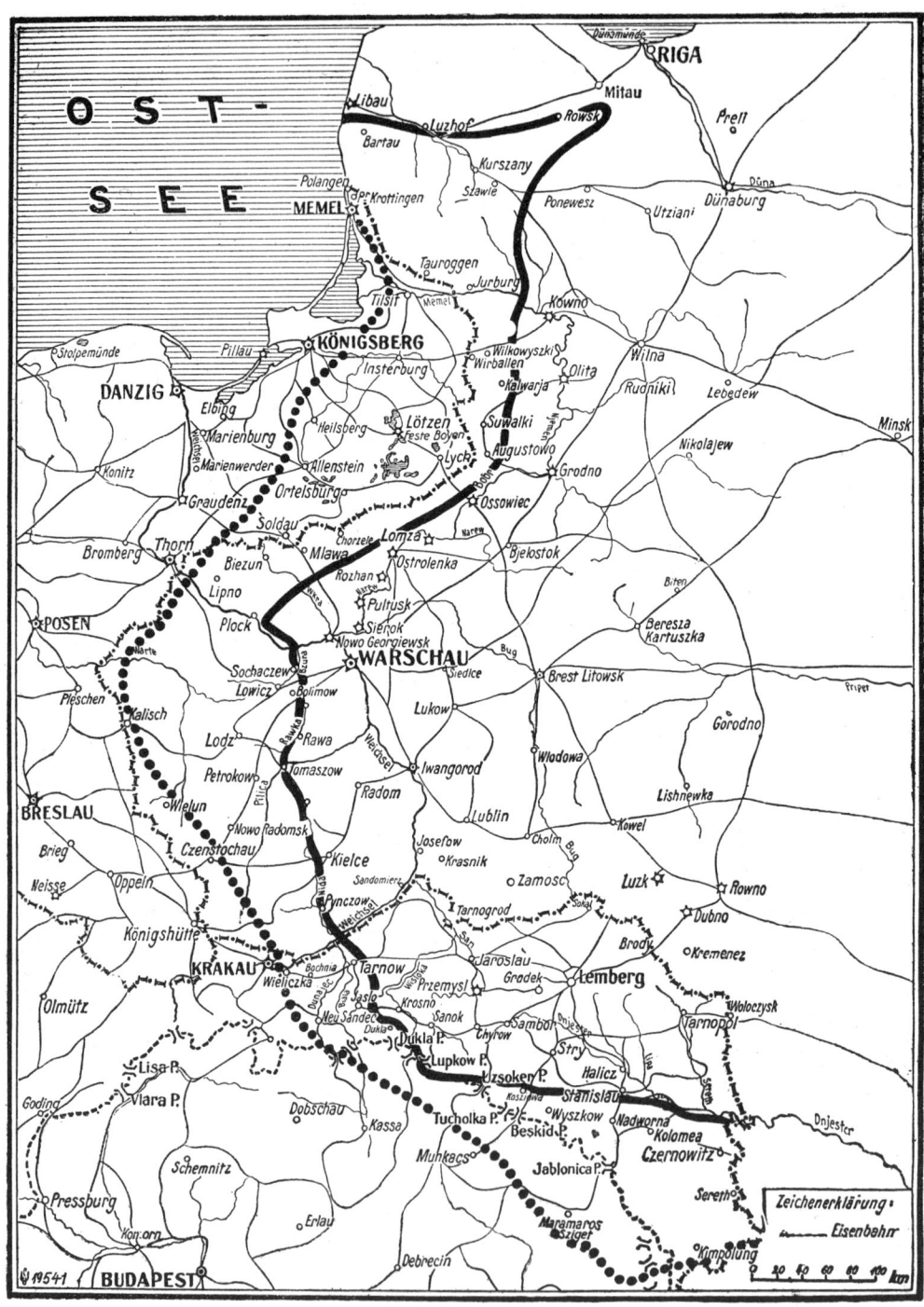

Zum Kampf gegen die Russenflut
●●●● Kampflinien zur Zeit des höchsten Standes der Russenflut
━━ Kampflinien anfangs Mai

Weitestes Vordringen der Russen Anfang Mai 1915

Aus dem Großraum Krakau sollte die österreichisch-ungarische 4. Armee, zu der Roths XIV. Korps gehörte, gegen die Südflanke des russischen Angriffskeils zur Wirkung kommen. Obwohl er zunächst optimistisch war und Angriffe der Russen erfolgreich abwies, musste Roth mit seinem Korps auf Befehl zurückweichen. Er war nicht einverstanden mit den Entscheidungen seiner Vorgesetzten und hatte zusätzlich gesundheitliche Probleme, weshalb er zum ersten Mal im Krieg mit dem Auto fahren musste. Nachdem die Deutschen Erfolge erzielt hatten, erstarrte auch die Front bei den Österreichern. Roths große Stunde indes sollte bald kommen.

Durch den Rückzug der Österreicher nach Krakau war eine Lücke von etwa 100 Kilometern zwischen der 3. und 4. Armee entstanden und Krakau stand vor der Einschließung. Hötzendorf entschloss sich, diesen freien Raum für einen Flankenangriff südlich der Weichsel gegen die Russen zu nutzen. Roth erhielt Ende November als Kommandant des im Festungsbereich von Krakau befindlichen XIV. Korps die Aufgabe, dem Feind, der gegen das XI. Korps bei Dobczyce vorging, in die Flanke und den Rücken zu fallen. Dazu sollten die Einheiten im Raum Mszana Dolna, Chabówka und Jordanów bereitgestellt werden. Roth erhielt jetzt als Verstärkung die 13. Landwehrinfanteriedivision, die deutsche 47. Reservedivision und das Kavalleriekorps Nagy, das aus zwei Kavalleriedivisionen und Teilen der polnischen Legion bestand, unterstellt. Die „Armeegruppe Roth" erreichte durch weitere unterstellte Einheiten eine Stärke von 50.000 Mann.

Roth hatte völlige operative Freiheit, gegen die am 30. November mit sieben Divisionen mit Front gegen Westen aufmarschierenden Russen vorzugehen. Unter ihrem Befehlshaber General Rußky hatten sich die Russen im Raum Wieliczka und beiderseits Dobczyce festgesetzt. Roth entschied sich für einen energischen Vorstoß in Richtung Tymbark-Bochnia und befahl am 5. Dezember 1914 an der ganzen Front den Angriff. Um seine rechte Flanke gegen die russischen Reserven zu decken, verlegte Roth einen Teil seiner Truppen nach Lososina. Die Russen reagierten auf Roths Vorstoß, indem sie gleich zu Beginn starke Kräfte entgegenstellten. Nach harten Kämpfen gelang das Eindrehen der Österreicher nach Norden. Doch die bei Neu Sandez eingesetzten österreichischen Kräfte unter Generalmajor Bissingen, die den Übergang über den Dunajec in Besitz nehmen sollten, wurden mit starken feindlichen Kräften konfrontiert und mussten sich zurückziehen. Roth erhielt weitere Verstärkung durch die 45. Landwehrinfanteriedivision und entschloss sich trotz der Entwicklung bei Neu Sandez, am 6. Dezember den Angriff gegen Flanke und Rücken der Russen in die geplanten Richtungen zu führen. Die neue Division kam erst am 6. und 7. Dezember per Bahn an, während bereits am 6. der Gegner in vollem Rückzug war. Die Russen setzten jetzt Verstärkungen ein, um ihre Rückwärtsbewegung zu stoppen.

Da Roth einen Vorstoß des Feindes aus Neu Sandez fürchtete, befahl er der 10. Kavalleriedivision und den Einheiten unter dem Kommando Bissingens, die Russen dort zurückzuwerfen und endlich die Brücke über den Fluss Stradomka zu zerstören. Doch die Russen umfassten Bissingen an beiden Flanken und trieben ihn zurück. Roth bestand aber auf einen neuen Angriff Bissingens. Außerdem wurde die Errichtung einer befestigten Stellung ostwärts Limanowa als Zufluchtsstätte für die Gruppe Bissingen befohlen.

Da meldete die 6. Kavalleriedivision in der Nacht zum 7. Dezember, dass sie an der Flanke und im Rücken umfasst sei und ihre Aufgaben zur Deckung der deutschen Division nicht mehr erfüllen könne und zurückgehen müsse. Die Lage der Deutschen wurde kritisch, da sie im Kampf mit einem wesentlich stärkeren Feind standen. Roth setzte sofort alle vorhandenen Reserven in Marsch, um diese Division zu unterstützen. Jetzt war auch das gesamte VII. russische Korps bei Neu Sandez eingetroffen. Roth befahl nun die Rechtsschwenkung des nördlichen Flügels seiner Armeegruppe und setzte zwei Divisionen zu einem Vorstoß gegen Lapanów an. Er wollte die feindliche Front von Westen her aufrollen. Nachdem sein linker Flügel am 7. Dezember bedeutend an Raum gewonnen hatte, kam der Vormarsch wegen des heftigen Widerstandes am darauffolgenden Tag teilweise ins Stocken.

Währenddessen war bei Limanowa die Lage kritisch geworden, da hier starke feindliche Kräfte angriffen. Um ein weiteres Vordringen zu verhindern, musste man sich mit dem VI. Korps unter Feldmarschall-Leutnant Arz von Straußenberg zusammenschließen.

Das russische VIII. Korps schien von Neu Sandez aus gegen die Flanke und den Rücken der Armeegruppe vorzugehen. Roth erhielt vom Kommando der 4. Armee den Befehl, dem Gegner den Rückzug abzuschneiden. Die Armeegruppe Arz ging von Süden und Südosten offensiv gegen Neu Sandez vor. Bei heftigen Kämpfen rund um Limanowa mussten die Österreicher teilweise das Feld räumen. Auch an anderen Abschnitten wurde der Druck der Russen so stark, dass die Österreicher zurückgedrängt wurden. Die Verluste waren auf beiden Seiten sehr hoch. Am 10. Dezember konnten die Russen an der Straße nach Limanowa nicht weiter vordringen und die Angriffe wurden abgewehrt. Der österreichische Südflügel sollte energisch vorstoßen. Vom Korpskommando wurde der Angriff in die linke Flanke und den Rücken der Russen befohlen.

Die Operation begann in der Nacht zum 12. Dezember und die Russen mussten den Rückzug aus Limanowa antreten. Um die Entwicklung zu beschleunigen, fuhr Roth selbst nach Limanowa und Kanina. Sein Erfolg sollte durch einen Vorstoß gegen die russische Rückzugslinie Dunajec erzwungen werden. Aufgrund der dadurch gebundenen eigenen Truppen ließ Roth den Feind nur mit geringen Kräften nach Neu Sandez verfolgen und stieß mit der Hauptmacht Richtung Jakobkowice-Tegoborce vor. Durch die Verlagerung des Schwergewichtes sollte dem russischen VIII. Korps der Rückzug abgeschnitten werden.

Neu Sandez wurde in den frühen Morgenstunden des 12. Dezember erreicht und der österreichische Vormarsch war überall im Gange. Die Russen setzten sich an einem Höhenzug neuerlich fest. Der linke Flügel des XIV. Korps sollte die erreichten Positionen unbedingt halten. Die Hauptmacht sollte nach Norden vorgehen und den Rücken des Feindes erreichen. Da das russische XXI. Korps, verstärkt durch andere Einheiten, entlang einer befestigten Linie des Dunajec zum Widerstand entschlossen schien, war das XIV. Korps Roths vor eine neue Aufgabe gestellt. Roths Truppen hatten seit Ende November 1914 trotz der ungünstigen Witterungsverhältnisse und den kaum vorhandenen Straßen die Russen zurückgedrängt und damit die Einschließung Krakaus verhindert. Dabei hatten sie gegen einen zahlenmäßig überlegenen Gegner gekämpft und dennoch über 15.000 Gefangene gemacht und mehr als 40 Maschinengewehre und anderes Kriegsmaterial erbeutet. Die Russen hatten sich hinter die Flüsse Nida und Dunajec zurückgezogen und die Situation schien vorerst gerettet. Dadurch wurden die Voraussetzungen für die Durchbruchsschlacht von Gorlice-

Der Kampf um Gorlice am 5. Mai 1915 (Illustration aus: „Der Krieg 1914/15")

Tarnów im Mai 1915 hergestellt. Vorerst stand jedoch ein Winter mit schweren Stellungskämpfen entlang des Dunajec bevor.

Die Schlacht bei Limanowa, die auch als Schlacht bei Limanowa-Lapanów oder Karpatenschlacht bezeichnet wird, war eine der verlustreichsten Schlachten des Ersten Weltkrieges. Roth erhielt für seine erfolgreiche Führung in dieser Schlacht das Ritterkreuz des Militär-Maria-Theresien-Ordens und wurde somit zum Freiherrn. Als Namen hatte er bereits bei seiner Erhebung in den Ritterstand das Prädikat „Limanowa-Lapanów" gewählt.

Der Krieg ging weiter und die k. u. k. Armee hatte an der Ostfront gegen die überlegenen russischen Truppen einen schweren Stand. Am 22. März 1915 kapitulierte die Festung Przemyśl und viele österreichische Soldaten gingen in Gefangenschaft. Die Winteroffensive in den Karpaten blieb trotz hoher Verluste weitgehend erfolglos und schwächte die Armee weiter stark. Die Gefahr eines Durchbruchs der Russen in die ungarische Tiefebene bestand weiterhin.

Dem überforderten Hötzendorf blieb nichts anderes übrig, als sich in die Hände der deutschen Verbündeten zu begeben und ihnen die Federführung bei einer Befreiungsschlacht zur Aushebelung der Karpatenfront zu überlassen. Roth kämpfte mit seinem Korps in der Schlacht von Gorlice-Tarnów mit, die am 2. Mai 1915 begann, und bewährte sich wieder als militärischer Führer, auch wenn er hier nicht die Entfaltungsmöglichkeiten wie bei Limanowa hatte.

Nun galt es, die Folgen der österreichischen Niederlage bei Lemberg zu Kriegsbeginn rückgängig zu machen. Roth nahm mit dem XIV. Korps an der Offensive

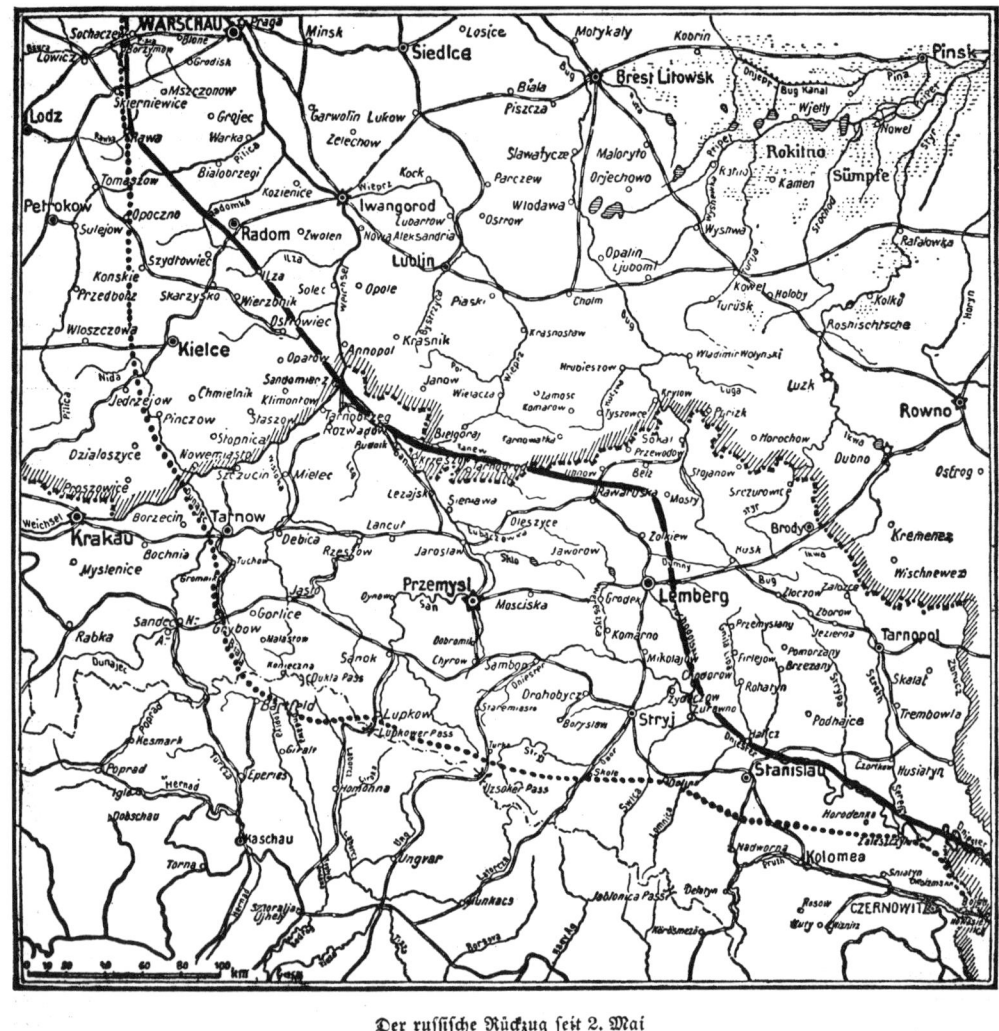

Der russische Rückzug seit 2. Mai

•••••••••• Kampflinien am 2. Mai   ■■■■■■ Stellungen Ende Juni

Der russische Rückzug in Galizien: Kampflinien am 2. Mai und die Stellungen Ende Juni 1915

zur Eroberung von Lublin teil. Dann kam der Vormarsch bis Suchowole bzw. über Cholm nach Łuck. Roth führte seine Truppen immer souverän.

Der 1. September 1915 brachte Roths Beförderung zum General der Infanterie; durch den Kaiser wurde er zum wirklichen Geheimen Rat ernannt. Roth wurde dann zum italienischen Kriegsschauplatz versetzt, wo er dem Tiroler Landesverteidigungskommando unterstellt wurde. Er erhielt die Führung über die Tiroler Ost- und die Dolomitenfront und konnte Erfolge erzielen. Am 15. März 1916 wurde Roth zum Landesverteidigungskommandanten von Tirol ernannt.

Nach dem Ende der Südtiroloffensive bekam Roth wieder ein Truppenkommando und wurde Kommandierender General des XX. Korps. Angeblich blieb ihm ein höheres Kommando verwehrt, weil ihn Erzherzog Eugen als zu nachgiebig und rück-

Batterie bei Gorlice-Tarnów

sichtsvoll gegenüber unterstellten Truppenteilen beschrieb. Das war eine der Eigenschaften, die Roth mit dem großen Radetzky gemeinsam hatte, von der obersten Führung aber nicht gerne gesehen wurde.

In der folgenden Zeit erwarb sich der Held von Limanowa in Italien erneut Verdienste in seiner Funktion als Korpskommandant. Seine Truppen waren motivierter und die Verluste geringer als an anderen Frontabschnitten. Nach Ende der 12. Isonzoschlacht suchte man nach einer neuen Verwendung für Roth. Conrad von Hötzendorf schrieb, er halte diesen „nicht geeignet für das Kommando über eine Armee", und schlug ihn für die Position eines Inspektors der militärischen Ausbildung vor, da er „ein Herz und Verständnis für die Jugend" habe. Roth wurde am 15. Februar 1918 zum Generalinspektor der Militär-Erziehungs- und Bildungsanstalten ernannt. Er erhielt den Rang eines Generalobersten. Nach dem Frieden mit Russland kamen viele entlassene Kriegsgefangene nach Österreich-Ungarn zurück, die wieder in die Armee integriert werden sollten. Deshalb wurde der Posten eines „Generalinspektors für das Heimkehrerwesen" für Roth geschaffen. Er blieb in diesen beiden Positionen bis zum Kriegsende aktiv und wurde noch kurz vorher am 10. Oktober 1918 von Kaiser Karl ausgezeichnet.

Kurz nach Ende des Krieges, am 31. Dezember 1918, trat Roth, der seit September 1916 auf eigenen Wunsch den Namenszusatz „Limanowa-Lapanów" führte, in den Ruhestand und lebte in Wien. Roth engagierte sich in verschiedenen Institutionen, wobei er zum Beispiel die Präsidentschaft des Vereins „Alt-Neustadt", der „Offiziersgesellschaft" und des „Reichskameradschafts- und Kriegerbundes" innehatte.

Außerdem war er Vorsitzender des „Obersten Offiziersehrenrats" und ab 1925 Präsident des Kapitels des Militär-Maria-Theresien-Ordens. Er war zu jener Zeit sehr bekannt und geachtet, man nannte ihn auch den „Löwen von Limanowa". Zu diesem „Titel" hatte ihm die Presse mit Blick auf seinen größten militärischen Erfolg verholfen.

Roth starb am 9. April 1927 und erhielt ein Ehrengrab am Wiener Zentralfriedhof. Im Jahre 1942 wurde in Linz eine Straße nach ihm als „Roth-Limanowa-Straße" benannt. Alles dies hat nicht verhindert, dass Roth heute weitgehend vergessen ist.

LITERATUR

FEJTÖ, François: Requiem für eine Monarchie. Die Zerschlagung Österreich-Ungarns. Wien 1991

GNEVKOW-BLUME, Rudolf: Galiziens Wiedereroberung in Wort und Bild. Wien 1916

HINTERSTOISSER, Hermann: So zogen sie ins Feld. Glanz und Untergang der k.u.k. Armee. Golling 2005

LANGENDORF, Jean-Jacques: Ahnengalerie der kaiserlichen Armee 1618–1918. Biographische Schattenrisse. Wien 1995

MAGENSCHAB, Hans: Der Krieg der Großväter 1914–1918. Wien 1988

MORATH, E.: Die Ostfront von Kurland bis Konstantinopel. Dachau 1915

POHL, Robert v.: Österreich-Ungarns Heer und Flotte im Weltkrieg. Wien o. J.

RAUCHENSTEINER, Manfried: Der Tod des Doppeladlers. Österreich-Ungarn und der Erste Weltkrieg. Graz 1994

REGELE, Oskar: Gericht über Habsburgs Wehrmacht. Wien 1968

REICHLIN-MELDEGG, Georg von: Der Löwe von Limanowa. Graz 2005

SCHNEIDER, Constantin: Die Kriegserinnerungen 1914–1919. Wien 2003

SCHUBERT, Peter: Piave 1918. Österreich-Ungarns letzte Schlacht. Klagenfurt 2000

SEELIGER, Emil: Unsere Helden im Weltkrieg. Wien 1916

GODWIN VON BRUMOWSKI
ÖSTERREICH-UNGARNS ERFOLGREICHSTER JAGDFLIEGER

Godwin von Brumowski

Der spanische Philosoph Ortega y Gasset schrieb in seinen „Meditationen über die Jagd" unter anderem: „Falkenauge, das ganz Pupille ist, ist das Jägerauge, das wache Auge schlechthin. Der Raubvogel … ist, wie der echte Aristokrat, düster und hart und ein Jäger." Eine Einlassung, die auch auf das Leben der Feldpiloten übertragen werden kann.

Mit der Kriegsluftfahrt war etwas völlig Neues in der Kriegsgeschichte entstanden und die Helden der Lüfte des Ersten Weltkrieges waren ein neuartiger Menschenschlag. Das Erlebnis der freien Jagd in den Lüften und der Kampf mit dem Feind, den Tücken der neuen Technik und der Natur sollte sie nie mehr loslassen.

Bei den Kampffliegern des Ersten Weltkrieges überragte der Deutsche Manfred von Richthofen als erfolgreichster und bekanntester Flieger alle seine Konkurrenten. Doch auch die Luftstreitkräfte Österreich-Ungarns hatten sehr erfolgreiche Jagdflieger in ihren Reihen. Man denke nur an den Marineflieger Gottfried von Banfield, dem „Adler von Triest". Der erfolgreichste jedoch in Bezug auf die Anzahl der Luftsiege war Godwin von Brumowski.

Das österreichische Militär hatte sich schon früh mit der Luftfahrt beschäftigt. Wurden in der Biedermeierzeit bereits Ballone zu Beobachtungszwecken eingesetzt, so waren es während der Belagerung Venedigs 1849 unbemannte Bombenballone der Brüder Uchatius, mit denen die ersten Luftangriffe der Kriegsgeschichte durchgeführt wurden.

In der Folge gingen aber noch einige Jahrzehnte ins Land, bis 1892 die k.u.k. Militär-Aeronautische Anstalt gegründet wurde. Später wurde diese in k.u.k. Luftschifferabteilung umbenannt. Schon bald verzichtete man auf Ballone und Luftschiffe und setzte auf ein völlig neues Luftfahrzeug – das Flugzeug. Ab 1910 wurde mit verschiedenen Flugzeugen mit ersten Übungsflügen begonnen und selbst der konservative Kaiser Franz Joseph zeigte Interesse an der neuen Waffe. Es wurden gezielt militärtaugliche Flugzeuge angekauft. Ab 1911 wurden bei Manövern Etrich-Tauben und Lohner Pfeilflieger verwendet. Die Einführung eines Hoheitszeichens an den Maschinen erfolgte 1913. Als der Krieg ausbrach, hatten die Österreicher eine „Luftwaffe", die aus 48 Flugzeugen, zwölf Fesselballonen und einem Luftschiff bestand, wobei viele der Maschinen nicht kriegstauglich waren und es zu wenige ausgebildete Piloten gab. Jetzt kaufte man hektisch mehr Maschinen an und die Pilotenausbildung wurde forciert. Man hatte bei Kriegsbeginn den Vorteil, dass die Russen und die Gegner am Balkan luftfahrttechnisch keine große Herausforderung darstellten.

Waren die klapprigen Flugmaschinen zunächst unbewaffnet, wobei die Piloten und Beobachter Pistolen mit Anschlagschaft und die Beobachter Karabiner mitführten, so dachte man auch in Österreich schnell an die Ausrüstung mit Maschinengewehren. Schon bald wurden auch so genannte „Fliegerpfeile" abgeworfen und die ersten kleinen Bomben mitgeführt. Überdies wurden die ersten schwachen und im Winter kaum benutzbaren Maschinen durch wesentlich leistungsstärkere ersetzt. Gab es zunächst Maschinengewehre auf Ringlafette an Bord, kamen nach kurzer Zeit Front-MGs in Gebrauch, die mit dem Propeller synchronisiert waren. Die Einsitzer erreichten ab dem Frühjahr 1916 Geschwindigkeiten von 200 km/h und Flughöhen von 6000 m. Es setzte sich die Einteilung in wendige, manövrierfähige Jagdmaschinen sowie Bomber mit erhöhter Nutzlast durch.

Luftkampf: Eine „Taube" wird von einem gepanzerten Flugzeug angegriffen

Der Mangel an Offizieren, die man als Feldpiloten einsetzen konnte, führte dazu, dass man auch Unteroffiziere ausbildete, die bald die Mehrheit der Piloten stellten. Die Einteilung der Luftstreitkräfte an der Front erfolgte in Fliegerkompanien, die kurz „Flik" genannt wurden. Deren Anzahl erhöhte sich im Laufe des Krieges und sie wurden ab 1917 immer spezialisierter. Eigene Jagdfliegerkompanien entstanden relativ spät, wurden aber schon bald die Herrscher des Luftraums.

Godwin von Brumowski wurde am 26. Juli 1889 in Wadowice in Galizien geboren. Er entstammte einer Familie mit langer militärischer Tradition. Sein Vater bekleidete zuletzt den Rang eines Generals. Über Brumowskis Kindheit und Jugendzeit ist nur wenig bekannt. Er besuchte die Technische Militärakademie in Mödling und kam nach seiner Ausmusterung am 18. August 1910 als Leutnant zum Feldartillerieregiment Nr. 29. Seine Laufbahn als Artillerist schien vorgezeichnet. Als solcher kam er als Oberleutnant in der Reitenden Artilleriedivision Nr. 6 bei Ausbruch des Ersten Weltkrieges an die Ostfront. Hier erlebte er den Bodenkampf in all seiner Härte und Grausamkeit. Er bewies starke Nerven und bewährte sich, was dazu führte, dass er die bronzene und silberne Tapferkeitsmedaille erhielt.

Im Juli 1915 bewarb sich Brumowski um die Versetzung zur Luftfahrttruppe. Er begann seine Fliegerkarriere als Beobachter bei der Fliegerkompanie 1, die in Czernowitz stationiert war. Kommandant war Otto Jindra, als dessen Beobachter Bru-

Fliegerrapport auf dem galizischen Kriegsschauplatz, 1915

mowski meistens mitflog. Es ging bei den Einsätzen neben Aufklärung um die Bombardierung der feindlichen Stellungen. So am 12. April 1916, als die österreichischen Flieger anlässlich des Frontbesuches von Zar Nikolaus II. und General Brussilows bei Chotin den Russen einen überraschenden Bombenangriff lieferten. Dabei wurde unter anderem die Zarenparade bombardiert. Die Russen versuchten mit sieben Flugzeugen die angreifenden Österreicher abzufangen, wobei es zu einem heftigen Luftkampf kam. Dabei schoss Brumowski zwei gegnerische Flieger ab. Am 2. Mai 1916 konnte er einen weiteren russischen Flieger von seiner Position als Beobachter abschießen. Damit hatte er sich für die Ausbildung zum Piloten qualifiziert und erhielt eine entsprechende Schulung zum Feldpiloten. Brumowski schloss diese am 3. Juli 1916 erfolgreich ab und wurde im November 1916 zur Fliegerkompanie 12 an die italienische Front geschickt. Hier bewies er rasch sein Können und erzielte am 3. Dezember 1916 seinen vierten und im Januar 1917 seinen fünften bestätigten Abschuss. Obwohl er sich zu diesem Zeitpunkt als guter Jagdflieger etabliert hatte, konnte noch niemand ahnen, dass der ehrgeizige Brumowski zum großen österreichischen Fliegerass werden sollte.

Er verbrachte ab März 1917 einige Zeit bei der deutschen Jagdstaffel 24 und studierte deren Taktik. Anschließend übernahm er das Kommando über die Fliegerkompanie 41 J, die die erste wirkliche österreichisch-ungarische Jagdstaffel war. Mit dieser Truppe war er in seinem Element und wurde seinen Männern ein Vorbild an Kameradschaftlichkeit und Tapferkeit. Dazu ein Bericht aus jener Zeit: „Am 14. Mai 1917 führten Hauptmann Brumowski (Kommandant der 41. Fliegerjagdkompanie) und Pilot Zugsführer Richter einen Jagdflug durch; im Verlaufe dieses Jagdfluges gerieten beide Piloten mit zwei feindlichen Voisin-Flugzeugen in den Luftkampf. Beide

Gegner konnten abgedrängt werden, von denen einer zur Landung gezwungen wurde. Knapp nach diesem Luftkampf wollten 5 Caproni, 5 Spad und 3 Nieuport über die eigenen Linien fliegen. Zugsführer Richter geriet mit einem der Caproni über Görz in Luftkampf und konnte nach einiger Zeit auch diesen Gegner zur Umkehr zwingen. Hauptmann Brumowski griff inzwischen einen anderen Caproni an, wobei ihm das Flieger-MG stockte.

Er ließ von seinem Gegner nicht ab und wurde noch von den 5 Spads bedrängt. Brumowski griff zur Pistole und verteidigte sich, so gut es ging, räumte aber trotzdem nicht den Kampfplatz. Dann flog er mit dem feindlichen Geschwader eine Zeitlang mit und veranlasste durch sein angreifendes Kurven in der Luft, dass die Caproni wahllos ihre Bomben abwarfen. Ohne Schaden landete Hauptmann Brumowski am eigenen Flugplatz. Nachmittags am selben Tage flog Brumowski seinen 2. Jagdflug und ging bis auf 400 m Höhe vom Erdboden herab und beschoß die gerade angreifende feindliche Infanterie mit seinem Flieger-MG. Es gelang ihm, eine heillose Verwirrung beim Feind anzurichten.

Am 20. Mai 1917 flogen Hauptmann Brumowski und Feldwebel Kaszala und Feldwebel Samek trotz ungünstiger Witterung und tief herabhängenden Wolken einen Jagdflug über der feindlichen vordersten Linie. Ein feindlicher Spad-Doppelsitzer wollte die eigenen Linien etwa in derselben Flughöhe passieren. Er wurde angegriffen und im gemeinsamen Kampfe in etwa 600 m Höhe durch Hauptmann Brumowski und Feldwebel Kaszala abgeschossen ...“

Während der 10. Isonzoschlacht wurde festgestellt, dass mit Tarnbemalung versehene Flugzeuge vom Gegner nur schwer ausgemacht werden konnten. Die Italiener waren dabei geschickt und tarnten ihre Flugzeuge so gut, dass man sie erst auf 300 m in der Luft erkennen konnte. Auch die Österreicher setzten auf weiße Tragflächen und einen hellen Rumpf. Zu dieser Zeit war es kaum mehr möglich, einen Aufklärungsflug ohne Luftkampf zu beenden. Ihre Tätigkeit wurde dadurch erschwert, auch wenn den Fliegern die wichtigsten Vorgänge am Boden nicht entgingen.

Als die Italiener nach dem erfolglosen Ausgang der 10. Isonzoschlacht die nächste vorbereiteten, nahmen sie wenig Rücksicht darauf, dass sie aus der Luft beobachtet wurden. Mitte August 1917 nahmen die Luftkämpfe wieder zu und Brumowski schoss am 12. August an einem Tag drei italienische Flugzeuge ab. Die 11. Isonzoschlacht begann wenige Tage später und wurde zur härtesten Angriffsoperation, die von den Italienern während des Ersten Weltkrieges durchgeführt wurde. Sie wurden zum ersten Mal in der Luft und am Boden von französischen, englischen und amerikanischen Einheiten unterstützt. Die Alliierten hatten eine große Anzahl von Maschinen in der Luft und griffen intensiv in Bodenkämpfe ein. Brumowski und seine Kameraden taten ihr Bestes.

Zwischen dem 18. und dem 28. August wurden zwölf feindliche Flugzeuge abgeschossen, von denen sechs auf das Konto von Brumowski gingen. In der gleichen Zeit verloren die Österreicher nur einen einzigen Flieger. Während der 11. Isonzoschlacht griff Brumowski die Italiener auch auf der Hermada an und verhinderte angeblich damit ihren Durchbruch. Insgesamt unternahmen die k.u.k. Flieger während dieser Schlacht 1000 Feindflüge, von denen die Hälfte Luftkämpfe waren. Man verzeichnete 33 Abschüsse, während die eigenen Verluste sich auf vier abgeschossene und fünf notgelandete Maschinen beliefen.

Bombenabwurf durch österreichisch-ungarisches Flugzeug

Diese Zahlen täuschen darüber hinweg, dass für die Österreicher wegen der zunehmenden Materialknappheit jede einzelne Maschine äußerst kostbar war. Man sagte, die k.u.k. Luftwaffe wäre durch den Ausfall eines Flugzeugs mehr getroffen als die Italiener durch den eines gesamten Geschwaders. Es konnten immer mehr feindliche Bomberverbände Ziele an der Front und im Hinterland angreifen, ohne dass man ihnen genügend Kampfflugzeuge entgegensetzen konnte.

Brumowski hatte bis zum 28. August 1917 insgesamt 17 bestätigte Abschüsse und acht unbestätigte. Er flog bei seinen Einsätzen zumeist mit den deutschen Modellen Brandenburg D1 bzw. C1. Einige Male benutzte er die Albatros D III, die auch von Manfred von Richthofen geflogen wurde. Der „Rote Baron" scheint Brumowskis Vorbild gewesen zu sein. Er hatte ihn während seiner Zeit bei der deutschen Staffel kennengelernt und entschied sich später dazu, seine Maschine genauso zu bemalen wie Richthofen. Die Albatros D III, der er letztlich den Vorzug gab, erhielt die Farbe Rot und Brumowski war wie Richthofen schon von Weitem von seinen Gegnern zu erkennen. Mit seiner roten Albatros schoss er zwischen 9. Oktober 1917 und Juni 1918 insgesamt 14 gegnerische Luftfahrzeuge ab, darunter fünf Ballone. Seinen letzten Luftsieg errang er am 19. Juni 1918.

Brumowski verteidigte noch am 20. Juni 1918 die letzte intakte Piavebrücke gegen die Alliierten. Von Januar bis Ende August 1918 unternahmen die Flieger an der Südwestfront 12.641 Feindflüge, dabei kam es zu 2225 Luftkämpfen, bei denen 511 Feindflugzeuge abgeschossen wurden. Die Flieger fertigten zwischen März bis Ende August 1918 überdies 18.453 Aufklärungsfotos an. Der Einsatz der österreichisch-ungarischen Piloten zu dieser Zeit bedeutete angesichts der erdrückenden feindlichen Überlegenheit viel Mut und Opferbereitschaft.

Die Nummer drei der erfolgreichsten österreichischen Piloten war Oberleutnant Frank Linke-Crawford, der wie viele erfolgreiche Militärs in der österreichischen Geschichte einem englisch-irischen Geschlecht entstammte. Am 18. August 1893 geboren, wurde er nach seiner Ausbildung an der Theresianischen Militärakademie zunächst Dragoner und ab 1915 Beobachtungsoffizier bei einer Fliegerkompanie an der Ostfront. Ab 1917 war er bei Brumowskis Staffel und errang insgesamt 29 Luftsiege. Man nannte ihn den „Falken von Feltre".

Am 31. Juli 1918 erlitt die österreichisch-ungarische Fliegertruppe einen ihrer schwersten Verluste. An diesem Tag wurde der bisher so erfolgreiche Linke-Crawford, der sich in einem heftigen Kampf einer überlegenen Anzahl von Gegnern erwehren musste, abgeschossen. Er kämpfte bis zum Schluss und fiel erst, nachdem er seine Munition verschossen hatte. Der Bericht eines Angehörigen der österreichischen Flugabwehr dazu liest sich dramatisch: „Hier war kein Entkommen. Was in Linke in jenen Minuten vorgegangen ist, als er sich waffenlos wiederum einer Feindstaffel gegenübersah, zeigt sein weiteres heroisches Verhalten. Er sah wohl keinen anderen Ausweg mehr und wollte nicht in den Tod gehen, ohne einen seiner Feinde mitzunehmen. Er steuerte sein Flugzeug in sausender Fahrt auf einen Amerikaner los, um ihn zu rammen. Im letzten Augenblick gelingt es dem Gegner, durch blitzschnelles Abschwenken dem Zusammenprall zu entkommen. Der nächste ist ein Engländer. Linke stürzt sich auf ihn. Er ist zu weit entfernt, das feindliche MG fasst den waffenlosen Linke. Er ist mitten in der MG-Garbe seines Feindes, den er nicht mehr erreicht. Eine Tragfläche löst sich, wir stehen erstarrt an den Geschützen. Die Maschine trudelt, überschlägt sich und saust herunter und zerschellt in den Felsen. Nun waren wir daran, Rache für unseren Linke zu nehmen. Noch nie haben wir schneller, besessener geschossen, noch nie haben wir Richtkanoniere besser gezielt. Doch was waren zwei Abschüsse? Zweihundert wären uns zu wenig gewesen für unseren Besten." (Zitiert nach Gasser 1980)

Ein ähnliches Schicksal hätte auch Brumowski jederzeit treffen können, doch er hatte Glück und konnte im Jahre 1918 noch sicher landen, als seine Albatros D III nach einem heftigen Kampf Feuer gefangen hatte. Es mutet heute makaber an, wenn man an die „Kriegsbemalung" denkt, die Brumowski an seinen Fliegern anbringen ließ – ein großer Totenkopf sollte seine Gegner in Angst und Schrecken versetzen.

Seinen letzten Feindflug absolvierte der erfolgreiche Jagdflieger am 23. Juni 1918. Er war mit seinen 30 Jahren einer der ältesten Kampfflieger und man hatte auch seine Fähigkeit zur Menschenführung erkannt. So übertrug man ihm am 11. Oktober 1918 das Kommando über alle österreichisch-ungarischen Fliegerverbände an der Isonzofront. Er übte dieses Amt nur mehr einen Monat aus. Als der Krieg am 11. November zu Ende ging, hatte Brumowski von allen österreichisch-ungarischen Piloten die meisten Abschüsse erzielt, wobei die Angaben variieren. In der Regel wird auf 35 bestätigte Luftsiege und mehrere unbestätigte verwiesen. Es werden wohl insgesamt mindestens 40 Luftsiege gewesen sein, wobei einige Autoren auch einige Abschüsse mehr annehmen. Die Nummer zwei der erfolgreichsten österreichischen Kampfflieger, Julius Arigi, kam auf 32 bestätigte Abschüsse. Der aus Tetschen in

Böhmen stammende Arigi war seit 23. November 1914 Feldpilot, hatte jedoch nur den Rang eines Offiziersstellvertreters. Somit war er letztlich der höchstdekorierte Unteroffizier (mit vier goldenen, vier großen silbernen und drei bronzenen Tapferkeitsmedaillen) des Ersten Weltkrieges. Zu den spektakulärsten Waffentaten Arigis gehören die Versenkung eines italienischen Dampfers im Hafen von Valona und ein Luftkampf im Gebiet der Skumbi-Mündung, bei dem er von sechs feindlichen Maschinen fünf abschoss. Er überlebte trotz vieler Gefahren den Krieg, war danach als ziviler Pilot tätig und im Zweiten Weltkriege als Ausbilder bei der Deutschen Luftwaffe im Einsatz.

Benno Fiala-Fernbrugg, der wie Brumowski Sohn eines Generals war, wurde am 16. Juni 1890 in Wien geboren und war nach Absolvierung der Technischen Hochschule zunächst als Artillerist im Einsatz. Er fand bald zur Fliegerei, wurde zunächst im Osten eingesetzt und dann an die Südwestfront beordert. Fiala-Fernbrugg wurde Kommandant der Fliegerkompanie 51 J und konnte 29 Abschüsse erringen. Er kam auf insgesamt 356 Feindflüge, bei denen er dreimal schwer verwundet wurde.

Österreich hatte während des Krieges bewiesen, dass es durchaus fähig war, technisch mit den anderen kriegführenden Staaten mitzuhalten. So konnten heimische Industrielle und Techniker brauchbare Kampfflugzeuge produzieren und Entwicklungen wie Bombenabwurfgeräte und Maschinengewehre, die durch den Propellerkreis schossen, vorantreiben. Letztlich war es der Niedergang der Industrie während des Krieges, der zu mangelhafter Versorgung der Fliegertruppen mit Fluggeräten, deren Ausrüstung sowie Waffen und Munition führte. Dass die Flieger trotz einer immer prekärer werdenden Situation bis zum Schluss tapfer ihren Dienst taten, spricht mehr als alles andere für diese Männer. Die Kampfflieger bewiesen bis zum Ende des Krieges ritterliches Verhalten, das es in anderen Waffengattungen schon lange nicht mehr gab. Man sah den Gegner in der Luft nicht nur als Feind, sondern auch als Standeskollegen und fühlte sich an einen Ehrenkodex gebunden. Die Helden der Lüfte benahmen sich wie adelige Ritter, die in die falsche Zeit geraten waren, selbst wenn sie „nur" Bürgerliche oder Unteroffiziere waren. Das ist mit dem Untergang der Monarchie schließlich auch verschwunden.

Für einen Menschen, der mit Leib und Seele Soldat war wie Brumowski, begann eine Phase großer Orientierungslosigkeit. Es nützte ihm nichts, dass er unter anderem Träger des Ordens der Eisernen Krone, des Ritterkreuzes des Leopoldordens, mehrerer Tapferkeitsmedaillen und des Eisernen Kreuzes war. Er zog zunächst zu seiner Schwiegermutter nach Siebenbürgen und versuchte sich als Landwirt. Das Unterfangen scheiterte. Brumowski kam 1930 nach Wien und trat in den Dienst der kleinen Armee der Ersten Republik. Hier war er wieder als Flieger aktiv. Brumowski hatte auch die zweifelhafte Ehre, während des österreichischen Bürgerkrieges im Februar 1934 den einzigen Kampfeinsatz des Bundesheeres zu fliegen. Sein Angriff galt dem Goethehof in Wien-Kaisermühlen, wo sich Angehörige des sozialistischen Schutzbundes verschanzt hatten. Außerdem unternahm er Aufklärungsflüge, bei denen sein Flugzeug massiv beschossen und beschädigt wurde. Einige Flüge dienten zum Abwurf von Flugzetteln mit dem Aufruf zur Kapitulation der Schutzbündler.

Im April 1935 übernahm Brumowski die Leitung der neu gegründeten Fliegerschule in Wien-Aspern, wobei er versuchte, möglichst viel von seinen Erfahrungen als Kampfflieger an die Auszubildenden weiterzugeben.

Er verunglückte am 3. Juni 1936 als Passagier am Amsterdamer Flughafen Schiphol bei einer Flugvorführung tödlich. Die Maschine war ein Sportflugzeug, das von einem seiner Flugschüler gelenkt wurde.

Das ihm ehrenhalber gewidmete Grab befindet sich am Wiener Zentralfriedhof. Am 3. Juli 1940 wurde unter der Leitung des Fliegergenerals Löhr eine Gedächtnisfeier und eine Denkmalenthüllung für Brumowski an seiner Ruhestätte abgehalten. In der Zweiten Republik wurde der Fliegerhorst des Bundesheeres in Langenlebarn nach ihm benannt.

LITERATUR

CHANT, Christopher: Osprey Aircraft of the Aces – Austro-Hungarian Aces of World War 1. Oxford 2002

FEJTÖ, Francois: Requiem für eine Monarchie. Die Zerschlagung Österreich-Ungarns. Wien 1991

GABRIEL, Erich: Fliegen 90/17. Militärluftfahrt und Luftabwehr in Österreich von 1890 bis 1971. Wien 1971

GASSER, Georg: Die Österreichisch-Ungarische Fliegertruppe im Einsatz an der Südwestfront 1915–1918. Dissertation, Wien 1980

GNEVKOW-BLUME, Rudolf: Galiziens Wiedereroberung in Wort und Bild. Wien 1916

HINTERSTOISSER, Hermann: So zogen sie ins Feld. Glanz und Untergang der k.u.k. Armee. Golling 2005

KEIMEL, Reinhard: Österreichs Luftfahrzeuge – Geschichte der Luftfahrt von den Anfängen bis Ende 1918. Graz 1981

LUFTWAFFENFÜHRERSTAB 1c/VIII (Hg.): Die Wegbereiter der österreichisch-ungarischen Luftfahrt. Heft 1, Berlin 1942

PETER, Ernst: Die k.u.k. Luftschiffer- und Fliegertruppe Österreich-Ungarns 1794–1919. Stuttgart 1981

POHL, Robert v.: Österreich-Ungarns Heer und Flotte im Weltkrieg. Wien o. J.

RAUCHENSTEINER, Manfried: Der Tod des Doppeladlers. Österreich-Ungarn und der Erste Weltkrieg. Graz 1994

SCHUBERT, Peter: Piave 1918. Österreich-Ungarns letzte Schlacht. Klagenfurt 2000

SEELIGER, Emil: Unsere Helden im Weltkrieg. Wien 1916

SCHUSCHNIGG, Kurt: Helden der Ostmark. Wien 1937

WHITEHOUSE, Arthur G. J.: Fliegerasse 1914–1918. Stuttgart 1970

ENDE UND NACHRUHM
VON ALTÖSTERREICHS STREITMACHT

Als am 21. August 1914 die russische 10. Kavalleriedivision mit mehreren Regimentern eine Ortschaft angriff, die von einem österreichischen Bataillon gehalten wurde, kam diesem die 4. k.u.k. Kavallerie-Truppendivision zu Hilfe. In der Folge brach rund um die Ortschaft Jaroslawice eine Kavallerieschlacht aus, die Stunden dauerte. Die zwei österreichischen Dragoner-Regimenter und die beiden Ulanen-Regimenter kämpften tapfer und draufgängerisch gegen die russischen Husaren, Kosaken, Ulanen und Dragoner und ritten immer wieder eskadronsweise Attacken. Diese letzte klassische Reiterschlacht der Weltgeschichte forderte auf Seiten der k.u.k. Soldaten viele Opfer, da man auch gegen Einheiten mit Maschinengewehren und Artillerie kämpfte. Dennoch waren alle, die dabei gewesen waren und überlebt hatten, später stolz auf ihre Heldentaten. Immerhin hatte man mit dem opferbereiten und wagemutigen Einsatz die Russen aufgehalten. Doch dieses Ereignis war auch ein Abgesang der alten österreichischen Kavallerie, die einst von Männern wie Prinz Eugen und Radetzky schlachtentscheidend eingesetzt worden war und einmal als Königin der Waffengattungen galt. Von nun an wurden Kavallerietruppen nur mehr als Aufklärer, Verbindungs- und Hilfstruppen eingesetzt und sie passten sich in ihrer Ausrüstung und ihrer Erscheinung immer mehr der Infanterie an, bis die meisten Einheiten dann auch noch ihre Pferde verloren.

Nach Kriegsbeginn verschwand nach und nach der Säbel. Einst eine wichtige Angriffswaffe und das Attribut eines jeden Offiziers, erwies er sich im modernen Krieg als hinderlich und wenig effizient. Die Uniformen wurden schmuckloser und die Offiziere verloren ihren ritterlich-aristokratischen Nimbus. Der Krieg büßte seinen Abenteuercharakter immer mehr ein und wurde nur mehr blutig, schmutzig und maschinell. Die Zeit des alten Soldaten- und Heldentums war vorbei und die Kriegshelden späterer Zeiten ähnelten kaum mehr jenen tapferen und stolzen Individuen der „guten alten Zeit".

Diese Entwicklung betraf auch alle anderen europäischen Streitkräfte, doch die Armee Österreich-Ungarns, die die altmodischste und traditionsreichste von allen war, traf sie ganz besonders. Diese Entwicklung ging einher mit dem Sterben eines Staatswesens bzw. einer Dynastie, in die man nach und nach das Vertrauen verlor. Mit dem Ende der Armee trat der endgültige „Tod des Doppeladlers" ein.

Entgegen anderslautender Behauptungen war die österreichisch-ungarische Armee im Feld unbesiegt. Es gab Rückschläge, aber die Truppen standen am Ende

weitgehend auf feindlichem Territorium. Der Zusammenbruch kam von innen durch Freiheitsbestrebungen der verschiedenen Völker der Monarchie und der Erkenntnis, dass dieser Krieg nicht mehr zu gewinnen war. Es gehört zur besonderen Tragik, dass viele Offiziere und Soldaten, die kurz zuvor noch Kameraden in einer gemeinsamen Armee gewesen waren, sich in der Folge als Gegner gegenüberstanden, da sie nun die Interessen ihrer neuen Nationalstaaten zu vertreten hatten.

Viele Tausend ehemalige Angehörige der k.u.k. Streitkräfte fielen nach dem Kriegsende ins Bodenlose und verloren mit ihrem bisherigen Bezugssystem auch ihre wirtschaftliche Existenz. Deshalb waren viele bereit, sich radikalen politischen Strömungen anzuschließen und ihre militärische Erfahrung in die gewaltsame Atmosphäre der Ersten Republik einzubringen. Bei den Februarkämpfen des Jahres 1934 standen sich viele ehemalige „Kameraden" der alten Armee gegenüber. Das Regime von Dollfuß und Schuschnigg versuchte sich durch militärische Traditionspflege und Anklänge an die alte kaiserliche Armee ein legitimeres Mäntelchen umzuhängen und viele ehemalige Offiziere machten begeistert mit.

Der große Bruch kam mit dem Anschluss an das Dritte Reich und dem Preußentum der neuen Machthaber und der Wehrmacht, in die die meisten männlichen Österreicher hineingepresst wurden. Die alte österreichische Armee galt den neuen Herren wenig und Friedrich der Große und Moltke rangierten jetzt weit vor Prinz Eugen oder Erzherzog Carl. Die „schlappen Ostmärker" sollten als „Kamerad Schnürschuh" die zweite Geige spielen. Doch auch in diesem Krieg gab es eine große Anzahl österreichischer „Kriegshelden". Nach der großen Katastrophe der totalen Niederlage war fast jede Form von militärischem Heldentum für lange Zeit entwertet und galt als anstößig. Es war nur mehr ein Thema bei biergeschwängerten Abenden von Kameradschaftsvereinen, genauso wie die seriösere Beschäftigung mit

Erzherzog Carl in der Schlacht bei Aspern (Gemälde von Johann Peter Krafft, 1812)

der Militärgeschichte nur noch ein Thema für eine nicht gerne gesehene, ideologisch verdächtige Minderheit war. In den letzten Jahren indes zeichnet sich hier ein gegenläufiger Trend ab.

In anderen europäischen Ländern sind die Traditionspflege und die Erinnerung an Ereignisse der Militärgeschichte, beispielsweise durch „Reenactment"-Aktivitäten von möglichst authentisch uniformierten und ausgerüsteten Vereinen, weit fortgeschritten; sie erreichen nun auch vermehrt unser Land. Außerdem bemüht man sich um Annäherung an den lange Zeit verpönten Begriff des Helden – wie zum Beispiel bei einer niederösterreichischen Landesausstellung vor einigen Jahren.

Es wäre natürlich wünschenswert, wenn künftige Generationen nicht mehr ahnungs- und achtlos an den Denkmälern der Helden unserer Geschichte vorbeigingen und man einige bedeutende Persönlichkeiten unserer Militärgeschichte dem fast völligen Vergessen entreißen könnte. Mit diesem Buch soll ein Beitrag dazu geleistet werden, auch wenn hier natürlich nur ein kleiner Teil erwähnenswerter Helden unserer sehr langen Armee- und Kriegsgeschichte dargestellt werden kann. Aber vielleicht gibt es bald weitere Werke zu diesem Thema …

LITERATUR

AUFFENBERG-KOMAROW, Moritz Freiherr von: Aus Österreichs Höhe und Niedergang. München 1921

CZIBULKA, Alfons v.: Deutschlands vergessene Heere. Die österreichisch-ungarische Armee. München 1931

FEJTÖ, Francois: Requiem für eine Monarchie. Die Zerschlagung Österreich-Ungarns. Wien 1991

HINTERSTOISSER, Hermann: So zogen sie ins Feld. Glanz und Untergang der k.u.k. Armee. Golling 2005

MAGENSCHAB, Hans: Der Krieg der Großväter 1914–1918. Wien 1988

POHL, Robert v.: Österreich-Ungarns Heer und Flotte im Weltkrieg. Wien o. J.

RAUCHENSTEINER, Manfried: Der Tod des Doppeladlers. Österreich-Ungarn und der Erste Weltkrieg. Graz 1994

REGELE, Oskar: Gericht über Habsburgs Wehrmacht. Wien 1968

SCHREIBER, Georg: Des Kaisers Reiterei. Österreichs Kavallerie in vier Jahrhunderten. Wien 1967

LITERATUR

ALLMAYER-BECK, Johann Christoph u. Erich Lessing: Die kaiserlichen Kriegsvölker. Von Maximilian I. bis Prinz Eugen. München 1978

ALLMAYER-BECK, Johann Christoph u. Erich Lessing: Das Heer unter dem Doppeladler. Habsburgs Armeen 1718–1848. München 1982

ALLMAYER-BECK, Johann Christoph: Der stumme Reiter. Erzherzog Albrecht – der Feldherr „Gesamtösterreichs". Graz 1997

ANDERS, Ferdinand: Von Schönbrunn und Miramar nach Mexiko. Graz 2009

ANGELI, Moriz Edler von: Erzherzog Carl von Österreich als Feldherr und Heeresorganisator. 5 Bände, Wien 1896/97

ANGER, Gilbert: Illustrierte Geschichte der k. und k. Armee. Wien 1900

ARNDT, Johannes: Der Dreißigjährige Krieg. Stuttgart 2009

ASTER, Heinrich: Die Gefechte und Schlachten bei Leipzig im Oktober 1813. 2 Bände, Dresden 1852/53

AUFFENBERG-KOMAROW, Moritz Freiherr von : Aus Österreichs Höhe und Niedergang. München 1921

BARKER, T.: The Military Intellectual and Battle. Raimondo Montecuccoli and the Thirty Years War. New York 1975

BARTSCH, Karl: Hadik von Futak, Andreas Graf. In: Allgemeine Deutsche Biographie. Bd. 10, Leipzig 1879

BASCH, Samuel Ritter von: Erinnerungen aus Mexico. Geschichte der letzten zehn Monate des Kaiserreichs. Leipzig 1868

BAUMANN, Reinhard: Landsknechte. München 1994. Bedürftig, Friedemann: Der Dreißigjährige Krieg. Darmstadt 2006

BERMANN, Moriz: Alt- und Neu-Wien. Geschichte der Kaiserstadt und ihrer Umgebungen. Wien 1880

BERANEK, Julius: Die Helden unserer Armee im Jahre 1878. Wien 1908

BERNDT, Otto: Die Zahl im Kriege. Wien 1897

BETTELHEIM-GABILLON, Helene: Friedrich Fürst von Schwarzenberg. Leipzig o. J.

BIBL, Viktor: Prinz Eugen, ein Heldenleben. Wien 1941

BLACK, Jeremy (Hg.): 70 große Schlachten der Weltgeschichte. Leipzig 2005

BLEIBTREU, Carl: Die Schlacht bei Leipzig vom 18. Oktober 1913. Frauenfeld 1913

BORNSCHEIN, Adolph: Leben, Thaten und Charakterzüge Österreichischer Feldherrn. Wien 1812

BRAUBACH, Max: Prinz Eugen von Savoyen: eine Biographie. 2 Bände, Wien 1964

BRAUMANN, Franz u. Heinz Grill: Österreich von der Urzeit bis zu den Babenbergern. Wien 1995

BROOK-SHEPHERD, Gordon: Slatin Pascha – Ein abenteuerliches Leben. Wien 1982.

BROUCZEK, Peter: Der Geburtstag der Monarchie. Die Schlacht bei Kolin 1757. Wien 1982

BUCHER, Eberhard (Hg.): Das Neueste von gestern. 5 Bände, München 1913

CHANT, Christopher: Osprey Aircraft of the Aces – Austro-Hungarian Aces of World War 1. Oxford 2002

COCHENHAUSEN, Friedrich von: Wille und Tat. Ein Buch zur Nacheiferung. Berlin 1936

COCHENHAUSEN, Friedrich von (Hg.): Schicksalsschlachten der Völker. Berlin 1937

CRISTE, Oscar: Erzherzog Karl und die Armee. Wien 1906

DERS.: Erzherzog Carl von Österreich. Ein Lebensbild. Wien 1912

CZIBULKA, Alfons v.: Deutschlands vergessene Heere. Die österreichisch-ungarische Armee. München 1931

DERS.: Prinz Eugen. Retter des Abendlandes. Wien 1958

DANZER, Alfons: Unter den Fahnen. Die Völker Österreich-Ungarns in Waffen. Prag 1889

DIETER, Heinrich u. Georg Lorenz (Hg.): Unsere Helden. Geschichtliche Lehrbilder. 7 Bände, Wien 1895–1915.

DUFFY, Christopher: Sieben Jahre Krieg 1756–1763. Die Armee Maria Theresias. Wien 2005

DUNCKER, Carl von: Otto Ferdinand Graf von Abensberg und Traun. In: Allgemeine Deutsche Biographie. Bd. 38, München 1894

DURST, Gustav: Österreichs Heeres-Lied. Wien 1878

EBERSTEIN, Alfred v.: Erlebtes aus den Kriegen 1864, 1866, 1870/71. Leipzig 1899

EGGHARDT, Hanne: Prinz Eugen. Der Philosoph in Kriegsrüstung. Wien 2007

FENNER von Fenneberg, Daniel: Österreich und seine Armee. Leipzig 1846

FEJTÖ, Francois: Requiem für eine Monarchie. Die Zerschlagung Österreich-Ungarns. Wien 1991

FINKE, Edmund: K. (u.) k. Hoch- und Deutschmeister. „222 Jahre für Kaiser und Reich." Graz 1978

FLAUDORFER, E.: Rudolf Slatin, Pascha und Baron. Das abenteuerliche Leben eines Österreichers in zwei Erdteilen. Dissertation, Wien 1971

FLICK, Moritz: Helden unserer Armee. Wien 1910

FLOCKEN, Jan von: Kriegerschicksal von Hannibal bis Manstein. Große Feldherren der Weltgeschichte. Berlin 2006

FÖRSTER, Stig u. a. (Hg.): Schlachten der Weltgeschichte. München 2004

FRAUNGRUBER, Hans: Hoch Habsburg! Bilder aus Österreichs alten und jungen Tagen. Wien 1909

FRIDERICI, General (Hg.): Schlacht bei Kolin (Siebenjähriger Krieg). Prag 1941

FÜRNKRANZ, Franz: Die Landsknechte. Entstehung, Organisation, Gerichtswesen. Wien 1985

GABRIEL, Erich: Fliegen 90/17. Militärluftfahrt und Luftabwehr in Österreich von 1890 bis 1971. Wien 1971

GAMBER, Emil: Das Land der vielen Schlachtfelder. St. Pölten 1941

GASSER, Georg: Die Österreichisch-Ungarische Fliegertruppe im Einsatz an der Südwestfront 1915–1918. Dissertation, Wien 1980

GASTGEB, Marianne: Heimatbuch Wetzdorf. Heldenberg – Schloss Wetzdorf. Großwetzdorf 1993

GLÜCKSELIG, Legis: Blätter aus dem Heldenbuch der österreichischen Armee. Leitmeritz 1858

GNEVKOW-BLUME, Rudolf: Galiziens Wiedereroberung in Wort und Bild. Wien 1916

GUNDOLF, Hubert: Um Österreich! Schlachten unter Habsburgs Krone. Graz 1995

GUTKAS, Karl: Die Babenberger in Österreich. St. Pölten 1977

HAMANN, Brigitte (Bearb.): Mit Kaiser Max in Mexiko. Aus dem Tagebuch des Fürsten Carl Khevenhüller. München 2001

HANTSCH, Hugo (Hg.): Gestalter der Geschicke Österreichs. Innsbruck 1962

HAUSMANN, Friedrich: Probleme um Friedrich II. Wien 1974

HEBOLD, Wolfgang: Siege & Niederlagen. Hildesheim 2002

HEIGEL, Karl Theodor: Andreas Hofer. München 1875

HELFERT, Alexander Freiherr von: An Ehren und an Siegen reich. Bilder aus Österreichs Geschichte. Wien 1907

HERRE, Franz: Radetzky. Eine Biographie. Köln 1981

HEUSER, Beatrice: Den Krieg denken. Paderborn 2010

HINTERSTOISSER, Hermann: So zogen sie ins Feld. Glanz und Untergang der k. u. k. Armee. Golling 2005

HIRTENFELD J. u. H. Meynert: Österreichisches Militär-Konversations-Lexikon. 2 Bände, Wien 1851

HIRTENFELD, J.: Der Militär-Maria-Theresien-Orden und seine Mitglieder. 3 Bände, Wien 1857–1890

HÖDL, Günther: Habsburg und Österreich 1273–1493. Wien 1988

HORMAYR zu Hortenburg, Joseph von: Oesterreichischer Plutarch, oder, Leben und Bildnisse aller Regenten und der berühmtesten Feldherren, Staatsmänner, Gelehrten und Künstler des österreichischen Kaiserstaates. 20 Bde., Wien 1807

HORSETZKY, Adolf v.: Kriegsgeschichtliche Übersicht der Feldzüge seit 1792. Wien 1914

JANKO, Wilhelm von: Gablenz-Eskeles, Ludwig Freiherr von. In: Allgemeine Deutsche Biographie. Bd. 8, Leipzig 1878

JORGENSEN, Christer (Hg.): Schlachten. Die größten Gefechte der Weltgeschichte. London 2008

JURITSCH, Georg: Geschichte der Babenberger und ihrer Länder. Wien 1894

KANDLER, Franz: Ehrenspiegel der k. k. österreichischen Armee. Wien 1831

KANKOFFER, Ignaz: Österreichs Helden und Feldherren. Erzherzog Karl von Österreich. Wien 1859

DERS.: Bilder aus der vaterländischen Geschichte. Wien 1862

DERS.: Ruhmeshalle der k. k. österreichischen Armee. Wien 1864

KEIMEL, Reinhard: Österreichs Luftfahrzeuge – Geschichte der Luftfahrt von den Anfängen bis Ende 1918. Graz 1981

KEMPER, Joseph: Mexiko unter Kaiser Maximilian I. Regensburg 1907

KERCHNAWE, Hugo und Alois Veltzé: Feldmarschall Karl Fürst zu Schwarzenberg. Wien 1915

KLEINDEL, Walter: Österreich. Daten zur Geschichte und Kultur. Wien 1978

KLINGER, Walter: Für Kaiser Max nach Mexiko. Das österreichische Freiwilligenkorps in Mexiko 1864–67. München 2007

KRONES, Franz von: Baumkircher, Andreas Freiherr von. In: Allgemeine Deutsche Biographie. Band 2, München 1875

KURZMANN, Gerhard: Kaiser Maximilian I. und das Kriegswesen der österreichischen Länder und des Reiches. Wien 1985

LANGENDORF, Jean-Jacques: Ahnengalerie der kaiserlichen Armee 1618–1918. Biographische Schattenrisse. Wien 1995

LECHNER, Karl: Die Babenberger. Markgrafen und Herzoge von Österreich 976–1246. Wien 1996

LITSCHEL, Rudolf Walter: Lanze, Schwert und Helm. Linz 1968

LORENZEN, Jan N.: Die großen Schlachten. Mythen, Menschen, Schicksale. Frankfurt am Main 2006

LUFTWAFFENFÜHRERSTAB 1c/VIII (Hg.): Die Wegbereiter der österreichisch-ungarischen Luftfahrt. Heft 1, Berlin 1942

MACKAY, Derek: Prinz Eugen von Savoyen. Feldherr dreier Kaiser. Graz 1979

MADER, Hubert Michael: Die Helden vom Heldenberg. Wien 2004

MAGENSCHAB, Hans: Der Krieg der Großväter 1914–1918. Wien 1988

MARKOV, Walter u. Heinz Helmert: Schlachten der Weltgeschichte. Gütersloh 1983

MEISTER, Oskar: Aus bewegter Zeit. Erinnerungen eines österr. Soldaten an den Feldzug im Jahre 1866. Olmütz 1878

MELEGARI, Venzio: Sturm auf Bastionen. Große Belagerungen. Wien 1970

METZNER, Alfons: Die Habsburger. Österreichs Regenten in Wort und Bild. Teschen 1894

MILLER, Arthur Maximilian: Herr Jörg von Frundsberg. Freiburg 1928

MILLER, Douglas: Landsknechte 1486–1560. St. Augustin 2004

MITCHELL, Joseph B. u. Edward S. Creasy: Zwanzig entscheidende Schlachten der Weltgeschichte. Gütersloh 1964

MOLDEN, Ernst: Radetzky. Sein Leben und sein Wirken. Leipzig 1915

MONTGOMERY, Bernard Law Viscount of Alamein: Weltgeschichte der Schlachten und Kriegszüge. 2 Bände, München 1975

MONTLONG, Wilhelm von: Authentische Enthüllungen über die letzten Ereignisse in Mexico. Stuttgart 1868

MORATH, E.: Die Ostfront von Kurland bis Konstantinopel. Dachau 1915

MÜLLER-FUNK, Wolfgang u. Georg Kugler (Hg.): Zeitreise Heldenberg. Lauter Helden. Katalog zur Niederösterreichischen Landesausstellung. Wien 2005

NACHTIGAL, Reinhard: Russland und seine österreichisch-ungarischen Kriegsgefangenen (1914–1918). Remshalden 2003

NEUHOLD, Helmut: Österreichs Helden zur See. Wien 2010

NIEMEYER, Joachim: Das österreichische Militärwesen im Umbruch. Osnabrück 1979

NUTTING, Anthony: Gordon von Khartum. Abenteurer und Märtyrer. Wien 1967

ÖSTERREICHISCHES Biographisches Lexikon 1815–1950. Bd. 1, Wien 1957

ÖSTERREICHS Kriege seit 1495. Chronologische Zusammenstellung. Wien 1878

OPPENHEIMER, Wolfgang: Prinz Eugen von Savoyen. Feldherr und Baumeister Europas. Wien 2004

ORTENBURG, Georg: Waffe und Waffengebrauch im Zeitalter der Landsknechte. Koblenz 1984.

PESENDORFER, Franz: Feldmarschall Loudon. Der Sieg und sein Preis. Wien 1989

PETER, Ernst: Die k. u. k. Luftschiffer- und Fliegertruppe Österreich-Ungarns 1794–1919. Stuttgart 1981

PICHLER, Robert: Das Mexiko-Abenteuer Erzherzog Maximilians. Dissertation, Wien 1994

PLETICHA, Heinrich (Hg.): Der Mahdiaufstand in Augenzeugenberichten. Düsseldorf 1981

PLISCHNACK, Alfred: Gott erhalte! Wendepunkt 1809 – Österreichs Sieg über Napoleon. Wien 2009

POHL, Robert v.: Österreich-Ungarns Heer und Flotte im Weltkrieg. Wien o. J.

POHL, Walter u. Brigitte Vacha: Die Welt der Babenberger. Wien 1995

POLISENSKY, Josef und Josef Kollmann: Wallenstein. Feldherr des Dreißigjährigen Krieges. Köln 1997

PRATT, Fletcher: Schlachten, die Geschichte machten. Wien 1965

PREIL, Arndt: Österreichs Schlachtfelder. 4 Bände, Graz 1993

PRERADOVICH, Nikolaus: Hadik von Futak, Andreas Graf. In: Neue Deutsche Biographie, Berlin 1966.

RADETZKY von Radetz, Graf: Denkschriften militärisch-politischen Inhalts aus dem handschriftlichen Nachlaß. Stuttgart 1858

RATISLAW, J. K.: Unserer Helden Ehrenkranz. Stuttgart 1915

RATZ, Konrad: Das zweite mexikanische Kaiserreich und die Republik. Graz 1998

RAUCHENSTEINER, Manfried: Der Tod des Doppeladlers. Österreich-Ungarn und der Erste Weltkrieg. Graz 1994

REGELE, Oskar: Der österreichische Hofkriegsrat 1556–1848. Wien 1949

DERS.: Feldmarschall Radetzky. Leben, Leistung, Erbe. Wien 1957

DERS.: Taschenbuch der Militärgeschichte Österreichs. Wien 1963

DERS.: Gericht über Habsburgs Wehrmacht. Wien 1968

REICHLIN-MELDEGG, Georg von: Der Löwe von Limanowa. Generaloberst Josef Roth Freiherr von Limanowa-Lapanów. Ein Leben zwischen den Epochen. Graz 2005

RICHTER, Erich: Frundsberg. Vater der Landsknechte, Feldherr des Reiches. München 1968

RICHTER, G. W.: Radetzky, Josef, Graf. In: Allgemeine Deutsche Biographie. 27. Bd, Leipzig 1888

RICHTER, Johann Daniel Wilhelm: Geschichte des dreißigjährigen Krieges aus Urkunden und anderen Quellenschriften erzählt. 2 Bände, Erfurt 1855

RICHTER, Heinz M.: Die Piccolomini. Berlin 1874

RILKE, Rainer Maria: Die Weise von Liebe und Tod des Cornets Christoph Rilke. Leipzig 1927

RITTERSBERG, Johann Ritter von: Biographien der ausgezeichneten Feldherren der k. k. österreichischen Armee. Prag 1829

ROSENKRANZ, Georg Joseph: Graf Johann von Sporck. Paderborn 1954

RUSCH, Gustav u. a.: Bilder aus der Geschichte der Stadt Wien. Wien 1912

SACHSLEHNER, Johannes: Wien anno 1683. Wien 2004

DERS.: Schicksalsorte Österreichs. Wien 2009

SAUER, Egon v. Nordendorf: Österreichs Kavallerie. Von den Anfängen bis zur Gegenwart. Wien 1987

SCHEFERS, Johann: Johann Graf von Sporck. Delbrück 1998

SCHEMFIL, Viktor: Der Tiroler Freiheitskrieg 1809. Innsbruck 2007

SCHINZL, Adolf: Ernst Rüdiger Graf von Starhemberg. In: Allgemeine Deutsche Biographie. Bd. 35, München 1893

SCHMITT Ritter von Tavera, Ernst: Geschichte der Regierung des Kaisers Maximilian I. und die französische Intervention. Wien 1903

SCHMITT, Richard und Peter Strasser: Rot-weiß-rote Schicksalstage. Entscheidungsschlachten um Österreich. St. Pölten 2004

SCHNEIDAWIND, Franz Joseph Adolph: Das Buch vom Erzherzog Carl. Leipzig 1848

SCHNEIDER, Constantin: Die Kriegserinnerungen 1914–1919. Wien 2003

SCHÖFFEL, Joseph: Erinnerungen aus meinem Leben. Wien 1905

SCHÖNHALS, Karl von: Der k. k. österreichische Feldmarschall Graf Radetzky. Stuttgart 1858

SCHREIBER, Georg: Des Kaisers Reiterei. Österreichs Kavallerie in vier Jahrhunderten. Wien 1967

DERS.: Husaren vor Berlin. Wien 1974

DERS.: Raimondo Montecuccoli. Feldherr, Schriftsteller und Kavalier. Graz 2000

SCHUBERT, Peter: Piave 1918. Österreich-Ungarns letzte Schlacht. Klagenfurt 2000

SCHUSCHNIGG, Kurt: Helden der Ostmark. Wien 1937

SCHWARZKOPF, J.: Schlachtenbilder aus Österreichs sieg- und ruhmgekrönten Heere. Wien 1854

SCHWEIGERD, Carl Adam: Österreichs Helden und Heerführer von Maximilian I. bis auf die neueste Zeit, in Biographien und Charakterskizzen. Wien 1852

SEELIGER, Emil: Unsere Helden im Weltkrieg. Wien 1916

SLATIN, Rudolf: Feuer und Schwert im Sudan. Meine Kämpfe mit den Derwischen, meine Gefangenschaft und Flucht 1879–1895. Leipzig 1896

SMOLLE, Leo: Auf Feldern der Ehre. Wien 1890

DERS.: Wallenstein und das Zeitalter des dreißigjährigen Krieges. Graz 1911

STEINBRENNER (Hg.): Steinbrenners Soldatenbücher. 3. Band, Wien 1915

STERN-BRAUNBERG, Anni: In deinem Lager ist Österreich. Graz 2000

STIEVE, Felix: Sporck, Johann Graf von. In: Allgemeine Deutsche Biographie. Bd. 35, Leipzig 1893

STOYE, John: Die Türken vor Wien. Graz 2010

STRADAL, Otto: Der andere Prinz Eugen. Wien 1986

STRASSER, Johann: Feldmarschall Laudons Heldentaten. Wien 1894

STREFFLEUR, Valentin von (Hg.): Österreichische Militärische Zeitschrift. Wien 1808 ff.

TEUFFENBACH, Albin v.: Vaterländisches Ehrenbuch. Wien 1880

DERS.: Österreichs Hort. Geschichts- und Kulturbilder aus den Habsburgischen Erbländern. 2 Bände, Wien 1910.

THADDEN, Franz-Lorenz von: Feldmarschall Daun. Maria Theresias größter Feldherr. Wien 1967

THEUER, Franz: Blutiges Erbe. Die Habsburger im Kampf mit Franzosen, Päpsten, Ungarn und Türken. Eisenstadt 1996

THÜRHEIM, Andreas: Feldmarschall Otto Ferdinand von Abensperg und Traun. Wien 1877

DERS.: Feldmarschall Carl Joseph, Fürst de Ligne. Wien 1877

TROST, Ernst: Prinz Eugen. Wien 1985

UFFINDELL, Andrew: Great Generals of the Napoleonic Wars and their Battles. Staplehurst/Kent 2003

ULICZNY, Julius: Geschichte des österreichisch-belgischen Freikorps in Mexiko. Wien 1868.

VAJDA, Stephan: Die Belagerung. Bericht über das Türkenjahr 1683. Wien 1983

DERS.: Die Babenberger. Aufstieg einer Dynastie. Wien 1986

VOGELSBERGER, Hartwig A.: Slatin Pascha. Zwischen Wüstensand und Königskronen. Graz 1992

WAGNER, G.: Wallenstein. Der böhmische Condottiere. Ein Lebensbild mit zeitgenössischen Dokumenten. Wien 1958

WEILER, Josef: Männer vom Schwerte. Wien 1855

WESTPHAL, Wilfried: Sturm über dem Nil. Der Mahdi-Aufstand. Sigmaringen 1998.

WHITEHOUSE, Arthur G. J.: Fliegerasse 1914–1918. Stuttgart 1970

WÖBER, Ferdi Irmfried: 1809. Schlacht bei Aspern und Eßling. Perchtoldsdorf 1992

WOLF-SCHNEIDER von Arno, Oskar: Feldmarschall Radetzky. Wien 1934

WREDE, Alphons Freiherr v.: Geschichte der k. und k. Wehrmacht. 5 Bände, Wien 1898–1905

WURMBRAND, Ernst: Ein Leben für Alt-Österreich. Wien 1988

WURZBACH, Constant von: Biographisches Lexikon des Kaiserthums Österreich. Wien 1856–1891

ZEISSBERG, Heinrich Ritter von: Friedrich II. Herzog von Österreich und Steiermark. In: Allgemeine Deutsche Biographie. Band 7, München 1878

ZIMMER, Frank: Bismarcks Kampf gegen Kaiser Franz Joseph. Graz 1996.

ZITTERHOFER, Karl: Die Heeres- und Truppengeschichten Österreich-Ungarns. Wien 1907

ZITZENBACHER, Walter: Österreichs historische Legenden. Innsbruck o. J.

ZÖLLNER, Erich u. Karl Gutkas (Hg.): Österreich und die Osmanen – Prinz Eugen und seine Zeit. Wien 1988

ZWIEDINECK-SÜDENHORST, Hans von: Kriegsbilder aus der Zeit der Landsknechte. Stuttgart 1883

NAMENREGISTER